ESTRATÉGIA COMPETITIVA

O GEN | Grupo Editorial Nacional – maior plataforma editorial brasileira no segmento científico, técnico e profissional – publica conteúdos nas áreas de ciências sociais aplicadas, exatas, humanas, jurídicas e da saúde, além de prover serviços direcionados à educação continuada e à preparação para concursos.

As editoras que integram o GEN, das mais respeitadas no mercado editorial, construíram catálogos inigualáveis, com obras decisivas para a formação acadêmica e o aperfeiçoamento de várias gerações de profissionais e estudantes, tendo se tornado sinônimo de qualidade e seriedade.

A missão do GEN e dos núcleos de conteúdo que o compõem é prover a melhor informação científica e distribuí-la de maneira flexível e conveniente, a preços justos, gerando benefícios e servindo a autores, docentes, livreiros, funcionários, colaboradores e acionistas.

Nosso comportamento ético incondicional e nossa responsabilidade social e ambiental são reforçados pela natureza educacional de nossa atividade e dão sustentabilidade ao crescimento contínuo e à rentabilidade do grupo.

Michael E. PORTER

ESTRATÉGIA COMPETITIVA

Tradução
Elizabeth Maria de Pinho Braga

Revisão Técnica
Jorge A. Garcia Gomez

gen | atlas

- O autor deste livro e a editora empenharam seus melhores esforços para assegurar que as informações e os procedimentos apresentados no texto estejam em acordo com os padrões aceitos à época da publicação. Entretanto, tendo em conta a evolução das ciências, as atualizações legislativas, as mudanças regulamentares governamentais e o constante fluxo de novas informações sobre os temas que constam do livro, recomendamos enfaticamente que os leitores consultem sempre outras fontes fidedignas, de modo a se certificarem de que as informações contidas no texto estão corretas e de que não houve alterações nas recomendações ou na legislação regulamentadora.

- O autor e a editora se empenharam para citar adequadamente e dar o devido crédito a todos os detentores de direitos autorais de qualquer material utilizado neste livro, dispondo-se a possíveis acertos posteriores caso, inadvertida e involuntariamente, a identificação de algum deles tenha sido omitida.

- **Atendimento ao cliente:** (11) 5080-0751 | faleconosco@grupogen.com.br

- Do Original: Competitive Strategy
  Copyright © 1980 by The Free Press, A Division of Simon & Schuster Inc.
  All Rights Reserved. No part of this book may be reproduced or transmitted in any form or by any means, electronic, or mechanical, including photocopying, recording or by any information storage and retrieval system, without permission in writing from the Publisher.
  (Edição original: ISBN 0-02-925360-8).
  Tradução autorizada do idioma inglês da edição publicada por The Free Press.
  ISBN 13: 978-85-352-1526-7
  ISBN 10: 85-352-1526-3

- Direitos exclusivos para a língua portuguesa
  Copyright © 2004 (Elsevier Editora Ltda) © 2023 (26ª impressão) by
  GEN | GRUPO EDITORIAL NACIONAL S.A.
  Publicado pelo selo Editora Atlas
  Travessa do Ouvidor, 11
  Rio de Janeiro – RJ – 20040-040
  www.grupogen.com.br

- Reservados todos os direitos. É proibida a duplicação ou reprodução deste volume, no todo ou em parte, em quaisquer formas ou por quaisquer meios (eletrônico, mecânico, gravação, fotocópia, distribuição pela Internet ou outros), sem permissão, por escrito, da Editora Atlas Ltda.

- Capa: Interface Designers / Sergio Liuzzi

- Editoração eletrônica: Estúdio Castellani

- Ficha catalográfica

P878e

     Porter, Michael E., 1947–
        Estratégia competitiva : técnicas para análise de indústrias e da concorrência / Michael E. Porter ; tradução de Elizabeth Maria de Pinho Braga. – 2. ed. [26ª Reimp.]. – Rio de Janeiro: GEN | Grupo Editorial Nacional. Publicado pelo selo Editora Atlas, 2023

        Tradução de: Competitive Strategy
        Apêndice
        Inclui bibliografia
        ISBN 978-85-352-1526-7

        1. Concorrência 2. Planejamento empresarial. 3. Administração de empresas. I. Título.

04-1574.   CDD – 658
                                                              CDU – 658

Sumário

Prefácio XII
Introdução à 16ª edição XV
Introdução XXIII

PARTE I
Técnicas Analíticas Gerais

1   A Análise Estrutural de Indústrias 3
Determinantes Estruturais da Intensidade da Concorrência. 5
· Ameaça de Entrada. 7
Intensidade da Rivalidade entre os Concorrentes Existentes 18
Pressão dos Produtos Substitutos 24
Poder de Negociação dos Compradores 26
Poder de Negociação dos Fornecedores 28
Análise Estrutural e Estratégia Competitiva. 31
Análise Estrutural e Definição de Indústria 34

2   Estratégias Competitivas Genéricas 36
Três Estratégias Genéricas 36
Liderança no Custo Total 37
Diferenciação 39
Enfoque 40
Outros Requisitos das Estratégias Genéricas 42
O Meio-Termo 43
Riscos das Estratégias Genéricas 46
Riscos da Liderança no Custo Total 46
Riscos da Diferenciação 47
Riscos do Enfoque 48

3 Uma Metodologia para a Análise da Concorrência **49**
    Os Componentes da Análise da Concorrência 51
        Metas Futuras 52
        Hipóteses 60
        O Passado como Indicador das Metas e Hipóteses 63
        Experiência dos Administradores e Relacionamento com Consultores. . . 64
        Estratégia Corrente 66
        Capacidades 66
    Os Quatro Componentes em Conjunto – O Perfil de Resposta do
    Concorrente 70
        Movimentos Ofensivos 70
        Capacidade Defensiva 71
        Selecionando o Campo de Batalha 72
    Análise da Concorrência e Previsões da Indústria 74
    A Necessidade de um Sistema de Inteligência sobre o Concorrente 75

4 Sinais de Mercado **78**
    Tipos de Sinais de Mercado 79
        Avisos Prévios de Movimentos 79
        Anúncios de Resultados ou Ações Posteriores aos Fatos 83
        Discussões Públicas sobre a Indústria pelos Concorrentes 84
        Explicações e Discussões dos Concorrentes sobre seus
            Próprios Movimentos 85
        Táticas do Concorrente Relativas ao que Poderiam Ter Feito 85
        Maneira como as Mudanças Estratégicas São Postas em Prática
            de Início 86
        Divergências de Metas Anteriores 86
        Divergência dos Precedentes da Indústria 87
        A Defesa Cruzada 87
        A Marca-Resposta 88
        Processos Antitruste Privados 88
    O Uso da História na Identificação de Sinais 89
    Será que a Atenção aos Sinais de Mercado Pode Ser uma Distração? 90

5 Movimentos Competitivos **91**
    Instabilidade na Indústria: A Probabilidade de Guerra Competitiva 92
    Movimentos Competitivos 94
        Movimentos Cooperativos ou Não Ameaçadores 95
        Movimentos Ameaçadores 98

Movimentos Defensivos............................... 102
 Compromisso.. 104
  Comunicação do Compromisso........................ 106
  Confiança como um Compromisso..................... 109
 Pontos Focais....................................... 109
 Uma Nota sobre Informação e Segredo................... 110

6   Estratégia Direcionada para Compradores e Fornecedores.... 112
 Seleção de Compradores............................... 112
  Uma Metodologia para a Seleção de Compradores e sua Estratégia .. 114
  Necessidades de Compra em Relação às Capacidades
   de uma Empresa................................. 115
  Potencial de Crescimento dos Compradores.............. 116
  Poder de Negociação Intrínseco dos Compradores......... 117
  Sensibilidade dos Compradores ao Preço................ 119
  Custo do Atendimento aos Compradores................ 123
  Estratégia e Seleção de Compradores.................. 124
 Estratégia de Compra................................ 128

7   Análise Estrutural Dentro das Indústrias..................... 132
 Dimensões da Estratégia Competitiva.................... 133
 Grupos Estratégicos.................................. 135
  Grupos Estratégicos e as Barreiras de Mobilidade........ 138
  Barreiras de Mobilidade e Formação de Grupos......... 141
  Grupos Estratégicos e Poder de Negociação............. 142
  Grupos Estratégicos e a Ameaça dos Substitutos......... 143
  Grupos Estratégicos e a Rivalidade entre as Empresas..... 144
 Grupos Estratégicos e a Rentabilidade de uma Empresa 148
  As Grandes Empresas São mais Lucrativas do que as Pequenas?..... 152
  Grupos Estratégicos e a Posição de Custo.............. 153
 Implicações para a Formulação da Estratégia............... 155
 O Mapa dos Grupos Estratégicos como um Instrumento Analítico...... 159

8   Evolução da Indústria..................................... 162
 Conceitos Básicos na Evolução da Indústria............... 163
  Ciclo de Vida do Produto........................... 163
  Uma Metodologia para Prever a Evolução.............. 168
 Processo Evolutivo................................... 169
  Mudanças a Longo Prazo no Crescimento............... 170
  Mudança no Produto.............................. 175

Mudanças nos Segmentos de Compradores Atendidos 175
Aprendizagem dos Compradores 176
Redução da Incerteza 177
Difusão de Conhecimento Patenteado 178
Acúmulo de Experiência..................................... 181
Expansão (ou Retração) na Escala............................ 181
Alterações nos Custos de Insumos e nas Taxas de Câmbio 183
Inovação no Produto 184
Inovação no Marketing 185
Inovação no Processo 185
Mudança Estrutural nas Indústrias Adjacentes 187
Mudanças na Política Governamental 188
Entrada e Saída.. 189
Relações Básicas na Evolução da Indústria.......................... 191
A Indústria Irá se Consolidar?................................ 192
Alterações nos Limites da Indústria 193
As Empresas Podem Influenciar a Estrutura da Indústria 194

PARTE II
Meios Industriais Genéricos

9 Estratégia Competitiva em Indústrias Fragmentadas 199
O que Torna uma Indústria Fragmentada? 203
Superando a Fragmentação................................. 208
Métodos Comuns para a Consolidação........................ 209
Indústrias "Presas" 212
Lidando com a Fragmentação 214
Armadilhas Estratégicas Potenciais 218
Formulando Estratégia 220

10 Estratégia Competitiva em Indústrias Emergentes 223
O Meio Estrutural... 224
Características Estruturais Comuns 224
Barreiras de Mobilidade Iniciais 228
Problemas que Restringem o Desenvolvimento Industrial............ 229
Mercados Iniciais e Posteriores 234
Escolhas Estratégicas 238
Oportunidade da Entrada................................... 241
Enfrentando a Concorrência................................. 242

Técnicas para Previsão..242
Em quais Indústrias Emergentes Entrar..............................244

11 A Transição para a Maturidade Industrial....................245
Mudança na Indústria Durante a Transição 246
Algumas Implicações Estratégicas da Transição.....................249
    Liderança no Custo Total *versus* Diferenciação *versus* Enfoque –
    o Dilema Estratégico Tornado Agudo pela Maturidade..........249
    Análise de Custo Sofisticada.................................250
    Projeto e Inovação no Processo de Fabricação..................251
    Maior Volume de Compras 252
    Comprar Ativos Baratos.....................................252
    Seleção dos Compradores....................................253
    Curvas de Custos Diferentes.................................253
    Concorrência em Âmbito Internacional 254
    A Transição Deve Ser de Fato Empreendida? 254
Armadilhas Estratégicas na Transição 255
Implicações Organizacionais da Maturidade 258
Transição da Indústria e o Gerente Geral 261

12 Estratégia Competitiva em Indústrias em Declínio.............264
Determinantes Estruturais
da Concorrência na Fase de Declínio..............................265
    Condições da Demanda.....................................266
    Barreiras de Saída..269
    Instabilidade da Rivalidade..................................276
Alternativas Estratégicas no Declínio..............................277
    Liderança..278
    Nicho...279
    Colheita...280
    Desativação Rápida 281
Escolha de uma Estratégia para o Declínio 281
Armadilhas no Declínio...284
Preparação para o Declínio......................................285

13 Concorrência em Indústrias Globais..........................286
Fontes e Obstáculos à Concorrência Global 288
    Fontes da Vantagem Competitiva Global......................289
    Obstáculos à Concorrência Global 293

Obstáculos Gerenciais 296
Obstáculos Institucionais 297
Evolução para Indústrias Globais.............................. 298
    Estímulos Ambientais para a Globalização 299
    Inovações Estratégicas que Estimulam a Globalização............ 300
    Acesso ao Mercado Norte-Americano......................... 302
Concorrência em Indústrias Globais 302
Alternativas Estratégicas em Indústrias Globais 305
Tendências que Afetam a Concorrência Global................... 306

PARTE III
Decisões Estratégicas

14 A Análise Estratégica da Integração Vertical................... 313
Benefícios e Custos Estratégicos da Integração Vertical 315
    Volume de Produção *versus* Escala Eficiente..................... 315
    Benefícios Estratégicos da Integração 316
    Custos Estratégicos da Integração............................ 323
Problemas Estratégicos Particulares na Integração para a Frente 329
Problemas Estratégicos Particulares na Integração para Trás 332
Contratos a Longo Prazo e as Economias da Integração................ 333
    Integração Parcial... 333
    Quase-Integração 335
Ilusões em Decisões de Integração Vertical 336

15 Expansão da Capacidade 339
Elementos da Decisão de Expansão da Capacidade 340
Causas do Excesso de Capacidade 343
    Tecnológicas.. 344
    Estruturais 345
    Competitivas 347
    Fluxos de Informação...................................... 348
    Gerenciais.. 349
    Governamentais.. 350
    Limites para a Expansão da Capacidade 350
Estratégias Preemptivas 351

16	**Entrada em Novos Negócios**	**355**
	Entrada Por Meio de Desenvolvimento Interno	356
	Será que Vai Ocorrer Retaliação?	358
	Identificação de Indústrias-alvo para Entrada Interna	360
	Indústrias em Desequilíbrio	361
	Conceitos Genéricos para a Entrada	366
	Entrada Por Meio de Aquisição	367
	O Nível do Preço-piso	369
	As Imperfeições no Mercado de Companhias	369
	Habilidade Única para Operar o Vendedor	371
	Licitantes Irracionais	372
	Entrada em Seqüência	373
A	**Técnicas de Portfólio na Análise da Concorrência**	**375**
	A Matriz de Crescimento/Parcela	376
	Limitações	377
	Uso em Análise da Concorrência	378
	A Tela da Atratividade da Indústria/Posição da Companhia	379
B	**Como Conduzir uma Análise da Indústria**	**382**
	Estratégia para a Análise da Indústria	382
	Entrar de Imediato no Campo	385
	Superar a Crise	385
	Fontes Publicadas para Análise da Indústria e da Concorrência	386
	Estudos de Indústrias	387
	Associações Comerciais	387
	Revistas Especializadas	388
	Imprensa Comercial	388
	Repertórios das Companhias e Dados Estatísticos	388
	Documentos das Companhias	389
	Principais Fontes Governamentais	389
	Outras Fontes	390
	Coleta de Dados de Campo para a Análise da Indústria	391
	Características das Fontes de Campo	391
	Entrevistas de Campo	392
	Bibliografia	**397**
	Índice Analítico	**401**

Prefácio

Este livro, que marca um espaço importante em uma jornada intelectual à qual tenho dedicado grande parte de minha vida profissional, tem sua origem em minha pesquisa e ensino na área da economia da organização industrial e da estratégia competitiva. A estratégia competitiva é uma área de interesse básico para administradores, dependendo criticamente de uma compreensão sutil das indústrias e dos concorrentes. No entanto, o campo da estratégia tem oferecido um número muito reduzido de técnicas analíticas para obtenção dessa compreensão, e para as técnicas que surgiram falta amplitude e alcance. Visto que os economistas há muito estudam a estrutura industrial, embora em grande parte sob a perspectiva da política pública, a pesquisa econômica não se presta aos interesses dos administradores de empresa.

Por meio do ensino e de artigos no campo da economia industrial e da estratégia empresarial, meu trabalho na Harvard Business School na última década vem procurando preencher essa lacuna. A origem deste livro está em minha pesquisa sobre economia industrial, iniciada com a tese de doutorado e que prossegue desde então. Este livro tornou-se um fato quando preparei o material a ser utilizado no curso de Política de Negócios na faculdade em 1975, e quando desenvolvi um curso denominado Análise Competitiva e Industrial, que venho lecionando aos alunos do curso de mestrado em Administração de Empresas e a executivos no decorrer dos últimos anos. Aproveitei não apenas pesquisas escolares com base estatística, no sentido tradicional, como também estudos de centenas de indústrias que resultaram da preparação de material didático, de minha própria pesquisa, da supervisão de dezenas de trabalhos sobre indústrias realizados por equipes de alunos do curso de mestrado em Administração e de meu trabalho junto a companhias norte-americanas e internacionais.

Este livro destina-se a profissionais que precisam desenvolver uma estratégia para determinada empresa e a estudantes que procuram uma melhor compreensão da concorrência. É dirigido também àqueles que desejam compreender a sua indústria e seus concorrentes. A análise competitiva é importante não apenas na formulação das estratégias empresariais, mas também em finanças, marketing, análise de mercado e em muitas outras áreas da empresa. Espero que o livro ofereça uma compreensão valiosa para os mais diversos profissionais em diferentes níveis dentro da organização.

Também esperamos que o livro contribua para o desenvolvimento de uma boa política pública em relação à concorrência. *Estratégia Competitiva* faz um exame do modo como uma empresa pode competir com maior eficácia pra fortalecer sua posição no mercado. Qualquer estratégia desse tipo deve ocorrer no contexto de regras do jogo para um comportamento competitivo desejável em termos sociais, estabelecido por padrões éticos e pela política pública. As regras do jogo não podem atingir seu efeito pretendido a menos que antecipem de forma correta o modo como os negócios respondem estrategicamente às oportunidades e às ameaças da concorrência.

Contei com ajuda e apoio consideráveis para tornar este livro uma realidade. A Harvard Business School propiciou um cenário único para realizar essa pesquisa. Os reitores Lawrence Fouraker e John McArthur ofereceram, desde o início, comentários valiosos, apoio institucional e, o que é mais importante, estímulo. O Departamento de Pesquisa da faculdade concedeu grande parte do suporte financeiro para o estudo, além do apoio da General Electric Foundation. Richard Rosenbloom, diretor do Departamento de Pesquisa, foi não apenas um investidor paciente como também uma fonte valiosa de comentários e consultoria.

O estudo não teria sido possível sem os esforços de um grupo altamente talentoso e dedicado de companheiros que trabalharam comigo nos últimos cinco anos na condução da pesquisa em indústrias e na preparação de material de caso. Jessie Bourneuf, Steven J. Roth, Margaret Lawrence e Neal Bhadkamkar – todos com mestrado em Administração de Empresas em Harvard – dedicaram pelo menos um ano de trabalho em tempo integral a meu lado no estudo.

Também contei com uma grande contribuição da pesquisa realizada por vários de meus alunos de doutorado na área da estratégia competitiva. O trabalho da Kathryn Harrigan sobre indústrias em declínio prestou importante contribuição para o Capítulo 12. O trabalho realizado por Joseph D'Cruz, Nitin Metha, Peter Patch e George Yip também enriqueceu minha apreciação de tópicos importantes abordados no livro.

Meus colegas de Harvard e companheiros de empresas externas desempenharam um papel vital no desenvolvimento do livro. A pesquisa de minha co-autoria com Richard Caves, um grande amigo e colega, deu uma importante contribuição intelectual para o livro; ele também fez comentários perceptivos sobre todo o manuscrito. Membros do Corpo Docente de Política de Negócios em Harvard, em particular Malcolm Salter e Joseph Bower, prestaram-me grande auxílio em aguçar meu pensamento e ofereceram apoio importante. Catherine Hayden, vice-presidente da Strategic Planning Associates, Inc. foi uma valiosa fonte de idéias, além de ter tecido comentários sobre todo o manuscrito. A pesquisa conjunta e inúmeras discussões com Michael Spence ampliaram minha compreensão sobre estratégia. Richard Meyer lecionou comigo o curso de Análise Competitiva e Industrial, tendo estimulado meu pensamento em muitas áreas. Mark Fuller prestou-me assistência com nosso trabalho conjunto em estudos de indústrias e no desenvolvimento de casos. Thomas Hout, Eileen Rudeen e Eric Vogt – todos do Boston Consulting Group – fizeram contribuições para o Capítulo 13. Outros que deram estímulo e teceram comentários úteis sobre o manuscrito em seus vários estágios incluem os professores John Lintner, C. Roland Christensen, Kenneth Andrews, Robert Buzzell e Norman Berg; além de John Nils Hanson (Gould Corporation), John Forbus (McKinsey and Company) e meu editor Robert Wallace.

Também devo muito a Emily Feudo e, em particular, a Sheila Barry, que juntas cuidaram da produção do manuscrito e contribuíram para minha tranqüilidade e produtividade quando trabalhava neste estudo. Por fim, gostaria de agradecer aos meus alunos de Análise Competitiva e Industrial, Política de Negócios e Estudos de Campo em Cursos de Análise de Indústrias a paciência em servir como cobaias na experimentação dos conceitos contidos neste livro e, mais importante ainda, o seu entusiasmo no trabalho com as idéias. Obrigado também por ajudarem a esclarecer, de inúmeras formas, meu pensamento.

Introdução
à 16ª edição

Quando *Estratégia Competitiva* foi publicado, há 18 anos, eu esperava que tivesse algum impacto, tinha motivos para esperar isso, pois o livro baseava-se em um sólido alicerce de pesquisas que resistiram aos testes das análises de colegas, e sua versão inicial sobrevivera à inspeção minuciosa de meus alunos executivos e dos cursos de pós-graduação em Administração.

A recepção que o livro teve e seu papel na criação de um novo campo, entretanto, excederam as minhas expectativas mais otimistas. A maioria dos alunos de faculdades de Administração ao redor do mundo é exposta às idéias presentes no livro, invariavelmente nos cursos básicos de Política e Estratégia, e freqüentemente em cursos eletivos especializados em estratégia competitiva e também em outras áreas, como economia, marketing, gestão de tecnologia e sistemas de informação. Numerosas cartas, conversas pessoais e, agora, e-mails me dizem que profissionais de empresas de pequeno e grande porte internalizaram as idéias do livro, e surgiram empresas especializadas em assessorar seu emprego. Os analistas financeiros precisam ler o livro para obter sua certificação.

Hoje, a Estratégia Competitiva e suas disciplinas essenciais – Análise Setorial, Análise da Concorrência e Posicionamento Estratégico – fazem parte da prática gerencial. A adoção do livro como poderosa ferramenta por um grande número de profissionais ponderados é a concretização de um desejo antigo de influenciar o que acontece no mundo real.

A estratégia competitiva tornou-se também um campo acadêmico. Hoje, repleto de idéias concorrentes, esse campo ocupa lugar de destaque entre os pesquisadores da área de Administração. Tornou-se também uma próspera área de pesquisas entre os economistas. A extensão e a vitalidade da literatura que se originou a partir do livro, de uma forma ou de outra, contra ou a favor, são extremamente gratificantes. O número de notáveis acadêmicos que trabalham nesse campo – tive o privilégio de ser professor, mentor de alguns deles, além de co-autor de seus trabalhos – supriu minha aspiração principal: influenciar os rumos do conhecimento.

A reedição de *Estratégia Competitiva* levou-me a refletir sobre os motivos do impacto do livro. Hoje, com o passar do tempo, eles ficaram claros para mim. A competição sempre foi um tema central da agenda das empresas, mas certamente o fato de o livro ter sido lançado no momento em que empresas do mundo inteiro lutavam para lidar com a crescente concorrência não foi ruim. Na verdade, a concorrência tornou-se um dos temas duradouros de nossa época. A crescente intensidade da competição continua até hoje, disseminando-se entre um número cada vez maior de países. Traduções do livro para o chinês (1997) ou para o tcheco, húngaro, polonês ou ucraniano teriam sido impossíveis em 1980.

O livro preencheu um vácuo na teoria da administração. Depois de várias décadas de desenvolvimento, o papel dos gerentes gerais *versus* especialistas definia-se melhor. O planejamento estratégico tornara-se amplamente aceito como a importante tarefa de traçar os rumos da empresa a longo prazo. Como observo na introdução original de *Estratégia Competitiva*, teóricos da área, como Kenneth Andrews e C. Roland Christensen, haviam levantado algumas questões importantes para a formulação da estratégia. No entanto, não havia ferramentas sistemáticas e rigorosas para respondê-las – a avaliação do setor de atuação da empresa, a compreensão dos concorrentes e a escolha da posição competitiva. Algumas empresas de consultoria recém-criadas tentaram preencher esse vácuo, mas as idéias que defendiam, como a curva da experiência, baseavam-se em uma única base presumida de competição e em um único tipo de estratégia.

Estratégia Competitiva oferecia uma rica base conceitual para a compreensão das forças subjacentes à concorrência nos setores, capturada pelo conceito das "cinco forças". Essa base conceitual revela importantes diferenças entre os setores e a evolução dos setores, ajudando as empresas a encontrarem uma posição singular. *Estratégia Competitiva* oferecia as ferramentas que permitiam capturar a riqueza e a heterogeneidade de setores e empresas, proporcionando ao mesmo tempo uma estrutura disciplinada para sua análise. O livro também levou estrutura ao conceito de vantagem competitiva, definindo-a em termos de custo e diferenciação e associando-a diretamente à rentabilidade. Os gerentes que buscavam formas concretas de lidar com as difíceis questões do planejamento estratégico abraçaram rapidamente o livro, cujos conceitos lhes pareciam verdadeiros.

O livro sinalizava também uma nova direção e proporcionou novo ímpeto ao pensamento econômico. Na época, a teoria econômica da competição era altamente estilizada. Os economistas concentravam-se principalmente nos setores; as empresas eram consideradas iguais; as diversidades estavam principalmente no porte ou em diferenças de eficiência inexplicáveis. A visão predominante de estrutura do setor englobava concentração de vendedores e algumas fontes de barreira à entrada. Os gerentes certamente não estavam ausentes nos modelos econômicos, ainda que praticamente sem liberdade para afetar os resultados competitivos. Os economistas preocupavam-se principalmente com as conseqüências das estruturas do setor, com os padrões competitivos alternativos para a sociedade e com as políticas públicas. A meta era empurrar para baixo os lucros "excessivos". Poucos economistas haviam considerado as implicações da natureza da competição para o comportamento da empresa, ou como empurrar os lucros para cima. Além disso, os economistas também careciam das ferramentas para modelar a competição entre um pequeno número de empresas cujo comportamento afetava o das outras. *Estratégia Competitiva* identificou uma gama de fenômenos que os economistas, de posse das novas técnicas da teoria dos jogos, começaram a explorar matematicamente pela primeira vez.

Meu treinamento e meus deveres – primeiro como mestre em Administração de Empresas, depois como PhD em Economia, e depois diante do desafio singular da Harvard Business School de usar estudos de casos para ensinar profissionais – revelaram a lacuna entre a competição real e os modelos estilizados. Criaram também um senso de urgência para o desenvolvimento de ferramentas que fundamentassem escolhas reais em mercados reais. De posse dos ricos conhecimentos do setor e de empresas, provenientes de muitos estudos de caso, pude oferecer uma visão mais sofisticada da competição nos setores e proporcionar alguma estrutura à questão de como uma empresa poderia ter um desempenho melhor do que suas rivais. A estrutura dos setores envolvia cinco forças, não duas. Seria possível pensar nas posições competitivas em termos de custo, diferenciação e escopo. Na minha teoria, os gerentes tinham liberdade para influenciar a estrutura setorial e posicionar a empresa com relação às outras.

Sinalização do mercado, mudanças nos custos, barreiras à saída, custos *versus* diferenciação e estratégias amplas *versus* estratégias focalizadas foram apenas alguns dos novos conceitos explorados no livro e que se transformaram em férteis áreas de pesquisas, incluindo o uso da teoria dos jogos. Minha abordagem ajudou a inaugurar novos territórios à exploração dos economistas e ofereceu aos economistas nas faculdades de Administração uma forma de ir além do ensino dos conceitos e modelos econômicos tradicionais. *Estratégia Competitiva* não só foi usado amplamente nas faculdades como também motivou e serviu como ponto de partida para outros esforços de levar o pensamento econômico a se basear na prática.[1]

O que mudou desde que o livro foi lançado? De certa forma, tudo. Novas tecnologias, novas ferramentas gerenciais, novos setores em crescimento e novas políticas governamentais apareceram e reapareceram. Em outro sentido, porém, nada mudou. O livro apresenta uma base conceitual para a análise competitiva que transcende setores, tecnologias ou abordagens gerenciais específicos. Aplica-se a setores de alta tecnologia, de baixa tecnologia e de serviços. O advento da Internet pode alterar barreiras à entrada, remodelar o poder do comprador ou impulsionar novos padrões de substituição; por exemplo, as forças subjacentes da competição no setor, no entanto, permanecem as mesmas. Devido à necessidade de repensar a estrutura e as fronteiras dos setores, as mudanças no setor tornam as idéias do livro ainda mais importantes. Embora as empresas da década de 1990 possam parecer muito diferentes das empresas da década de 1980 ou de 1970, a base da rentabilidade superior dentro de um setor continua sendo os custos relativos e a diferenciação. É possível acreditar que o tempo de ciclo mais rápido ou a qualidade total sejam o segredo da competição, mas o teste final se dá sob a forma pela qual essas práticas afetam a rivalidade no setor, a posição de custo relativa da empresa ou sua capacidade de se diferenciar e cobrar preços maiores.

As idéias do livro resistiram ao tempo porque abordaram os aspectos fundamentais subjacentes à competição de uma forma independente das especificidades de concorrência entre as empresas. Diversos outros livros sobre competição surgiram e partiram, pois na verdade tratavam apenas de casos especiais ou baseavam-se não nos princípios da estratégia competitiva, mas sim em práticas competitivas específicas. Não queremos dizer com isso que *Estratégia Competitiva* seja a última palavra sobre o assunto. Ao contrário, muita coisa importante em termos de teoria e conhecimentos aconteceu e acontecerá. *Estratégia Competitiva,* contudo, continua sendo um alicerce duradouro e um ponto de apoio para se refletir sobre competição entre os setores e posicionamento dentro do setor, aos quais podem-se acrescentar e integrar outras idéias.

---

[1] Entre alguns exemplos notáveis estão:
OSTER, S. *Modern Competitive Analysis.* 2. ed. Oxford University Press, 1994.
DIXIT, A.; NALEBUFF, B. *Thinking Strategically: The Competitive Edge in Business, Politics and Eveyday Life.* Nova York: W. W. Norton & Company, 1991.
BESANKO, D.; DRANOVE, D.; SHANLEY, M. *The Economics of Strategy.* Northwestern University, 1996.

O que eu mudaria? Essa é uma pergunta que qualquer autor teria dificuldade de responder objetivamente. *Estratégia Competitiva* certamente poderia ser enriquecido com novos exemplos, tanto em antigos quanto em novos setores. Os conceitos são tão poderosos no setor de serviços quanto no de produtos, e poderíamos acrescentar mais exemplos de serviços. As bases conceituais foram aplicadas em praticamente todos os países importantes e a internacionalização dos exemplos estaria na ordem do dia. Embora setores, empresas e países mudem, o poder dos conceitos é duradouro.

No nível das idéias, posso dizer com sinceridade que ainda não fui persuadido a retroceder em um único ponto. Isso não significa que não tenhamos avançado em termos de conhecimento. Várias partes da base conceitual foram testadas, questionadas, aprofundadas e ampliadas por outras pessoas, em sua maioria acadêmicos. O fato de *Estratégia Competitiva* servir de base para outros autores é, com freqüência, motivo de orgulho e de um certo desconforto. É impossível fazer justiça aqui a essa literatura, que oferece tantos novos insights. O lado do fornecedor foi renovado, por exemplo, à medida que nossa compreensão do funcionamento teórico das barreiras à entrada se aprofundou. Além disso, embora inevitavelmente tenham sempre uma relação de negociação com fornecedores e compradores, as empresas podem aumentar o tamanho do bolo a ser dividido trabalhando de forma cooperativa com compradores, fornecedores e fabricantes de produtos complementares. Esse ponto foi aprofundado em meu livro posterior, *Vantagem Competitiva*, e em literatura subseqüente.[2] Finalmente, o trabalho empírico verificou muitas das proposições de *Estratégia Competitiva*.

Estratégia Competitiva com certeza teve sua dose de controvérsia. Parte dessa controvérsia envolve equívocos e sugere áreas em que a apresentação poderia ser mais clara. Por exemplo, há quem critique o livro por implicar uma base conceitual estática em um mundo de rápidas mudanças. Essa certamente não foi a intenção. Cada parte da base conceitual – análise da concorrência, análise da competição, posicionamento competitivo – enfatiza as condições sujeitas à mudança. Na verdade, as bases conceituais revelam as *dimensões* da mudança que serão mais significativas. Grande parte do grupo trata de como entender e lidar com a mudança: por exemplo, evolução de setores (Capítulo 8); setores emergentes (Capítulo 10); como lidar com a maturidade do setor (Capítulo 11); setores em declínio (Capítulo 12); e globalização (Capítulo 13). As empresas nunca podem parar de aprender sobre o setor em que atuam, suas rivais ou formas de melhorar ou modificar sua posição competitiva.

---

[2]A contribuição mais importante encontra-se em:
BRANDENBURGER, A.; NALEBUFF, B. *Co-opetition*. Nova York, Currency/Doubleday: 1996.

Outro equívoco gira em torno da necessidade de escolher entre baixo custo e diferenciação. Em minha opinião, ser o produtor *de custo mais baixo* e ser realmente diferenciado e cobrar um preço maior raramente são compatíveis. As estratégias bemsucedidas exigem a opção por uma coisa ou outra, ou poderão ser facilmente imitadas. Ficar "preso no meio" – expressão que cunhei – é receita certa para o desastre. Às vezes, empresas como a Microsoft avançam tanto que parecem evitar a necessidade de opções estratégicas, mas isso acaba se tornando sua maior vulnerabilidade.

Isso nunca significou que as empresas poderiam ignorar o custo na busca da diferenciação, ou ignorar a diferenciação na busca do preço mais baixo. Tampouco devem negligenciar melhorias em uma dimensão que não envolvam sacrifício em outra. Finalmente, uma posição de baixo custo ou diferenciada, seja ela ampla ou focalizada, envolve melhoria constante. Uma posição estratégica é um caminho, não um ponto fixo. Apresentei recentemente a distinção entre eficácia operacional e posição estratégica que ajuda a esclarecer parte dessa confusão.[3]

Outras controvérsias levantadas pelo livro, porém, refletem, na verdade, diferenças de opinião. Surgiu uma escola de pensamento que argumenta que os setores não são importantes para a estratégia, pois diz que a estrutura e as fronteiras do setor mudam com tanta rapidez ou porque vê a rentabilidade como sendo dominada pela posição da empresa. Sempre argumentei que *tanto* o setor *quanto* a posição são importantes e que ignorar um ou outro expõe a empresa ao perigo. As diferenças setoriais na rentabilidade média são grandes e duradouras. Indícios estatísticos recentes confirmam a importância do setor para explicar tanto a rentabilidade do setor quanto o desempenho do mercado de ações, e revelam que as diferenças setoriais são notavelmente estáveis, mesmo na década de 1990.[4] Sugerem também que os atributos do setor são importantes para explicar a dispersão da rentabilidade entre os setores.[5]

---

[3] PORTER, M. E. "What is Strategy?". *Harvard Business Review*, novembro-dezembro de 1996.

[4] Avaliando os indícios estatísticos, é importante notar também que a contribuição relativa do setor para explicar a rentabilidade apresenta um viés em favor de definições de código de setores excessivamente amplas da SIC, definições de linhas de negócios excessivamente amplas nos relatórios financeiros e o fato de o particionamento das técnicas de variância diminuir artificialmente a contribuição medida do setor. Ver: MCGAHAM, A; PORTER, M.E. "What Do We Know About Variance in Accounting Profitability?", manuscrito da *Harvard Business School*, agosto de 1997.

[5] MCGAHAN, A.; PORTER, M.E. "How Much Does Industry Matter, Really?", *Strategic Management Journal*, julho de 1997, pp. 15-30. MCGAHAN, A.; PORTER, M.E. " The Persistence of Shocks to Profitability", *Harvard Business School Working Paper*, janeiro de 1997. MCGAHAN, A.; PORTER, M.E. "The Emergence and Sustainability of abnormal Profits", *Harvard Business School Working Paper*, maio de 1997. MCGAHAN, A. "The Influence of Competitive Positioning on Corporate Performance", *Harvard Business School Working Paper*, maio de 1997.

RIVKIN, J. W. "Reconciliable Differences: The Relationship Between Industry Conditions and Firm Effects", *Harvard Business School Working Paper* (inédito), 1997.

É difícil conceber uma lógica na qual a natureza da arena de competição das empresas não seja importante para seu desempenho.

A estrutura do setor, incorporada nas cinco forças competitivas, nos proporciona uma forma de pensar sobre a criação e a divisão do calor entre os participantes existentes e os potenciais participantes do setor. Destaca o fato de que a competição vai além da mera rivalidade entre os concorrentes existentes. Embora possa haver ambigüidade quanto à localização das fronteiras do setor, uma das cinco forças sempre capta as questões essenciais na divisão de valor. Há quem defenda o acréscimo de uma sexta força que seria, na maioria das vezes, o governo ou a tecnologia. Continuo convencido de que não é possível entender isoladamente os papéis do governo ou da tecnologia; é preciso vê-los por meio das cinco forças.

Outra escola de pensamento afirma que as condições do fator mercado têm primazia sobre a competição setorial na determinação do desempenho da empresa. Mais uma vez, não existem indícios empíricos que possam fazer frente aos indícios consideráveis sobre o papel do setor, e as condições do fornecedor fazem parte da estrutura do setor. Embora recursos, capacidades e outros atributos relacionados aos mercados de insumos sejam importantes para a compreensão da dinâmica da competição, a tentativa de dissociá-los da competição no setor e as posições singulares ocupadas pelas empresas *vis-à-vis* suas rivais estão carregadas de medo. O valor dos recursos e das capacidades tem profundas ligações com a estratégia. Por mais que aprendamos sobre o que se passa dentro de empresas, a compreensão dos setores e da concorrência continuará sendo essencial para guiar o que as empresas devem tentar fazer.

Finalmente, nos últimos anos, houve quem argumentasse que as empresas não deveriam buscar posições competitivas, mas sim concentrar-se em variedade, flexibilidade, incorporação de novas idéias ou desenvolvimento de recursos importantes ou competências essenciais retratados como independentes da posição competitiva.

Discordo, com todo respeito. A manutenção da flexibilidade em termos estratégicos torna a obtenção da vantagem competitiva quase impossível. Pular de estratégia em estratégia impossibilita a implementação apropriada de qualquer uma delas. A incorporação contínua de novas idéias é importante para a manutenção da eficácia operacional. Mas isso com certeza não é inteiramente incoerente com uma posição estratégica consistente.

Concentrando-se somente nos recursos/competências e ignorando a posição competitiva, corre-se o risco de olhar apenas para si. Recursos ou competências são de grande valor para uma determinada posição ou forma de competição, não em si. Embora possa ser útil, a perspectiva dos recursos/competências não diminui a necessidade crucial de um determinado negócio entender a estrutura do setor e a posição competitiva. Mais uma vez, a necessidade de conectar os fins (a posição da empresa no mercado) e os meios competitivos (que elementos possibilitam a obtenção dessa posição) não é apenas crucial, é essencial.

Estratégia Competitiva foi escrito em uma época diferente e gerou não apenas extensões, mas também perspectivas competitivas. Entretanto, curiosamente, o reconhecimento da importância da estratégia vem aumentando nos dias de hoje. A preocupação com questões internas das empresas ao longo da última década teve limites que estão se tornando aparentes, e há uma consciência renovada da importância da estratégia. Com maior perspectiva e entusiasmo menos juvenil, espero que possamos ver, com mais clareza do que nunca, o lugar da estratégia competitiva na paleta gerencial e renovar o apreço pela visão integrada da competição.

MICHAEL E. PORTER
Brookline, Massachusetts
Janeiro de 1998

Introdução

Cada empresa que compete em uma indústria possui uma estratégia competitiva, seja ela explícita ou implícita. Essa estratégia tanto pode ter se desenvolvido explicitamente por meio de um processo de planejamento como ter evoluído implicitamente a partir das atividades dos vários departamentos funcionais da empresa. Dispondo apenas de seus próprios meios, cada departamento funcional inevitavelmente buscará métodos ditados pela sua orientação profissional e pelos incentivos daqueles encarregados. No entanto, a soma desses métodos departamentais raramente equivale à melhor estratégia.

A ênfase dada hoje ao planejamento estratégico nas empresas dentro e fora dos Estados Unidos reflete a proposição de que existem benefícios significativos a serem obtidos com um processo *explícito* de formulação de estratégia; garantindo que pelo menos as políticas (se não as ações) dos departamentos funcionais sejam coordenadas e dirigidas visando um conjunto comum de metas.

A maior atenção ao planejamento estratégico formal levantou questões que há muito preocupavam os administradores: o que vem dirigindo a concorrência em minha indústria ou nas indústrias nas quais estou pensando em entrar? Quais atitudes os concorrentes provavelmente assumirão e qual a melhor maneira de responder? De que modo minha indústria se desenvolverá? Qual a melhor posição a ser adotada pela empresa para competir a longo prazo?

Todavia, grande parte da ênfase nos processos formais de planejamento estratégico é dada à indagação dessas questões de uma maneira organizada e disciplinada, e não a lhes dar uma resposta. As técnicas desenvolvidas, geralmente por firmas de consultoria, para responder às questões destinam-se à companhia diversificada e não à indústria como um todo, ou consideram apenas um aspecto da estrutura industrial, como o comportamento dos custos, que não pode esperar captar a substância e a complexidade da concorrência na indústria.

Este livro apresenta uma metodologia abrangente de técnicas analíticas visando auxiliar uma empresa a analisar sua indústria como um todo e a prever a sua futura evolução, compreender a concorrência e a sua própria posição e traduzir essa análise em uma estratégia competitiva para um determinado ramo de negócio.

O livro está organizado em três partes. A Parte I apresenta uma metodologia geral para a análise da estrutura de uma indústria e de sua concorrência. A base dessa metodologia é a análise das cinco forças competitivas que atuam sobre uma indústria e de suas implicações estratégicas. Essa parte apóia-se nessa metodologia a fim de apresentar técnicas para a análise da concorrência, dos compradores e dos fornecedores; técnicas para a leitura de sinais do mercado; conceitos teóricos para que se faça e se responda a movimentos competitivos; um método para o mapeamento de grupos estratégicos em uma indústria e para explicar diferenças em seu desempenho; e uma metodologia para prever a evolução da indústria.

A Parte II mostra o modo como a metodologia analítica descrita na Parte I pode ser utilizada no desenvolvimento de uma estratégia competitiva em determinados tipos importantes de meios industriais. Esses diferentes meios refletem diferenças fundamentais na concentração de indústrias, no estado de maturidade e na exposição à concorrência internacional; são cruciais na determinação do contexto estratégico no qual uma empresa compete, das alternativas estratégicas disponíveis e dos erros estratégicos comuns. Essa parte examina indústrias fragmentadas, indústrias emergentes, a transição para a maturidade industrial, indústrias em declínio e indústrias globais.

A Parte III do livro completa a metodologia analítica examinando sistematicamente os tipos importantes de decisões estratégicas enfrentadas pelas empresas que competem em uma única indústria: integração vertical, grande expansão da capacidade e entrada em novos negócios. (A desativação é considerada em detalhe no Capítulo 12, na Parte II.) A análise de cada decisão estratégica baseia-se na aplicação dos instrumentos analíticos gerais da Parte I, bem como em uma outra teoria econômica e em considerações administrativas no gerenciamento e na motivação de uma organização. A Parte III visa não só ajudar uma companhia a tomar essas decisões básicas, mas também a compreender o modo como seus concorrentes, clientes, fornecedores e entrantes em potencial poderiam tomá-las.

Para analisar a estratégia competitiva para um determinado negócio, o leitor pode contar com o livro de diversas formas. Em primeiro lugar, os instrumentos analíticos gerais da Parte I podem ser utilizados. Em segundo lugar, os capítulos da Parte II relacionados às dimensões básicas da indústria da empresa podem ser usados para dar uma certa orientação mais específica para a formulação da estratégia no meio ambiente particular da empresa. Por fim, caso a empresa esteja considerando uma determinada decisão, o leitor pode consultar o capítulo apropriado na Parte III. Mesmo que uma decisão particular não seja iminente, a Parte III será útil na revisão de decisões já tomadas e no exame de decisões passadas e presentes dos concorrentes.

Embora o leitor possa aprofundar-se particularmente em um capítulo, será bastante proveitoso ter uma compreensão geral da metodologia total como um ponto de partida para abordar um problema estratégico particular. As partes do livro visam enriquecimento e reforço mútuos. Seções que aparentemente não são importantes para a posição da empresa propriamente dita podem ser cruciais com relação à concorrência, e as amplas circunstâncias da indústria ou a decisão estratégica atualmente em discussão podem se modificar. O esforço com a leitura do livro na sua totalidade pode parecer descomunal, mas será recompensado em termos da velocidade e da clareza com que uma situação estratégica pode, então, ser avaliada e uma estratégia competitiva desenvolvida.

Logo ficará evidente, com a leitura, que uma análise compreensiva de uma indústria e de seus concorrentes exige um grande volume de dados, alguns dos quais sutis e de difícil obtenção. O livro visa fornecer ao leitor uma metodologia para a decisão sobre quais são os dados particularmente cruciais e sobre o modo como eles podem ser analisados. Refletindo os problemas práticos da execução dessa análise, o Apêndice B fornece um método organizado para a condução efetiva de um estudo sobre a indústria, incluindo fontes de campo e dados publicados, além de uma orientação em entrevista de campo.

Este livro foi escrito para *profissionais*, isto é, administradores que procuram melhorar o desempenho de seus negócios, consultores em administração, professores de administração de empresas, analistas de mercado ou outros observadores que buscam compreender e prever o sucesso ou o fracasso empresarial, ou funcionários do governo que procuram compreender a concorrência para formular uma política pública. É baseado em minha pesquisa no campo da economia industrial e da estratégia empresarial e na minha experiência como professor de programas de mestrado em Administração de Empresas e para executivos na Harvard Business School. Fundamenta-se em estudos detalhados de centenas de indústrias com todas as variedades de estruturas e em estados de maturidade bem diferentes. O livro não foi escrito do ponto de vista do estudante, ou no estilo de meu trabalho com uma orientação mais acadêmica, mas esperamos, todavia, que os estudantes se interessem pelo método conceitual, pelas extensões para a teoria da organização industrial e pelos muitos exemplos de casos.

REVISÃO: O MÉTODO CLÁSSICO PARA A FORMULAÇÃO DE ESTRATÉGIA

O desenvolvimento de uma estratégia competitiva é, em essência, o desenvolvimento de uma fórmula ampla para o modo como uma empresa competirá, quais deveriam ser as suas metas e quais as políticas necessárias para levar-se a cabo essas metas. Visando servir como um ponto de partida comum para o leitor antes de um aprofundamento na metodologia analítica deste livro, esta seção fará a revisão de um método clássico para a formulação de estratégias[1] que se tornou padrão no campo. As Figuras I-1 e I-2 ilustram esse método.

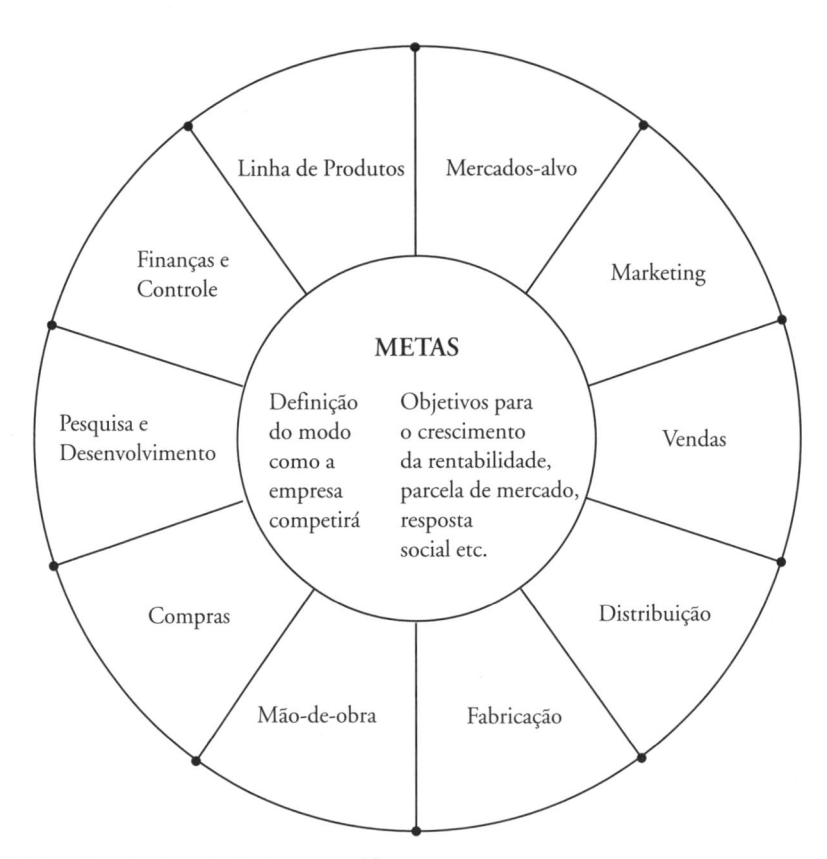

FIGURA I-1 *A roda da estratégia competitiva.*

---

[1] Esta seção baseia-se basicamente no trabalho realizado por Andrews, Christensen e outros integrantes do grupo de política da Harvard Business School. Para uma articulação mais completa do conceito de estratégia, ver Andrews (1971) e, mais recentemente, Christensen, Andrews e Bower (1971). Esses relatos clássicos também discutem as razões pelas quais a estratégia explícita é importante em uma companhia, bem como a relação entre a formulação de estratégia e o papel e as funções mais amplas da gerência geral. A estratégia de planejamento está longe de ser a única coisa que a gerência geral faz ou deveria fazer.

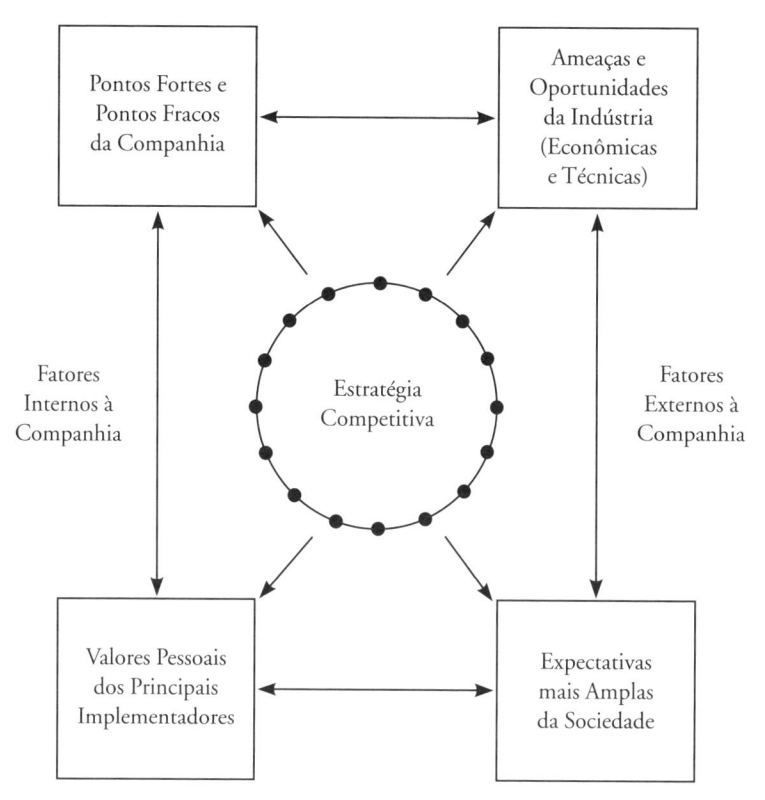

```
       ┌─────────────────┐                    ┌─────────────────┐
       │ Pontos Fortes e │                    │    Ameaças e    │
       │  Pontos Fracos  │◄──────────────────►│  Oportunidades  │
       │   da Companhia  │                    │   da Indústria  │
       │                 │                    │   (Econômicas   │
       │                 │                    │    e Técnicas)  │
       └─────────────────┘                    └─────────────────┘
                ▲                                      ▲
                │              ╱───────╲               │
                │           ╱     ●●      ╲            │
   Fatores      │        ╱  ●            ●  ╲     Fatores
  Internos à    │       │ ●   Estratégia   ● │   Externos à
   Companhia    │       │ ●   Competitiva  ● │    Companhia
                │        ╲  ●            ●  ╱
                │           ╲     ●●      ╱
                ▼              ╲───────╱                ▼
       ┌─────────────────┐                    ┌─────────────────┐
       │ Valores Pessoais│                    │   Expectativas  │
       │  dos Principais │◄──────────────────►│   mais Amplas   │
       │ Implementadores │                    │   da Sociedade  │
       └─────────────────┘                    └─────────────────┘
```

FIGURA I-2 *Contexto em que a estratégia competitiva é formulada.*

A Figura I-1 ilustra que a estratégia competitiva é uma combinação dos *fins* (metas) que a empresa busca e dos *meios* (políticas) pelos quais ela está buscando chegar lá. Empresas diferentes empregam palavras diferentes para alguns dos conceitos ilustrados. Por exemplo, algumas empresas empregam termos como "missão" ou "objetivo" em vez de "metas", e outras empregam "tática" em lugar de "políticas funcionais" ou "operacionais". Contudo, noção essencial de estratégia é captada na distinção entre fins e meios.

A Figura I-1, que pode ser denominada a "Roda da Estratégia Competitiva", é um dispositivo para a articulação dos aspectos básicos da estratégia competitiva de uma empresa em uma única página. No centro da roda, estão as metas da empresa, que são a definição geral do modo como ela deseja competir e seus objetivos econômicos e não-econômicos. Os raios da roda são as políticas operacionais básicas com as quais a empresa busca atingir essas metas. Sob cada tópico na roda deve-se obter, com base nas atividades da companhia, uma declaração sucinta das políticas operacionais básicas nessa área funcional. Dependendo da natureza do negócio, a administração pode ser mais ou menos específica na articulação dessas políticas operacionais básicas; uma vez especificadas, o conceito de estratégia pode ser empregado como guia do comportamento global da empresa. Como uma roda, os raios (políticas) devem originar-se de, e refletir, o centro (metas), devendo estar conectados entre si; do contrário, a roda não girará.

A Figura I-2 ilustra que, no nível mais amplo, a formulação de uma estratégia competitiva envolve considerar quatro fatores básicos que determinam os limites daquilo que uma companhia pode realizar com sucesso. Os pontos fortes e os pontos fracos da companhia são o seu perfil de ativos e as qualificações em relação à concorrência, incluindo recursos financeiros, postura tecnológica, identificação de marca, e assim por diante. Os valores pessoais de uma organização são as motivações e as necessidades dos seus principais executivos e de outras pessoas responsáveis pela implementação da estratégia escolhida. Os pontos fortes e os pontos fracos combinados com os valores determinam os limites inter-

---

Consistência Interna
    As metas são mutuamente alcançáveis?
    Será que as políticas operacionais básicas se dirigem para as metas?
    Será que as políticas operacionais básicas se reforçam mutuamente?

Ajuste Ambiental
    Será que as metas e as políticas exploram as oportunidades da indústria?
    Será que as metas e as políticas abordam as ameaças da indústria (inclusive o risco de uma resposta competitiva) até o grau possível com os recursos disponíveis?
    Será que a oportunidade das metas e das políticas reflete a habilidade do meio em absorver as ações?
    Será que as metas e as políticas respondem aos interesses mais amplos da sociedade?

Ajuste de Recursos
    Será que as metas e as políticas se ajustam aos recursos à disposição da companhia em relação à concorrência?
    Será que a oportunidade das metas e das políticas reflete a habilidade da organização em modificar-se?

Comunicação e Implementação
    Será que as metas foram bem compreendidas pelos principais implementadores?
    Será que existe uma congruência suficiente entre as metas e as políticas e os valores dos principais implementadores de modo a assegurar um compromisso?
    Será que existe capacidade gerencial suficiente para permitir uma implementação efetiva?

FIGURA I-3 *Testes de consistência*[a].

---

[a] Essas questões são uma versão modificada daquelas desenvolvidas por Andrews (1971).

nos (à companhia) da estratégia competitiva que uma companhia pode adotar com pleno êxito.

Os limites externos são determinados pela indústria e por seu meio ambiente mais amplo. As ameaças e as oportunidades da indústria definem o meio competiti-

---

A. O que a empresa está realizando no momento?
   1. Identificação
      Qual a estratégia corrente implícita ou explícita?
   2. Suposições Implícitas*
      Que suposições sobre a posição relativa, os pontos fortes e os pontos fracos da companhia, a concorrência e as tendências da indústria devem ser feitas para que a estratégia corrente faça sentido?

* Dada a premissa de que os administradores tentam honestamente otimizar o desempenho de suas empresas, a estratégia corrente seguida por uma empresa deve refletir suposições feitas pela administração com relação à sua indústria e à posição relativa da empresa na indústria. A compreensão e o tratamento dado a essas suposições implícitas podem ser cruciais para um parecer estratégico. Em geral, um grande volume de dados convincentes e de suporte precisa ser passado em revista para modificar essas suposições, e é aí que grande parte da atenção, se não a sua maior parte, precisa ser enfocada. A pura lógica da escolha estratégica não é suficiente. Ela não será convincente caso ignore as suposições da administração.

B. O que está ocorrendo no meio ambiente?
   1. Análise da Indústria
      Quais os fatores básicos para o sucesso competitivo e as ameaças e as oportunidades importantes para a indústria?
   2. Análise da Concorrência
      Quais as capacidades e as limitações dos concorrentes existentes e potenciais e seus prováveis movimentos futuros?
   3. Análise da Sociedade
      Que fatores políticos, sociais e governamentais importantes apresentarão ameaças ou oportunidades?
   4. Pontos Fortes e Pontos Fracos
      Dada uma análise da indústria e da concorrência, quais os pontos fortes e os pontos fracos da companhia *em relação aos concorrentes presentes e futuros?*

C. O que a empresa deveria estar realizando?
   1. Testes de Suposições e Estratégia
      De que forma as suposições incorporadas à estratégia corrente podem ser comparadas à análise em B, anterior? De que modo a estratégia satisfaz os testes da Figura I-3?
   2. Alternativas Estratégicas
      Quais as alternativas estratégicas viáveis dadas à análise anterior? (A estratégia corrente é uma delas?)
   3. Escolha Estratégica
      Que alternativa faz uma melhor relação entre a situação da companhia e as ameaças e oportunidades externas?

FIGURA I-4 *Processo para a formulação de uma estratégia competitiva.*

vo, com seus riscos conseqüentes e recompensas potenciais. As expectativas da sociedade refletem o impacto, sobre a companhia, de fatores como a política governamental, os interesses sociais, e muitos outros. Esses quatro dados devem ser considerados antes de uma empresa desenvolver um conjunto realista e exeqüível de metas e políticas.

A adequação de uma estratégia competitiva pode ser determinada com o teste das metas e das políticas propostas quanto à sua consistência, conforme mostra a Figura I-3.

Essas amplas considerações em uma estratégia competitiva efetiva podem ser traduzidas em um método generalizado para a formulação da estratégia. O sumário das questões na Figura I-4 fornece esse método para o desenvolvimento da estratégia competitiva ótima.

Embora o processo apresentado na Figura I-4 possa estar intuitivamente claro, uma resposta a essas perguntas envolve uma grande análise penetrante. Dar uma resposta a essas perguntas é o propósito deste livro.

I
Técnicas Analíticas Gerais

A Parte I assenta a fundação analítica para o desenvolvimento da estratégia competitiva com base na análise da estrutura da indústria e da concorrência. O Capítulo 1 introduz o conceito de análise estrutural como uma metodologia para a compreensão das cinco forças fundamentais da concorrência em uma indústria. Esta metodologia é um ponto de partida para grande parte das discussões subseqüentes no livro. A metodologia da análise estrutural é empregada no Capítulo 2 para identificar, a nível mais amplo, as três estratégias competitivas genéricas viáveis a longo prazo.

Os Capítulos 3, 4 e 5 tratam da outra parte básica da formulação da estratégia competitiva: análise da concorrência. No Capítulo 3 é apresentada uma metodologia para a análise da concorrência. Esta metodologia ajuda a diagnosticar movimentos prováveis feitos pelos concorrentes e sua habilidade em reagir. Este capítulo fornece questões detalhadas que podem ajudar o analista na avaliação de um determinado concorrente. O Capítulo 4 mostra como o comportamento da companhia produz uma variedade de tipos de sinais de mercado que podem ser utilizados para o enriquecimento da análise da concorrência e como base para a tomada de atitudes estratégicas. O Capítulo 5 apresenta um método elementar para que se realize, influencie e reaja a movimentos competitivos. O Capítulo 6 faz uma elaboração sobre o conceito de análise estrutural para o desenvolvimento de estratégia em relação aos compradores e aos fornecedores.

Os dois capítulos finais da Parte I reúnem a análise da indústria e a análise da concorrência. O Capítulo 7 demonstra como deve ser feita a análise da natureza da concorrência *dentro* de uma indústria, empregando o conceito de grupos estratégicos e o princípio de barreiras de mobilidade que impedem mudanças na posição estratégica. O Capítulo 8 conclui a discussão sobre as técnicas analíticas gerais, fazendo um exame das formas de prever o processo de evolução da indústria e de algumas implicações dessa evolução para a estratégia competitiva.

1
A Análise Estrutural de Indústrias

A essência da formulação de uma estratégia competitiva é relacionar uma companhia ao seu meio ambiente. Embora o meio ambiente relevante seja muito amplo, abrangendo tanto forças sociais como econômicas, o aspecto principal do meio ambiente da empresa é a indústria ou as indústrias em que ela compete. A estrutura industrial tem uma forte influência na determinação das regras competitivas do jogo, assim como das estratégias potencialmente disponíveis para a empresa. Forças externas à indústria são significativas principalmente em sentido relativo; uma vez que as forças externas em geral afetam todas as empresas na indústria, o ponto básico encontra-se nas diferentes habilidades das empresas em lidar com elas.

A intensidade da concorrência em uma indústria não é uma questão de coincidência ou de má sorte. Ao contrário, a concorrência em uma indústria tem raízes em sua estrutura econômica básica e vai bem além do comportamento dos atuais concorrentes. O grau da concorrência em uma indústria depende de cinco forças competitivas básicas, que são apresentadas na Figura 1-1. O conjunto dessas forças determina o potencial de lucro final na indústria, que é medido em termos de retorno a longo prazo sobre o capital investido. Nem todas as indústrias têm o mesmo potencial. Elas diferem, fundamentalmente, em seu potencial de lucro final à medida que o conjunto das forças difere. As forças variam de intensas, em indústrias como a de pneus, papel e aço – em que nenhuma empresa obtém retornos espetaculares –, a relativamente moderadas, em indústrias como a de serviços e equipamentos de perfuração de petróleo, cosméticos e artigos de toalete – em que altos retornos são bastante comuns.

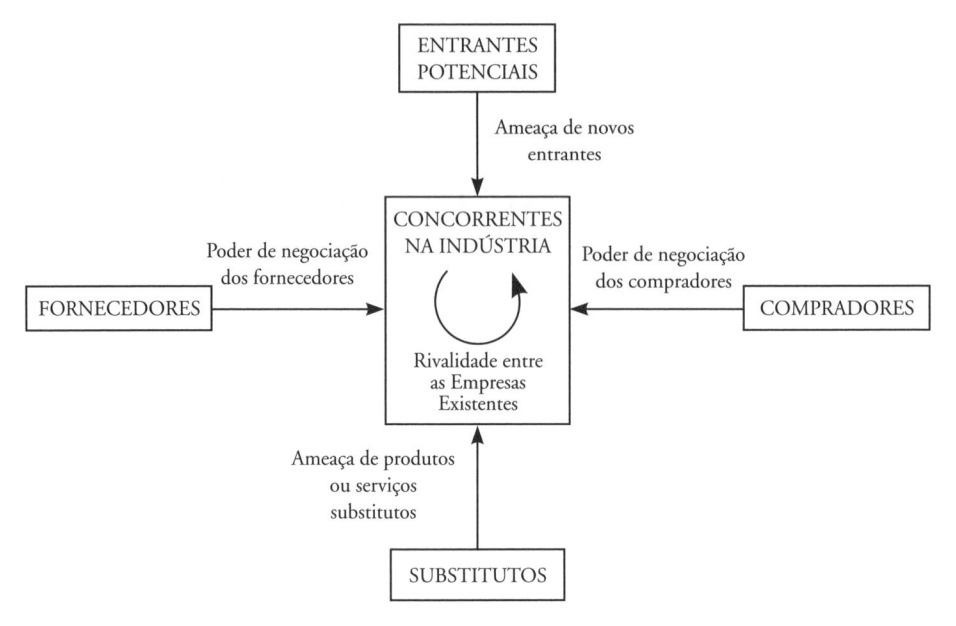

```
                    ┌─────────────┐
                    │  ENTRANTES  │
                    │  POTENCIAIS │
                    └─────────────┘
                           │
                     Ameaça de novos
                        entrantes
                           ↓
                    ┌─────────────┐
   Poder de negociação│CONCORRENTES│ Poder de negociação
   dos fornecedores   │ NA INDÚSTRIA│ dos compradores
┌────────────┐    →   │      ↻     │   ←    ┌────────────┐
│FORNECEDORES│        │            │        │ COMPRADORES│
└────────────┘        │Rivalidade entre     └────────────┘
                      │ as Empresas │
                      │  Existentes │
                      └─────────────┘
                           ↑
                   Ameaça de produtos
                      ou serviços
                      substitutos
                           │
                    ┌─────────────┐
                    │ SUBSTITUTOS │
                    └─────────────┘
```

FIGURA 1-1 *Forças que dirigem a concorrência na indústria.*

Este capítulo trata da identificação das características *estruturais* básicas das indústrias que determinam o conjunto das forças competitivas e, portanto, a rentabilidade da indústria. A meta da estratégia competitiva para uma unidade empresarial em uma indústria é encontrar uma posição dentro dela em que a companhia possa melhor se defender contra essas forças competitivas ou influenciá-las em seu favor. Dado que o conjunto das forças pode estar exageradamente aparente para todos os concorrentes, a chave para o desenvolvimento de uma estratégia é pesquisar em maior profundidade e analisar as fontes de cada força. O conhecimento dessas fontes subjacentes da pressão competitiva põe em destaque os pontos fortes e os pontos fracos críticos da companhia, anima o seu posicionamento em sua indústria, esclarece as áreas em que mudanças estratégicas podem resultar no retorno máximo e põe em destaque as áreas em que as tendências da indústria são da maior importância, quer como oportunidades, quer como ameaças. O entendimento dessas fontes também provará ser útil ao considerarmos áreas para diversificação, embora o foco principal aqui esteja na estratégia em indústrias individuais. A análise estrutural é a base fundamental para a formulação da estratégia competitiva e um suporte básico para a maioria dos conceitos contidos neste livro.

Para evitar repetição desnecessária, o termo "produto" e não "produto ou serviço" será usado em referência ao produto final de uma indústria, embora os princípios da análise estrutural aqui desenvolvidos apliquem-se igualmente a atividades de produção e de serviços. A análise estrutural também se aplica no diagnóstico da concorrência industrial em qualquer país ou em um mercado internacional, embora algumas das circunstâncias institucionais possam ser diferentes.[1]

DETERMINANTES ESTRUTURAIS DA INTENSIDADE DA CONCORRÊNCIA

Vamos adotar a definição de uma indústria como o grupo de empresas fabricantes de produtos que são substitutos bastante aproximados entre si. Na prática, há, com freqüência, um alto grau de controvérsias com relação à definição apropriada, girando em torno do grau de proximidade que a substitutibilidade deve ter em termos de produto, de processo ou de limites geográficos de mercado. Dado que estaremos em uma melhor posição para tratar desses pontos uma vez apresentado o conceito básico da análise estrutural, vamos supor inicialmente que os limites da indústria já tenham sido traçados.

A concorrência em uma indústria age continuamente no sentido de diminuir a taxa de retorno sobre o capital investido na direção da taxa competitiva básica de retorno, ou o retorno que poderia ser obtido pela indústria definida pelos economistas como "em concorrência perfeita". Essa taxa básica competitiva, ou retorno de "mercado livre", é aproximadamente igual ao rendimento sobre títulos do governo a longo prazo ajustados para mais pelo risco de perda de capital. Os investidores não vão tolerar retornos abaixo dessa taxa a longo prazo em virtude de sua alternativa de investimento em outras indústrias, e as empresas com rentabilidade habitualmente inferior a esse retorno acabarão saindo do negócio. A presença de taxas de retorno mais altas que o retorno ajustado do mercado livre serve para estimular o influxo de capital em uma indústria, quer por novas entradas, quer por investimento adicional dos concorrentes já existentes na indústria. O conjunto das forças competitivas em uma indústria determina até que ponto esse influxo de investimento ocorre e direciona o retorno para o nível da taxa de mercado livre e, assim, a capacidade das empresas de manterem retornos acima da média.

As cinco forças competitivas – entrada, ameaça de substituição, poder de negociação dos compradores, poder de negociação dos fornecedores e rivalidade entre os atuais concorrentes – refletem o fato de que a concorrência em uma indústria não está limitada aos participantes estabelecidos. Clientes, fornecedores, subs-

---

[1] O Capítulo 13 discute algumas das implicações particulares de competir em indústrias globais.

titutos e os entrantes potenciais são todos "concorrentes" para as empresas na indústria, podendo ter maior ou menor importância, dependendo das circunstâncias particulares. Concorrência, nesse sentido mais amplo, poderia ser definida como *rivalidade ampliada*.

Todas as cinco forças competitivas em conjunto determinam a intensidade da concorrência na indústria, bem como a rentabilidade, sendo que a força ou as forças mais acentuadas predominam e tornam-se cruciais do ponto de vista da formulação de estratégias. Por exemplo, mesmo uma companhia com uma posição muito firme no mercado de uma indústria em que não há ameaça de entrada de novas empresas obterá um retorno baixo, caso se defronte com um produto substituto superior e mais barato. Mesmo sem produtos substitutos e com a entrada de novas empresas bloqueada, a intensa rivalidade entre os concorrentes existentes limitará os retornos potenciais. O caso extremo da intensidade competitiva é a indústria em concorrência perfeita, na definição dos economistas, em que a entrada é livre, as empresas existentes não têm poder de negociação em relação a fornecedores e clientes, e a rivalidade é desenfreada porque todas as empresas e produtos são semelhantes.

Forças diferentes assumem a predominância, é claro, na forma de concorrência em cada indústria. Na indústria de navios petroleiros, a força básica é provavelmente constituída pelos compradores (as principais companhias petrolíferas), enquanto na de pneus constitui-se de compradores poderosos de equipamento original juntamente com concorrentes difíceis. Na indústria siderúrgica, as forças básicas são os concorrentes estrangeiros e os materiais substitutos.

A estrutura básica de uma indústria, refletida na intensidade das forças, deve ser distinguida dos muitos fatores a curto prazo que podem afetar a concorrência e a rentabilidade de uma forma transitória. Por exemplo, flutuações nas condições econômicas no decorrer do ciclo econômico influenciam a rentabilidade a curto prazo de quase todas as empresas em muitas indústrias, do mesmo modo que a falta de materiais, as greves, os piques na demanda e outros fatos semelhantes. Embora esses fatores possam ter significado tático, o foco da análise da estrutura da indústria, ou "análise estrutural", está na identificação das características básicas de uma indústria, enraizadas em sua economia e tecnologia, e que modelam a arena na qual a estratégia competitiva deve ser estabelecida. As empresas terão, cada uma, pontos fortes e pontos fracos peculiares ao lidarem com a estrutura da indústria, e esta pode mudar e realmente muda gradativamente ao longo do tempo. Contudo, o seu entendimento deve ser o ponto de partida para a análise estratégica.

Ameaça de Entrada

Novas empresas que entram para uma indústria trazem nova capacidade, o desejo de ganhar uma parcela do mercado e freqüentemente recursos substanciais. Como resultado, os preços podem cair ou os custos dos participantes podem ser inflacionados, reduzindo, assim, a rentabilidade. Companhias provenientes de outros mercados e que estão se diversificando com aquisições em uma determinada indústria com freqüência usam seus recursos para causar uma mudança completa, como fez a Philip Morris com a cerveja Miller. Assim, a aquisição de uma empresa já existente em uma indústria com intenção de construir uma posição no mercado deveria ser vista provavelmente como uma entrada, muito embora nenhuma entidade inteiramente nova tenha sido criada.

A ameaça de entrada em uma indústria depende das *barreiras de entrada* existentes, em conjunto com a *reação* que o novo concorrente pode esperar da parte dos concorrentes já existentes. Se as barreiras são altas, o recém-chegado pode esperar retaliação acirrada dos concorrentes na defensiva; a ameaça de entrada é pequena.

Barreiras de Entrada

Existem seis fontes principais de barreiras de entrada:

Economias de Escala. Economias de escala referem-se aos declínios nos custos unitários de um produto (ou operação ou função que entra na produção de um produto), à medida que o volume absoluto *por período* aumenta. Economias de escala detêm a entrada forçando a empresa entrante a ingressar em larga escala e arriscar-se a uma forte reação das empresas existentes ou a ingressar em pequena escala e sujeitar-se a uma desvantagem de custo; duas opções indesejáveis. Economias de escala podem estar presentes em quase toda função de um negócio, incluindo fabricação, compras, pesquisa e desenvolvimento, marketing, rede de serviços, utilização da força de vendas e distribuição. Por exemplo, economias de escala na produção, pesquisa, marketing e serviços são provavelmente as principais barreiras de entrada no segmento principal da indústria de computadores, como a Xerox e a General Electric lamentavelmente descobriram.

As economias de escala podem estar relacionadas a toda uma área funcional, como no caso de uma força de vendas, ou podem derivar de determinadas operações ou atividades que são parte de uma área funcional. Por exemplo, na fabricação de aparelhos de televisão, as economias de escala são grandes na produção de tubos em cores, sendo menos significativas na fabricação de gabinetes e na montagem dos aparelhos. É importante examinar cada componente dos custos isoladamente quanto à sua relação particular entre o custo unitário e a escala de produção.

Unidades de empresas atuando em muitos negócios podem conseguir obter economias similares às de escala, se forem capazes de *compartilhar operações ou funções* sujeitas a economias de escala com outros negócios da companhia. Por exemplo, a companhia com diversos negócios pode fabricar pequenos motores elétricos, que são a seguir usados na produção de ventiladores industriais, secadores de cabelo e sistemas de refrigeração para equipamento eletrônico. Se as economias de escala na fabricação de motores ultrapassam o número de motores necessários em qualquer mercado, a empresa com diversos negócios, diversificada dessa maneira, obterá economias na fabricação de motores que excedem as que seriam possíveis se ela apenas produzisse motores para uso em, digamos, secadores de cabelo. Assim sendo, a diversificação relacionada em torno de operações ou funções comuns pode remover restrições de volume impostas pelo tamanho de uma dada indústria.[2] A entrante em perspectiva é forçada a se diversificar ou a enfrentar uma desvantagem de custo. Atividades ou funções potencialmente compartilháveis, sujeitas a economias de escala, podem incluir força de vendas, sistemas de distribuição, compras etc.

Os benefícios de compartilhar são particularmente potentes caso existam *custos conjuntos*. Custos conjuntos ocorrem quando uma empresa fabricando o produto A (ou uma operação ou função que faz parte da produção de A) tem inerentemente a capacidade de produzir B. Um exemplo está no serviço de transporte aéreo de passageiros e transporte aéreo de cargas, no qual, em virtude de restrições tecnológicas, apenas um determinado espaço da aeronave pode ser preenchido com passageiros, deixando disponível espaço de carga e capacidade de carga útil. Boa parte dos custos corresponde à colocação do avião no ar e existe capacidade de

---

[2] Para que a barreira de entrada seja significativa é crucial que a operação ou a função compartilhada esteja sujeita a economias de escala que ultrapassem o tamanho de qualquer mercado. Se não é esse o caso, as economias de custos no compartilhamento podem ser ilusórias. Uma companhia pode ver seus custos declinarem à medida que são diluídos os gastos gerais, mas isso depende apenas da presença de *excesso de capacidade* na operação ou função. Essas economias têm curta duração, e logo que a capacidade seja totalmente utilizada e expandida, o custo real da operação compartilhada se tornará aparente.

frete independente da quantidade de passageiros que o avião esteja carregando. Assim, a empresa que esteja competindo tanto por passageiros como por fretes pode ter uma vantagem substancial com relação à empresa competindo em apenas um dos dois mercados. O mesmo tipo de efeito ocorre em negócios que envolvem processos de fabricação abrangendo subprodutos. A empresa entrante que não pode captar a receita incremental mais alta dos subprodutos pode enfrentar uma desvantagem, caso as empresas já instaladas o possam.

Uma situação comum de custos conjuntos ocorre quando as unidades da empresa podem repartir ativos *intangíveis* tais como marcas e know-how. O custo de criar um ativo intangível só precisa ser arcado uma vez; o ativo pode, então, ser livremente aplicado em outro negócio, sujeito apenas a custos de adaptação ou de modificação. Assim sendo, situações em que ativos intangíveis são repartidos podem levar a economias substanciais.

Um tipo de barreira de entrada na forma de economias de escala ocorre quando existem vantagens econômicas na integração vertical, ou seja, a operação em estágios sucessivos de produção ou distribuição. Nessa situação, a empresa entrante deve entrar de forma integrada ou enfrentar uma desvantagem de custo, assim como uma possível exclusão de insumos ou mercados para seu produto se a maioria dos concorrentes estabelecidos estiver integrada. A exclusão nessas situações deriva do fato de que a maior parte dos clientes compra de unidades filiadas, ou a maioria dos fornecedores "vende" seus produtos para o mesmo grupo a que pertence. A empresa independente passa por uma difícil situação procurando preços comparáveis e pode ficar "espremida" se os concorrentes integrados lhe oferecerem condições diferentes daquelas que são oferecidas às suas unidades cativas. O requisito de entrar na indústria de forma integrada pode elevar os riscos de retaliação e também elevar outras barreiras de entrada discutidas a seguir.

Diferenciação do Produto. Diferenciação do produto significa que as empresas estabelecidas têm sua marca identificada e desenvolvem um sentimento de lealdade em seus clientes, que foram atingidos a partir do esforço passado pela publicidade, do serviço ao consumidor, das diferenças dos produtos, ou simplesmente por terem entrado primeiro na indústria. A diferenciação cria uma barreira à entrada forçando os entrantes a efetuarem despesas pesadas para superar os vínculos estabelecidos com os clientes. Esse esforço em geral acarreta prejuízos iniciais e, com freqüência, dura um longo período de tempo. Esses investimentos na formação de uma marca são particularmente arriscados, pois não têm nenhum valor residual se a tentativa de entrada falhar.

A diferenciação do produto talvez seja a mais importante barreira de entrada em produtos para bebês, remédios vendidos normalmente sem prescrição médica, cosméticos, bancos de investimento e serviços contábeis públicos. Na indústria de cerveja, a diferenciação do produto está combinada com economias de escala na produção, marketing e distribuição para criar altas barreiras.

Necessidades de Capital. A necessidade de investir vastos recursos financeiros de modo a competir cria uma barreira de entrada, particularmente se o capital é requerido para atividades arriscadas e irrecuperáveis como a publicidade inicial ou pesquisa e desenvolvimento (P & D). O capital pode ser necessário não somente para as instalações de produção, mas também para crédito ao consumidor, estoques ou cobertura dos prejuízos iniciais. A Xerox criou uma importante barreira de capital para a entrada no ramo de copiadoras, por exemplo, quando preferiu alugar copiadoras a vendê-las diretamente, o que aumentou acentuadamente a necessidade de capital de giro. Embora as maiores companhias contemporâneas possuam os recursos financeiros para entrar quase em qualquer indústria, as exigências imensas de capital em campos como computadores e extração de minérios limitam o grupo de prováveis pretendentes à entrada. Mesmo se o capital estiver disponível nos mercados de capitais, a entrada representa um uso arriscado desse capital, o que se refletirá em margens de risco cobradas aos pretendentes à entrada; o que constitui vantagem para as empresas já estabelecidas.[3]

Custos de Mudança. Uma barreira de entrada é criada pela presença de *custos de mudança*, ou seja, custos com que se defronta o comprador quando muda de um fornecedor de produto para outro. Os custos de mudança podem incluir custos de um novo treinamento dos empregados, custo de novo equipamento auxiliar, custo e tempo para testar ou qualificar uma nova fonte, necessidade de assistência técnica em decorrência da confiança depositada no vendedor, novo projeto do produto, ou mesmo custos psíquicos de desfazer um relacionamento.[4] Se esses custos de mudança são altos, os recém-chegados precisam oferecer um aperfeiçoamento substancial em custo ou desempenho para que o comprador decida deixar um produtor já estabelecido. Por exemplo, em soluções intravenosas (IV) e conjuntos para uso em hospitais, os procedimentos para ligar as soluções aos pacientes são

---

[3] Em algumas indústrias, os fornecedores estão inclinados a ajudar a financiar a entrada de modo a aumentar suas próprias vendas (petroleiros, equipamento de serraria). Isso obviamente reduz as barreiras efetivas de capital à entrada.

[4] Custos de mudança podem se apresentar também para o vendedor. Custos de mudança e algumas de suas implicações serão discutidos mais completamente no Capítulo 6.

diferentes entre os produtos concorrentes, e os aparelhos para pendurar as ampolas IV não são compatíveis. Nesse caso, a mudança encontra grande resistência por parte da enfermagem responsável pela administração do tratamento e exige novos investimentos em tais aparelhos.

Acesso aos Canais de Distribuição. Uma barreira de entrada pode ser criada pela necessidade de a nova entrante assegurar a distribuição para seu produto. Considerando que os canais de distribuição lógicos já estão sendo atendidos pelas empresas estabelecidas, a empresa novata precisa persuadir os canais a aceitarem seu produto por meio de descontos de preço, verbas para campanhas de publicidade em cooperação e coisas semelhantes, o que reduz os lucros. O fabricante de um novo produto alimentício, por exemplo, precisa persuadir o varejista a ceder espaço na bastante disputada prateleira de supermercado fazendo promessas de promoções, intensos esforços de venda para o varejista, ou por qualquer outro meio.

Quanto mais limitados os canais no atacado e no varejo para um produto e quanto maior o controle dos concorrentes existentes sobre eles, obviamente mais difícil será a entrada na indústria. Os concorrentes existentes podem ter ligações com os canais com base em relacionamentos duradouros, serviços de alta qualidade ou mesmo relacionamentos exclusivos nos quais o canal somente se identifica com um determinado fabricante. Algumas vezes essa barreira de entrada é tão alta que para ultrapassá-la uma nova empresa precisa criar um canal de distribuição inteiramente novo, como a Timex fez na indústria de relógios.

Desvantagens de Custo Independentes de Escala. As empresas estabelecidas podem ter vantagens de custos impossíveis de serem igualadas pelas entrantes potenciais, qualquer que seja o seu tamanho e as economias de escala obtidas. As vantagens mais críticas são fatores como os seguintes:

- tecnologia patenteada do produto: o know-how do produto ou as características do projeto são protegidos por patentes ou segredo;
- acesso favorável às matérias-primas: as empresas estabelecidas podem ter fechado as fontes mais favoráveis e/ou controlado as necessidades previsíveis com antecedência a preços que refletiam uma demanda menor do que a atualmente existente. Por exemplo, as companhias de enxofre "Frasch", como a Texas Gulf Sulphur, ganharam há muito tempo o controle de vastos depósitos de sal de enxofre, antes que os detentores da reserva tivessem conhecimento de seu valor como resultado da tecnologia "Frasch" de mi-

neração. Os descobridores de depósitos de enxofre eram freqüentemente companhias de petróleo frustradas que estavam explorando petróleo e não foram capazes de dar às suas descobertas seu real valor;
- localizações favoráveis: as empresas estabelecidas ocuparam localizações favoráveis antes que as forças do mercado elevassem seus preços de modo a captar todo seu valor;
- subsídios oficiais: subsídios preferenciais do governo podem dar às empresas estabelecidas vantagens duradouras em alguns negócios;
- curva de aprendizagem ou de experiência: em alguns negócios, há uma tendência observada no sentido de os custos unitários declinarem à medida que a empresa acumula maior experiência na fabricação de um produto. Os custos declinam, pois os operários aprimoram seus métodos e se tornam mais eficientes (a curva clássica de aprendizagem), o layout é aperfeiçoado, equipamentos e processos especializados são desenvolvidos, um melhor desempenho do equipamento é alcançado, as mudanças no projeto do produto facilitam sua fabricação, as técnicas de medição e controle das operações melhoram, e assim por diante. Experiência é tão-somente um nome para certos tipos de mudança tecnológica e pode ser aplicada não só à produção mas também à distribuição, às atividades de apoio e a outras funções. Como no caso das economias de escala, o declínio dos custos com a experiência não se relaciona à empresa como um todo, mas surge de operações ou funções isoladas que constituem a empresa. A experiência pode reduzir os custos de marketing, distribuição e de outras áreas, bem como na produção ou em operações na área de produção, e cada componente de custo deve ser examinado quanto aos efeitos da experiência.

O declínio dos custos com a experiência parece ser o mais significativo em negócios envolvendo alto grau de participação da mão-de-obra desempenhando tarefas complicadas e/ou operações de montagem complexas (indústria aeronáutica, construção naval). Ele é quase sempre mais significativo na fase inicial e de crescimento no desenvolvimento de um produto e, posteriormente, atinge aperfeiçoamentos proporcionais decrescentes. Muitas vezes as economias de escala são citadas entre as razões pelas quais os custos declinam com a experiência. As economias de escala dependem do volume por período, e *não* do volume acumulado, sendo muito diferentes analiticamente da experiência, embora as duas freqüentemente ocorram em conjunto, podendo ser difícil separá-las. O perigo de agrupar a escala e a experiência será abordado posteriormente.

Se os custos declinam com a experiência em uma indústria e *se a experiência pode ser resguardada pelas empresas estabelecidas*, então esse efeito conduz a uma barreira de entrada. Empresas iniciantes, sem experiência, terão custos inerentemente mais altos do que as empresas estabelecidas, e têm de suportar pesados prejuízos iniciais devido à necessidade de fixar preços abaixo ou aproximadamente iguais aos custos, de modo a acumular a experiência até conseguir a paridade de custos com as empresas estabelecidas (se algum dia conseguirem). Essas últimas, particularmente a líder em parcela de mercado que acumula experiência mais rapidamente, terão fluxos de caixa mais altos em virtude de seus custos mais baixos para investimento em novos equipamentos e técnicas. Entretanto, é importante reconhecer que a tentativa de alcançar reduções de custos pela curva de experiência (e de economias de escala) pode exigir antecipadamente investimentos substanciais de capital para equipamentos e para cobrir os prejuízos iniciais. Se os custos continuarem a se reduzir com o volume, mesmo quando o volume acumulado fica muito grande, os novos pretendentes a entrar na indústria podem ficar impossibilitados de se equipararem. Uma série de empresas, notadamente a Texas Instruments, a Black and Decker, a Emerson Electric e outras, desenvolveram estratégias bem-sucedidas, baseadas na curva de experiência, fazendo investimentos agressivos para alcançar volumes acumulados no início do desenvolvimento de indústrias, muitas vezes antecipando seus preços às reduções de custo futuras.

A redução no custo devido à experiência pode ser aumentada caso existam empresas diversificadas na indústria, que *repartem* operações ou funções sujeitas a esse tipo de redução com outras unidades da companhia, ou caso existam atividades relacionadas na companhia a partir das quais pode ser obtida experiência incompleta, mas útil. Quando uma atividade como a fabricação de matéria-prima é dividida por várias unidades da companhia, a experiência obviamente se acumula mais rapidamente do que ocorreria se a atividade fosse usada apenas para atender às necessidades de uma indústria. Ou quando a entidade empresarial tem atividades relacionadas dentro da empresa, as unidades irmãs podem receber os benefícios de sua experiência a um custo pequeno ou nulo, dado que a experiência é um bem intangível. Essa espécie de aprendizagem compartilhada acentua a barreira de entrada proporcionada pela curva de experiência, desde que as demais condições necessárias a seu aproveitamento sejam satisfeitas.

A experiência é um conceito tão amplamente usado na formulação de estratégias que suas implicações estratégicas serão discutidas em maior profundidade.

Política Governamental. A última fonte principal de barreiras de entrada é a política governamental. O governo pode limitar ou mesmo impedir a entrada em indústrias com controles como licenças de funcionamento e limites ao acesso a matérias-primas (como regiões carboníferas ou montanhas em que possam ser construídas áreas de esqui). Indústrias regulamentadas como o transporte por caminhões, estradas de ferro, varejo de bebidas e frete são exemplos óbvios. Restrições governamentais mais sutis podem derivar de controles tais como padrões de poluição do ar e da água e índices de segurança e de eficiência do produto. Por exemplo, as exigências quanto ao controle da poluição podem aumentar o capital necessário à entrada e à sofisticação tecnológica requerida, e mesmo à escala ótima das instalações. Os padrões para teste do produto, comuns em indústrias como as de alimentos e de outros produtos relacionados à saúde, podem impor tempos de espera substanciais, o que não só aumenta o custo de capital da entrada como também dá às empresas estabelecidas notícia ampla da entrada iminente e, às vezes, pleno conhecimento do produto do novo concorrente com o qual podem formular estratégias de retaliação. A política do governo nessas áreas certamente produz benefícios sociais diretos, mas em geral tem conseqüências secundárias para a entrada que não são percebidas.

Retaliação Prevista

As expectativas do entrante em potencial quanto à reação dos concorrentes existentes também influenciarão a ameaça de entrada. Se dos concorrentes já estabelecidos é esperada uma resposta rigorosa para tornar difícil a permanência do recém-chegado na indústria, a entrada pode ser dissuadida. As condições que assinalam a forte possibilidade de retaliação à entrada e, portanto, a detêm são as seguintes:

- um passado de vigorosas retaliações aos entrantes;
- empresas estabelecidas com recursos substanciais para a disputa, incluindo excedente de caixa e capacidade de contrair empréstimo não exercitada, um excesso adequado de capacidade de produção para satisfazer todas as necessidades futuras prováveis, ou um grande equilíbrio com os canais de distribuição ou clientes;
- empresas estabelecidas com alto grau de comprometimento com a indústria e ativos altamente não-líquidos nela empregados;
- crescimento lento da indústria, o que limita a capacidade da indústria de absorver uma nova empresa sem deprimir as vendas e o desempenho financeiro das empresas estabelecidas.

Preço de Entrada Dissuasivo

A condição de entrada em uma indústria pode ser resumida em um importante conceito hipotético chamado o *preço de entrada dissuasivo*: a estrutura de preços em vigor (e as condições relacionadas como qualidade do produto e serviço) que apenas equilibra os benefícios potenciais provenientes da entrada (previstos pelo pretendente em potencial à entrada) com os custos esperados para superar as barreiras estruturais de entrada e arriscar-se à retaliação. Se o nível corrente de preço é mais alto do que o preço de entrada dissuasivo, as empresas que pretendem entrar farão previsões de lucros acima da média, e a entrada ocorrerá. Logicamente o preço de entrada dissuasivo depende das expectativas dos pretendentes à entrada sobre o futuro e não apenas das condições correntes.

A ameaça de entrada em uma indústria pode ser eliminada se as empresas estabelecidas preferirem ou forem forçadas pela concorrência a fixar seus preços abaixo do preço dissuasivo de entrada hipotético. Se fixarem os preços acima dele, os ganhos em termos de rentabilidade podem ter vida curta porque serão dissipados pelo custo de competir ou de coexistir com novas empresas na indústria.

Propriedades das Barreiras de Entrada

Existem várias outras propriedades das barreiras de entrada que são cruciais do ponto de vista estratégico. Primeiro, as barreiras de entrada podem mudar e realmente mudam à medida que as condições anteriormente descritas também mudam. A expiração das patentes básicas da Polaroid na fotografia instantânea, por exemplo, reduziu bastante sua barreira de custo absoluto construída pela tecnologia patenteada. Não é surpreendente que a Kodak tenha mergulhado no mercado. A diferenciação do produto na indústria de edição de revistas desapareceu, reduzindo as barreiras. E, ao contrário, na indústria automobilística, as economias de escala aumentaram com o movimento de automação e integração vertical posterior à Segunda Guerra Mundial, praticamente paralisando a entrada bem-sucedida de novas empresas.

Segundo, embora as barreiras de entrada às vezes mudem por motivos muito além do controle da empresa, as suas decisões estratégicas também têm um impacto importante. Por exemplo, as ações de muitos produtores de vinho norte-americanos nos anos 60 para introduzir novos produtos, aumentar os níveis de publicidade e assumir a distribuição nacional seguramente aumentaram as barreiras de entrada aumentando as economias de escala na indústria e tornando o acesso aos canais de distribuição mais difícil. Analogamente, as decisões dos membros da indústria de veículos de passeio no sentido de uma integração vertical com a fabricação de componentes de modo a reduzir os custos aumentaram muito as economias de escala na indústria e elevaram as barreiras de custo de capital.

Finalmente, algumas empresas podem dispor de recursos ou competência que lhes permitam superar a barreira de entrada em uma indústria a um custo mais baixo do que para a maioria das outras. Por exemplo, a Gillette, com canais de distribuição bem desenvolvidos para aparelhos e lâminas de barbear, enfrentou custos mais baixos na entrada no ramo dos isqueiros descartáveis do que muitas outras firmas. A capacidade de compartilhar custos também oferece oportunidades para a entrada com um baixo custo. (No Capítulo 16 exploraremos as implicações de fatores como esses para a estratégia de entrada com mais detalhe.)

Experiência e Escala como Barreiras de Entrada

Embora com freqüência coincidam, as economias de escala e a experiência têm propriedades muito diferentes como barreiras de entrada. A presença de economias de escala *sempre* leva a uma vantagem de custo para a empresa operando em maior escala (ou para a empresa que possa repartir atividades) em relação às empresas de pequena escala, pressupondo-se que a primeira tenha as mais eficientes instalações, sistemas de distribuição, organizações de serviço, ou outras atividades funcionais para o seu tamanho.[5] Essa vantagem de custo só pode ser igualada se atingida uma escala comparável ou uma diversificação adequada de modo a permitir a divisão de custos. A empresa diversificada ou que opere em grande escala pode dividir os custos fixos de operação de suas instalações eficientes entre um grande número de unidades, enquanto a empresa menor, mesmo quando tem instalações tecnologicamente eficientes, não conseguirá utilizá-las plenamente.

Alguns limites às economias de escala como uma barreira de entrada, do ponto de vista estratégico das empresas estabelecidas, são:

- grande escala e os conseqüentes custos mais baixos podem envolver *trade-offs* com outras barreiras potencialmente importantes, como a diferenciação do produto (a escala pode trabalhar contra a imagem do produto ou a qualidade do serviço, por exemplo) ou a capacidade de desenvolver rapidamente uma tecnologia patenteada;

---

[5] E pressupondo que a empresa que opera em larga escala não anule sua vantagem com a proliferação da linha de produto.

- uma mudança tecnológica pode afetar negativamente a empresa com operação em grande escala se as instalações projetadas para obter economias de escala são também mais especializadas e menos flexíveis para serem adaptadas a novas tecnologias;
- o esforço para alcançar economias de escalas usando a tecnologia existente pode ocultar a percepção de novas possibilidades tecnológicas ou de outras novas maneiras de competir que sejam menos dependentes da escala.

A experiência é uma barreira mais delicada do que a escala, porque a mera presença de uma curva de experiência não assegura a existência de uma barreira de entrada. Outro requisito crucial é que a experiência seja patenteada e, portanto, esteja fora do alcance dos concorrentes e dos pretendentes em potencial à entrada na indústria por meio de (1) cópia, (2) contratação dos empregados de um concorrente, ou (3) aquisição da maquinaria mais moderna dos fornecedores de equipamentos ou aquisição de know-how de consultores ou de outras firmas. Freqüentemente a experiência não pode ser patenteada; mesmo quando pode, deve ser acumulada mais rapidamente pela segunda e pela terceira empresas a penetrarem no mercado do que foi pela pioneira, porque os seguidores podem observar alguns aspectos das operações da empresa pioneira. Quando a experiência não pode ser patenteada, as novas empresas que entram na indústria podem realmente ter uma vantagem, caso possam comprar o equipamento mais moderno ou se adaptarem aos novos métodos.

Outros limites à curva de experiência como uma barreira de entrada são:

- a barreira pode ser anulada por inovações no produto ou no processo conduzindo a uma tecnologia substancialmente nova e criando, assim, uma curva de experiência inteiramente nova.[6] Os entrantes podem ultrapassar os líderes da indústria e se instalarem na nova curva de experiência, para a qual os líderes podem estar mal posicionados para pular;
- a busca de custos baixos através da experiência pode envolver *trade-offs* com outras barreiras importantes, tais como a diferenciação do produto através de sua imagem ou de progresso técnico. Por exemplo, a Hewlett-Packard levantou barreiras substanciais baseadas no progresso técnico em indústrias nas quais outras empresas estão seguindo estratégias baseadas na experiência e na escala, como calculadoras e minicomputadores;

---

[6] Para ver um exemplo desse desenvolvimento retirado da história da indústria automobilística, consulte Abernathy e Wayne (1974), p. 109.

- se mais de uma companhia forte está construindo sua estratégia sobre a curva de experiência, as conseqüências para uma ou mais delas podem ser praticamente fatais. No momento em que apenas um rival se encontre seguindo essa estratégia, o crescimento da indústria pode ter parado e as perspectivas de captar os benefícios da curva de experiência há muito teriam desaparecido;
- a perseguição agressiva de declínios de custo usando a experiência pode desviar a atenção dos desenvolvimentos do mercado em outras áreas ou pode obscurecer a percepção de novas tecnologias que venham a anular a experiência passada.

Intensidade da Rivalidade entre os Concorrentes Existentes

A rivalidade entre os concorrentes existentes assume a forma corriqueira de disputa por posição – com o uso de táticas como concorrência de preços, batalhas de publicidade, introdução de produtos e aumento dos serviços ou das garantias ao cliente. A rivalidade ocorre porque um ou mais concorrentes sentem-se pressionados ou percebem a oportunidade de melhorar sua posição. Na maioria das indústrias, os movimentos competitivos de uma firma têm efeitos notáveis em seus concorrentes e pode, assim, incitar à retaliação ou aos esforços para conter esses movimentos; ou seja, as empresas são *mutuamente dependentes*. Esse padrão de ação e reação pode, ou não, permitir que a empresa iniciante e a indústria como um todo se aprimorem. Se os movimentos e contramovimentos crescem em um processo de escalada, todas as empresas da indústria podem sofrer as conseqüências e ficar em situação pior do que a inicial.

Algumas formas de concorrência, notadamente a concorrência de preços, são altamente instáveis, sendo bastante provável que deixem toda a indústria em pior situação do ponto de vista da rentabilidade. Os cortes de preços são rápida e facilmente igualados pelos rivais e, uma vez igualados, eles reduzem as receitas para todas as empresas, a menos que a elasticidade-preço da indústria seja bastante alta. Por outro lado, as batalhas de publicidade podem expandir a demanda ou aumentar o nível de diferenciação do produto na indústria com benefício para todas as empresas.

A rivalidade em algumas indústrias caracteriza-se por expressões como "belicosa", "amarga" ou "impiedosa", enquanto em outras indústrias pode ser dita como "polida" ou "cavalheiresca". A rivalidade é conseqüência da interação de vários fatores estruturais.

Concorrentes Numerosos ou Bem Equilibrados. Quando as empresas são numerosas, a probabilidade de dissidência é grande, e algumas empresas podem chegar a acreditar que podem fazer movimentos sem serem notadas. Mesmo quando existem poucas empresas, se elas estiverem relativamente equilibradas em termos de tamanho e recursos aparentes, isso cria instabilidade porque elas podem estar inclinadas a lutar entre si e têm recursos para retaliações vigorosas. Por outro lado, quando a indústria é altamente concentrada ou dominada por uma ou poucas empresas, são poucos os enganos quanto à força, e o líder ou líderes podem impor disciplina, assim como desempenhar um papel coordenador na indústria usando meios como liderança de preço.

Em muitas indústrias, concorrentes estrangeiros, quer por meio de exportações, quer participando diretamente por meio de investimentos externos, desempenham um papel importante na concorrência. Esses concorrentes, embora possuindo algumas diferenças que serão vistas mais tarde, devem ser tratados da mesma forma que os concorrentes nacionais para fins de análise estrutural.

Crescimento Lento da Indústria. O crescimento lento da indústria transforma a concorrência em um jogo de parcela de mercado para as empresas que procuram expansão. A concorrência por parcela de mercado é muito mais instável do que a situação em que o crescimento rápido da indústria assegura que as empresas podem melhorar seus resultados apenas se mantendo em dia com a indústria, e quando todos os seus recursos financeiros e administrativos podem ser consumidos na expansão junto com a indústria.

Custos Fixos ou de Armazenamento Altos. Custos fixos altos criam fortes pressões no sentido de que todas as empresas satisfaçam a capacidade, o que muitas vezes conduz rapidamente a uma escalada nas reduções de preços quando existe excesso de capacidade. Muitos materiais básicos, como o papel e o alumínio, padecem desse problema. A característica significativa dos custos é o valor dos custos fixos em relação ao valor adicionado, e não os custos fixos como uma proporção dos custos totais. Empresas que adquirem uma alta proporção de custos em insumos externos (baixo valor adicionado) podem sentir enormes pressões para operar a plena capacidade com o objetivo de atingir o ponto de equilíbrio, apesar do fato de a proporção absoluta de custos fixos ser baixa.

Uma situação relacionada aos custos fixos altos é aquela em que o produto, uma vez produzido, é muito difícil ou muito dispendioso para ser mantido em estoque. Nessa situação as empresas também estarão vulneráveis à tentação de abaixar os preços de modo a assegurar as vendas. Esse tipo de pressão mantém os lucros baixos em indústrias como a pesca de lagosta, a fabricação de certos produtos químicos perigosos e algumas atividades de prestação de serviços.

Ausência de Diferenciação ou Custos de Mudança. Quando o produto ou o serviço é visto como um artigo de primeira necessidade, ou de quase primeira necessidade, a escolha do comprador é baseada em grande parte no preço e no serviço, o que vem a resultar em pressões no sentido de uma concorrência intensa com relação a preços e serviços. Essas formas de concorrência são muito instáveis, como já vimos. A diferenciação do produto, por outro lado, cria isolamento contra a luta competitiva, porque os compradores têm preferências e sentimentos de lealdade com relação a determinados vendedores. Os custos de mudanças, já discutidos, têm o mesmo efeito.

Capacidade Aumentada em Grandes Incrementos. Quando as economias de escala determinam que a capacidade deve ser aumentada em grandes incrementos, os acréscimos de capacidade podem romper cronicamente o equilíbrio de oferta/procura da indústria, particularmente quando existe um risco de os acréscimos de capacidade serem excessivos. A indústria pode enfrentar períodos alternados de supercapacidade e de reduções de preços, como os que afligem a produção de cloro, vinil-cloreto, e fertilizantes nitrogenados. As condições que conduzem à supercapacidade crônica são discutidas no Capítulo 15.

Concorrentes Divergentes. Concorrentes divergentes quanto a estratégias, origens, personalidades e relacionamentos com suas matrizes têm objetivos e estratégias diferentes no que diz respeito a como competir, e podem se chocar continuamente ao longo do processo. Eles podem ter dificuldades em decifrar com exatidão as intenções dos outros concorrentes e em chegar a um acordo sobre as "regras do jogo" para a indústria. As alternativas estratégicas certas para um concorrente serão erradas para outros.

Concorrentes estrangeiros muitas vezes acrescentam um alto grau de diversidade às indústrias devido às suas circunstâncias e metas normalmente diferentes. Operadores proprietários de pequenas empresas de serviços ou de fabricação também podem agir dessa forma, porque podem ficar satisfeitos com uma taxa de retorno abaixo da média sobre o capital investido para manter a independência de sua propriedade, enquanto retornos como esses são inaceitáveis e podem parecer irracionais para um concorrente de capital aberto de grande porte. Em uma indústria como essa, a postura das pequenas empresas pode limitar a rentabilidade das maiores. Similarmente, as empresas que encaram o mercado como uma saída para o excesso de capacidade (por exemplo, o caso de *dumping*)* adotarão políticas contrárias às das empresas para as quais esse mercado é básico. Finalmente, as diferenças no relacionamento das unidades concorrentes com suas matrizes também são uma fonte importante de diversidade em uma indústria; uma unidade que faz parte de uma cadeia vertical de negócios em sua organização empresarial pode muito bem adotar metas diferentes e, talvez, conflitantes em relação a uma empresa concorrente livremente posicionada na mesma indústria. Ou uma unidade que seja uma "vaca caixeira" no portfólio de negócios de sua matriz se comportará de modo diferente de uma que esteja sendo desenvolvida para crescer a longo prazo, tendo em vista a ausência de outras oportunidades na matriz. (Algumas técnicas para a identificação da diversidade nos concorrentes serão desenvolvidas no Capítulo 3.)

Grandes Interesses Estratégicos. A rivalidade em uma indústria se torna ainda mais instável se algumas empresas tiverem muitos interesses em jogo com o propósito de obter sucesso na indústria. Por exemplo, uma empresa diversificada pode considerar muito importante alcançar sucesso em determinada indústria de modo a promover a sua estratégia empresarial global. Ou uma empresa estrangeira como a Bosch, a Sony ou a Philips pode sentir forte necessidade de estabelecer uma posição sólida no mercado norte-americano de maneira a consolidar prestígio global ou credibilidade tecnológica. Em tais situações, os objetivos dessas empresas podem não só ser diferentes, como ainda mais desestabilizadores porque elas são expansionistas e estão potencialmente inclinadas a sacrificar a lucratividade. (Algumas técnicas para avaliar riscos estratégicos serão desenvolvidas no Capítulo 3.)

Barreiras de Saída Elevadas. Barreiras de saída são fatores econômicos, estratégicos e emocionais que mantêm as companhias competindo em atividades mesmo que estejam obtendo retornos baixos, ou até negativos, sobre seus investimentos. As principais fontes[7] de barreiras de saída são:

- ativos especializados: ativos altamente especializados para uma determinada atividade ou localização têm valores baixos de liquidação ou altos custos de transferência ou conversão;
- custos fixos de saída: esses incluem acordos trabalhistas, custos de restabelecimento, capacidade de manutenção para componentes sobressalentes etc;

Nota do Tradutor: O termo *dumping* é empregado referindo-se à venda por preços até abaixo do custo para conquistar o mercado.

[7] Para um tratamento mais completo, ver Capítulo 12, que também ilustra como o diagnóstico de barreiras de saída é crucial no desenvolvimento de estratégias para indústrias em declínio.

- inter-relações estratégicas: inter-relações entre as unidades da companhia em termos de imagem, capacidade de marketing, acesso aos mercados financeiros, instalações compartilhadas etc. Isso faz com que a empresa compreenda a grande importância estratégica de estar no negócio;
- barreiras emocionais: a relutância da administração em justificar economicamente as decisões de saída é causada pela identificação com a atividade em particular, pela lealdade com os empregados, pelo receio quanto às suas próprias carreiras, por orgulho e por outras razões;
- restrições de ordem governamental e social: incluem negativa ou desencorajamento por parte do governo quanto à saída do negócio em virtude do desemprego causado e dos efeitos econômicos regionais; isso é particularmente comum fora dos Estados Unidos.

Quando as barreiras de saída são altas, o excesso de capacidade não desaparece da indústria, e as companhias que perdem a batalha competitiva não entregam os pontos. Ao contrário, elas agarram-se com perseverança e, por causa de sua fraqueza, precisam recorrer a táticas extremas. A rentabilidade de toda a indústria pode ser permanentemente reduzida em função disso.

Mudanças nas Condições da Rivalidade

Os fatores que determinam a intensidade da rivalidade competitiva podem mudar e realmente mudam. Um exemplo muito comum é a alteração no crescimento da indústria que vem com a sua maturidade. À medida que uma indústria amadurece, seu índice de crescimento declina, resultando em rivalidade intensificada, redução nos lucros, e (muitas vezes) em uma convulsão. Na próspera indústria de veículos de passeio do início dos anos 70, quase todos os produtores se saíram bem, mas o baixo crescimento desde então eliminou os altos retornos, exceto para os concorrentes mais fortes, para não mencionar que isso forçou muitas das companhias mais fracas a saírem do negócio. A mesma história tem sido encenada em uma indústria após outra: veículos para neve, embalagens em aerossol e equipamento esportivo são apenas alguns exemplos.

Uma outra mudança comum na rivalidade ocorre quando uma aquisição introduz uma personalidade muito diferente em uma indústria, como foi o caso com a aquisição, pela Philip Morris, da Miller Beer e com a aquisição pela Procter and Gamble da Charmin Paper Company. A inovação tecnológica também pode aumentar o nível dos custos fixos no processo de produção e intensificar a instabilidade da rivalidade, como aconteceu na mudança do sistema de produção em lote para produção em série no acabamento de fato nos anos 60.

Embora uma companhia tenha de conviver com muitos dos fatores que determinam a intensidade da rivalidade na indústria – porque eles estão embutidos na economia da indústria – pode haver algum espaço para melhorar a situação com mudanças estratégicas. Por exemplo, pode-se tentar aumentar os custos de mudança dos compradores fazendo com que a assistência técnica aos clientes projete seu produto em suas operações ou tornando-os dependentes quanto a conselhos técnicos. Ou a empresa pode tentar aumentar a diferenciação do produto com novos tipos de serviços, inovações de marketing ou alterações no produto. Concentrando os esforços de vendas nos segmentos da indústria com crescimento mais rápido ou nas áreas de mercado com os custos fixos mais baixos, é possível reduzir o impacto da rivalidade na indústria. Além disso, se for viável, uma companhia pode tentar evitar uma confrontação com concorrentes com barreiras de saída altas, podendo, assim, evitar envolvimento em grandes reduções de preço, ou pode reduzir suas próprias barreiras de saída. (Movimentos competitivos serão explorados detalhadamente no Capítulo 5.)

Barreiras de Saídas e de Entrada

Embora as barreiras de saída e de entrada sejam conceitualmente distintas, seu nível de junção é um aspecto importante da análise de uma indústria. As barreiras de saída e de entrada estão freqüentemente relacionadas. Economias de escala substanciais na produção, por exemplo, em geral estão associadas a ativos especializados, da mesma forma que a existência de tecnologia patenteada.

Consideremos o caso simplificado em que as barreiras de saída e de entrada podem ser altas ou baixas:

		Barreiras de Saída	
		Baixas	Altas
Barreiras de Entrada	Baixas	Retornos estáveis baixos	Retornos arriscados baixos
	Altas	Retornos estáveis altos	Retornos arriscados altos

FIGURA 1-2 *Barreiras e rentabilidade.*

O melhor caso, do ponto de vista dos lucros da indústria, é aquele em que as barreiras de entrada são altas, mas as de saída são baixas. Nesse caso, a entrada será detida e os concorrentes malsucedidos deixarão a indústria. Quando tanto a entrada como a saída têm barreiras elevadas, o potencial de lucro é alto mas, em geral, acompanhado de maior risco. Embora a entrada seja detida, as empresas malsucedidas permanecerão e lutarão dentro da indústria.

O caso de barreiras de entrada e de saída baixas é meramente desestimulante, mas o pior é aquele em que as barreiras de entrada são baixas e as de saída, altas. Aqui a entrada é fácil e será atraída por oscilações para cima nas condições econômicas ou por outras circunstâncias temporárias. Contudo, a capacidade não sairá da indústria quando os resultados se deteriorarem. Conseqüentemente, a capacidade se mantém alta na indústria e a rentabilidade é, como regra, cronicamente baixa. Uma indústria pode ficar nessa situação ruim, por exemplo, se os fornecedores ou financiadores puderem financiar a entrada com presteza, mas, uma vez dentro da indústria, a empresa enfrenta custos de financiamentos fixos substanciais.

Pressão dos Produtos Substitutos

Todas as empresas em uma indústria estão competindo, em termos amplos, com indústrias que fabricam produtos substitutos. Os substitutos reduzem os retornos potenciais de uma indústria, colocando um teto nos preços que as empresas podem fixar com lucro.[8] Quanto mais atrativa a alternativa de preço-desempenho oferecida pelos produtos substitutos, mais firme será a pressão sobre os lucros da indústria.

Os produtores de açúcar confrontados com a comercialização em larga escala do xarope de frutose de milho, um substituto do açúcar, estão, hoje, aprendendo essa lição, assim como aprenderam os produtores de acetileno e de raiom que enfrentaram competição extrema de materiais alternativos com custo mais baixo para muitas de suas respectivas aplicações. Os substitutos não apenas limitam os lucros em tempos normais, como também reduzem as fontes de riqueza que uma indústria pode obter em tempos de prosperidade. Em 1978, os produtores de isolantes de fibra de vidro gozaram de uma procura jamais experimentada antes em decorrência dos altos custos da eletricidade e da severidade do inverno. Mas a capacidade da indústria em aumentar seus preços foi temperada pelo excesso de isolantes substitutos, incluindo celulose, lã de vidro e espuma de estireno. Esses subs-

---

[8] O impacto dos substitutos pode ser resumido como a elasticidade global da demanda da indústria.

titutos estão prestes a se tornarem uma limitação cada vez mais forte sobre a rentabilidade, uma vez que a expansão da capacidade da indústria tenha se elevado o suficiente para satisfazer à demanda (e algo além disso).

A identificação de produtos substitutos é conquistada por meio de pesquisas de outros produtos que possam desempenhar a mesma função que aquele da indústria. Algumas vezes essa pode ser uma tarefa sutil e que leva o analista a negócios aparentemente muito afastados da indústria. Corretores de títulos, por exemplo, se defrontam cada vez mais com substitutos como imóveis, seguros, mercados de câmbio e outras maneiras de o indivíduo investir capital, acentuadas em importância pelo fraco desempenho dos mercados de ações.

O posicionamento em relação aos produtos substitutos pode muito bem ser uma questão de ações *coletivas* da indústria. Por exemplo, embora a publicidade feita por uma empresa possa não ser suficiente para sustentar a posição da indústria contra um substituto, uma publicidade constante e intensa por todos os participantes da indústria pode melhorar a posição coletiva da indústria. Argumentos similares se aplicam a respostas coletivas em áreas como aprimoramento da qualidade do produto, esforços de marketing, proporcionar maior disponibilidade do produto e assim por diante.

Os produtos substitutos que exigem maior atenção são aqueles que (1) estão sujeitos a tendências de melhoramento do seu *trade-off* de preço-desempenho com o produto da indústria, ou (2) são produzidos por indústrias com lucros altos. No último caso, muitas vezes os substitutos entram rapidamente em cena se algum desenvolvimento aumenta a concorrência em suas indústrias e ocasiona redução de preço ou aperfeiçoamento do desempenho. A análise dessas tendências pode ser importante na decisão acerca de tentar suplantar estrategicamente um substituto ou planejar a estratégia considerando o substituto como uma força-chave inevitável. Na indústria de guardas de segurança, por exemplo, os sistemas de alarme eletrônicos representam um substituto potente. Além disso, eles se tornam cada vez mais importantes, dado que os serviços de proteção com uso intensivo de mão-de-obra enfrentam uma escalada de custo inevitável, enquanto os sistemas eletrônicos têm grande probabilidade de melhorar seu desempenho e reduzir seus custos. Assim, a resposta adequada das empresas de guardas de segurança é provavelmente oferecer pacotes de guardas e sistemas eletrônicos, baseados na redefinição do guarda de segurança como um operador qualificado, em vez de tentar competir com os sistemas eletrônicos diretamente.

Poder de Negociação dos Compradores

Os compradores competem com a indústria forçando os preços para baixo, barganhando por melhor qualidade ou mais serviços e jogando os concorrentes uns contra os outros – tudo à custa da rentabilidade da indústria. O poder de cada grupo importante de compradores da indústria depende de certas características quanto à sua situação no mercado e da importância relativa de suas compras da indústria em comparação com seus negócios totais. Um grupo comprador é poderoso se as seguintes circunstâncias forem verdadeiras:

Ele está concentrado ou adquire grandes volumes em relação às vendas do vendedor. Se uma parcela grande das vendas é adquirida por um determinado comprador, isso aumenta a sua importância nos resultados. Compradores de grandes volumes são particularmente poderosos se a indústria se caracteriza por custos fixos altos – como acontece na refinação de milho e na maior parte dos produtos químicos, por exemplo – e aumentam os interesses em jogo no sentido de manter a capacidade preenchida.

Os produtos que ele adquire da indústria representam uma fração significativa de seus próprios custos ou compras. Nesse caso, os compradores estão inclinados a gastar os recursos necessários para comprar a um preço favorável e a fazê-lo seletivamente. Quando o produto vendido pela indústria em questão é uma fração pequena dos custos do comprador, ele, em geral, é muito menos sensível ao preço.

Os produtos que ele compra da indústria são padronizados ou não diferenciados. Os compradores, certos de que podem encontrar sempre fornecedores alternativos, podem jogar uma companhia contra a outra, como fazem na indústria de extrusão de alumínio.

Ele enfrenta poucos custos de mudança. Custos de mudança, já definidos, prendem o comprador a determinados vendedores. Inversamente, o poder do comprador é fortalecido se o vendedor se defrontar com custos de mudança.

Ele consegue lucros baixos. Lucros reduzidos criam grandes incentivos para reduzir os custos das compras. Fornecedores da Chrysler, por exemplo, têm-se queixado de que vêm sendo pressionados para oferecer condições de venda mais favoráveis.

    Compradores altamente rentáveis são, porém, em geral, menos sensíveis ao preço (isto é, claro, se o item não representar uma proporção grande de seus custos) e podem adotar uma visão a longo prazo no sentido de preservar a saúde de seus fornecedores.

Compradores que são uma ameaça concreta de integração para trás. Se os compradores são parcialmente integrados ou colocam uma ameaça real de integração para trás, eles estão em posição de negociar concessões.[9] Os principais fabricantes de automóveis, General Motors e Ford, são bem conhecidos pelo uso da ameaça de autofabricação como um poder de negociação. Eles engajam-se na prática de *integração crônica,* ou seja, produzem parte das suas necessidades de um dado componente internamente e compram o resto de fornecedores externos. Suas ameaças de maior integração não só são particularmente dignas de crédito, como também a produção parcial interna dá-lhes conhecimento detalhado dos custos, o que é de grande auxílio na negociação. O poder do comprador pode ser parcialmente neutralizado quando as empresas na indústria ameaçam com uma integração para a frente na indústria do comprador.

O produto da indústria não é importante para a qualidade dos produtos ou serviços do comprador. Quando a qualidade dos produtos do comprador é muito afetada pelo produto da indústria, os compradores em geral são menos sensíveis aos preços. Indústrias nas quais essa situação existe incluem equipamento para perfuração de petróleo, em que uma falha pode conduzir a grandes prejuízos (veja o imenso custo do recente fracasso de um preventor de explosões em um poço mexicano *off-shore*), e caixas para instrumentos médicos e de teste eletrônicos, em que a apresentação pode influenciar muito a impressão do usuário quanto à qualidade do equipamento no interior.

O comprador tem total informação. Quando o comprador tem todas as informações sobre a demanda, os preços reais de mercado, e mesmo sobre os custos dos fornecedores, isso em geral lhe dá mais poder para a negociação do que quando a informação é deficiente. Com informação total, o comprador está em uma posição melhor para assegurar o recebimento dos preços mais favoráveis oferecidos a outros e pode contestar as queixas dos fornecedores de que sua viabilidade está ameaçada.

A maior parte dessas fontes de poder do comprador pode ser atribuída a consumidores bem como a compradores industriais e comerciais; é necessária apenas uma modificação do quadro de referência. Por exemplo, os consumidores tendem

---

[9] Se as motivações dos compradores no sentido de uma integração se baseiam mais em segurança de fornecimento ou em outros fatores não ligados diretamente a preços, isso pode implicar que as empresas na indústria tenham de oferecer grandes concessões de preços para impedir a integração.

a ser mais sensíveis aos preços se estiverem comprando produtos não diferenciados, que representam uma despesa relativamente alta em relação às suas rendas, ou do tipo em que a qualidade não é particularmente importante para eles.

O poder de compra de atacadistas e varejistas é determinado pelas mesmas regras, com um importante acréscimo. Varejistas podem ganhar bastante poder de negociação em relação aos fabricantes quando podem *influenciar as decisões de compra dos consumidores*, como fazem em componentes de áudio, joalheria, eletrodomésticos, artigos esportivos e outros produtos. Atacadistas podem ganhar poder de negociação se puderem influenciar as decisões de compra dos varejistas ou de outras empresas para as quais vendam.

Alterando o Poder do Comprador

Como os fatores descritos mudam com o tempo ou em decorrência das decisões estratégicas de uma companhia, naturalmente o poder do comprador pode aumentar ou diminuir. Na indústria de roupas prontas, por exemplo, como os compradores (lojas de departamentos e lojas de confecções) se tornaram mais concentrados e o controle passou para as grandes cadeias, a indústria passou a ficar sob crescente pressão e tem suportado margens declinantes de lucro. A indústria tem sido incapaz de diferenciar seu produto ou de engendrar custos de mudança que prendam seus compradores o suficiente para neutralizar essas tendências, e a entrada de importações não tem ajudado.

A escolha de uma companhia quanto aos grupos de compradores a quem vender deve ser vista como uma decisão estratégica crucial. Uma companhia pode melhorar sua postura estratégica descobrindo compradores que possuam um poder mínimo para influenciá-la negativamente — em outras palavras, *seleção de compradores*. Raramente acontece de todos os grupos para os quais uma companhia vende gozarem do mesmo poder. Mesmo quando uma companhia vende para uma única indústria, geralmente existem segmentos dentro dessa indústria que exercem menos poder (e que são, portanto, menos sensíveis aos preços) do que outros. Por exemplo, o mercado de reposição para a maior parte dos produtos é menos sensível aos preços do que o mercado de produtos originais. (Explorarei mais completamente a seleção de compradores como uma estratégia no Capítulo 6.)

Poder de Negociação dos Fornecedores

Os fornecedores podem exercer poder de negociação sobre os participantes de uma indústria ameaçando elevar preços ou reduzir a qualidade dos bens e serviços fornecidos. Fornecedores poderosos podem conseqüentemente sugar a rentabilidade de uma indústria incapaz de repassar os aumentos de custos em seus próprios preços. Aumentando seus preços, por exemplo, as companhias químicas contribuíram para a erosão da rentabilidade dos fabricantes de embalagem em aerossol, porque tais fabricantes, enfrentando intensa concorrência da autofabricação por parte de seus compradores, tiveram, em virtude disso, pouca liberdade para aumentar seus preços.

As condições que tornam os fornecedores poderosos tendem a refletir aquelas que tornam os compradores poderosos. Um grupo fornecedor é poderoso se o seguinte se aplica:

É dominado por poucas companhias e é mais concentrado do que a indústria para a qual vende. Fornecedores vendendo para compradores mais fragmentados terão, em geral, capacidade de exercer considerável influência em preços, qualidade e condições.

Não está obrigado a lutar com outros produtos substitutos na venda para a indústria. Até o poder de fornecedores muito fortes pode ser posto em cheque se concorrerem com substitutos. Por exemplo, fornecedores que produzem adoçantes alternativos competem duramente por muitas aplicações, muito embora as empresas individuais sejam grandes em relação aos compradores individuais.

A indústria não é um cliente importante para o grupo fornecedor. Quando os fornecedores vendem para várias indústrias e uma determinada indústria não representa uma fração significativa das vendas, os fornecedores estão muito mais propensos a exercer seu poder. Se a indústria é um cliente importante, o destino dos fornecedores estará firmemente ligado à indústria e eles desejarão protegê-la com preços razoáveis e assistência em atividades como P & D e exercício de influência.

O produto dos fornecedores é um insumo importante para o negócio do comprador. Um insumo como esse é importante para o sucesso do processo de fabricação do comprador ou para a qualidade do produto. Isto aumenta o poder do fornecedor, sendo particularmente verdadeiro quando o insumo não é armazenável, permitindo, assim, que o comprador forme seus estoques.

Os produtos do grupo de fornecedores são diferenciados ou o grupo desenvolveu custos de mudança. Diferenciação ou custos de mudança enfrentados pelo comprador descartam suas opções de jogar um fornecedor contra o outro. Se o fornecedor defronta-se com custos de mudança, o efeito é inverso.

O grupo de fornecedores é uma ameaça concreta de integração para a frente. Isso representa uma verificação quanto à capacidade de a indústria melhorar as condições de compra.

Pensamos em geral nos fornecedores como outras empresas, mas a *mão-de-obra* também deve ser reconhecida como um fornecedor e que exerce grande poder em muitas indústrias. Existe grande evidência empírica de que empregados altamente qualificados e escassos e/ou mão-de-obra firmemente sindicalizada podem absorver uma proporção significativa dos lucros potenciais de uma indústria. Os princípios na determinação do poder em potencial da mão-de-obra como um fornecedor são similares aos que acabamos de discutir. Os acréscimos básicos na avaliação do poder da mão-de-obra são seu *grau de organização* e possibilidade de a oferta de sortimentos escassos de mão-de-obra poder *se expandir*. Quando a força de trabalho é rigidamente organizada ou a oferta escassa de mão-de-obra tem o seu crescimento restringido, o poder da mão-de-obra pode ser alto.

As condições que determinam o poder dos fornecedores não só estão sujeitas a mudanças como com freqüência estão fora do controle da empresa. Entretanto, como com relação ao poder dos compradores, a empresa pode às vezes melhorar sua situação pela estratégia. Ela pode aumentar sua ameaça de integração para trás, buscar a eliminação de custos de mudança, e coisas semelhantes. (O Capítulo 6 explora mais completamente algumas implicações do poder dos fornecedores para a estratégia de compras.)

O Governo como uma Força na Concorrência na Indústria

O governo tem sido discutido principalmente em termos de seu possível impacto nas barreiras de entrada, mas nas décadas de 70 e 80, o governo, em todos os níveis, precisa ser reconhecido como uma influência potencial em muitos, se não em todos, aspectos da estrutura da indústria, tanto direta quanto indiretamente. Em muitas indústrias, o governo é um comprador ou um fornecedor, e pode influenciar a concorrência na indústria com as políticas adotadas. Por exemplo, o governo desempenha um papel de suma importância como comprador de produtos relacionados com a defesa e como um fornecedor de madeira controlando o Serviço Florestal de vastas reservas de madeira no oeste dos Estados Unidos. Muitas vezes o papel do governo como fornecedor ou comprador é determinado mais por fatores políticos do que por circunstâncias econômicas; e isso é, provavelmente, um fato da vida. Atos regulatórios do governo também podem colocar limites no comportamento das empresas como fornecedoras ou compradoras.

O governo pode, também, afetar a posição de uma indústria com substitutos a partir de regulamentações, subsídios, ou outros meios. O governo dos Estados Unidos está promovendo fortemente o aquecimento solar utilizando, por exemplo, incentivos fiscais e auxílio para pesquisas. O fim do controle governamental sobre o gás natural está eliminando rapidamente o uso do acetileno como uma provisão química. Padrões de segurança e de poluição afetam o custo relativo e a qualidade dos substitutos. O governo também pode afetar a rivalidade entre os concorrentes influenciando o crescimento da indústria, a estrutura de custos por meio de regulamentações, e assim por diante.

Assim sendo, nenhuma análise estrutural está completa sem um diagnóstico sobre como a política governamental atual e futura, em todos os níveis, afetará as condições estruturais. Para os propósitos da análise estratégica é, em geral, mais esclarecedor considerar como o governo afeta a concorrência *por meio* das cinco forças competitivas do que considerá-lo como uma força por si só. Contudo, a estratégia pode envolver tratarmos o governo como um ator a ser influenciado.

ANÁLISE ESTRUTURAL E ESTRATÉGIA COMPETITIVA

Uma vez diagnosticadas as forças que afetam a concorrência em uma indústria e suas causas básicas, a empresa está em posição para identificar seus pontos fracos e fortes em relação à indústria. Do ponto de vista estratégico, as condições cruciais são o posicionamento da empresa quanto às causas básicas de cada força competitiva. Onde a empresa deve se posicionar em relação aos substitutos? Contra as fontes de barreiras de entrada? Competindo com a rivalidade de concorrentes estabelecidos?

Uma estratégia competitiva efetiva assume uma ação ofensiva ou defensiva de modo a criar uma posição *defensável* contra as cinco forças competitivas. De modo amplo, isso compreende uma série de abordagens possíveis:

- posicionar a empresa de modo que suas capacidades proporcionem a melhor defesa contra o conjunto existente de forças competitivas;
- influenciar o equilíbrio de forças a partir de movimentos estratégicos e, assim, melhorar a posição relativa da empresa; ou
- antecipar as mudanças nos fatores básicos das forças e responder a elas, explorando, assim, a mudança por meio da escolha de uma estratégia apropriada ao novo equilíbrio competitivo antes que os rivais a identifiquem.

Posicionamento

A primeira abordagem toma a estrutura da indústria como dada e ajusta os pontos fortes e fracos da companhia a essa estrutura. A estratégia pode ser vista como a construção de defesas contra as forças competitivas ou como a determinação de posições na indústria em que essas forças sejam mais fracas.

O conhecimento das capacidades da companhia e das causas das forças competitivas colocará em destaque as áreas em que a companhia deve enfrentar a concorrência e aquelas em que deve evitá-la. Se a companhia for um produtor com baixo custo, por exemplo, ela pode optar por vender para compradores poderosos, com o cuidado de vender-lhes apenas produtos não vulneráveis à concorrência de substitutos.

Influenciando o Equilíbrio

Uma companhia pode delinear uma estratégia que assume a ofensiva. Essa postura é determinada para fazer algo mais do que simplesmente enfrentar as forças propriamente ditas; ela visa alterar suas causas.

Inovações em marketing podem acentuar a identificação da marca ou mesmo diferenciar o produto. Investimentos de capital em grandes instalações ou a integração vertical afetam as barreiras de entrada. O equilíbrio de forças é, em parte, resultado de fatores externos e, em parte, está dentro do controle da companhia. A análise estrutural pode ser usada para identificar os fatores básicos que orientam a concorrência na indústria em questão e, portanto, os pontos em que a ação estratégica para influenciar o equilíbrio produzirá o maior retorno.

Explorando a Mudança

A evolução da indústria é importante estrategicamente porque a evolução, como é óbvio, traz com ela mudanças nas fontes estruturais da concorrência. No padrão conhecido do ciclo de vida do produto no desenvolvimento da indústria, por exemplo, os índices de crescimento variam, a publicidade é tida como declinante à medida que o negócio amadurece, e as companhias tendem a uma integração vertical.

Estas tendências não são tão importantes intrinsecamente; o que é crítico é se elas afetam as fontes estruturais de concorrência. Consideremos a integração vertical. Na indústria de microcomputadores em fase de maturidade, está ocorrendo uma intensa integração vertical, tanto na fabricação como no desenvolvimento de software. Essa tendência muito significativa está aumentando intensamente as economias de escala bem como o montante de capital necessário para competir na indústria. O que, por sua vez, está elevando as barreiras de entrada e pode excluir alguns concorrentes menores da indústria, assim que o crescimento se nivelar.

Obviamente, as tendências com maior prioridade do ponto de vista estratégico são aquelas que afetam as fontes mais importantes de concorrência na indústria e aquelas que introduzem novos fatores estruturais. Na fabricação de embalagens em aerossol, por exemplo, a tendência no sentido de uma menor diferenciação do produto é, no momento, dominante. Essa tendência aumentou o poder dos compradores, diminuiu as barreiras de entrada e intensificou a rivalidade.

A análise estrutural pode ser usada para predizer a rentabilidade eventual de uma indústria. No planejamento a longo prazo, a tarefa é examinar cada força competitiva, prever a magnitude de cada causa básica e elaborar, então, o quadro composto do potencial provável de lucro da indústria.

O resultado de um exercício como esse pode ser bastante diferente da estrutura industrial existente. No momento, por exemplo, dezenas e, talvez, centenas de companhias estão se ocupando do aquecimento solar, nenhuma das quais com posição importante no mercado. A entrada é fácil e os concorrentes estão lutando para estabelecer o aquecimento solar como um substituto superior para os métodos convencionais de aquecimento.

O potencial do aquecimento solar dependerá bastante da forma das futuras barreiras de entrada, do melhor posicionamento da indústria em relação aos substitutos, da intensidade da concorrência no estágio final e do poder captado por compradores e fornecedores. Essas características serão, por sua vez, influenciadas por fatores como a possibilidade de estabelecimento de identificação de marcas, em caso de economias de escala significativas, ou a criação de curvas de experiência na fabricação de equipamentos por evolução tecnológica, que serão os custos finais de capital para entrar e a extensão eventual dos custos fixos nas instalações de produção. (O processo de evolução estrutural da indústria e as forças que o dirigem serão explorados detalhadamente no Capítulo 8.)

Estratégia de Diversificação

O quadro de referência para analisar a concorrência industrial pode ser usado no estabelecimento da estratégia de diversificação. Ele proporciona um guia para que se dê uma resposta à extremamente difícil questão inerente às decisões de diversificação: "Qual é o potencial deste negócio?" O quadro de referência pode permitir a uma companhia vislumbrar uma indústria com um bom futuro antes que esse bom futuro esteja refletido nos preços dos candidatos à aquisição.

O quadro de referência também pode ajudar a identificar tipos particularmente valiosos de relacionamento na diversificação. Por exemplo, relações que permitem à empresa superar barreiras de entrada básicas por meio da divisão de funções ou de relacionamentos preexistentes com canais de distribuição podem ser uma base fértil para a diversificação. Todos esses tópicos serão explorados com maior detalhe no Capítulo 16.

ANÁLISE ESTRUTURAL E DEFINIÇÃO DE INDÚSTRIA

Foi bastante enfatizada a definição da indústria de interesse como um passo crucial na formulação da estratégia competitiva. Muitos escritores têm destacado também a importância de se perceber a prioridade da função sobre o produto ao se definir um negócio, além dos limites nacionais para a concorrência internacional em potencial, e além das fileiras dos atuais concorrentes para aqueles que podem se tornar concorrentes no futuro. Como resultado disso tudo, a definição adequada da indústria ou das indústrias de uma companhia tornou-se um tema de debate interminável. Uma motivação importante nesse debate é o medo de menosprezar fontes latentes de concorrência que possam, algum dia, ameaçar a indústria.

A análise estrutural, focalizando amplamente a concorrência bem além dos rivais existentes, deve reduzir a necessidade de debates sobre onde fixar os limites da indústria. Qualquer definição de uma indústria é essencialmente uma escolha de onde fixar a linha entre os concorrentes existentes e os produtos substitutos, entre as empresas existentes e as que podem vir a entrar na indústria, e entre as empresas existentes e os fornecedores e compradores. Fixar essas linhas é inerentemente uma questão de grau que tem pouco a ver com a escolha da estratégia.

Se, entretanto, essas amplas fontes de concorrência são reconhecidas e seu impacto relativo é avaliado, então o local onde as linhas são realmente fixadas se torna mais ou menos irrelevante para a formulação da estratégia. Nem as fontes latentes de concorrência nem as dimensões básicas da concorrência serão menosprezadas.

A definição de uma indústria *não* é a mesma que a definição de onde a empresa deseja competir (definição de *seu* negócio). Justamente porque a indústria é definida de modo amplo, por exemplo, não significa que a empresa pode ou deve competir amplamente; podendo existir fortes vantagens em competir em um grupo de indústrias relacionadas, como foi visto. A separação da definição da indústria e a dos negócios em que a empresa deseja atuar fará muito quanto à eliminação da confusão desnecessária na fixação de limites da indústria.

Uso da Análise Estrutural

Este capítulo identificou um grande número de fatores que podem ter potencialmente impacto na competição industrial.[10] Nem todos serão importantes em todas as indústrias. O quadro de referência pode ser usado para identificar rapidamente quais as características estruturais que determinam a natureza da concorrência em uma determinada indústria. É aí que o máximo da atenção estratégica e analítica deve ser concentrada.

---

[10] O Apêndice B discute as fontes de dados sobre tais fatores.

2
Estratégias Competitivas Genéricas

O Capítulo 1 descreveu a estratégia competitiva como ações ofensivas ou defensivas para criar uma posição defensável em uma indústria, para enfrentar com sucesso as cinco forças competitivas e, assim, obter um retorno sobre o investimento maior para a empresa. As empresas descobriram diversas maneiras de atingir esse objetivo, e a melhor estratégia para uma dada empresa é, em última análise, uma solução única que reflete suas circunstâncias particulares. Entretanto, em sentido mais amplo podemos encontrar três estratégias genéricas internamente consistentes (que podem ser usadas isoladamente ou de forma combinada) para criar essa posição defensável a longo prazo e superar os concorrentes em uma indústria. Este capítulo descreve as estratégias genéricas e explora alguns dos requisitos e riscos de cada uma. Seu propósito é desenvolver alguns conceitos introdutórios que serão consolidados em uma análise subseqüente. Os capítulos seguintes deste livro terão muito mais a dizer sobre como traduzir essas estratégias genéricas amplas em estratégias mais específicas apropriadas a tipos particulares de situações de uma indústria.

TRÊS ESTRATÉGIAS GENÉRICAS

Ao enfrentar as cinco forças competitivas, existem três abordagens estratégicas genéricas potencialmente bem-sucedidas para superar as outras empresas em uma indústria.

1. liderança no custo total
2. diferenciação
3. enfoque

Algumas vezes, a empresa pode seguir com sucesso mais de uma abordagem como seu alvo primário, embora isso seja raramente possível, como será discutido mais tarde. A colocação em prática de qualquer uma dessas estratégias genéricas exige, em geral, comprometimento total e disposições organizacionais de apoio que serão diluídos se existir mais de um alvo primário. As estratégias genéricas são métodos para superar os concorrentes em uma indústria; em algumas indústrias, a estrutura indicará que todas as empresas podem obter altos retornos; em outras, o sucesso com uma estratégia genérica pode ser necessário apenas para obter retornos aceitáveis em sentido absoluto.

Liderança no Custo Total

A primeira estratégia, que se tornou bastante comum nos anos 70 devido à popularização do conceito da curva de experiência, consiste em atingir a liderança no custo total em uma indústria por meio de um conjunto de políticas funcionais orientadas para esse objetivo básico. A liderança no custo exige a construção agressiva de instalações em escala eficiente, uma perseguição vigorosa de reduções de custo pela experiência, um controle rígido do custo e das despesas gerais, a não permissão da formação de contas marginais dos clientes, e a minimização do custo em áreas como P & D, assistência, força de vendas, publicidade etc. Intensa atenção administrativa ao controle dos custos é necessária para atingir essas metas. Custo baixo em relação aos concorrentes torna-se o tema central de toda a estratégia, embora a qualidade, a assistência e outras áreas não possam ser ignoradas.

Uma posição de baixo custo produz para a empresa retornos acima da média em sua indústria apesar da presença de intensas forças competitivas. A posição de custo dá à empresa uma defesa contra a rivalidade dos concorrentes, porque seus custos mais baixos significam que ela ainda pode obter retornos depois que seus concorrentes tenham consumido seus lucros na competição. Uma posição de baixo custo defende a empresa contra compradores poderosos porque estes só podem exercer seu poder para baixar os preços ao nível do concorrente mais eficiente. Baixo custo proporciona uma defesa contra fornecedores poderosos trazendo maior flexibilidade para enfrentar os aumentos de custo dos insumos. Os fatores que levam a uma posição de baixo custo em geral também proporcionam barreiras de entrada substanciais em termos de economias de escala e vantagens de custos. Finalmente, uma posição de baixo custo, em geral, coloca a empresa em uma posição favorável em relação aos produtos substitutos de seus concorrentes na indústria. Assim, uma posição de baixo custo protege a empresa contra todas as cinco forças competitivas porque a negociação só pode continuar a erodir os lucros até o ponto em que os lucros do próximo concorrente mais eficiente tenham sido eliminados, e porque os concorrentes menos eficientes sofrerão antes as pressões competitivas.

Atingir uma posição de custo total baixo quase sempre exige uma alta parcela de mercado relativa ou outras posições vantajosas, como acesso favorável às matérias-primas. Pode exigir também o projeto de produtos para simplificar a fabricação, a manutenção de uma vasta linha de produtos relacionados para diluir os custos e o atendimento de todos os principais grupos de clientes de modo a expandir o volume. Por sua vez, colocar em prática a estratégia de baixo custo pode exigir investimento pesado de capital em equipamento atualizado, fixação de preço agressiva e prejuízos iniciais para consolidar a parcela de mercado. Uma grande parcela de mercado permitirá, por sua vez, economias nas compras, o que reduz os custos ainda mais. Uma vez atingida, a posição de baixo custo proporciona margens altas que podem ser reinvestidas em novo equipamento e instalações mais modernas de modo a manter a liderança de custo. Esse reinvestimento pode ser um requisito para sustentar uma posição de custo baixo.

A estratégia de liderança de custo parece ser a base do sucesso de Briggs and Stratton nos motores a gasolina de baixa potência, em que ela detém uma parcela mundial de 50%, e do sucesso da Lincoln Electric em equipamentos e acessórios de arco voltaico. Outras empresas reconhecidas pela aplicação bem-sucedida da estratégia de liderança no custo em vários negócios são a Emerson Electric, a Texas Instruments, a Black and Decker e a Du Pont.

Uma estratégia de liderança de custo pode, às vezes, revolucionar uma indústria em que as bases históricas da concorrência tenham sido diferentes e os concorrentes estejam mal preparados, quer economicamente quer quanto à percepção, para dar os passos necessários para a minimização do custo. A Harnischfeger estava em meio a uma audaciosa tentativa de revolucionar a indústria de guindastes no ano de 1979. Começando com 15% do mercado, a Harnischfeger reprojetou seus guindastes para simplificar a fabricação e a assistência técnica usando componentes modulados, alterando configurações e reduzindo a quantidade de material utilizado. Em seguida, ela estabeleceu áreas de submontagem e uma verdadeira linha de montagem transportadora, um desvio marcante dos padrões da indústria. Ela passou a encomendar componentes em grandes volumes para diminuir os custos. Tudo isso permitiu à companhia oferecer um produto de qualidade aceitável e reduzir os preços em 15%. A parcela de mercado da Harnischfeger cresceu rapidamente para 25% e continua crescendo. Relata Willis Fisher, gerente geral da Divisão de Equipamento Hidráulico da Harnischfeger:

Não pretendíamos desenvolver uma máquina significativamente melhor do que qualquer outra, mas queríamos desenvolver uma que fosse realmente mais simples de fabricar e que tivesse seu preço fixado, intencionalmente, como uma máquina de baixo custo.[1]

Os concorrentes estão queixando-se de que a Harnischfeger "comprou" parcela de mercado reduzindo suas margens, uma acusação que a companhia nega.

Diferenciação

A segunda estratégia genérica é diferenciar o produto ou o serviço oferecido pela empresa, criando algo que seja considerado único no âmbito de toda a indústria. Os métodos para essa diferenciação podem assumir muitas formas: projeto ou imagem da marca (Fieldcrest no topo da linha de toalhas e lençóis; Mercedes em automóveis), tecnologia (Hyster em empilhadeiras; MacIntosh em componentes estéreos; Coleman em artigos de acampamento), peculiaridades (Jenn-Air em fogões elétricos); serviços sob encomenda (Crown Cork and Seal em latas de metal), rede de fornecedores (Caterpillar Tractor em equipamento de construção), ou outras dimensões. Em termos ideais, a empresa se diferencia ao longo de várias dimensões. A Caterpillar Tractor, por exemplo, é conhecida não apenas por sua rede de revendedores e pela excelente disponibilidade de peças sobressalentes, como também por seus produtos de alta qualidade extremamente duráveis, tudo isto sendo crucial no ramo dos equipamentos pesados em que o tempo parado é muito dispendioso. Devemos ressaltar que a estratégia de diferenciação não permite à empresa ignorar os custos, mas eles não são o alvo estratégico primário.

A diferenciação, se alcançada, é uma estratégia viável para obter retornos acima da média em uma indústria porque ela cria uma posição defensável para enfrentar as cinco forças competitivas, embora de um modo diferente do que na liderança de custo. A diferenciação proporciona isolamento contra a rivalidade competitiva devido à lealdade dos consumidores com relação à marca como também à conseqüente menor sensibilidade ao preço. Ela também aumenta as margens, o que exclui a necessidade de uma posição de baixo custo. A lealdade resultante do consumidor e a necessidade de um concorrente superar a supremacia colocam barreiras de entrada. A diferenciação produz margens mais altas com as quais é possível lidar com o poder dos fornecedores e claramente ameniza o poder dos compradores, dado que lhes faltam alternativas comparáveis, sendo, assim, menos sensíveis aos preços. Finalmente, a empresa que se diferenciou para obter a

---

[1] "Harnischfeger's Dramatic Pickup in Cranes", *Business Week,* 13 de agosto de 1979.

lealdade do consumidor deverá estar mais bem posicionada em relação aos substitutos do que a concorrência.

Atingir a diferenciação pode, às vezes, tornar impossível a obtenção de uma alta parcela de mercado. Em geral, requer um sentimento de exclusividade que é incompatível com a alta parcela de mercado. Mais comumente, entretanto, atingir a diferenciação implicará um *trade-off* com a posição de custo se as atividades necessárias para criá-la são inerentemente dispendiosas, como pesquisa extensiva, projeto do produto, materiais de alta qualidade, ou apoio intenso ao consumidor. Mesmo que os consumidores no âmbito da indústria reconheçam a superioridade da empresa, nem todos os clientes estarão dispostos ou terão condições de pagar os altos preços requeridos (embora a maioria esteja em indústrias como a de equipamentos de terraplenagem em que, apesar de seus altos preços, a Caterpillar tem uma parcela de mercado dominante). Em outros negócios, a diferenciação pode não ser incompatível com custos relativamente baixos e com preços comparáveis aos da concorrência.

Enfoque

A última estratégia genérica é enfocar um determinado grupo comprador, um segmento da linha de produtos, ou um mercado geográfico; como com a diferenciação, o enfoque pode assumir diversas formas. Embora as estratégias de baixo custo e de diferenciação tenham o intuito de atingir seus objetivos no âmbito de toda a indústria, toda a estratégia de enfoque visa atender muito bem ao alvo determinado, e cada política funcional é desenvolvida levando isso em conta. A estratégia repousa na premissa de que a empresa é capaz de atender seu alvo estratégico estreito mais efetiva ou eficientemente do que os concorrentes que estão competindo de forma mais ampla. Conseqüentemente, a empresa atinge a diferenciação por satisfazer melhor às necessidades de seu alvo particular, ou por ter custos mais baixos na obtenção desse alvo, ou ambos. Mesmo que a estratégia de enfoque não atinja baixo custo ou diferenciação do ponto de vista do mercado como um todo, ela realmente atinge uma ou ambas as posições em relação ao seu estreito alvo estratégico. As diferenças entre as três estratégias genéricas estão ilustradas na Figura 2-1.

A empresa que desenvolve com sucesso a estratégia de enfoque pode também obter potencialmente retornos acima da média para sua indústria. O enfoque desenvolvido significa que a empresa tem uma posição de baixo custo com seu alvo estratégico, alta diferenciação, ou ambas. Como discutimos no contexto da liderança de custo e da diferenciação, essas posições proporcionam defesas contra cada

Estratégias Competitivas Genéricas

VANTAGEM ESTRATÉGICA

	Unicidade Observada pelo Cliente	Posição de Baixo Custo
No Âmbito de Toda a Indústria	DIFERENCIAÇÃO	LIDERANÇA NO CUSTO TOTAL
Apenas um Segmento Particular	ENFOQUE	

ALVO ESTRATÉGICO

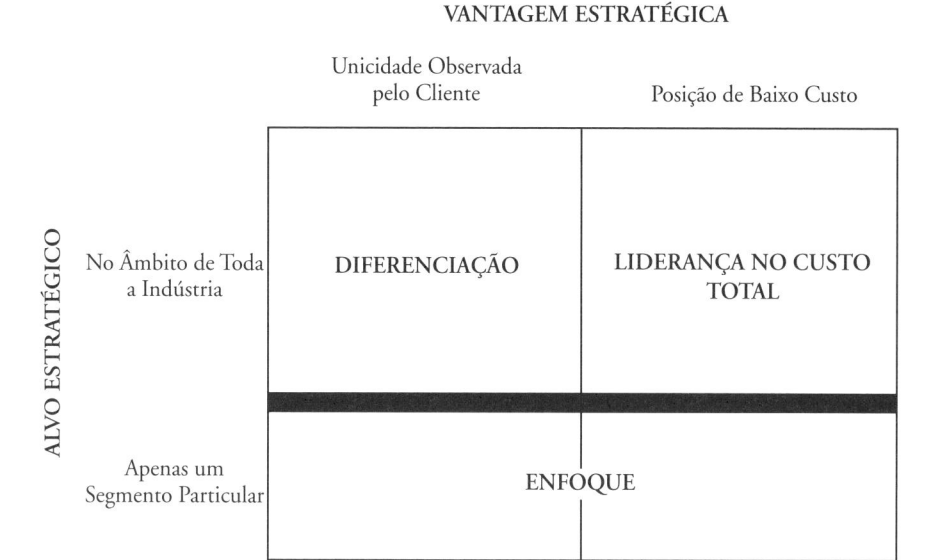

FIGURA 2-1 *Três estratégias genéricas.*

força competitiva. O enfoque pode também ser usado para selecionar metas menos vulneráveis a substitutos ou onde os concorrentes são mais fracos.

Por exemplo, a Illinois Tool Works enfocou mercados especializados de prendedores em que ela pode projetar produtos para satisfazer às necessidades particulares dos compradores e criar custos de mudança. Embora muitos compradores não estejam interessados nesses serviços, alguns estão. A Fort Howard Paper enfocou uma faixa estreita de papéis de qualidade industrial, evitando produtos de consumo vulneráveis a batalhas de publicidade e a rápidas introduções de novos produtos. A Porter Paint enfocou os pintores profissionais em vez do mercado do faça você mesmo, construindo sua estratégia em torno do atendimento a profissionais com serviços grátis de mistura de tintas, entrega rápida de um mínimo de um galão da tinta necessária no local de trabalho e cantinas atendendo gratuitamente para fazer com que os pintores profissionais se sintam em casa nas lojas da fábrica. Um exemplo de uma estratégia de enfoque que atinge uma posição de baixo custo no atendimento de seu alvo particular é visto na Martin-Brower, a terceira maior distribuidora de alimentos nos Estados Unidos. A Martin-Brower reduziu sua lista de clientes para apenas oito cadeias líderes de refeições ligeiras. Toda a sua estratégia está baseada em atender às necessidades específicas dessa clientela, ter em estoque apenas suas reduzidas linhas de produtos, receber pedidos de acordo com seus ciclos de compras, localizar seus depósitos considerando a posição de seus clientes e manter um controle intenso por computador de seus registros. Embora a Martin-Brower não seja a distribuidora com custo mais baixo no atendimento do mercado como um todo, ela o é no atendimento desse segmento particular. A empresa foi recompensada com rápido crescimento e com uma rentabilidade acima da média.

A estratégia de enfoque sempre implica algumas limitações na parcela total de mercado que pode ser atingida. O enfoque envolve necessariamente um *trade-off* entre a rentabilidade e o volume de vendas. Como na estratégia de diferenciação, ela pode ou não envolver um *trade-off* com a posição global de custo.

Outros Requisitos das Estratégias Genéricas

As três estratégias diferem em outras dimensões além das diferenças funcionais notadas anteriormente. Colocá-las em prática com sucesso exige diferentes recursos e habilidades. As estratégias genéricas também implicam arranjos organizacionais diferentes, procedimentos de controle e sistemas criativos. Conseqüentemente, o compromisso contínuo com uma das estratégias como alvo primário é geralmente necessário para que o sucesso seja atingido. Algumas implicações comuns das estratégias genéricas nessas áreas são:

ESTRATÉGIA GENÉRICA	RECURSOS E HABILIDADES EM GERAL REQUERIDOS	REQUISITOS ORGANIZACIONAIS COMUNS
Liderança no Custo Total	Investimento de capital sustentado e acesso ao capital	Controle de custo rígido
	Boa capacidade de engenharia de processo	Relatórios de controle freqüentes e detalhados
	Supervisão intensa da mão-de-obra	Organização e responsabilidades estruturadas
	Produtos projetados para facilitar a fabricação	
	Sistema de distribuição com baixo custo	Incentivos baseados em metas estritamente quantitativas
Diferenciação	Grande habilidade de marketing	Forte coordenação entre funções em P&D, desenvolvimento do produto e marketing
	Engenharia do produto	
	Tino criativo	
	Grande capacidade em pesquisa básica	Avaliações e incentivos subjetivos em vez de medidas quantitativas
	Reputação da empresa como líder em qualidade ou tecnologia	Ambiente ameno para atrair mão-de-obra altamente qualificada, cientistas ou pessoas criativas
	Longa tradição na indústria ou combinação ímpar de habilidade trazidas de outros negócios	
	Forte cooperação dos canais	
Enfoque	Combinação das políticas acima dirigidas para a meta estratégica em particular	Combinação das políticas acima dirigidas para a meta estratégica em particular

As estratégias genéricas podem, também, requerer estilos diferentes de liderança e traduzir-se em atmosferas e culturas bastante diferentes nas empresas. Tipos diferentes de pessoas serão atraídas.

O MEIO-TERMO

As três estratégias genéricas são métodos alternativos viáveis para lidar com as forças competitivas. O contrário da exposição prévia é que uma empresa fracassando em desenvolver sua estratégia em ao menos uma das três direções – uma empresa que fica no "meio-termo" – está em uma situação estratégica extremamente pobre. A essa empresa falta parcela de mercado e investimento de capital, e ela resolve fazer o jogo do baixo custo, da diferenciação necessária no âmbito de toda a indústria para evitar a necessidade de uma posição de baixo custo, ou do enfoque para criar diferenciação ou uma posição de custo baixo em uma esfera mais limitada.

À empresa que se fixou no meio-termo é quase garantida uma baixa rentabilidade. Ou ela perde os clientes de grandes volumes, que exigem preços baixos, ou deve renunciar a seus lucros para colocar seu negócio fora do alcance das empresas de baixo custo. Entretanto, ela também perde negócios com altas margens – a nata – para as empresas que enfocaram metas de altas margens ou que atingiram um padrão de diferenciação global. A empresa no meio-termo provavelmente também sofre de uma cultura empresarial indefinida e de um conjunto conflitante de arranjos organizacionais e sistemas de motivação.

É bem possível que a Clark Equipment tenha ficado no meio-termo na indústria de empilhadeiras na qual é líder nos Estados Unidos e no mundo em parcela de mercado. Dois produtores japoneses, Toyota e Komatsu, adotaram estratégias de atender apenas aos segmentos de grande volume, minimizaram os custos de produção e os preços mínimos, gozando da grande vantagem dos preços mais baixos do aço japonês, o que mais do que compensava os custos de transporte. A maior parcela mundial da Clark (18%; 33% nos Estados Unidos) não lhe dá uma clara liderança de custos em razão de sua linha de produtos muito ampla e da falta de orientação para o custo baixo. Ainda em função da sua linha ampla e da falta de ênfase total na tecnologia, a Clark foi incapaz de alcançar a reputação tecnológica e a diferenciação de produto da Hyster, que enfocou o mercado de caminhões basculantes maiores e investiu agressivamente em P&D. Em razão disso, os retornos da Clark apresentam-se significativamente menores do que os da Hyster, e a Clark vem perdendo terreno.[2]

---

[2] Ver Wertheim (1977).

A empresa na posição de meio-termo tem de tomar uma decisão estratégica fundamental. Ou ela adota as medidas necessárias para alcançar a liderança – ou ao menos a paridade – de custo, o que em geral acarreta investimentos agressivos para modernizar e, talvez, a necessidade de comprar parcela de mercado, ou ela deve orientar-se para um alvo determinado (enfoque) ou atingir alguma supremacia (diferenciação). As duas últimas opções podem acarretar contração da parcela de mercado e até em termos absolutos de vendas. A escolha entre essas opções está necessariamente baseada nas capacidades e nas limitações da empresa. A execução bem-sucedida de cada estratégia genérica requer recursos variados, diferentes virtudes, disposições organizacionais e estilo administrativo, como já foi visto. Raramente uma empresa está ajustada para todas as três.

Uma vez na situação de meio-termo, em geral se leva muito tempo e esforço contínuo para retirar a empresa dessa posição nada invejável. Contudo, parece haver uma tendência de as empresas em dificuldades ficarem pulando ao longo do tempo de uma estratégia genérica para outra. Dadas as inconsistências potenciais envolvidas na busca dessas três estratégias, essa abordagem é quase sempre fadada ao fracasso.

Esses conceitos sugerem algumas relações possíveis entre parcela de mercado e rentabilidade. Em algumas indústrias, o problema de ser apanhado no meio pode significar que as empresas menores (concentradas em um enfoque ou diferenciadas) e as maiores (liderança de custo) sejam aquelas com maior rentabilidade e as empresas de porte médio sejam aquelas com menores lucros. Isso implica uma relação em forma de U entre a rentabilidade e a parcela de mercado, como mostrado na Figura 2-2. A relação da Figura 2-2 parece ser verdadeira para a indústria de motores elétricos norte-americana. Nela, a GE e a Emerson têm grandes parcelas de mercado e posições de custo fortes, a GE tendo também uma firme reputação tecnológica. Acredita-se que ambas obtenham grandes retornos nos motores. A Baldor e a Gould (Century) adotaram estratégias de enfoque. A Baldor se dirigiu para o canal de distribuição e a Gould, para segmentos particulares de clientes. Também acredita-se que a rentabilidade das duas seja boa. A Franklin está em uma posição intermediária: sem baixo custo nem enfoque. Acredita-se que seu desempenho nos motores esteja de acordo. Uma relação como essa, em forma de U, provavelmente também é mais ou menos verdadeira para a indústria automobilística quando vista de forma global, com empresas como a GM (baixo custo) e a Mercedes (diferenciada) sendo as líderes em lucros. À Chrysler, à British Leyland e à Fiat faltam posição de custo, diferenciação de enfoque – elas estão no meio-termo.

Retorno sobre Investimento

Parcela de Mercado

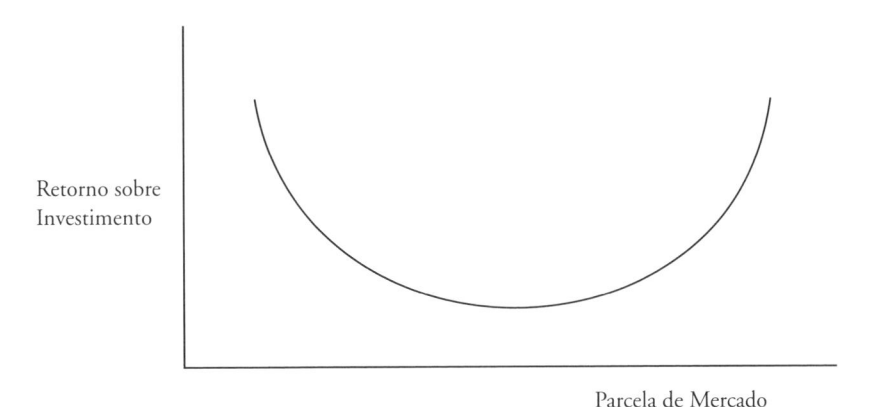

FIGURA 2-2

Entretanto, a relação em forma de U, da Figura 2-2, não se aplica a todas as indústrias. Em algumas delas não existem oportunidades para adotar um enfoque ou para uma diferenciação – é tão-somente um jogo de custo – e isso aplica-se a vários gêneros de primeira necessidade. Em outras indústrias, o custo é relativamente sem importância devido às características dos compradores e do produto. Em indústrias como essas, há quase sempre uma relação inversa entre a parcela de mercado e a rentabilidade. Em outras indústrias ainda, a concorrência é tão intensa que a única maneira de obter um retorno acima da média é por meio de um enfoque ou de uma diferenciação – o que parece ser verdadeiro na indústria siderúrgica norte-americana. Finalmente, a posição de baixo custo global pode não ser incompatível com a diferenciação ou o enfoque, ou o custo baixo pode ser atingido sem uma alta parcela de mercado. Para um exemplo das combinações complexas que podem surgir, a Hyster é a segunda em caminhões basculantes, sendo, contudo, mais lucrativa do que vários dos fabricantes de menor porte na indústria (Allis-Chalmers, Eaton) que não têm parcela de mercado suficiente para atingir custos baixos ou uma diferenciação de produto adequada para compensar suas posições de custo.

Não existe *nenhuma relação* entre rentabilidade e parcela de mercado, a menos que o mercado seja definido de tal forma que às empresas diferenciadas ou que adotaram enfoques particulares sejam atribuídas altas parcelas de mercado em algumas indústrias definidas de modo limitado, e que as definições da indústria quanto às empresas líderes em termos de custo sejam estabelecidas de forma ampla (o que é obrigatório porque as líderes em custo com freqüência não têm a maior parcela em todos os segmentos do mercado). Mesmo uma alteração na definição da indústria não pode explicar os altos retornos de empresas que alcançaram a diferenciação no âmbito global da indústria e mantêm parcelas de mercado inferiores às da líder da indústria.

Mais importante, contudo, é que alterações na forma como a indústria é definida de empresa para empresa levantam a questão de decidir qual das três estratégias genéricas é apropriada para a empresa. Essa opção significa escolher a estratégia mais adequada às virtudes da empresa e que seja mais difícil de ser replicada por seus concorrentes. Os princípios da análise estrutural devem iluminar a escolha, assim como devem permitir ao analista explicar ou prever a relação entre parcela de mercado e rentabilidade em qualquer indústria particular. Esse tópico é discutido posteriormente no Capítulo 7, em que a análise estrutural é ampliada para estudar as diferentes posições de empresas dentro de uma indústria particular.

RISCOS DAS ESTRATÉGIAS GENÉRICAS

Fundamentalmente, os riscos de seguir as estratégias genéricas são dois: primeiro, falhar em alcançar ou sustentar a estratégia; segundo, que o valor da vantagem estratégica proporcionada pela estratégia seja desgastado com a evolução da indústria. Especificamente, as três estratégias são prescritas para levantar diferentes tipos de defesas contra as forças competitivas, e não causa surpresa o fato de envolverem tipos diferentes de riscos. É importante tornar esses riscos explícitos de modo a melhorar a escolha da empresa entre as três alternativas.

Riscos da Liderança no Custo Total

A liderança no custo impõe severos encargos para a empresa preservar sua posição, o que significa reinvestimento em equipamento moderno, desfazer-se sem pena dos ativos obsoletos, evitar a proliferação na linha de produtos e estar alerta para aperfeiçoamentos tecnológicos. Os declínios nos custos com o volume cumulativo não são de forma alguma automáticos, nem a obtenção das economias de escala disponíveis é possível sem uma atenção integral.

A liderança de custo é vulnerável aos mesmos riscos, identificados no Capítulo 1, de basear-se na escala ou na experiência como barreiras de entrada. Alguns desses riscos são:

- mudança tecnológica que anula o investimento ou o aprendizado anteriores;
- aprendizado de baixo custo por novas empresas que entrem na indústria ou por seguidores, por meio da imitação ou de sua capacidade de investir em instalações modernas;

- incapacidade de ver a mudança necessária no produto ou no seu marketing em virtude da atenção colocada no custo;
- inflação em custos que estreitam a capacidade de a firma manter o diferencial de preço suficiente para compensar a imagem da marca do produto em relação ao preço dos concorrentes ou outras formas de diferenciação.

O exemplo clássico dos riscos da liderança no custo é o da Ford Motor Company nos anos 20. A Ford alcançou uma liderança de custo imbatível a partir da limitação de modelos e variedades, integração agressiva para trás, instalações altamente automatizadas e perseguição agressiva de custos mais baixos por meio do aprendizado. O aprendizado foi facilitado pela ausência de mudança nos modelos. Contudo, quando a renda *per capita* aumentou e muitos consumidores já tinham comprado um carro e estavam pensando em um segundo, o mercado começou a valorizar o estilo, as alterações nos modelos, o conforto e os carros fechados em vez de abertos. Os consumidores estavam dispostos a pagar um pouco mais por essas características. A General Motors posicionou-se prontamente para capitalizar esse desenvolvimento com uma linha completa de modelos. A Ford defrontou-se com imensos custos de reajustamento estratégico dada a rigidez criada por pesados investimentos na minimização do custo de um modelo obsoleto.

Outro exemplo dos riscos da liderança no custo como enfoque único é fornecido pela Sharp em produtos eletrônicos. A Sharp, que segue há muito tempo uma estratégia de liderança de custo, foi forçada a começar uma agressiva campanha para desenvolver o reconhecimento de sua marca. Sua capacidade de competir com os preços da Sony e da Panasonic foi consumida pelos aumentos nos custos e pela legislação americana *anti-dumping*, e sua posição estratégica foi se deteriorando pela concentração unicamente na liderança de custo.

Riscos da Diferenciação

A diferenciação também acarreta uma série de riscos:

- o diferencial de custos entre os concorrentes de baixo custo e a empresa diferenciada torna-se muito grande para que a diferenciação consiga manter a lealdade à marca. Os compradores sacrificam, assim, algumas das características, serviços ou imagem da empresa diferenciada em troca de grandes economias de custos;
- a necessidade dos compradores em relação ao fator de diferenciação diminui. Isso pode ocorrer à medida que os compradores se tornem mais sofisticados;

- a imitação reduz a diferenciação percebida, uma ocorrência comum quando a indústria amadurece.

O primeiro risco é tão importante que merece maiores comentários. Uma empresa pode alcançar a diferenciação; contudo, sua diferenciação em geral sustentará apenas algum diferencial de preço. Assim, se uma empresa diferenciada fica muito para trás em termos de custo devido à mudança tecnológica ou simplesmente por desatenção, a empresa com custo baixo pode ficar em posição de ganhar bastante terreno. Por exemplo, a Kawasaki e outros fabricantes japoneses de motocicletas foram capazes de atacar com sucesso fabricantes diferenciados como a Harley-Davidson e a Triumph em modelos maiores oferecendo grandes descontos aos compradores.

Riscos do Enfoque

O enfoque acarreta um outro conjunto de riscos:

- o diferencial de custos entre os concorrentes que atuam em todo o mercado e as empresas que adotaram enfoques particulares se amplia de tal modo que elimina as vantagens de custos de atender a um alvo estreito ou anula a diferenciação alcançada pelo enfoque;
- as diferenças nos produtos ou serviços pretendidos entre o alvo estratégico e o mercado como um todo se reduzem;
- os concorrentes encontram submercados *dentro* do alvo estratégico e desfocalizam a empresa com estratégia de enfoque.

3
Uma Metodologia para a Análise da Concorrência

A estratégia competitiva envolve o posicionamento de um negócio de modo a maximizar o valor das características que o distinguem de seus concorrentes. Em conseqüência, um aspecto central da formulação da estratégia é a análise detalhada da concorrência. O objetivo dessa análise é desenvolver um perfil da natureza e do sucesso das prováveis mudanças estratégicas que cada concorrente possa vir a adotar, a resposta provável de cada concorrente ao espectro de movimentos estratégicos viáveis que outras empresas poderiam iniciar e a provável reação de cada concorrente ao conjunto de alterações na indústria e às mais amplas mudanças ambientais que poderiam ocorrer. Uma análise sofisticada da concorrência é necessária para responder a questões como: "Devemos começar uma briga na indústria, e com que seqüência de movimentos?", "Qual o sentido desse movimento estratégico do concorrente e até que ponto devemos levá-lo a sério?" e "Que áreas devem ser evitadas por ser a resposta dos concorrentes emocional ou desesperada?"

Apesar da clara necessidade de uma análise sofisticada da concorrência na formulação da estratégia, tal análise às vezes, na prática, não é feita explicitamente ou de forma completa. Hipóteses arriscadas podem surgir no pensamento do administrador sobre a concorrência: "A concorrência não pode ser sistematicamente analisada." "Conhecemos tudo sobre nossos concorrentes porque competimos com eles todos os dias." "Nenhuma hipótese é sempre verdadeira." Uma dificuldade a mais é que uma análise da concorrência aprofundada requer uma grande quantidade de dados, muitos dos quais não são fáceis de encontrar sem considerável esforço. Muitas companhias não coletam informações sobre os concorrentes de forma sistemática, mas agem na base de impressões informais, de conjecturas e da intuição derivada dos bocadinhos de informações que todo administrador recebe continuamente sobre a concorrência. Contudo, a falta de boas informações torna muito difícil elaborar uma análise sofisticada da concorrência.

Existem quatro componentes diagnósticos para uma análise da concorrência (ver Figura 3-1): *metas futuras, estratégia em curso, hipóteses e capacidades.*[1] A compreensão desses quatro componentes permitirá uma bem formada predição do perfil de respostas do concorrente, conforme articulado nas questões-chave colocadas na Figura 3-1. A maior parte das companhias desenvolve ao menos um sentimento intuitivo com relação às estratégias correntes de seus concorrentes e aos seus pontos fortes e fracos (mostrados à direita da Figura 3-1). Atenção muito menor é em geral dirigida ao lado esquerdo, ou ao entendimento do que realmente está dirigindo o comportamento de um concorrente — suas metas futuras e as hi-

*O que Orienta
o Concorrente*

*O que o Concorrente
Está Fazendo e Pode Fazer*

METAS FUTURAS
A todos os níveis da administração
e em várias dimensões

ESTRATÉGIA EM CURSO
De que forma o negócio
está competindo no momento

PERFIL DE RESPOSTAS DO CONCORRENTE

O concorrente está satisfeito com
a sua posição atual?

Quais os prováveis movimentos ou
mudanças estratégicas que o concorrente fará?

Onde o concorrente é vulnerável?

O que provocará a maior e mais efetiva
retaliação pelo concorrente?

HIPÓTESES
Sobre si mesmo e sobre
a indústria

CAPACIDADES
Tanto os pontos fortes como os
pontos fracos

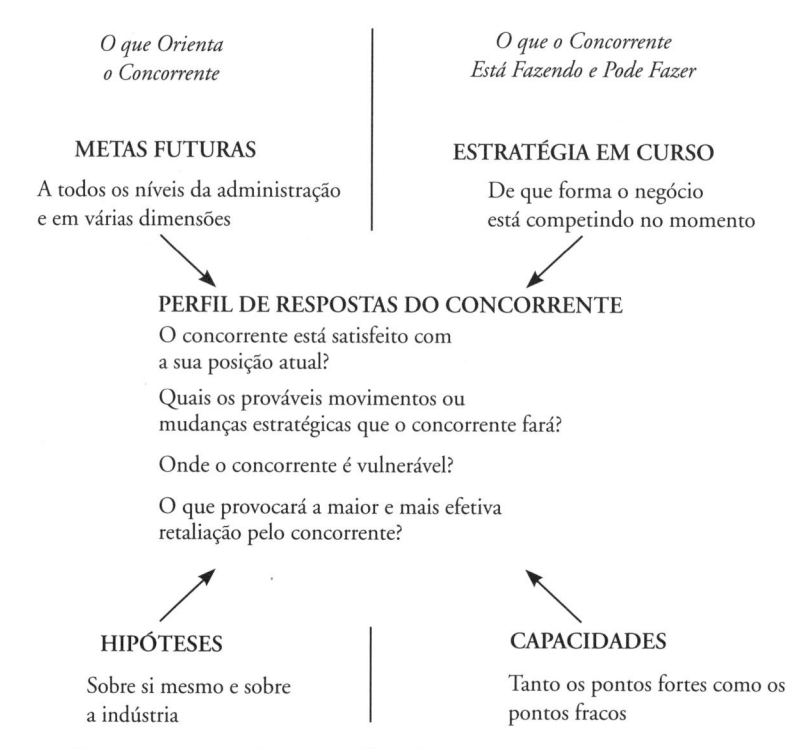

FIGURA 3-1 *Os componentes de uma análise da concorrência.*

---

[1] Embora geralmente tratemos as metas futuras como parte da estratégia, pode ser analiticamente útil separar as metas e a estratégia em curso na análise da concorrência.

póteses que ele mantém sobre sua própria situação e sobre a natureza de sua indústria. Esses fatores dirigentes são muito mais difíceis de serem observados do que o comportamento do concorrente propriamente dito; contudo, em geral, determinam como um concorrente se comportará no futuro.

Este capítulo apresentará uma metodologia básica para a análise da concorrência, que será ampliada ou enriquecida em capítulos posteriores, cada componente da análise da concorrência na Figura 3-1 será tratado em seções subseqüentes desenvolvendo-se um conjunto de questões que podem ser formuladas sobre a concorrência, colocando-se um pouco mais de importância no diagnóstico das metas e das hipóteses do concorrente. Nessas áreas mais sutis, será importante ir além da mera categorização e sugerir algumas técnicas e pistas para identificar quais são realmente as metas e as hipóteses de um determinado concorrente. Após discutirmos cada componente da análise da concorrência, examinaremos então como tais componentes podem ser combinados para responder às questões colocadas na Figura 3-1. Finalmente, serão discutidos brevemente alguns conceitos para a coleta e a análise de dados dos concorrentes, tendo em vista a importância da tarefa de coleta de dados na análise da concorrência.

Embora a metodologia e as questões aqui apresentadas sejam estabelecidas em termos de concorrentes, as mesmas idéias podem ser transformadas para fornecer uma metodologia para auto-análise. Os mesmos conceitos proporcionam à companhia uma metodologia para investigar sua própria posição em seu meio ambiente. E, além disso, fazer um exercício como esse pode ajudar uma companhia a entender as conclusões que *seus concorrentes provavelmente estão tirando dela*. Isso faz parte da análise sofisticada da concorrência porque essas conclusões modelam as hipóteses de um concorrente e, portanto, seu comportamento, sendo cruciais para movimentos competitivos (ver Capítulo 5).

OS COMPONENTES DA ANÁLISE DA CONCORRÊNCIA

Antes de discutir o componente da análise da concorrência, é importante definir quais concorrentes deverão ser examinados. Todos os *concorrentes* importantes já *existentes* devem ser analisados. Entretanto, pode ser também importante analisar os *concorrentes potenciais* que podem entrar em cena. A previsão desses últimos não é uma tarefa fácil, mas eles podem ser identificados a partir dos seguintes grupos:

- empresas que não estão na indústria mas que podem vir a superar barreiras de entrada de um modo particularmente barato;

- empresas para as quais existe óbvia sinergia por estarem na indústria;
- empresas para as quais competir na indústria é uma extensão óbvia da estratégia empresarial;
- clientes ou fornecedores que podem vir a integrar-se para trás ou para a frente.

Outro exercício potencialmente valioso é tentar prever prováveis *fusões* ou aquisições, quer entre concorrentes estabelecidos, quer envolvendo empresas de fora da indústria. Uma fusão pode conduzir instantaneamente um concorrente fraco a uma posição proeminente, ou fortalecer ainda mais um concorrente já poderoso. A previsão das empresas adquirentes segue a mesma lógica da previsão das empresas com possibilidade de entrar na indústria. A previsão dos alvos da aquisição dentro da indústria pode se basear na sua situação de propriedade, na capacidade de enfrentar os desenvolvimentos futuros na indústria e na atratividade potencial como uma base de operações na indústria, entre outras coisas.

Metas Futuras

O diagnóstico das metas dos concorrentes (e de como eles farão uma avaliação de si mesmos em relação a essas metas), o primeiro componente da análise da concorrência, é importante por várias razões. O conhecimento das metas permitirá previsões sobre se cada concorrente está ou não satisfeito com sua presente posição e com os resultados financeiros e, portanto, qual a probabilidade de esse concorrente alterar sua estratégia e o vigor com que ele reagirá a eventos externos (por exemplo, o ciclo econômico) ou a movimentos de outras empresas. Por exemplo, uma empresa que coloque muita importância no crescimento estável das vendas pode reagir de forma bastante diferente a uma queda nos negócios ou ao aumento da parcela de mercado por parte de outra companhia do que uma outra cujo maior interesse seja manter sua taxa de retorno sobre o investimento.

O conhecimento das metas de um concorrente ajudará também a prever suas reações a mudanças estratégicas. Algumas dessas mudanças ameaçarão um concorrente mais do que outros, consideradas as suas metas e as pressões que ele possa sofrer de sua matriz. O grau de ameaça afetará a probabilidade de retaliação. Finalmente, um diagnóstico das metas de um concorrente ajudará na interpretação da seriedade das iniciativas tomadas pelo concorrente. Um movimento estratégico de um concorrente que se dedique a uma de suas metas centrais ou que vise restaurar o desempenho em relação a um alvo básico não é uma questão casual. Similarmente, um diagnóstico de suas metas ajudará a determinar se uma matriz poderá realmente sustentar uma iniciativa assumida por uma de suas unidades ou se apoiarão a retaliação daquela unidade contra movimentos dos concorrentes.

Embora em geral pensemos em metas financeiras, um diagnóstico abrangente das metas de um concorrente incluirá, normalmente, muitos outros fatores qualitativos, tais como seus alvos em termos de liderança de mercado, posição tecnológica, atuação social e coisas semelhantes. O diagnóstico das metas deve ser feito também em diversos níveis administrativos. Existem metas no âmbito de toda a empresa, metas para as unidades empresariais, e até mesmo metas que podem ser atribuídas a áreas funcionais individuais e a gerentes-chave. As metas dos níveis mais altos participam, mas não determinam totalmente as metas dos níveis mais baixos.

As questões diagnósticas que se seguem ajudam a determinar as metas atuais e futuras de um concorrente. Começamos considerando a divisão ou a unidade empresarial que, em alguns casos, compreenderá todo o grupo empresarial do concorrente. Examinamos a seguir o impacto da empresa matriz sobre as metas futuras da unidade empresarial da companhia diversificada.

Metas da Unidade Empresarial

1. Quais são as *metas financeiras* declaradas e não declaradas do concorrente? Como o concorrente faz os *trade-offs* inerentes ao estabelecimento de metas, tais como o *trade-off* entre o desempenho a curto e a longo prazos? Entre lucro e crescimento da receita? Entre crescimento e capacidade de pagar dividendos regularmente?
2. Qual é a *atitude* do concorrente em *relação ao risco*? Se os objetivos financeiros consistem essencialmente em rentabilidade, posição no mercado (parcela), índice de crescimento e nível desejado de risco, de que forma o concorrente parece balancear esses fatores?
3. O concorrente tem *valores ou crenças* organizacionais econômicos ou não-econômicos, quer amplamente disseminados quer mantidos pela gerência sênior, que afetem suas metas de forma importante? Ele deseja ser o líder do mercado (Texas Instruments)? O representante da indústria (Coca-Cola)? O dissidente? O líder em tecnologia? Tem tradição ou história em seguir uma determinada estratégia ou política funcional que tenha sido institucionalizada em uma meta? Conceitos firmemente mantidos sobre projeto ou qualidade do produto? Preferência de localização?

4. Qual a *estrutura organizacional* do concorrente (estrutura funcional, presença ou ausência de gerentes de produto, laboratório próprio de P&D etc.)? De que modo a estrutura distribui responsabilidade e poder para decisões básicas como alocação de recursos, fixação de preços e alterações no produto? A estrutura organizacional do concorrente fornece alguma indicação sobre a situação relativa das várias áreas funcionais e sobre a coordenação e a relevância que são julgadas estrategicamente importantes. Por exemplo, se o departamento de vendas é dirigido por um vice-presidente sênior subordinado diretamente ao presidente, isso é uma indicação de que as vendas têm mais influência que a fabricação se esta tem um diretor subordinado ao vice-presidente sênior de administração. O local onde está localizada a responsabilidade pelas decisões dará pistas sobre a perspectiva que a alta gerência quer depositar nessas decisões.

5. Que sistemas de *controle e incentivos* são usados? Qual é o sistema de remuneração dos executivos? E o da força de vendas? Os gerentes possuem ações? Existe um sistema diferido de remuneração? Quais medidas de desempenho são seguidas regularmente? Com que freqüência? Todas essas questões, embora às vezes difíceis de serem discernidas, fornecem pistas importantes sobre o que o concorrente acredita ser importante e sobre o modo como os gerentes responderão aos acontecimentos tendo em vista suas recompensas.

6. Que *sistema de contabilidade* e que convenções são usados? Como o concorrente avalia os estoques? Aloca os custos? Considera a inflação? Esses tipos de tópicos de política contábil podem influenciar fortemente a percepção do desempenho de um concorrente, quais são os seus custos, o modo como ele estabelece seus preços, e assim por diante.

7. Que espécie de *gerentes* estão na liderança do concorrente, particularmente o diretor executivo? Que experiência e histórico eles têm?[2] Que tipos de gerentes mais jovens parecem estar sendo incentivados, e qual a sua importância aparente? Existe algum padrão nos locais de onde a companhia esteja contratando pessoal externo que sirva como uma indicação da direção que a companhia possa estar tomando? Bic Pen, por exemplo, adotou uma política explícita de contratar fora de sua indústria porque ela acreditava que precisava adotar uma estratégia não convencional. Existem aposentadorias iminentes?

---

[2] Algumas questões potencialmente esclarecedoras sobre a experiência e o histórico dos gerentes serão discutidas adiante.

8. Qual a *unanimidade* aparente existente entre a gerência sobre o rumo futuro do negócio? Existem facções patrocinando metas diferentes? Se assim for, isso pode levar a oscilações súbitas na estratégia à medida que o poder muda. A unanimidade, ao contrário, pode conduzir a um poder altamente estável e mesmo a uma inflexibilidade diante de situações adversas.
9. Qual é a composição da *diretoria*? Existem participantes externos suficientes para que possam trazer uma visão de fora efetiva? Que tipo de participantes de fora estão na diretoria, e quais são as suas experiências e ligações com a companhia? Como eles se comportam em suas próprias firmas, ou que interesses representam (bancos? procuradores?)? A composição da diretoria pode fornecer pistas sobre a orientação da companhia, a postura em relação ao risco, e mesmo as abordagens estratégicas preferidas.
10. Que *compromissos contratuais* podem limitar as alternativas? Existem cláusulas de débitos que possam limitar as metas? Restrições por força de licenciamento ou acordos de sociedades em cota de participação?
11. Existem *restrições regulatórias, antitruste, ou outras restrições sociais ou governamentais* quanto ao comportamento da empresa que possam afetar coisas como sua reação aos movimentos de um concorrente menor ou probabilidade de ele vir a tentar uma parcela de mercado maior? No passado o concorrente teve algum problema com a lei antitruste? Por quais razões? Entrou em algum acordo? Tais restrições ou apenas algum acontecimento passado pode sensibilizar a empresa a ponto de ela antecipar a reação a acontecimentos estratégicos, a não ser que haja algum elemento essencial se seu negócio é ameaçado. Uma empresa que esteja tentando ganhar uma pequena parcela do mercado de um líder da indústria pode gozar de alguma proteção em resultado de tais restrições, por exemplo.

As Metas da Unidade Empresarial e da matriz

Caso o concorrente seja uma unidade de uma companhia de maior porte, sua matriz é capaz de impor restrições ou exigências que serão cruciais para predizer seu comportamento. As seguintes questões precisam ser observadas além das que acabamos de discutir:

1. Quais são os *resultados correntes* (crescimento de vendas, taxas de retorno etc.) *da matriz*? Como uma primeira aproximação, isso dá uma indica-

ção dos alvos da matriz que podem ser traduzidos em objetivos de parcela de mercado, decisões de preços, pressão por novos produtos, e outros, para a sua unidade controlada. Uma unidade que esteja se saindo pior do que sua matriz como um todo está em geral sob pressão. É improvável que uma unidade cuja matriz vem mantendo uma sucessão de avanços nos resultados financeiros tome atitudes que possam comprometer essa marca favorável.

2. Quais são as *metas globais da matriz*? Em vista disso, quais são as prováveis necessidades da matriz em relação à unidade controlada?

3. Qual é a *importância estratégica* que a matriz atribui à unidade empresarial em termos de sua estratégia empresarial global? Será que a empresa vê essa unidade como um "negócio de base" ou apenas como na periferia de suas operações? Onde a unidade se encaixa no portfólio da matriz? O negócio está sendo visto como uma área de crescimento e como básico para o futuro da corporação, ou é considerado maduro ou estável em uma fonte de caixa? A importância estratégica da unidade influenciará fortemente as metas que se espera que ela atinja. A avaliação da importância estratégica é discutida posteriormente.

4. Por que a matriz *entrou neste negócio* (excesso de capacidade, necessidade de integração vertical, para explorar canais de distribuição, por sua força de marketing)? Esse fator dará maiores indicações sobre a maneira como a matriz vê a contribuição do negócio e a pressão provável que ela colocará no posicionamento estratégico e no comportamento da unidade.

5. Qual é o *relacionamento econômico* entre o negócio e os outros dentro do portfólio da matriz (integração vertical, complementação a outros negócios, P&D compartilhado)? Qual a implicação desse relacionamento em exigências especiais, que a corporação possa colocar sobre a unidade, relativas à maneira como ela se comportaria como uma companhia livre? Instalações compartilhadas, por exemplo, podem indicar que a unidade esteja sob pressão para cobrir gastos gerais ou absorver excesso de capacidade gerado pelas demais unidades. Ou se a unidade complementa outra divisão da matriz, esta pode escolher obter lucros em outra parte. Inter-relações com outras unidades da companhia podem implicar também subsídios cruzados em uma ou outra direção.

6. Quais são os *valores ou as crenças* da alta direção aplicáveis a todo o grupo empresarial? Buscam a liderança tecnológica em todos os seus negócios?

Desejam manter a produção em determinado nível e evitar dispensas eventuais de empregados de modo a executar uma política contra sindicatos?[3] Esses tipos de valores e crenças terão em geral um efeito sobre a unidade.

7. Existe uma *estratégia genérica* que a matriz tenha aplicado em alguns negócios e possa tentar neste? Por exemplo, a Bic Pen empregou uma estratégia de produtos de preço baixo, padronizados e descartáveis, fabricados em volumes muito altos com publicidade intensa para competir em áreas de instrumentos de escrita, isqueiros, meias-calças e, no momento, lâminas de barbear. A Haynes Corporation está no processo de aplicar a estratégia de vendas das meias-calças a diversos negócios como cosméticos, roupas íntimas masculinas e meias.

8. Dados o *desempenho e as necessidades das outras unidades* na corporação e a estratégia global, que tipos de alvos de vendas, limitações quanto ao retorno sobre o investimento e restrições de capital podem ser colocados sobre a unidade concorrente? Será ela capaz de competir com sucesso com outras unidades de sua organização pelo capital do grupo, dado seu desempenho em relação a essas outras unidades e às metas do grupo para ela? A unidade é potencial ou realmente grande o bastante para chamar a atenção e o apoio de sua matriz, ou será deixada sozinha, sendo-lhe atribuída uma baixa prioridade em termos de atenção gerencial? Quais as exigências de investimento de capital das outras unidades da companhia? Consideradas quaisquer pistas disponíveis sobre as prioridades que a matriz atribui às diversas unidades e o montante dos fundos disponíveis após dividendos, quanto será deixado para a unidade?

9. Quais são os *planos de diversificação* da matriz? A matriz está planejando diversificar-se em outras áreas que consumirão capital ou que forneçam uma indicação da importância a longo prazo que será colocada na unidade? A matriz está se movendo em direções que sustentarão a unidade com oportunidades de sinergia? A Reynolds, por exemplo, comprou a Del Monte recentemente, o que deve dar um grande impulso ao seu negócio de alimentos devido ao sistema de distribuição da Del Monte.

10. Quais são as pistas que a *estrutura organizacional* da matriz do concorrente fornece sobre a situação relativa, a posição e as metas da unidade aos olhos

---

[3] Uma política contra a dispensa de pessoal, por exemplo, implicaria a formação de grandes estoques quando a demanda caísse, e possivelmente a resignação quanto a perder parcela de mercado com a elevação da demanda. Políticas como essa são aplicadas por algumas das maiores empresas norte-americanas.

da matriz? A unidade está ligada diretamente ao diretor executivo ou a um influente vice-presidente do grupo, ou é uma pequena parte de uma entidade organizacional maior? Foi colocado na direção um novato na organização ou um gerente prestes a sair dela? As relações organizacionais também fornecem pistas sobre a estratégia real ou provável. Por exemplo, se um grupo de divisões de produtos elétricos é reunido sob a direção de um gerente geral de produtos elétricos, torna-se mais provável uma estratégia coordenada entre as divisões do que se elas fossem independentes, particularmente se um executivo influente fosse indicado como o gerente geral do grupo. É importante notar que as pistas derivadas das relações de subordinação precisam ser combinadas com outras indicações para que seja possível ter completa confiança nelas, dado que as relações organizacionais podem ser apenas aparentes.

11. Como a gerência divisional *é controlada e remunerada* no esquema geral do grupo? Qual é a freqüência das revisões? O valor das gratificações em relação aos salários? Em que se baseiam as gratificações? É dada participação no capital? Essas questões têm claras implicações para as metas e o comportamento da divisão.

12. Que tipo de *executivos* parece ser recompensado pela matriz, como uma indicação do tipo de comportamento estratégico reforçado pela gerência sênior e, portanto, das metas da gerência divisional? Com que rapidez os gerentes entram e saem de uma unidade para outras unidades da matriz? A resposta pode fornecer alguma evidência sobre seus horizontes de tempo e sobre a maneira como fazem o balanço entre estratégias arriscadas e seguras.

13. Onde a matriz faz seu *recrutamento*? A atual direção foi promovida internamente – o que pode indicar que a estratégia passada será continuada – ou de fora da divisão ou ainda de fora da companhia? De que área funcional o atual gerente geral veio (uma indicação da importância estratégica que a alta gerência pode estar querendo colocar na unidade)?

14. *A corporação como um todo tem sensibilidade a fatos sociais, reguladores ou antitruste* que possam vir a afetar a unidade?

15. A matriz ou determinados gerentes de topo têm alguma *ligação emocional* com a unidade? A unidade é um dos primeiros negócios da companhia? Algum ex-diretor executivo da unidade está no momento na alta gerência? A atual alta gerência tomou a decisão de adquirir ou desenvolver a unidade? Alguns programas ou movimentos da unidade começaram sob a lide-

rança de um desses gerentes? Esses tipos de relações podem assinalar que atenção e apoio desproporcionais serão dados à unidade. Podem indicar também barreiras de saída.[4]

Análise do Portfólio e das Metas do Concorrente

Quando um concorrente faz parte de uma companhia diversificada, a análise do conjunto de negócios da sua matriz pode ser um exercício potencialmente revelador na resposta a algumas questões que colocamos. Toda a gama de técnicas disponíveis para analisar um portfólio de negócios pode ser usada para responder a questões sobre as necessidades que a unidade concorrente esteja preenchendo na opinião da matriz.[5] A técnica mais reveladora para a análise de portfólio do concorrente é aquela usada pelo próprio concorrente.

- Que critérios são usados para classificar os negócios na matriz do concorrente caso exista um esquema de classificação em uso? Como é classificado cada negócio?
- Que negócios estão sendo considerados "vacas caixeiras"?
- Que negócios são candidatos à colheita ou à desativação, dada sua posição no portfólio?
- Que negócios são as fontes habituais de estabilidade que compensam as flutuações de outros componentes do portfólio?
- Que negócios representam movimentos defensivos para proteger outros negócios mais importantes?
- Quais os negócios mais promissores para a companhia investir recursos e construir posição de mercado?
- Que negócios têm um alto efeito de "alavancagem" no portfólio? Esses negócios são aqueles em que as alterações no desempenho terão impacto significativo no desempenho global da matriz em termos de estabilidade, lucros, fluxo de caixa, crescimento de vendas, ou custos. Tais negócios serão protegidos vigorosamente.

A análise do portfólio da matriz fornecerá pistas quanto aos objetivos da unidade; quanto à dificuldade com que lutará para manter sua posição e seu desempenho em dimensões como retorno sobre o investimento, parcela, fluxo de caixa, e assim por diante; e quanto à probabilidade de ela tentar alterar a sua posição estratégica.

---

[4] Barreiras de saída são discutidas nos Capítulos 1 e 12.
[5] O Apêndice A descreve brevemente alguns dos métodos geralmente usados hoje pelas companhias para classificar seu portfólio.

Posicionamento Estratégico e Metas da Concorrência

Uma maneira de formular a estratégia é procurar posições no mercado em que uma empresa possa atingir seus objetivos sem ameaçar a concorrência. Quando as metas da concorrência são bem entendidas, pode haver um lugar em que todo mundo se sinta relativamente feliz. É claro que posições como essa nem sempre existem, particularmente quando se leva em conta que novas empresas podem ficar tentadas a entrar em uma indústria em que todas as empresas existentes estejam se saindo bem. Na maioria dos casos, a empresa tem de forçar os concorrentes a comprometerem suas metas para que ela possa atingir seus próprios objetivos. Para tanto, ela precisa encontrar uma estratégia que possa defender os concorrentes existentes e os que possam vir a entrar por meio de algumas vantagens distintas.

A análise das metas dos concorrentes é crucial, porque ajuda a empresa a evitar movimentos estratégicos que deflagrarão um estado de guerra devido à ameaça à capacidade dos concorrentes de atingirem suas metas básicas. Por exemplo, a análise do portfólio pode separar "vacas caixeiras" e negócios de colheita daqueles que a matriz está tentando desenvolver. Em geral é bem possível ganhar posição em relação a uma "vaca caixeira" se isso não ameaça seu fluxo de caixa para a matriz, mas é potencialmente explosivo tentar ganhar de um negócio que a matriz do concorrente esteja tentando desenvolver (ou de um com o qual existam ligações emocionais). Similarmente, um negócio com o qual se conta para atingir vendas estáveis pode lutar agressivamente para cumprir seu objetivo mesmo à custa de seus lucros. Por ouro lado, uma reação a um movimento com o objetivo de aumentar os lucros de uma concorrente será muito menos intensa, embora mantendo as parcelas de mercado no mesmo estado. Esses são apenas alguns exemplos de como a análise das metas pode começar a responder às questões sobre o comportamento dos concorrentes colocadas na Figura 3-1.

Hipóteses

O segundo componente crucial na análise da concorrência é a identificação das hipóteses de cada concorrente. Essas se dividem em duas categorias principais:

- as hipóteses do concorrente sobre ele *próprio*;
- as hipóteses do concorrente sobre a *indústria e as outras companhias que dela participam*.

Toda empresa opera com um conjunto de hipóteses sobre sua própria situação. Por exemplo, ela pode ver a si mesma como uma firma socialmente consciente, como a líder da indústria, como a produtora com o custo mais baixo, como tendo a melhor força de vendas, e assim por diante. Essas hipóteses sobre sua própria situação guiarão a maneira como a empresa se comporta e como ela reage aos acontecimentos. Se ela se vê como a produtora com o custo mais baixo, por exemplo, ela pode tentar disciplinar uma empresa redutora de preços com seus próprios cortes nos preços.

As hipóteses de um concorrente sobre sua própria situação podem ou não ser acuradas. Quando elas não o são, isso proporciona um ponto de apoio estratégico intrigante. Se um concorrente acredita que possui a maior lealdade dos consumidores no mercado e isso não acontece, um corte de preços provocativo pode ser uma boa maneira de ganhar posição. O concorrente pode se recusar a igualar seu preço acreditando que isso terá um impacto pequeno em sua parcela de mercado, vindo a descobrir que perdeu uma posição de mercado significante antes de reconhecer o erro na sua hipótese.

Assim como cada concorrente mantém hipóteses sobre si mesmo, toda empresa também opera com hipóteses sobre sua indústria e a concorrência. Elas também podem ou não estar corretas. Por exemplo, a Gerber Products acreditava firmemente que os nascimentos aumentariam a partir dos anos 50, apesar de a taxa de natalidade estar declinando de forma estável e o aumento real de nascimento só ter ocorrido em 1979. Existem também muitos outros exemplos de firmas que sub ou superestimaram a força, os recursos ou as habilidades de seus concorrentes.

O exame das hipóteses de todos os tipos pode identificar tendências ou *pontos cegos* que podem influenciar a maneira como os gerentes percebem seu meio ambiente. Os pontos cegos são áreas em que um concorrente ou não perceberá de modo algum o significado dos acontecimentos (como um movimento estratégico), os perceberá de uma maneira incorreta ou os perceberá apenas de forma muito vagarosa. Extrair esses pontos cegos ajudará a empresa a identificar movimentos com uma menor probabilidade de retaliação imediata e a identificar movimentos em que a retaliação, quando surge, não é efetiva.

As seguintes questões são dirigidas à identificação das hipóteses dos concorrentes e também das áreas em que elas provavelmente *não* serão inteiramente desapaixonadas ou realísticas:

1. Em que o concorrente parece *acreditar a respeito de sua posição relativa* – em custo, qualidade do produto, sofisticação tecnológica, e outros aspectos básicos de seu negócio – com base em suas declarações públicas, pretensões da administração e da força de vendas, e outras indicações? O que ele vê como seus pontos fortes e fracos? Esses pontos estão corretos?

2. O concorrente tem forte *identificação histórica* ou *emocional* com determinados produtos ou com determinadas políticas funcionais, tais como uma orientação para o projeto do produto, desejo de qualidade do produto, localização da fabricação, método de venda, disposições para distribuição, e assim por diante, que serão firmemente mantidas?
3. Existem *diferenças culturais, regionais ou nacionais* que afetem a maneira como concorrentes percebem e atribuem significado aos acontecimentos? Para citar um entre muitos exemplos, as companhias da Alemanha Ocidental são às vezes orientadas para a produção e a qualidade do produto, à custa dos custos unitários e de marketing.
4. Existem *valores ou cânones organizacionais* que tenham sido fortemente institucionalizados e que possam afetar a maneira como os acontecimentos são vistos? Existem algumas políticas em que os fundadores da companhia acreditaram com firmeza e que possam estar ainda em vigor?
5. Em que o concorrente parece acreditar sobre a *demanda futura* para o produto e sobre o *significado das tendências da indústria*? Estará hesitante em aumentar sua capacidade devido à incerteza não fundamentada quanto à demanda, ou inclinado a crescer excessivamente pela razão oposta? Está propenso a fazer estimativas erradas sobre a importância de determinadas tendências? Acredita que a indústria está se tornando concentrada, por exemplo, quando isso pode não estar acontecendo? Esses são alguns pontos de apoio sobre os quais podem ser construídas estratégias.
6. Em que parece o concorrente acreditar quanto às metas e às capacidades de seus *concorrentes*? Estará sub ou superestimando algum deles?
7. O concorrente parece acreditar em "*critérios convencionais*" da indústria ou em regras históricas e em métodos comuns na indústria que não refletem as novas condições do mercado?[6] Exemplos de critérios convencionais são noções como "Todo mundo deve ter uma linha completa", "O cliente tem sempre razão", "Deve-se controlar as fontes de matérias-primas neste negócio", "Fábricas descentralizadas são o sistema de produção mais eficiente", "É necessário ter um grande número de distribuidores", e assim por diante. A identificação das situações em que o critério convencional é inadequado ou pode ser alterado produz vantagens em termos de oportunidade e da eficácia da retaliação de um concorrente.

---

[6] O que é particularmente típico de existir em indústrias compostas por concorrentes com longa tradição na indústria.

8. As hipóteses de um concorrente podem ser sutilmente influenciadas por sua *estratégia corrente,* assim como podem refletir-se nela. Ele pode ver os novos acontecimentos da indústria por meio de filtros definidos pelas circunstâncias atuais e passadas, e isso pode não o conduzir à objetividade.

A importância de Perceber Pontos Cegos ou Critérios Convencionais

A recente ressurreição da Miller Breweries fornece um exemplo dos benefícios resultantes da percepção de pontos cegos. A Miller, adquirida pela Philip Morris e não limitada por convenções como muitas cervejarias de propriedade familiar, introduziu a Lite Beer, uma garrafa de 7 onças, e uma Lowenbrau Beer produzida internamente com uma margem de 25% sobre a Michelob (a líder interna das cervejas de alta qualidade). De acordo com relatórios, a maioria das cervejarias riu dos movimentos da Miller, mas muitas agora a seguem com inveja, dado que a Miller teve ganhos substanciais em parcelas de mercado.[7]

Outra situação em que o reconhecimento de critérios convencionais ultrapassados resultou em grandes recompensas é vista na reviravolta da Paramount Pictures. Dois novos executivos seniores, com experiência na administração de redes de televisão, violaram muitas normas da indústria cinematográfica – venda antecipada de filmes, exibições simultâneas de filmes em grandes números de cinemas, e assim por diante – e registraram ganhos substanciais em parcela de mercado.[8]

O Passado como Indicador das Metas e Hipóteses

Um dos mais poderosos indicadores das metas e das hipóteses de um concorrente com respeito a um negócio é seu passado nesse negócio. As questões seguintes sugerem algumas maneiras de examinar essas áreas:

1. Qual é o desempenho financeiro corrente do concorrente e sua parcela de mercado, *comparados* com os do passado relativamente recente? Essa pode ser uma primeira indicação boa das metas futuras, particularmente se os resultados do passado "rememorável" forem um pouco melhores e fornecerem um indicador tangível, incômodo e visível do potencial do concorrente. Este estará quase sempre se empenhando para recuperar o desempenho do passado recente.

---

[7] Para um breve relato, ver *Business Week*, 8 de novembro de 1976.
[8] Para uma breve descrição, ver *Business Week*, 27 de novembro de 1978.

2. Qual tem sido a *história* do concorrente *no mercado* ao longo do tempo? Onde ele falhou ou foi batido, não estando talvez inclinado a tentar de novo? A lembrança de fracassos passados e os impedimentos de movimentos posteriores nessas áreas que eles trazem podem ser muito duradouros e assumir um peso desproporcional. Isso é particularmente verdadeiro para organizações em geral bem-sucedidas. Por exemplo, comenta-se que um fracasso passado com lojas de desconto retardou a reentrada da Federated Department Stores na área de varejo por sete anos.
3. Em que áreas o concorrente *fixou-se ou foi bem-sucedido* como uma companhia? Na introdução de novos produtos? Técnicas inovadoras de marketing? Outras? Em tais áreas o concorrente pode sentir-se confiante para iniciar um movimento ou para oferecer resistência no caso de uma provocação.
4. De que modo o concorrente *reagiu* a determinados movimentos estratégicos ou acontecimentos na indústria no passado? Racionalmente? Emocionalmente? Vagarosamente? Rapidamente? Que métodos empregou? A que espécies de acontecimentos o concorrente reagiu insatisfatoriamente e por quê?

Experiência dos Administradores e Relacionamento com Consultores

Outro indicador-chave das metas, hipóteses e prováveis movimentos futuros de um concorrente é de onde veio a sua liderança e qual a história de sucessos e fracassos pessoais de seus administradores.

1. O *histórico funcional* da alta gerência é uma medida básica de sua orientação e percepção do negócio e de metas adequadas. Líderes com experiência na área de finanças podem, com maior freqüência, dar importância a direções estratégicas diferentes, com base naquilo com que se sentem à vontade, do que líderes com experiência em marketing ou produção. Exemplos atuais podem ser a tendência de Edwin Land para a inovação radical como solução para os problemas estratégicos da Polaroid, e a estratégia de McGee de retração para as atividades relacionadas com energia na Gulf Oil.
2. Uma segunda pista para as hipóteses, metas e prováveis movimentos futuros da alta gerência está nos *tipos de estratégias* que eles desenvolveram ou não, em caráter pessoal, em suas carreiras. Por exemplo, se o corte de cus-

tos foi um remédio bem-sucedido para um problema enfrentado pelo diretor executivo no passado, ele pode ser adotado da próxima vez que um remédio for necessário.
3. Outra dimensão da experiência da alta gerência que pode ser importante são os *outros negócios* em que eles trabalharam e quais as regras do jogo e métodos estratégicos que têm caracterizado esses negócios. Por exemplo, Marc Roijtman aplicou uma estratégia de vendedor, utilizada com sucesso em equipamentos industriais, ao negócio de equipamentos agrícolas quando assumiu a presidência da J.I. Case na metade dos anos 60. R.J. Reynolds recentemente trouxe um novo tipo de liderança de companhias de produtos alimentícios empacotados e de artigos de toalete que introduziu muitas práticas de gerência de produto e outras características desses negócios. E a alta gerência da Household Finance Corporation (HFC), que recentemente se aposentou, veio da indústria varejista. Em vez de fortalecer a forte posição da HFC no crédito ao consumidor e capitalizar o grande crescimento desse crédito, a companhia aplicou os seus recursos diversificando-se no ramo varejista. Um novo diretor executivo, promovido do departamento de financiamento ao consumidor, inverteu essa direção. Essa tendência de reutilizar conceitos que funcionaram no passado aplica-se a executivos seniores oriundos de firmas de advocacia, empresas de consultoria e de outras companhias na indústria. Todos eles podem trazer para o concorrente uma perspectiva e um conjunto de soluções que refletem de alguma forma o seu passado.
4. A alta gerência pode ser muito influenciada por *acontecimentos importantes* que tenha vivido, como uma recessão aguda, falta traumática de recursos energéticos, perdas substanciais por causa de flutuações da moeda, e assim por diante. Tais acontecimentos às vezes afetam as perspectivas do administrador em uma larga faixa de áreas e podem influenciar de forma semelhante as escolhas estratégicas.
5. Indicações quanto às perspectivas da alta gerência podem ser obtidas também com base naquilo que *falaram e escreveram*, em sua *experiência técnica* ou história patente, onde aplicável, em *outras firmas* com que tiveram contatos freqüentes (como em conselhos de diretoria de que tenham participado), em suas atividades externas, e em uma gama de outras pistas limitada apenas pela imaginação.
6. Empresas de consultoria em administração, agências de publicidade, bancos de investimento e outros *consultores* usados pelo concorrente podem

ser pistas importantes Que outras companhias usam esses consultores e o que eles fizeram? Os consultores são conhecidos por quais métodos e técnicas conceituais? A identidade dos consultores de um concorrente e um diagnóstico completo deles podem dar uma indicação das futuras mudanças estratégicas.

Estratégia Corrente

O terceiro item desta análise é o desenvolvimento da estratégia atual de cada concorrente. A estratégia de um concorrente é mais bem concebida como suas políticas operacionais básicas em cada área funcional do negócio e a maneira como procura inter-relacionar as funções. Essa estratégia pode ser explícita ou implícita – ela sempre existe de uma forma ou de outra. Os princípios de identificação da estratégia foram discutidos na Introdução.

Capacidades

Uma avaliação realista das capacidades de cada concorrente é o passo final do diagnóstico na análise da concorrência. Suas metas, hipóteses e estratégia corrente influenciarão a *probabilidade*, a *oportunidade*, a *natureza* e a *intensidade* das reações de um concorrente. Seus pontos fortes e fracos determinarão sua capacidade de iniciar ou reagir a movimentos estratégicos e de lidar com acontecimentos ambientais ou da indústria que ocorram.

Dado que a noção dos pontos fortes e fracos de um concorrente é relativamente clara, não vou me demorar nela. De forma ampla, pontos fortes e fracos podem ser estimados examinando-se a posição de um concorrente em relação às cinco forças competitivas básicas discutidas no Capítulo 1, uma análise que prosseguiremos no Capítulo 7. Tomando uma perspectiva mais estreita, a Figura 3-2 fornece uma metodologia sumária para a observação dos pontos fortes e fracos de um concorrente em cada área básica do negócio.[9] Uma relação como essa pode ser mais útil se forem feitas algumas perguntas sintetizadoras adicionais.

---

[9] Para outras fontes de áreas a serem vistas na avaliação de capacidades, ver:
BUCHELE, Robert. "How to Evaluate a Firm", *California Management Review*, Fall 1962, p. 5-16.
"Checklist for Competitive and Competence Profiles", in ANSOFF, H.l. *Corporate Strategy.* Nova York: McGraw-Hill, 1965, p. 98-99.
NEWMAN, W.H.; LOGAN, J.P. *Strategy, Policy and Central Management.* 6. ed. Cincinatti: South-Western Publishing, 1971.
ROTHSCHILD, W.E. *Putting It All Together.* Nova York: AMACOM, 1979.

Produtos
- Reputação dos produtos, do ponto de vista do consumidor, em cada segmento de mercado
- Amplitude e profundidade da linha de produtos

Revendedor/Distribuição
- Cobertura e qualidade do canal
- Intensidade das relações com o canal
- Capacidade de atendimento aos canais

Marketing e Vendas
- Habilidade em cada aspecto do *mix* de marketing
- Habilidade na pesquisa de mercado e no desenvolvimento de novos produtos
- Treinamento e capacitação da força de vendas

Operações
- Posição do custo de fabricação – economias de escala, curva de aprendizagem, novidade do equipamento etc.
- Sofisticação tecnológica das instalações e dos equipamentos
- Flexibilidade das instalações e dos equipamentos
- Know-how patenteado e patente de exclusividade ou vantagens de custos
- Habilidade para o aumento da capacidade, controle de qualidade, ferramentas etc.
- Localização, incluindo custos de transporte e de mão-de-obra
- Ambiente da força de trabalho; sindicatos
- Acesso e custo de matérias-primas
- Grau de integração vertical

Pesquisa e Engenharia
- Patentes e direitos autorais
- Capacidade própria de pesquisa e desenvolvimento (pesquisa de produto, pesquisa de processo, pesquisa básica, desenvolvimento, imitação etc.)
- Capacidade do pessoal de P&D em termos de criatividade, simplicidade, qualidade, confiabilidade etc.
- Acesso a fontes externas de pesquisa e engenharia (por exemplo, fornecedores, clientes, contratantes)

Custos Totais
- Custos totais relativos
- Custos ou atividades repartidas com outras unidades
- Onde o concorrente está gerando escala ou outros fatores que são básicos para sua posição de custo

Capacidade Financeira
- Fluxo de caixa
- Capacidade a curto e a longo prazos de empréstimos (débito relativo/patrimônio líquido)

FIGURA 3-2 *Áreas de pontos fortes e pontos fracos da concorrência.*

Capacidade de captar capital próprio no futuro previsível
Capacidade de administração financeira, incluindo negociação, levantamento de capital, crédito, estoques e contas a receber

Organização
Unidade dos valores e clareza de propósitos na organização
Fadiga organizacional devido às exigências recentemente cobradas
Consistência dos arranjos organizacionais com a estratégia

Capacidade Administrativa Geral
Qualidade de liderança do diretor executivo; capacidade do diretor executivo com relação à motivação
Capacidade de coordenar funções particulares ou grupos de funções (por exemplo, coordenação de fabricação e pesquisa)
Idade, treinamento e orientação funcional da administração
Profundidade da administração
Flexibilidade e adaptabilidade da administração

Portfólio Empresarial
Capacidade da corporação de sustentar mudanças planejadas em todas as unidades em termos de recursos financeiros e de outras naturezas
Capacidade da corporação de suplementar ou reforçar os pontos fortes das unidades

Outros
Tratamento especial pelas entidades do governo ou acesso às mesmas
Rotatividade de pessoal

FIGURA 3-2 *Continuação.*

Capacidades Centrais

- Quais são as capacidades do concorrente em cada uma das áreas funcionais? Onde ele é melhor? E pior?
- De que modo o concorrente pode ser avaliado nos testes de consistência de sua estratégia (apresentados na Introdução)?
- Existe alguma mudança provável nessas capacidades à medida que o concorrente amadurece? Elas aumentarão ou diminuirão ao longo do tempo?

Capacidade de Crescimento

- As capacidades do concorrente aumentarão ou diminuirão se ele crescer? Em que áreas?

- Qual a capacidade de crescimento do concorrente em termos de pessoal, habilidades e capacidade instalada?
- Qual o *crescimento sustentável* do concorrente em termos financeiros? Considerando a análise da Du Pont, ela pode crescer com a indústria?[10] Pode aumentar a parcela de mercado? Qual a sensibilidade do crescimento sustentável ao levantamento de capital externo? Em relação a alcançar bons resultados financeiros a curto prazo?

Capacidade de Resposta Rápida

- Qual a capacidade do concorrente de responder rapidamente a movimentos de outros, ou de montar uma ofensiva imediata? Isso será determinado por fatores como os seguintes:
  - reservas de caixa não comprometidas
  - poder de empréstimo reservado
  - excesso de capacidade instalada
  - novos produtos não introduzidos mas já desenvolvidos.

Capacidade de Adaptação à Mudança

- Quais os custos fixos do concorrente em relação aos custos variáveis? O custo da capacidade não utilizada? Isso influenciará suas respostas prováveis à mudança.
- Qual a capacidade do concorrente de se adaptar e responder a condições alteradas em cada área funcional? Por exemplo, o concorrente pode adaptar-se a:
  - competição em uma base de custo?
  - lidar com linhas de produtos mais complexas?
  - acrescentar novos produtos?
  - competir em atendimento?
  - incrementar a atividade de marketing?
- O concorrente pode responder a possíveis eventos exógenos como:
  - uma alta taxa constante de inflação?
  - evolução tecnológica que torne obsoleta a fábrica existente?

---

[10] Crescimento sustentável = (giro do ativo) x (retorno sobre as vendas após impostos) x (ativo/exigível) x (exigível/patrimônio líquido) x (fração dos lucros retidos).

- uma recessão?
- aumentos de salários?
- as formas mais prováveis de regulação governamental que virão a afetar este negócio?
• O concorrente tem *barreiras de saída* que trabalham para impedir sua saída ou a desativação de suas operações no negócio?
• O concorrente divide instalações de fabricação, força de vendas ou outros tipos de instalações ou de pessoal com outras unidades de sua matriz? Isso pode oferecer restrições à adaptação e/ou impedir o controle de custo.

Poder de Permanência

• Qual a capacidade do concorrente de sustentar uma batalha prolongada, o que pode pressionar seus lucros ou seu fluxo de caixa? Isso será função de considerações como as seguintes:
  - reservas de caixa
  - unanimidade entre a administração
  - horizonte de tempo longo em suas metas financeiras
  - ausência de pressão no mercado de ações.

OS QUATRO COMPONENTES EM CONJUNTO – O PERFIL DE RESPOSTA DO CONCORRENTE

Dada uma análise das metas futuras, hipóteses, estratégias correntes e capacidades de um concorrente, podemos começar a fazer as perguntas críticas que levarão a um perfil de como serão as prováveis respostas de um concorrente.

Movimentos Ofensivos

O primeiro passo é prever as mudanças estratégicas que o concorrente pode iniciar.

1. *Satisfação com a posição atual.* Comparando as metas do concorrente (e de sua matriz) com sua posição atual, é provável que ele inicie uma mudança estratégica?
2. *Movimentos prováveis.* Com base nas metas, hipóteses e capacidades do concorrente em relação à posição que detém, quais são as alterações estratégicas mais prováveis que ele fará? Elas refletirão a visão do concorrente sobre o futuro, os pontos fortes que ele acredita ter, os rivais que ele pensa

serem vulneráveis, sobre como ele gosta de competir, sobre as tendências trazidas para o negócio pela alta direção, e outras considerações sugeridas pela análise precedente.
3. *Intensidade e seriedade dos movimentos.* A análise das metas e das capacidades de um concorrente pode ser usada para fazer uma estimativa da intensidade esperada dos movimentos prováveis. É também importante avaliar o que o concorrente pode *ganhar* com o movimento. Por exemplo, um movimento que venha a permitir que o concorrente divida seus custos com outra divisão, alterando, assim, de forma radical sua posição de custo relativa, pode ser bastante mais significativo do que um movimento que conduza a um ganho incremental na eficácia do marketing. Uma análise do ganho provável do movimento, conjugada com o conhecimento das metas do concorrente, fornecerá uma indicação da seriedade do concorrente na busca do movimento diante da resistência.

Capacidade Defensiva

O próximo passo na construção de um perfil de respostas é elaborar uma relação de movimentos estratégicos viáveis que uma empresa na indústria possa vir a fazer e uma relação das possíveis alterações no ambiente e na indústria que possam ocorrer. Estas podem ser avaliadas de acordo com os seguintes critérios para determinar a capacidade defensiva do concorrente, com os insumos originados da análise nas seções anteriores.

1. *Vulnerabilidade.* A que movimentos estratégicos e acontecimentos macroeconômicos, da indústria, ou provocados pelo governo estaria mais vulnerável o concorrente? Que acontecimentos têm conseqüências assimétricas sobre o lucro, ou seja, afetam os lucros de um concorrente em maior ou menor intensidade do que afetam os lucros das iniciantes? Que movimentos exigiriam um montante tão grande de capital para uma retaliação contra ou para ser seguido, que o concorrente não poderia arriscá-los?
2. *Provocação.* Que movimentos ou acontecimentos são tais que provocarão uma retaliação dos concorrentes, mesmo que essa retaliação seja muito dispendiosa e possa levar a um desempenho financeiro abaixo do desejado? Ou seja, quais os movimentos que ameaçam as metas ou a posição de um concorrente de tal forma que ele será forçado a retaliar, goste ou não disso? A maioria dos concorrentes terá *objetivos estratégicos*, ou áreas do ne-

gócio em que uma ameaça provocará uma resposta desproporcional. Objetivos estratégicos refletem metas fortemente buscadas, compromissos emocionais e fatos semelhantes. Quando possível, eles precisam ser evitados.
3. *Eficácia da retaliação.* A que movimentos ou acontecimentos o concorrente está impedido de reagir rapidamente e/ou efetivamente dadas as suas metas, estratégia, capacidades existentes e hipóteses? Quais cursos de ações devem ser seguidos nos quais o concorrente não seria eficaz se tentasse se igualar a eles?

A Figura 3-3 apresenta um diagrama esquemático simples para analisar a capacidade defensiva de um concorrente. A coluna da esquerda relaciona em primeiro lugar os movimentos estratégicos viáveis que algumas empresas podem fazer e, em seguida, as alterações do ambiente e da indústria que podem vir a ocorrer (incluindo prováveis movimentos dos concorrentes). Esses acontecimentos podem então ser submetidos às questões relacionadas no alto da tabela. A matriz resultante deve ajudar a demonstrar a estratégia mais efetiva, considerada a realidade a que os concorrentes responderão, e pode facilitar uma resposta rápida a acontecimentos ambientais e da indústria que tornarão expostos os pontos fracos de um concorrente. (Conceitos para fazer movimentos competitivos são discutidos detalhadamente no Capítulo 5.)

Selecionando o Campo de Batalha

Supondo que os concorrentes farão retaliações aos movimentos que uma empresa inicia, o ponto estratégico é selecionar o *melhor campo de batalha* em que lutar com seus concorrentes. Esse campo de batalha é o segmento de mercado ou as dimensões estratégicas em que os concorrentes estejam mal preparados, menos entusiasmados, ou menos à vontade para competir. O melhor campo de batalha pode ser a concorrência baseada em custos, centrada na extremidade alta ou baixa da linha de produtos, ou outras áreas.

O ideal é encontrar uma estratégia à qual os concorrentes não possam reagir prontamente, dadas as suas atuais circunstâncias. O legado de suas estratégias passadas e correntes pode fazer com que certos movimentos se tornem muito dispendiosos para serem seguidos pelos concorrentes, embora coloque muito menos dificuldades e despesas para a empresa iniciante. Por exemplo, quando a Folger's Cofee invadiu os principais domínios da Maxwell House, o leste, com cortes de

Acontecimentos	Vulnerabilidade do Concorrente ao Acontecimento	Grau em que o Acontecimento Provocará Retaliação pelo Concorrente	Eficácia da Retaliação do Concorrente ao Acontecimento
Movimentos Estratégicos Viáveis pela Nossa Empresa			
Relacionar todas as alternativas, tais como:			
• Completar a linha			
• Elevar a qualidade do produto e o serviço			
• Reduzir os custos e competir nos custos			
Mudanças Ambientais Viáveis			
Relacionar todas as mudanças, tais como:			
• Aumento de vulto nos custos das matérias-primas			
• Queda nas vendas			
• Aumento na consciência dos compradores quanto aos custos			

FIGURA 3-3 *Um esquema para avaliar a capacidade defensiva de um concorrente.*

preços, os custos para igualar esses cortes foram enormes para a Maxwell House por causa de sua grande parcela de mercado.

Outro conceito estratégico básico derivado da análise da concorrência é a criação de uma situação com *motivações mistas* ou metas conflitantes para os concorrentes. Essa estratégia compreende a determinação de movimentos para os quais a retaliação, embora efetiva, possa vir a afetar a posição mais ampla do concorrente. Por exemplo, quando a IBM responde à ameaça do microcomputador com seu próprio microcomputador, ela pode ter precipitado o declínio do crescimento de seus computadores maiores e acelerado a mudança para os microcomputadores. Colocar os concorrentes em uma situação de metas conflitantes pode ser uma abordagem estratégica muito efetiva para atacar firmas estabelecidas bem-sucedidas em seus mercados. Pequenas empresas e recém-chegadas quase sempre têm um comprometimento muito pequeno com as estratégias existentes na indústria e podem colher grandes recompensas descobrindo estratégias que penalizem os concorrentes pelo que eles têm em jogo nessas estratégias existentes.

Realisticamente, os concorrentes nem sempre estarão completamente inertes ou mesmo serão afetados por motivações mistas. Nesse caso, as questões colocadas anteriormente deverão ajudar a identificar os movimentos estratégicos que colocarão a empresa iniciante na melhor posição para travar a batalha competitiva quando ela chegar. Isso importa em tirar vantagem do conhecimento das hipóteses e das metas do concorrente para evitar retaliação efetiva, sempre que possível, e escolher o campo de batalha em que a capacidade distintiva da empresa representa sua peça de artilharia mais potente.

ANÁLISE DA CONCORRÊNCIA E PREVISÕES DA INDÚSTRIA

Uma análise de cada concorrente significativo existente ou em potencial pode ser usada como um importante ponto de partida para prever as condições futuras da indústria. O conhecimento dos prováveis movimentos de cada concorrente e da sua capacidade de responder à mudança pode ser reunido, e os concorrentes podem ser vistos interagindo entre si em uma base simulada para responder a questões como as seguintes:

- Quais as implicações da interação dos movimentos dos prováveis concorrentes que foram identificadas?
- As estratégias das empresas estão convergindo e entrarão possivelmente em choque?

- As empresas têm índices de crescimento sustentáveis que se igualam ao índice de crescimento previsto para a indústria, ou será criada uma lacuna que convidará à entrada?
- Os movimentos prováveis se combinarão para oferecer implicações para a estrutura da indústria?

A NECESSIDADE DE UM SISTEMA DE INTELIGÊNCIA SOBRE O CONCORRENTE

A resposta para essas questões sobre os concorrentes cria uma enorme necessidade de dados. Dados de inteligência sobre os concorrentes podem vir de muitas fontes: relatórios publicados, pronunciamentos da administração de um concorrente para analistas de mercado, a imprensa especializada, a força de vendas, fornecedores ou clientes de uma empresa que sejam comuns aos concorrentes, exame dos produtos de um concorrente, estimativas pelo pessoal de engenharia da empresa, conhecimento recolhido de gerentes ou de outro tipo de pessoal que tenha saído de empregos do concorrente, e assim por diante. Fontes de dados são descritas com mais detalhe no Apêndice B. É improvável que os dados necessários para cobrir uma análise completa da concorrência possam ser compilados em um só esforço maciço. Os dados para fazer os julgamentos sutis, que essas questões envolvem, aparecem em geral aos pouquinhos, em gotas, e não de forma abundante, e devem ser reunidos ao longo de um período de tempo para que resultem em um quadro esclarecedor da situação do concorrente.

A compilação dos dados para uma análise sofisticada da concorrência exige mais do que apenas um trabalho duro. Para ser efetiva, existe a necessidade de um mecanismo organizado – algum tipo de *sistema* de inteligência sobre o concorrente – para assegurar a eficiência do processo. Os elementos de um sistema de inteligência sobre o concorrente podem variar de acordo com as necessidades particulares da empresa, com base em sua indústria, na capacidade de seu pessoal e nos interesses e qualificações de sua gerência. A Figura 3-4 mostra em um diagrama as funções que precisam ser desempenhadas no desenvolvimento dos dados para a análise sofisticada do concorrente e dá algumas opções de como cada função pode ser desempenhada. Em algumas companhias, todas essas funções podem ser desempenhadas efetivamente por uma pessoa, mas isso parece ser a exceção e não a regra. Existem numerosas fontes para dados de campo e publicados, e muitos indivíduos em uma companhia podem normalmente dar a sua contribuição. Além disso, a compilação, a catalogação, o resumo e a comunicação desses dados de uma maneira efetiva estão, em geral, além das capacidades de uma só pessoa.

```
┌─────────────────────────────┐                              ┌─────────────────────────────┐
│  Coleta de Dados de Campo   │                              │  Coleta de Dados Publicados │
└─────────────────────────────┘                              └─────────────────────────────┘
```

Fontes Força de vendas
Pessoal de engenharia
Canais de distribuição
Fornecedores
Agências de publicidade
Pessoal contratado dos concorrentes
Reuniões profissionais
Associações comerciais
Firmas de pesquisa de mercado
Engenharia de mudança
Analistas de mercado
Etc.

Fontes Artigos
Jornal nas localidades dos
  concorrentes
Anúncios classificados
Documentos do governo
Declarações da Diretoria
Relatórios dos analistas
Respostas às agências
  governamentais e regulatórias
Registros de patentes
Acordos judiciais
Etc.

Compilação dos Dados

Opções
Contratar serviços de informação sobre os concorrentes
Entrevistar pessoas que têm contato com os concorrentes
Formulários para relatar acontecimentos básicos dos concorrentes a uma central de informações
Relatórios regulares sobre a situação dos concorrentes exigidos por gerência selecionada

Catalogação dos Dados

Opções
Arquivos sobre concorrentes
Biblioteca do concorrente e designação de uma bibliotecária ou de um coordenador da análise da concorrência
Sumarização das fontes
Catalogação por computador de fontes e sumários

Análise de Condensação

Opções
Classificação dos dados pela confiabilidade da fonte
Sumários dos dados
Resumo dos relatórios anuais dos concorrentes
Análises financeiras comparativas trimestrais dos concorrentes mais importantes
Análise relativa da linha de produtos
Estimativas das curvas de custos e dos custos relativos dos concorrentes
Demonstrativos financeiros *pro forma* dos concorrentes sob diferentes cenários da economia, preços e condições competitivas

Comunicação ao Estrategista

Opções
Compilação regular para os principais gerentes
Informativo regular dos concorrentes ou relatórios da situação
Relatórios constantemente atualizados sobre os concorrentes
Resumos sobre os concorrentes no processo de planejamento

Análise da Concorrência para a Formulação de Estratégia

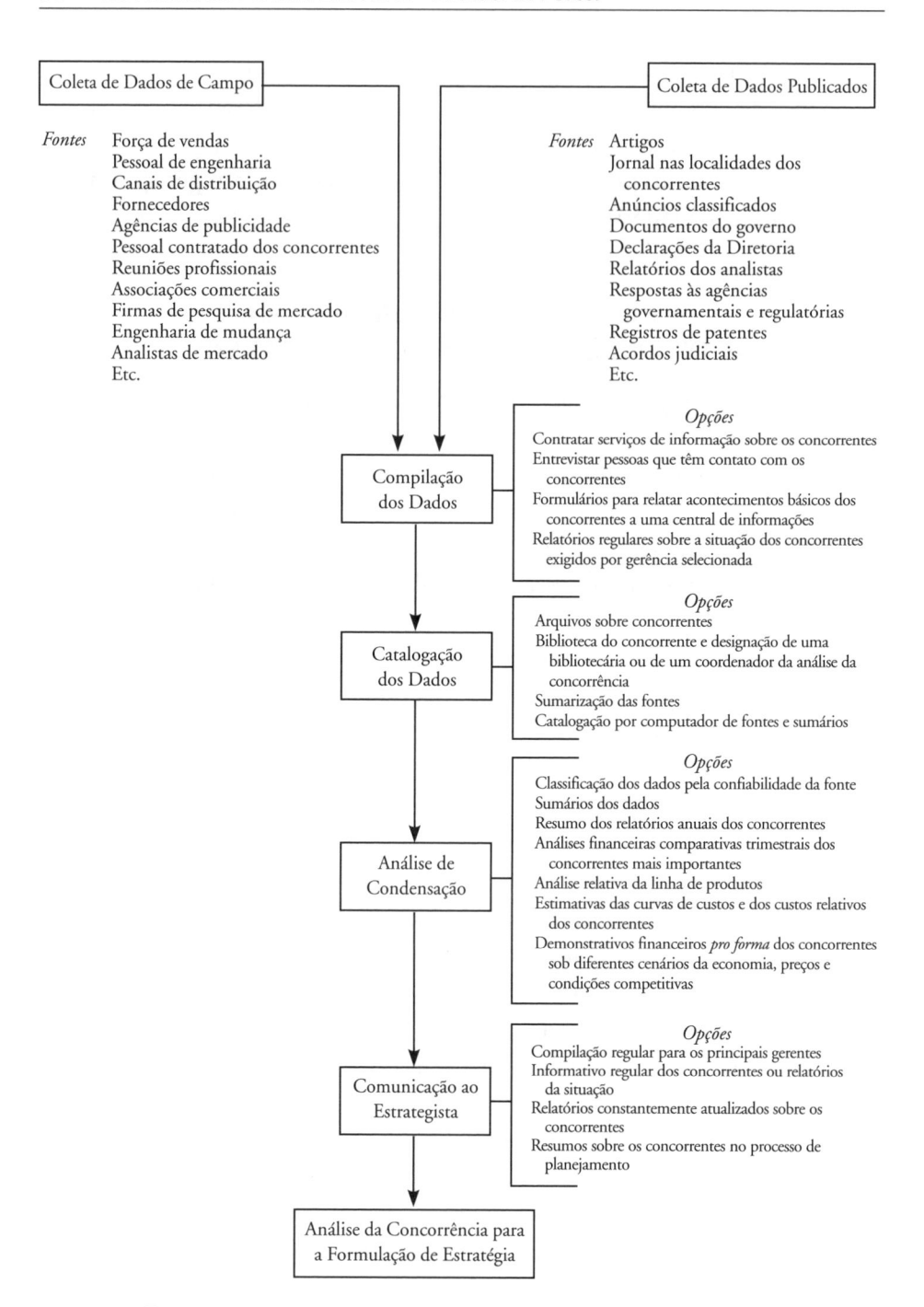

FIGURA 3-4 *Funções de um sistema de inteligência sobre o concorrente.*

Observa-se uma variedade de maneiras alternativas de as empresas se organizarem para desempenhar essas funções na prática. Elas variam de um grupo de análise da concorrência, que faz parte do departamento de planejamento e desempenha todas as funções (atribuindo talvez a outros na organização a tarefa de coletar os dados de campo); a um coordenador de inteligência sobre o concorrente que realiza a compilação, a catalogação e a comunicação; a um sistema no qual o estrategista faz tudo isso de modo informal. Com muita freqüência, contudo, não cabe absolutamente a ninguém a responsabilidade pela análise da concorrência. Parece não existir nenhuma maneira correta de coletar os dados sobre o concorrente, mas é claro que alguém deve assumir um ativo interesse, ou muita informação útil será perdida. A alta gerência pode fazer muito para estimular o esforço, exigindo perfis sofisticados dos concorrentes como parte do processo de planejamento. Parece ser necessário pelo menos um gerente com a responsabilidade de servir como centro para a coleta da inteligência sobre o concorrente.

Cada uma das funções também pode ser desempenhada de várias maneiras diferentes, como visto na Figura 3-4. As opções mostradas cobrem uma série de graus de sofisticação e abrangência. Uma empresa pequena pode não ter os recursos ou o pessoal para experimentar alguns dos métodos mais complexos, enquanto uma companhia que aposte alto na identificação de alguns concorrentes importantes deve provavelmente estar tentando todos eles. Qualquer que seja o nível de sofisticação, a importância da função de comunicação nunca é suficientemente enfatizada. A coleta de dados é uma perda de tempo, a menos que eles sejam usados na formulação da estratégia, e maneiras criativas precisam ser elaboradas para coletar esses dados de uma forma concisa e útil para a alta gerência.

Qualquer que seja o mecanismo escolhido para coletar dados de inteligência sobre o concorrente, existem benefícios a serem obtidos com um mecanismo que seja formal e envolva alguma documentação. É muito fácil perder informações e os benefícios provenientes apenas da combinação das peças de informação são perdidos. A análise da concorrência é demasiadamente importante para ser feita ao acaso.

4
Sinais de Mercado

Um sinal de mercado é qualquer ação de um concorrente que forneça uma indicação direta ou indireta de suas intenções, motivos, metas ou situação interna. O comportamento dos concorrentes fornece sinais de diversas maneiras. Alguns sinais são blefes, alguns são avisos e outros determinam claramente um curso de ação.[1] Sinais de mercado são meios indiretos de comunicação no mercado e na maior parte, se não todo, o comportamento de um concorrente traz consigo informação que pode ajudar na análise da concorrência e na formulação da estratégia.

O reconhecimento e a identificação correta dos sinais de mercado são significativos para o desenvolvimento da estratégia competitiva, e identificar sinais a partir do comportamento é um suplemento essencial para a análise da concorrência (Capítulo 3). O conhecimento dos sinais também é importante para movimentos competitivos efetivos, o que é visto no Capítulo 5. Um requisito para a interpretação correta dos sinais é o desenvolvimento de uma análise das linhas básicas da concorrência: um entendimento das metas futuras dos concorrentes, das hipóteses sobre o mercado e sobre eles mesmos, das estratégias em curso e das capacidades. A identificação dos sinais de mercado, uma forma de segunda ordem de análise da concorrência, baseia-se em julgamentos sutis sobre os concorrentes com base na comparação de aspectos conhecidos de suas situações com seu comportamento. Como veremos, as sutilezas na interpretação dos sinais exigirão uma constante comparação entre comportamento e o tipo de análise da concorrência desenvolvida no Capítulo 3.

---

[1] Existe evidência substancial na literatura experimental sobre oligopólios, assim como em observações casuais do comportamento competitivo, de que os sinais de mercado acontecem. Para um interessante estudo experimental que verifica a importância dos sinais, ver Fouraker e Siegel (1960).

TIPOS DE SINAIS DE MERCADO

Sinais de mercado podem ter duas funções fundamentalmente diferentes: podem ser indicações reais das motivações, das intenções ou das metas de um concorrente ou podem ser blefes. Blefes são sinais criados para iludir outras empresas levando-as a tomar ou não uma determinada ação para beneficiar quem emitiu o sinal. O discernimento da diferença entre um blefe e um sinal verdadeiro normalmente envolve julgamentos sutis.

Os sinais de mercado assumem diversas formas, dependendo do comportamento do concorrente particular envolvido e do meio empregado para transmitir o sinal. Na discussão das diferentes formas de sinais, será importante indicar como eles podem ser usados como blefes e como esses blefes podem ser distinguidos dos sinais verdadeiros.

Avisos Prévios de Movimentos

A forma, o caráter e a oportunidade dos avisos prévios podem ser poderosos sinais. Um aviso prévio é uma comunicação formal feita por um concorrente de que ele tomará ou *não* alguma ação, como a construção de uma fábrica, uma alteração de preço e assim por diante. Um aviso não assegura necessariamente que uma ação será praticada; podem ser dados avisos que não são postos em prática, tanto porque nada foi feito como porque um aviso posterior cancelou a ação. Essa propriedade dos avisos integra-se ao seu valor de sinalização, conforme será visto.

Em geral, avisos prévios podem servir a diversas funções de sinalização que não são mutuamente exclusivas. Em primeiro lugar, eles podem ser tentativas de assumir compromissos no sentido de executar uma ação com o propósito de *afastar* outros concorrentes. Se um concorrente anuncia, por exemplo, um grande acréscimo de capacidade suficiente para satisfazer totalmente o crescimento esperado para a indústria, ele pode estar tentando dissuadir outras empresas a aumentarem suas capacidades, o que levaria a um excesso de capacidade na indústria. Ou como tem sido típico da IBM, um concorrente pode anunciar um novo produto muito antes que ele esteja pronto para ser colocado no mercado, procurando fazer com que os compradores aguardem esse produto novo ao invés de comprar no meio tempo o produto de um concorrente.[2] Berkey, por exemplo, em sua ação antitruste contra a Kodak, arrolou a acusação de que a Eastman Kodak fazia publicidade de novos produtos fotográficos bem antes de sua produção efetiva para desestimular as vendas dos produtos concorrentes.

---

[2] Ver Brock (1975).

Em segundo lugar, avisos podem ser ameaças de ações a serem tomadas se um concorrente prosseguir com um movimento planejado. Se a empresa A descobre as intenções do concorrente B de reduzir os preços de itens selecionados na linha de produtos (ou o concorrente B anuncia essa intenção), por exemplo, a empresa A pode, então, anunciar a intenção de reduzir seus preços bem abaixo dos da empresa B. Isso pode demover a empresa B da intenção de executar a alteração de preços, porque B agora sabe que A está insatisfeita com a redução e pode começar uma guerra de preços.

Em terceiro lugar, os avisos podem ser *testes quanto aos sentimentos dos concorrentes*, aproveitando o fato de que eles não precisam ser necessariamente executados. A empresa A pode anunciar um novo programa de garantia para ver como as outras empresas na indústria reagem. Se elas reagem de uma forma previsível, então A pode prosseguir com a alteração planejada. Se os concorrentes enviarem sinais de insatisfação ou anunciarem programas de garantia um pouco diferentes daquele proposto por A, então A pode desistir do movimento planejado ou anunciar uma revisão do programa de garantia para igualá-lo ao de seus concorrentes.

Essa seqüência de ações sugere um quarto papel para os avisos relacionados ao seu papel como ameaça. Avisos podem ser meios de *comunicar a satisfação ou a insatisfação* com os desenvolvimentos competitivos na indústria.[3] Avisar um movimento que coincide com o movimento de um concorrente pode indicar satisfação, enquanto anunciar um movimento punitivo ou um método substancialmente diferente para o mesmo fim pode indicar insatisfação.

Uma quinta e comum função dos avisos é a de servir como meio conciliatório para *minimizar a provocação* de um ajuste estratégico prestes a acontecer. O anúncio, nesse caso, procura evitar que o ajuste estratégico provoque uma retaliação indesejada ou um estado de guerra. Por exemplo, a empresa A pode decidir que os níveis de preços precisam ser reduzidos na indústria. Anunciar esse movimento com bastante antecedência e dar-lhe uma justificativa em termos de alterações específicas nos custos pode evitar que a empresa B entenda a alteração de preços como uma tentativa agressiva de aumentar a parcela de mercado e, assim, evitar também uma retaliação vigorosa de B. Esse papel dos anúncios é particularmente

---

[3] Os concorrentes podem também comentar sua satisfação ou insatisfação *diretamente* em entrevistas, discursos para analistas de mercado etc. Mas o anúncio de que farão alguma coisa, em resposta ao movimento de uma empresa, é geralmente um compromisso mais firme em relação às suas posições do que simples declarações de satisfação ou insatisfação. Isso porque renegar um fato anunciado importa um custo maior quanto à credibilidade do que assumir uma ação inconsistente com o que foi dito em uma entrevista ou em um discurso. Às vezes, entrevistas e discursos são usados para assinalar insatisfação com o objetivo de fazer a outra empresa mudar de idéia, e se essa tática não surtir efeito, é anunciado que a empresa apresentará um movimento em resposta.

comum quando não se pretende que um ajuste estratégico necessário seja agressivo. Entretanto, anúncios como esses também podem ter como objetivo fazer com que os concorrentes tenham uma sensação de segurança e tranqüilidade de modo a facilitar a execução de um movimento agressivo. Esse é um dos muitos casos em que um sinal pode ser uma faca de dois gumes.

Uma sexta função dos anúncios é *evitar dispendiosos movimentos simultâneos* em áreas como aumento de capacidade, em que o acúmulo desses acréscimos poderia conduzir a excessos de capacidade. As empresas podem anunciar seus planos de expansão com bastante antecedência, facilitando a programação dos aumentos de capacidade por seus concorrentes em uma seqüência que minimizará o excesso de capacidade.[4]

Uma última função dos anúncios pode ser a *comunicação com a comunidade financeira*, com o objetivo de impulsionar a cotação das ações ou de melhorar a reputação da companhia. Essa prática comum significa que muitas vezes as empresas têm motivos ligados ao público para apresentar a sua situação da melhor forma possível. Anúncios desse caráter podem causar problemas enviando aos concorrentes sinais incorretos.

Anúncios podem, às vezes, servir também para reunir *apoio interno* para um movimento. Fazer com que a empresa se comprometa publicamente a realizar alguma coisa pode ser uma maneira de suprimir o debate interno sobre a sua conveniência. Anúncios de metas financeiras freqüentemente servem a essa função de reunir apoio.

Deve ter ficado claro com a discussão anterior que toda uma batalha competitiva pode ser travada com anúncios antes que um só dólar de recursos seja gasto ou investido. Uma seqüência relativamente recente de anúncios entre fabricantes de memórias de computador fornece uma ilustração para essa ocorrência. A Texas Instruments anunciou um preço para memórias de acesso aleatório que estariam disponíveis dentro de dois anos. Uma semana depois, a Bowmar anunciou um preço mais baixo. Três semanas mais tarde, a Motorola anunciou um preço ainda mais baixo. Finalmente, duas semanas após esses acontecimentos, a Texas Instruments anunciou um preço que era a metade do da Motorola, e as outras empresas decidiram não fabricar o produto. Assim sendo, antes que qualquer investimento fosse realmente feito, a Texas Instruments venceu a batalha.[5] Similarmente, anúncios bem conduzidos podem fixar o nível de uma mudança de preço ou a forma de um novo programa de desconto para o revendedor sem a necessidade de perturbar

---

[4] Um processo como esse não raramente entra em colapso. Ver Capítulo 15.
[5] Para que um resultado como esse ocorra, a Texas Instruments também precisa demonstrar com outras ações a credibilidade de seu compromisso no sentido de vender de fato as memórias por preços baixos. Sem isso, a entrada de concorrentes não seria detida. (Ver Capítulo 5.)

o mercado e arriscar uma batalha introduzindo realmente um esquema e tendo depois de alterá-lo ou interromper a sua execução.

Discernir se um anúncio antecipado é uma tentativa de preempção ou um movimento conciliatório é obviamente uma distinção crucial a ser feita corretamente. Para tal, podemos começar com uma análise dos benefícios permanentes dessa preempção para o concorrente.[6] Caso existam tais benefícios, o motivo da preempção deve ser considerado como uma forte possibilidade. Se, por outro lado, forem poucos os benefícios ou se o concorrente agindo em interesse próprio pudesse ter tido mais êxito com um movimento de surpresa, então a conciliação pode ser indicada. Um anúncio que revela uma ação muito menos prejudicial a outros do que poderia ter sido, dadas as potencialidades do concorrente, pode em geral ser visto como conciliatório. Outra dica para a interpretação dos motivos é a ocasião do anúncio em relação à época em que a ação ocorrerá de fato. Anúncios bastante antecipados de um movimento tendem a ser conciliatórios, não havendo outros fatores a serem considerados, embora seja difícil generalizar de forma total.

Deve-se observar claramente que anúncios podem ser *blefes*, porque eles sempre precisam ser executados. Como descrito, um anúncio pode ser um modo de comunicar o compromisso de uma empresa de efetivar uma ameaça visando obrigar um concorrente a recuar ou a diminuir a intensidade de um movimento ou a não iniciá-lo. Por exemplo, uma empresa pode anunciar uma grande fábrica projetada para manter sua parcela de capacidade da indústria em virtude de outros anúncios de aumento de capacidade que ela deseja ver cancelados, quando o efeito de sua fábrica será o de criar um grande excesso de capacidade na indústria. Se um blefe com essa intenção falha, haverá pouco incentivo para o blefista pôr em prática sua ameaça. Contudo, o fato de uma ameaça ou outro compromisso ser ou não posto em prática tem implicações críticas na credibilidade dos futuros anúncios e compromissos. Em casos extremos, um anúncio pode ser blefe engendrado para persuadir a concorrência a dispender recursos em expansões para defender-se de uma ameaça inexistente.

Anúncios prévios pelos concorrentes podem ocorrer, e ocorrem, em diversos meios de comunicação: publicações oficiais pela imprensa, declarações da diretoria a analistas de mercado, entrevistas concedidas à imprensa e outras formas. O meio escolhido para o anúncio é uma pista quanto a seus motivos subjacentes. Quanto mais formal o anúncio, mais o anunciante quer assegurar-se de que a mensagem será ouvida e maior a audiência que ele provavelmente pretende atin-

---

[6] O Capítulo 15 discute as condições que suportam uma estratégia de preempção.

gir. O meio usado para o anúncio também afeta aquele que é atingido por ele. Um anúncio em um jornal especializado em comércio provavelmente só será notado pelos concorrentes ou por outros participantes da indústria. Isso pode conter uma conotação diferente de um anúncio feito para uma audiência mais ampla de análise de mercado ou para a imprensa comercial a nível nacional. Um anúncio prévio para uma audiência ampla pode ser uma maneira de estabelecer um compromisso "público" de fazer alguma coisa da qual a concorrência considera difícil recuar, com o correspondente valor de dissuasão.[7]

Anúncios de Resultados ou Ações Posteriores aos Fatos

Com freqüência as empresas anunciam (verificam) novas fábricas, números de vendas e outros resultados ou ações após a sua ocorrência. Tais anúncios podem conter sinais, particularmente no que se refere ao fato de revelarem dados que de outra maneira são difíceis de serem obtidos e/ou são surpreendentes para que a empresa anunciante os torne públicos. O anúncio após o fato tem a função de assegurar que outras empresas saibam e tomem nota dos dados revelados – o que pode influenciar seu comportamento.

Como qualquer anúncio, um anúncio *ex post* pode ser incorreto ou, o que é mais provável, enganador, embora isso não pareça ser comum. Muitos desses anúncios referem-se a dados como parcela de mercado, que não sofrem auditoria nem estão sujeitos aos procedimentos de escrutínio completo e confiabilidade da SEC.* Algumas vezes as empresas anunciam dados enganadores se acreditam que esses dados podem ser preemptivos ou podem servir para comunicar um compromisso. Um exemplo dessa tática é anunciar números de vendas que incluem as vendas de alguns produtos relacionados mas fora da categoria limitada de produtos no total, ou seja, inflacionando a parcela de mercado aparente. Outra tática é considerar a capacidade final de uma nova fábrica, mesmo que para atingir essa capacidade seja necessário um segundo acréscimo, embora a capacidade final seja representada implicitamente como a capacidade inicial.[8] Se a empresa tiver conhecimento ou deduzir essas práticas enganadoras, elas conterão importantes sinais sobre os objetivos do concorrente e sobre as suas verdadeiras potencialidades competitivas.

---

[7] Consulte o Capítulo 5 para ver uma discussão do significado do compromisso e da dissuasão em situações competitivas.

[8] Essa ação deve ser distinguida do anúncio da capacidade existente exata e do anúncio simultâneo de planos de expansão futura.

Nota do Tradutor: SEC é a sigla de *Securities and Exchange Commission*, um órgão correspondente à Comissão de Valores Mobiliários.

Discussões Públicas sobre a Indústria pelos Concorrentes

Não é incomum os concorrentes comentarem as condições da indústria, e mesmo as previsões de demanda, de preços e da capacidade futura e o significado de mudanças externas como aumentos no custo dos materiais, e assim por diante. Tais comentários são carregados de sinais porque eles podem expor as suposições da empresa sobre a indústria na qual está presumivelmente constituindo sua própria estratégia. Como tal, essa discussão pode ser uma tentativa consciente ou inconsciente de fazer com que outras empresas operem sob as mesmas hipóteses, reduzindo, assim, as chances de desentendimentos quanto a motivos e de desencadear uma guerra. Tais comentários também podem conter solicitações implícitas para disciplinar os preços:

– A concorrência de preços continua muito acirrada. A indústria está fazendo um trabalho torpe de repassar custos elevados para o consumidor.[9]

– O problema nesta indústria é que algumas empresas não reconhecem que os preços correntes serão prejudiciais à nossa capacidade de crescimento e de produzir com qualidade a longo prazo.[10]

Ou as discussões da indústria podem conter solicitações implícitas para que as outras empresas realizem um acréscimo de capacidade de uma forma ordenada, não entrem em uma competição publicitária excessiva, não transgridam regras ao lidarem com grandes clientes, ou várias outras coisas, assim como promessas implícitas de cooperarem se as outras agirem de forma "adequada".

É claro que a empresa que está fazendo os comentários pode estar tentando interpretar as condições da indústria de tal maneira que venha a melhorar a sua própria posição. Ela pode preferir, por exemplo, que os preços caiam e pode, portanto, descrever as condições da indústria de modo que os preços dos concorrentes pareçam demasiadamente altos, mesmo que eles possam, na verdade, ficar em melhor situação se mantiverem seus níveis de preços. Essa possibilidade significa que as empresas, ao interpretarem os sinais no comentário de seu concorrente, precisam verificar por si só as condições da indústria e procurar áreas em que a posição de um concorrente poderia melhorar com a sua interpretação dos fatos, comprometendo, assim, as suas intenções.

Além de comentários sobre a indústria em geral, a concorrência às vezes faz comentários diretamente sobre os movimentos de seus rivais. "A recente extensão de

---

[9] Presidente da Sherwin-Williams Coating Group, comentário sobre a indústria de tintas em "A Thin Coating of Profit for Paint Makers", *Business Week*, 14 de agosto de 1977.

[10] Executivo de um produtor líder de artigos de primeira necessidade em um discurso para analistas de mercado.

crédito aos distribuidores foi inadequada pelas razões X e Y." Um comentário como esse pode assinalar uma indicação de satisfação ou insatisfação com um movimento, mas como qualquer outro anúncio público, existem interpretações alternativas de seus propósitos. Pode ser do interesse da empresa torcer a interpretação da conveniência do movimento do concorrente para melhorar a sua própria posição.

Algumas vezes as empresas elogiam nominalmente os concorrentes ou a indústria em geral. Isso vem ocorrendo, por exemplo, na administração hospitalar. Um elogio como esse é em geral um gesto conciliatório com o objetivo de reduzir tensões ou de pôr um fim em práticas indesejáveis. É mais comum em indústrias nas quais todas as empresas são afetadas pela imagem coletiva da indústria junto ao grupo consumidor ou à comunidade financeira.

Explicações e Discussões dos Concorrentes sobre seus Próprios Movimentos

Muitas vezes os concorrentes discutem seus próprios movimentos em público ou em locais onde é quase certo que o assunto discutido alcance outras empresas. Um exemplo comum do segundo caso é a discussão de movimentos com consumidores ou distribuidores importantes, caso em que a discussão com quase toda certeza circulará na indústria.

A explicação de uma empresa ou a discussão quanto a seus próprios movimentos pode servir, consciente ou inconscientemente, pelo menos a três propósitos. Primeiro, pode ser uma tentativa ou de fazer com que outras empresas percebam a lógica de um movimento e, em conseqüência, o acompanhem, ou de comunicar que o movimento não deve ser tomado como uma provocação. Segundo, explicações ou discussões sobre movimentos podem ser gestos preemptivos. Empresas que estão lançando um novo produto ou entrando em um novo mercado às vezes fornecem à imprensa histórias sobre dificuldade e o custo de empreender o movimento. Isso pode dissuadir outras empresas de tentarem a mesma coisa. Finalmente, tais discussões sobre movimentos podem ser uma tentativa de firmar um compromisso publicamente. O concorrente pode destacar o grande volume de recursos dispendidos e o seu compromisso a longo prazo com uma nova área para tentar convencer os rivais de que ele está ali para ficar e de que não devem tentar desalojá-lo.

Táticas do Concorrente Relativas ao que Poderiam Ter Feito

Com relação ao que um concorrente possivelmente poderia ter escolhido fazer, os preços e os níveis de publicidade efetivamente adotados, o volume dos aumentos de capacidade, as características específicas do produto adotadas etc. contêm importantes sinais sobre as motivações. Na medida em que suas escolhas de variáveis estratégicas foram as piores que poderiam ter sido feitas com relação aos danos causados às outras empresas, esse é um forte sinal agressivo. Se os concorrentes pudessem ter sido atingidos de uma forma mais grave com outras estratégias que não a escolhida, e que estavam dentro de seu conjunto de alternativas viáveis (por exemplo, um preço mais alto do que o custo do concorrente poderia justificar), isso assinala potencialmente conciliação. Um concorrente que se comporte de uma maneira inconsistente com o seu próprio interesse também pode estar dando sinais implícitos de conciliação.

Maneira como as Mudanças Estratégicas São Postas em Prática de Início

Um novo produto de um concorrente pode ser introduzido inicialmente em um mercado periférico, ou ele pode imediatamente ser vendido de uma maneira agressiva para os clientes mais importantes de seus rivais. Uma alteração de preços pode ser feita inicialmente em produtos que representam o núcleo da linha de produtos de um concorrente, ou as alterações de preços podem ser primeiramente efetuadas em produtos ou em segmentos de mercado em que o concorrente não tenha grande interesse. Um movimento pode ser feito à época normal do ano para ajustes desse tipo, ou pode ser feito em ocasiões não usuais. Esses são apenas alguns exemplos de como quase todas as mudanças estratégicas são implementadas, e podem ajudar a diferenciar o desejo de um concorrente de impor uma penalidade de seu desejo de fazer um movimento para o bem da indústria como um todo. Como sempre, quando esses motivos estão envolvidos, há o risco de blefes.

Divergências de Metas Anteriores

Se a produção de um concorrente historicamente restringiu-se ao limite superior do espectro de produtos, a introdução de um produto significativamente inferior é uma indicação de um realinhamento potencial importante nas metas ou nas suposições. Essa divergência das metas anteriores em qualquer outra área estratégica contém uma mensagem similar. Essas divergências devem provavelmente conduzir a um período de intensa atenção aos sinais e à análise da concorrência.

Divergência dos Precedentes da Indústria

Um movimento que diverge das normas da indústria é em geral um sinal agressivo. Os exemplos incluem desconto para produtos para os quais nunca foi dado desconto na indústria e a construção de fábrica em uma área geográfica inteiramente nova ou em um novo país.

A Defesa Cruzada

Quando uma empresa inicia um movimento em uma área e um concorrente responde em uma área diferente com outro movimento que afeta a empresa que se moveu inicialmente, a situação pode ser chamada *defesa cruzada*. Não é raro ocorrer essa situação quando as empresas competem em áreas geográficas diferentes ou têm múltiplas linhas de produtos que não se sobrepõem completamente. Por exemplo, uma empresa com base na costa leste entrando no mercado do oeste pode ver uma empresa do oeste, por sua vez, entrar no mercado do leste. Uma situação não muito diferente dessa ocorreu na indústria de torrefação de café. A Maxwell House há muito é forte no leste, enquanto a força da Folger's está no oeste. A Folger's, adquirida pela Procter and Gamble, fez movimentos para aumentar sua penetração nos mercados do leste a partir de algumas políticas agressivas de marketing. A Maxwell retrucou, em parte, reduzindo os preços e aumentando as despesas de marketing em alguns dos principais mercados da Folger's no oeste. Outro exemplo pode estar ocorrendo no setor de maquinarias. A Deere entrou na indústria de terraplenagem no final da década de 1950 com uma estratégia similar à da Caterpillar. A Deere recentemente tentou, com maior intensidade ainda, entrar em alguns dos principais mercados da Caterpillar. Existem no momento fortes rumores de que a Caterpillar esteja planejando entrar na indústria de equipamentos agrícolas, em que a Deere é forte.[11]

A resposta cruzada representa uma escolha pela empresa que está se defendendo de *não* contra-atacar o movimento inicial diretamente, mas de retrucá-lo indiretamente. Respondendo de forma indireta, a empresa na defensiva pode também estar tentando não deflagrar uma série de movimentos destrutivos e contramovimentos no mercado invadido, embora demonstrando claramente sua insatisfação, aumentando, assim, a ameaça de uma séria retaliação futura.

Se a defesa cruzada é dirigida para um dos mercados de "sustento" do provocador, isso pode ser interpretado como uma séria advertência. Se é dirigida para

---

[11] Um rumor, tanto quanto um movimento efetivo, pode servir como uma defesa cruzada.

um mercado menos importante, pode assinalar um aviso de coisas ainda por acontecer, mas também a esperança de não ser deflagrada nenhuma desestabilização ou um contra-ataque imediato do provocador. Uma resposta em um mercado menos importante pode também assinalar que a empresa que está se defendendo aumentará a aposta com uma defesa cruzada muito mais ameaçadora posteriormente se o provocador não recuar.

A defesa cruzada pode ser particularmente efetiva para disciplinar um concorrente caso haja uma grande diferença nas parcelas de mercado. Por exemplo, se a defesa cruzada envolve um corte de preço, o custo de suportar esse corte de preço para a empresa com a maior parcela será bem maior do que para a empresa que está emitindo o sinal. Esse fato pode aumentar a pressão colocada sobre o provocador para que ele recue.

Uma implicação de toda essa análise é que a manutenção de uma pequena posição nesses mercados cruzados pode ser um elemento dissuasivo potencialmente útil.

A Marca-Resposta

Uma forma de sinal relacionada com a defesa cruzada é a *marca-resposta*. Uma empresa ameaçada ou potencialmente ameaçada por outra pode introduzir uma marca que tem o efeito – quer isso seja a única motivação para a marca ou não – de punir ou ameaçar punir a fonte da ameaça. Por exemplo, a Coca-Cola introduziu, em meados da década de 1970, uma nova marca denominada Mr. Pibb, cujo sabor se assemelhava muito ao Dr. Pepper, uma marca que estava ganhando mercado. A Maxwell House introduziu uma marca de café chamada Horizon, com características e embalagem semelhantes ao da Folger's em alguns mercados em que a Folger's estava procurando ganhar posição. Marcas-resposta podem ser entendidas como advertências ou intimidações ou como tropas de choque para absorver o ímpeto de um ataque competitivo. Elas são também normalmente introduzidas com um pequeno impulso ou apoio *antes* que qualquer ataque sério ocorra, servindo, assim, como uma advertência. Marcas-resposta também podem ser usadas como armas ofensivas em uma campanha mais ampla.

Processos Antitruste Privados

Se uma empresa propõe uma ação antitruste privada em desafio a um concorrente, isso pode ser tomado como um sinal de insatisfação ou, em alguns casos, como aborrecimento ou uma tática proteladora. Processos privados podem, assim, ser considerados defesas cruzadas. Como a empresa que inicia um processo pode desistir dele a qualquer momento, ele é potencialmente um sinal suave do descontentamento com relação a, por exemplo, um corte de preços competitivo. O processo pode significar: "Vocês foram muito longe desta vez e é melhor recuar", sem assumir os riscos que acompanhariam uma confrontação direta do mercado. Para a empresa mais fraca que está acionando a empresa mais forte, o processo pode ser uma maneira de sensibilizar a empresa mais forte para que ela não adote quaisquer ações agressivas enquanto a ação prosseguir. Se as empresas mais fortes se sentem passíveis de sanções legais, seu poder pode ser efetivamente neutralizado.

Para empresas grandes acionando empresas menores, processos antitruste privados podem ser meios levemente dissimulados de infligir penalidades. As ações forçam a empresa mais fraca a suportar custos legais extremamente altos durante um longo período de tempo e também a desviar sua atenção da competição no mercado. Ou, prosseguindo com o argumento anterior, um processo pode ser uma maneira de baixo risco de dizer à empresa mais fraca que ela está tentando abocanhar uma parte demasiadamente grande do mercado. A ação pendente pode ser deixada efetivamente parada com manobras legais e seletivamente ativada (impondo custos à empresa mais fraca), caso a empresa mais fraca demonstre não entender os sinais.

O USO DA HISTÓRIA NA IDENTIFICAÇÃO DE SINAIS

O estudo das relações históricas entre o que uma empresa anunciou fazer e seus movimentos, ou entre outros tipos de sinais potenciais e os resultados subseqüentes, pode melhorar em muito a capacidade de alguém decifrar sinais com exatidão. A busca de sinais que um concorrente possa ter emitido inadvertidamente antes de efetuar mudanças no passado também pode ajudar a descobrir novos tipos de sinais inconscientes típicos daquele concorrente. Será que certas atividades da força de vendas sempre precedem uma alteração no produto? As introduções de produtos sempre acontecem após um encontro nacional de vendedores? As alterações de preços na linha existente sempre antecedem a introdução de um novo produto? O concorrente sempre anuncia o aumento de capacidade quando a sua utilização da capacidade atinge um determinado nível?

É claro que na interpretação desses sinais há sempre a possibilidade de divergência do comportamento passado; em termos ideais, uma análise completa da concorrência revelará razões econômicas e organizacionais para a ocorrência antecipada de uma divergência.

SERÁ QUE A ATENÇÃO AOS SINAIS DE MERCADO PODE SER UMA DISTRAÇÃO?

Dada a sutileza da interpretação dos sinais de mercado, é possível tomar o ponto de vista de que dedicar uma atenção demasiada a eles pode ser uma distração contraproducente. Em vez de decifrar todos os sentidos ocultos nas palavras e ações dos concorrentes e adotar políticas de acordo com isso, as companhias deveriam concentrar seu tempo e energia na competição.

É possível situações em que a alta direção fica tão preocupada com sinais que as tarefas importantes de administrar a empresa e construir uma posição estratégica forte são negligenciadas; isso dificilmente justifica o abandono dessa fonte potencialmente valiosa de informações. A formulação de estratégia contém inerentemente algumas hipóteses explícitas ou implícitas sobre a concorrência e suas motivações. Sinais de mercado podem acrescentar muita coisa ao estoque de conhecimento da empresa sobre os concorrentes e, portanto, melhorar a qualidade dessas hipóteses. Ignorá-los é como ignorar também os concorrentes.

5
Movimentos Competitivos

Na maioria das indústrias, uma característica central da concorrência é que as empresas são mutuamente dependentes: elas sentem os efeitos dos movimentos das outras e tendem a reagir a eles. Nessa situação, que os economistas chamam um oligopólio, o resultado de um movimento competitivo de uma empresa depende, ao menos até certo ponto, das reações de seus rivais.[1] Reações "ruins" ou "irracionais" dos concorrentes (mesmo concorrentes mais fracos) podem muitas vezes fazer com que movimentos estratégicos "bons" sejam malsucedidos. Assim, o sucesso só pode ser assegurado se os concorrentes forem influenciados ou optarem por responder de uma maneira não destrutiva.

Em um oligopólio, a empresa muitas vezes se defronta com um dilema. Ela pode buscar os interesses (rentabilidade) da indústria como um todo (ou de algum subgrupo de empresas) e, assim, não incitar reação competitiva, ou pode se comportar em seu próprio interesse restrito ao risco de provocar retaliação e de intensificar a concorrência na indústria levando a uma batalha. O dilema surge porque a escolha de estratégias ou respostas que evitem o risco do estado de guerra e coloquem a indústria como um todo em melhor situação (estratégias que podem ser chamadas *cooperativas*) pode significar que a empresa desiste de lucros potenciais e de parcela de mercado.

A situação é análoga ao Dilema dos Prisioneiros na teoria dos jogos, uma versão do qual é apresentada a seguir. Dois prisioneiros sentam-se em uma cela, cada

---

[1] Um oligopólio é um estado entre um monopólio, em que existe apenas uma empresa, e a indústria em concorrência perfeita, na qual existem muitas empresas e a entrada é tão fácil que as empresas não chegam a afetar umas às outras, mas são afetadas pelas condições gerais do mercado.

um com a alternativa de delatar o outro ou nada dizer. Se nenhum dos prisioneiros der o serviço, ambos ficam livres. Se ambos falarem, os dois são enforcados. Contudo, se um prisioneiro falar e o outro não, o denunciante não só fica livre como recebe uma recompensa. Os dois prisioneiros considerados em conjunto ficam em melhor situação se não fizerem nenhuma denúncia. Mas agindo em seu próprio interesse, cada prisioneiro tem um incentivo muito maior para denunciar, desde que o outro não tenha a mesma idéia. Transportando esse problema para o contexto do oligopólio, se as empresas cooperam entre si, elas podem ter um lucro razoável. Entretanto, se uma empresa faz um movimento estratégico em seu próprio interesse, o qual as outras não retaliem efetivamente, ela pode obter lucros ainda maiores. Porém, se os concorrentes retaliam vigorosamente contra o movimento, todos podem ficar em pior situação do que estariam se adotassem a cooperação.

Este capítulo apresenta alguns princípios para movimentos competitivos em um contexto como esse. Ele considera tanto os movimentos ofensivos para melhorar a posição como os movimentos defensivos para deter os concorrentes quanto a ações indesejáveis. Em primeiro lugar, este capítulo faz um paralelo com o Capítulo 1 para explorar a probabilidade geral dos ataques competitivos violentos em uma indústria, o que determina o contexto no qual qualquer movimento ofensivo ou defensivo tem de ser feito. A seguir são examinadas algumas considerações importantes quanto à realização de vários tipos de movimentos competitivos, incluindo movimentos não ameaçadores ou cooperativos, movimentos ameaçadores e movimentos com propósitos dissuasivos. Essa discussão ilustrará o papel crucial do *compromisso* estabelecido ao serem feitos movimentos, e métodos para a execução de tais movimentos serão examinados em detalhes. Por fim, alguns métodos para promover a cooperação na indústria serão brevemente discutidos.

Além de seguir o Capítulo 1, este capítulo seguirá necessariamente os princípios básicos da análise da concorrência descritos no Capítulo 3 e a discussão dos sinais de mercado do Capítulo 4. A análise da concorrência é obviamente um requisito para o exame de qualquer movimento ofensivo ou defensivo, e os sinais de mercado são instrumentos tanto para o entendimento dos concorrentes como para uso na implementação efetiva de movimentos competitivos.

INSTABILIDADE NA INDÚSTRIA: A PROBABILIDADE DE GUERRA COMPETITIVA

A primeira questão para a empresa ao considerar movimentos ofensivos ou defensivos é o grau geral de instabilidade na indústria ou as condições no âmbito de toda a indústria que possam indicar se um movimento provocará um estado de guerra generalizado. Algumas indústrias obrigam a uma caminhada muito mais lenta do que outras. A *estrutura* subjacente de uma indústria, discutida no Capítulo 1, determina a intensidade da rivalidade competitiva e a facilidade ou a dificuldade gerais com que podem ser encontrados resultados cooperativos ou que evitem o estado de guerra. Quanto maior o número de concorrentes, mais aproximado seu poder relativo, mais padronizados seus produtos, maiores os seus custos fixos e outras condições que os levem a tentar utilizar totalmente a capacidade, e quanto menor o crescimento da indústria, maior será a probabilidade de esforços repetidos pelas empresas no sentido de buscar seus próprios interesses. Elas executarão ações, como aproximar os preços dos custos ("delações", em que quase certamente a retaliação provocará recorrentes assaltos de retaliação que manterão os lucros baixos. Similarmente, quanto mais diferentes ou assimétricas as metas e as perspectivas dos concorrentes, maiores os interesses em jogo no negócio particular, e quanto menos segmentado o mercado, mais difícil será interpretar adequadamente os movimentos de cada um e sustentar um resultado cooperativo. De forma geral, tanto os movimentos ofensivos quanto os defensivos são mais arriscados se essas condições favorecem a existência de intensa rivalidade.

Algumas outras condições em uma indústria podem fazer com que ataques violentos de rivalidade sejam mais ou menos prováveis. Uma história de competição ou *continuidade de interação* entre as partes pode promover a estabilidade, dado que facilita o estabelecimento de confiança (a crença de que os concorrentes não pretendem levar uns aos outros à falência), e leva a previsões mais exatas de como os concorrentes reagirão. Inversamente, a falta de continuidade aumentará as chances de violentos ataques competitivos. A continuidade da interação não depende apenas de um grupo estável de concorrentes, mas também é ajudada por um grupo estável de gerentes gerais desses concorrentes.

Múltiplas áreas de negociação, ou situações em que as empresas estão interagindo em mais de uma arena competitiva, podem também facilitar um resultado estável em uma indústria. Por exemplo, se duas empresas competem tanto no mercado norte-americano como no mercado europeu, a vantagem de uma delas nos Estados Unidos pode ser contrabalanceada pela da outra na Europa, vantagens que nenhuma das duas toleraria isoladamente. Mercados múltiplos são uma forma de uma empresa poder retribuir uma outra pelo fato de não ser atacada,[2] ou, inversamente, fornece uma maneira de disciplinar um renegado. *Interconexões* por

---

[2] Ou "pagamentos por fora", no jargão da teoria dos jogos.

meio de sociedades em cota de participação ou de participações conjuntas podem também promover a estabilidade em uma indústria fomentando uma orientação cooperativa e fornecendo aos jogadores informações bastante precisas sobre cada um. Informação ampla em geral é estabilizadora porque ajuda as empresas a evitar reações erradas e evita que elas tentem iniciativas estratégicas incorretas.

A estrutura da indústria influencia a posição dos concorrentes, as pressões para que eles façam movimentos agressivos e o grau em que seus interesses podem entrar em conflito. A estrutura determina, assim, os parâmetros básicos dentro dos quais os movimentos competitivos são feitos. No entanto, a estrutura não determina completamente o que acontecerá em um mercado. A rivalidade também depende das situações particulares dos concorrentes individuais. Outro passo na avaliação da instabilidade na indústria e do contexto geral para a execução de movimentos é a *análise da concorrência*. Empregando as técnicas descritas no Capítulo 3, é necessário examinar os movimentos prováveis que cada concorrente executará, a ameaça proporcionada pelos movimentos feitos pelos seus rivais e a habilidade de cada concorrente em defender-se efetivamente contra tais movimentos. Essa análise é um requisito para o desenvolvimento de estratégias dissuasivas ou na decisão de quando e como efetuar movimentos ofensivos. Vamos supor aqui que essa análise já foi feita.

A parte final da avaliação da instabilidade na indústria é a determinação da natureza do fluxo de informações entre as empresas no mercado, incluindo a extensão do conhecimento comum das condições da indústria e sua capacidade de efetivamente comunicar intenções emitindo sinais. Esse fluxo de informações será um ponto central deste capítulo.

MOVIMENTOS COMPETITIVOS

Visto que em um oligopólio uma empresa depende parcialmente do comportamento de seus rivais, a escolha do movimento competitivo certo envolve a descoberta de um cujo resultado seja rapidamente determinado (nenhuma batalha prolongada ou séria ocorre) além de dirigido tanto quanto possível para os interesses da própria empresa. Ou seja, a meta da empresa é evitar uma desestabilização e uma guerra dispendiosa, o que produz resultados insatisfatórios para todos os participantes, mas ainda assim supera as outras empresas.

Uma abordagem ampla é usar recursos e capacidades superiores para forçar um resultado na direção dos interesses da empresa, superando a retaliação – podemos chamar isso a *abordagem da força bruta*. Esse tipo de abordagem só é possível se a empresa possuir evidentes superioridades, sendo estável apenas enquanto a empresa mantiver essas superioridades e desde que os concorrentes não a interpretem mal e tentem incorretamente alterar suas posições.

Algumas companhias parecem encarar os movimentos competitivos meramente como um jogo de força bruta: todos os recursos são reunidos para atacar um rival. Os pontos fortes e fracos de uma empresa (Capítulo 3) certamente ajudam a definir as oportunidades e as ameaças que ela enfrenta. Contudo, mesmo a totalidade dos recursos muitas vezes não é suficiente para assegurar o resultado correto se os concorrentes forem rígidos (ou pior, desesperados ou aparentemente irracionais) em suas respostas ou se os concorrentes estiverem buscando objetivos muito diferentes. Além disso, a posse de poderes evidentes nem sempre está de fato disponível para toda empresa que procura melhorar sua posição estratégica. Finalmente, mesmo com evidentes pontos fortes, uma guerra de atrito é tão dispendiosa para o vencedor quanto para os vencidos, e o melhor a fazer é evitá-la.

Movimentos competitivos são também jogos de delicadeza. O jogo pode ser estruturado e os movimentos selecionados e executados de forma a maximizar seu resultado, independente dos recursos à disposição da empresa. Em termos ideais, uma batalha de retaliação nunca chega a começar. Movimentos competitivos em um oligopólio são considerados uma combinação de qualquer força bruta que a empresa possa reunir, aplicada com delicadeza.

Movimentos Cooperativos ou Não Ameaçadores

Movimentos que não ameaçam as metas dos concorrentes são um ponto de partida para a pesquisa de métodos para melhorar a posição. Com base em uma análise integral das metas e das hipóteses dos concorrentes, empregando a metodologia do Capítulo 3, talvez existam movimentos que a empresa possa fazer para aumentar seus lucros (ou mesmo sua parcela) que não reduzam o desempenho de seus concorrentes significativos ou ameacem suas metas indevidamente. Três categorias desses movimentos podem ser distinguidas:

- movimentos que melhoram a posição da empresa e *melhoram* as posições dos concorrentes *mesmo que* estes nada façam para responder a esses movimentos;
- movimentos que melhoram a posição da empresa e *melhoram* as posições dos concorrentes *apenas se* um número significativo deles responde aos movimentos;
- movimentos que melhoram a posição da empresa porque os concorrentes *não responderão* a tais movimentos.

O primeiro caso envolve um risco menor se tais movimentos podem ser identificados. Uma possibilidade é que a empresa possa engajar-se em práticas que não só diminuam seu desempenho como também acabem diminuindo o desempenho de seus concorrentes, como, por exemplo, uma campanha de publicidade inadequada ou uma estrutura de preços fraca desalinhada com a indústria. A existência dessas possibilidades é reflexo de uma estratégia passada fraca.

O segundo caso é mais comum. Na maioria das indústrias, existem movimentos que melhorariam a situação de todas as empresas se todas elas os seguissem. Por exemplo, se cada empresa reduzisse sua garantia de dois para um ano, os custos de todas as empresas cairiam e a rentabilidade aumentaria, desde que a demanda agregada da indústria não fosse sensível aos termos de garantia. Outro exemplo é uma alteração nos custos que conduz a um ajuste nos preços. O problema com tais movimentos é que todas as empresas podem segui-los ou não, porque eles, embora melhorando as suas posições de modo absoluto, não são ótimos para elas. Por exemplo, a empresa com o mais alto grau de confiabilidade em seu produto perderá uma vantagem competitiva se o período de garantia for reduzido. Os concorrentes podem também não seguir porque uma ou mais empresas percebem a chance de melhorar sua posição relativa não seguindo o movimento, supondo que outras irão fazê-lo.

Na seleção de um movimento desse segundo tipo, os passos básicos são (1) avaliar o impacto do movimento em cada um dos principais concorrentes e (2) avaliar as pressões sobre cada concorrente no sentido de uma renúncia aos benefícios da cooperação em troca dos possíveis benefícios de quebrar a unidade. Essa avaliação é um problema na análise da concorrência. Quando são feitos movimentos cujo sucesso é contingente à adesão dos concorrentes, o risco é de que os concorrentes não os sigam. Esse risco não é grande se o movimento escolhido pode ser paralisado sem muitos custos ou se oscilações na posição relativa da companhia ocorrem de forma lenta ou são fáceis de serem corrigidas. Entretanto, um movimento como esse pode ser muito arriscado se as posições relativas a serem potencialmente obtidas pelas empresas que escolhem não participar são significativas e difíceis de serem recuperadas.

A identificação da terceira categoria de movimentos não ameaçadores – movimentos que os concorrentes não seguirão – depende de um entendimento cuidadoso das oportunidades proporcionadas pelas metas e hipóteses particulares dos concorrentes. Ela envolve descobrir movimentos aos quais eles não responderão porque não percebem a necessidade de fazê-lo. Por exemplo, um concorrente pode dar pouca importância ao mercado latino-americano, concentrando-se em vez disso no Canadá como uma oportunidade de exportação. Incursões na América Latina à custa das companhias locais talvez não signifiquem para esse concorrente.

Movimentos serão considerados não ameaçadores se:

- os concorrentes não chegarem nem a tomar conhecimento deles, porque os ajustes são em grande parte internos às empresas que os fazem;
- os concorrentes não estiverem interessados neles em virtude de suas próprias concepções ou hipóteses sobre a indústria e sobre como competir nela;
- o desempenho dos concorrentes for pouco prejudicado se avaliado pelos *seus próprios critérios*.

Um exemplo de um movimento combinando algumas dessas características foi a entrada da Timex na indústria de relógios no início dos anos 50.[3] A estratégia de entrada da Timex foi a de produzir um relógio com um preço muito baixo (sem rolamentos de rubis), que era tão barato que não valia a pena ser consertado. Esse relógio era vendido em drogarias e em outros pontos de venda não convencionais para relógios em vez de em joalherias. A Suíça dominava na época a indústria mundial de relógios de alta qualidade e de alto preço vendidos em joalherias e comercializados como instrumentos de precisão. A indústria suíça crescia rapidamente no início da década de 1950. O relógio Timex era tão diferente do relógio suíço que os suíços não o consideravam de modo algum um concorrente. Ele não ameaçava sua imagem de qualidade nem sua posição nas joalherias ou como líderes na fabricação de relógios de alta qualidade e de alto preço. O relógio Timex provavelmente criou de início uma demanda primária, em vez de tirar as vendas dos suíços. Além de tudo, os suíços estavam crescendo e a Timex não era de modo algum uma ameaça ao seu desempenho. Em conseqüência, a Timex conseguiu ganhar um ponto de apoio seguro na parte inferior do mercado sem sequer atrair a atenção dos suíços.

A execução de movimentos de modo a melhorar a posição de todos requer que os concorrentes *entendam* que o movimento não representa uma ameaça. Tais movimentos podem ser uma adaptação comum necessária devido às alterações nas condições da indústria. Contudo, as três categorias de movimentos não ameaçadores envolvem o risco de o movimento ser mal interpretado como uma agressão.

---

[3] Como base, ver *Note on the Watch Industries in Switzerland, Japan and the United States*, Intercollegiate Case Clearinghouse 9-373-090; e *Timex (A)*, Intercollegiate Case Clearinghouse 6-373-080.

As empresas podem usar uma ampla variedade de mecanismos para evitar uma interpretação errônea nessas situações, embora nenhum seja totalmente comprovado. A sinalização ativa no mercado (Capítulo 4) com anúncios, comentários públicos sobre a mudança e atitudes semelhantes são opções para indicar intenções benignas. Por exemplo, uma discussão bem trabalhada na imprensa sobre os aumentos de custos que justifiquem uma alteração de preço pode ajudar a comunicar as intenções. A empresa que está fazendo esse movimento pode também disciplinar os concorrentes hesitantes com campanhas seletivas de publicidade ou com esforços de venda direcionados para os clientes desses concorrentes. Outra maneira de diminuir os riscos da interpretação errônea é a confiança no líder tradicional da indústria. Em algumas indústrias, uma empresa assume historicamente a liderança na passagem para novas condições; outras empresas esperam que ela se movimente primeiro e, então, a seguem. Outro mecanismo é associar preços ou outras variáveis de decisão a algum índice prontamente visível, como o índice de preços ao consumidor, para facilitar os ajustes. Pontos focais, discutidos a seguir, são um mecanismo coordenador que também pode ser empregado.

Movimentos Ameaçadores

Muitos movimentos que melhorariam significativamente a posição de uma empresa ameaçam na verdade os concorrentes, uma vez que essa é a essência do oligopólio. Assim, a chave para o sucesso de tais movimentos é prever e exercer influência sobre a retaliação. Se a retaliação for rápida e efetiva, então esse movimento pode fazer com que a empresa que o iniciou não fique em uma situação melhor ou mesmo pior. Se a retaliação é muito acirrada, o iniciador pode realmente chegar a uma situação muito pior do que a inicial.

Ao considerar os movimentos ameaçadores, as questões básicas são as seguintes:

1. Qual é a *probabilidade* de retaliação?
2. Com que *rapidez* virá a retaliação?
3. Qual é a *eficácia* potencial da retaliação?
4. Quão *vigorosa* será a retaliação, no que se refere à disposição dos concorrentes em retaliar fortemente mesmo à sua própria custa?
5. A retaliação pode ser *influenciada*?

Como a metodologia para a análise da concorrência do Capítulo 3 abrange algumas dessas questões, nos concentraremos aqui na previsão de lapsos na retaliação aos movimentos ofensivos. Muitas dessas considerações podem ser invertidas para ajudar o desenvolvimento de uma estratégia defensiva. A influência sobre a retaliação também será discutida na seção sobre compromisso, posteriormente neste capítulo.

Lapsos na Retaliação

Outras coisas permanecendo iguais, a empresa desejará fazer o movimento que lhe proporcione mais tempo antes que seus concorrentes possam efetivamente retaliar. Em um contexto defensivo, a empresa desejará que os concorrentes acreditem que ela irá retaliar rápida e efetivamente os seus movimentos. Lapsos na retaliação derivam de quatro fontes básicas:

- lapsos de percepção;
- lapsos na montagem de uma estratégia de retaliação;
- incapacidade de definir com precisão a retaliação, o que aumenta seu custo a curto prazo;
- lapsos causados por metas conflitantes ou motivações confusas.

A primeira fonte, *lapsos de percepção*, compreende uma percepção tardia por parte dos concorrentes quanto ao movimento estratégico inicial, quer porque ou o movimento foi mantido em segredo ou introduzido sorrateiramente longe dos centros de atenção dos concorrentes (por exemplo, com pequenos clientes ou clientes estrangeiros). Às vezes, agindo em segredo ou mantendo um perfil de baixa intensidade, uma empresa pode fazer um movimento ou construir uma nova aptidão antes que os concorrentes possam efetivamente retaliar. Além disso, os concorrentes podem não perceber imediatamente um movimento como importante em virtude de suas metas, da maneira como percebem o mercado etc. O exemplo da introdução do relógio Timex ilustra muito bem esse ponto. Muito depois de a Timex começar a reduzir as vendas dos fabricantes suíços e norte-americanos, o relógio Timex era visto por eles como um produto inferior, não necessitando de retaliação.

Lapsos de percepção dependem em parte dos mecanismos que as empresas utilizam para acompanhar o comportamento competitivo, e esses lapsos podem ser influenciados. Quando os concorrentes dependem de fontes estatísticas externas, como associações comerciais, para fornecer-lhes os dados básicos com os quais podem calcular suas parcelas de mercado, eles talvez não sejam capazes de notar movimentos até que os dados pertinentes sejam publicados. Lapsos de percepção podem muitas vezes ser prolongados por *táticas diversionárias*, como a introdução de um produto ou a execução de qualquer outro movimento em uma área afastada daquela em que a iniciativa principal vai ocorrer. Do ponto de vista defensivo, lapsos de percepção podem ser diminuídos por um sistema de acompanhamento do concorrente que continuamente reúna dados dos vendedores, distribuidores etc. Com um acompanhamento cuidadoso, os concorrentes podem realmente aprender algo sobre os movimentos com antecipação, pois o concorrente precisa assumir previamente compromissos quanto a espaço de publicidade, entrega de equipamentos etc. Se os sistemas para o acompanhamento do concorrente são conhecidos pelos concorrentes, tanto melhor para o seu efeito.

Lapsos na montagem de uma campanha de retaliação variam com o tipo de movimento inicial. A retaliação a um corte de preço pode ser imediata, mas pode levar anos para que um esforço de pesquisa defensivo equipare-se a uma mudança no produto ou para que uma capacidade moderna a ser colocada em funcionamento possa competir com uma nova fábrica de um concorrente. Um novo modelo de automóvel exige três anos de planejamento até a sua introdução, por exemplo. Um grande e moderno alto-forno para produção de ferro-gusa ou uma fábrica integrada de produção de papel exigem de três a cinco anos para serem construídos.

Esses lapsos na retaliação podem também ser influenciados pelas ações de uma empresa. Uma empresa pode adotar movimentos ofensivos contra os quais os concorrentes enfrentam um lento processo de retaliação efetiva, dados os tempos de espera naturais conjugados com as fraquezas internas. Do ponto de vista defensivo, o tempo de retaliação pode ser encurtado desenvolvendo-se recursos para retaliação mesmo que eles não venham a ser usados. Por exemplo, ofertas de novos produtos podem ser desenvolvidas mas mantidas em reserva, máquinas podem ser encomendadas com o risco de pequenas multas pelo cancelamento do pedido, e assim por diante.

Lapsos causados pela *incapacidade de definir com exatidão o tipo de retaliação* são análogos ao problema de ter de desmontar todo um aparelho de televisão para trocar um único transistor defeituoso. Particularmente para empresas de porte maior reagindo a movimentos de empresas menores, os movimentos de retaliação podem ter de ser generalizados a todos os clientes em vez de se restringirem apenas aos clientes ou segmentos de mercado diretamente em questão. Por exemplo, para equiparar-se a um certo corte de preço efetuado por um pequeno concorrente, uma empresa grande pode precisar dar um desconto de preço a todos os seus clientes, a um custo imenso. Se uma empresa consegue descobrir movimentos, cuja execução é menos dispendiosa para ela do que a resposta que seus concorrentes precisarão dar, isso pode provocar lapsos na retaliação e, algumas vezes, impedir a sua ocorrência.

Lapsos na retaliação causados por *metas conflitantes ou motivações mistas* são uma última situação importante que tem larga aplicação no estudo da interação competitiva. Essa é a situação, apresentada no Capítulo 3, em que uma empresa executa um movimento que ameaça alguns negócios de um concorrente, mas se este retalia rápida e vigorosamente, atinge a si mesmo em alguma outra parte de seus negócios. Esse efeito cria potencialmente um lapso na retaliação (e uma redução na sua eficácia) ou até mesmo impede a retaliação. Parte do lapso pode estar no tempo extra necessário para resolver os conflitos internos.

A descoberta de uma situação que enquadre o principal ou os principais concorrentes com metas conflitantes está no âmago de muitas histórias de sucesso de companhias. A lenta reação dos suíços ao relógio Timex fornece um exemplo. A Timex vendia seus relógios em drogarias e não em joalherias tradicionais para a venda de relógios, enfatizando o baixo custo, falta de necessidade de conserto e o fato de que um relógio não era um item de *status*, mas uma parte funcional do vestuário. As grandes vendas do relógio Timex acabaram ameaçando as metas financeiras e de crescimento dos suíços, mas levantaram também um dilema importante para eles: Será que eles deveriam efetuar uma retaliação direta? Os suíços tinham muito interesse na joalheria como um canal e um grande investimento na imagem suíça do relógio como uma jóia de alta precisão. Uma retaliação agressiva contra a Timex ajudaria a legitimar o conceito da Timex, ameaçaria a cooperação necessária dos joalheiros na venda dos relógios suíços e mancharia a imagem do produto suíço. Assim sendo, a retaliação suíça contra a Timex nunca chegou a acontecer.

Existem muitos outros exemplos do funcionamento desse princípio. As estratégias iniciais da Volkswagen e da American Motor de produzir simples veículos de transporte com poucas mudanças no estilo criaram um dilema similar para os três grandes fabricantes de automóveis. Eles tinham uma estratégia baseada na comercialização e em freqüentes alterações nos modelos. A recente introdução pela Bic do barbeador descartável colocou a Gillette em uma posição difícil: se reagisse, ela poderia cortar as vendas de outro produto em sua ampla linha de barbeadores, um dilema que a Bic não enfrenta.[4] Finalmente, a IBM relutou em entrar na pro-

---

[4] Para uma descrição do movimento da Bic, ver "Gillette: After the Diversification That Failed", *Business Week*, 26 de fevereiro de 1977.

dução de microcomputadores porque o movimento comprometeria suas vendas de computadores maiores.

Descobrir movimentos estratégicos que tirem proveito de um lapso na retaliação, ou executar movimentos de modo a aproveitar ao máximo o lapso são princípios de suma importância na interação competitiva. Entretanto, simplesmente tentar retardar a retaliação não pode ser tomado indiscriminadamente como um princípio estratégico. Uma reação lenta mas firme pode deixar a empresa que iniciou o movimento em pior situação do que uma reação rápida mas pouco efetiva. Assim, na medida em que existe um *trade-off* entre o lapso na retaliação e a eficácia e a firmeza dessa retaliação, a empresa terá de fazer um balanço entre os dois ao selecionar um movimento.

Movimentos Defensivos

Até aqui estivemos falando sobre movimentos ofensivos, mas a necessidade de deter ou de fazer uma defesa contra os movimentos dos concorrentes pode ser igualmente importante. O problema da defesa é o oposto do problema do ataque. Uma boa defesa consiste em criar uma situação na qual os concorrentes, após fazerem a análise descrita anteriormente ou após testarem realmente um movimento, concluirão que ele é inconveniente. Assim como com os movimentos ofensivos, a defesa pode ser atingida forçando os concorrentes a recuar após uma batalha. Contudo, a defesa mais efetiva é *impedir a batalha de qualquer modo.*

Para impedir um movimento, é necessário que os concorrentes esperem uma retaliação com um alto grau de certeza e acreditem que essa retaliação vai ser efetiva. Alguns métodos para alcançar esse efeito já foram discutidos e outros serão introduzidos como parte do conceito generalizado de criação de *compromissos*, discutido a seguir.

Mesmo quando não se pode impedir um movimento, ainda existem métodos de defesa.

Disciplina como uma Forma de Defesa

Se um concorrente faz um movimento e a empresa imediata e certamente retalia contra ele, essa ação disciplinadora pode levar o agressor a esperar que a retaliação ocorrerá de qualquer modo. Quanto maior a capacidade de a empresa disciplinadora dirigir sua retaliação especificamente contra o provocador, e quanto maior a sua possibilidade de comunicar que seu alvo é o provocador e não qualquer outra empresa, mais efetiva será essa ação disciplinadora. Por exemplo, uma marca-resposta que é uma cópia do produto de um determinado concorrente é mais efetiva como disciplina do que um novo produto mais generalizado.[5] Ao contrário, se a retaliação precisa ser generalizada (por exemplo, um corte de preço que se aplique a todos os clientes e não apenas àqueles compartilhados com a empresa que iniciou o corte), mais dispendiosa e menos efetiva será a ação disciplinadora. Além disso, quando a resposta a um movimento precisa ser generalizada em vez de concentrada na empresa que iniciou a batalha, a retaliação corre um grande risco de iniciar uma reação em cadeia de movimentos e contramovimentos – o que torna a ação disciplinadora mais arriscada.

Negar uma Base

Uma vez que tenha ocorrido um movimento de um concorrente, a negativa de uma base adequada para que ele atinja suas metas, em conjunto com a expectativa de que esse estado de coisas continuará, pode obrigar o concorrente a se retirar. Empresas que entram em uma indústria, por exemplo, em geral têm alguns alvos para o crescimento, parcela de mercado e retorno sobre o investimento além de um certo horizonte de tempo para alcançá-los. Se à empresa iniciante são negados seus alvos e ela fica convencida de que levará muito tempo até atingi-los, então ela pode retirar-se ou reduzir suas operações. Táticas para negar uma base incluem forte competição de preço, investimentos pesados em pesquisa etc. O ataque a novos produtores na fase de teste de mercado pode ser uma maneira efetiva de prever a disposição futura de uma empresa para a luta, podendo ser menos dispendioso do que esperar que a introdução ocorra de fato. Outra tática é usar promoções especiais para aumentar os estoques dos clientes, diminuindo, assim, o mercado para o produto e aumentando a curto prazo o custo de entrada. Pode valer a pena pagar um preço substancial a curto prazo para negar uma base se a posição de uma empresa no mercado é ameaçada. Para uma estratégia como essa é essencial, contudo, uma boa hipótese quanto aos alvos de desempenho de um concorrente e ao horizonte de tempo que ele tem em mira.

Um exemplo de uma situação assim pode ser a saída da Gillette do ramo dos relógios digitais. Embora proclamando ter conquistado parcelas significativas nos mercados de teste, a Gillette desistiu, citando como motivo os investimentos substanciais necessários para desenvolver tecnologia e margens abaixo das que dispu-

---

[5] Para exemplos de marcas-resposta, ver Capítulo 4.

nha em outras áreas de seus negócios. A estratégia da Texas Instruments de fixação agressiva de preços e rápido desenvolvimento tecnológico nos relógios digitais provavelmente teve um grande impacto sobre essa decisão.

COMPROMISSO

Talvez o conceito isolado mais importante no planejamento e na execução de movimentos competitivos ofensivos ou defensivos seja o conceito de compromisso. Compromisso pode garantir a probabilidade, a rapidez e o vigor da retaliação a movimentos ofensivos e pode ser o alicerce da estratégia defensiva. Os compromissos influenciam a maneira como os concorrentes percebem suas posições e as dos rivais. Estabelecer compromisso é essencialmente uma forma de comunicar os recursos e as intenções da empresa sem margem para equívocos.[6] Os concorrentes defrontam-se com a incerteza quanto às intenções de uma empresa e à extensão de seus recursos. A comunicação de um compromisso reduz a incerteza e obriga os jogadores a calcularem suas estratégias racionais a partir de novas hipóteses, o que evita o estado de guerra. Por exemplo, se uma empresa pode comprometer-se inequivocamente a repelir com vigor um determinado movimento, seus concorrentes podem considerar sua reação como uma certeza e não como uma probabilidade quando da formulação de suas próprias estratégias. Eles ficam, assim, menos inclinados a agir em primeiro lugar. O truque nas interações competitivas é apostar no compromisso de maneira a maximizar a posição de mercado da empresa.

Existem três tipos principais de compromissos no cenário competitivo, cada um dos quais definido de modo a dissuadir de uma forma diferente:

- compromisso quanto ao fato de a empresa estar firmemente empenhada em um movimento que esteja fazendo;
- compromisso de que uma empresa retaliará e continuará retaliando se um concorrente fizer determinados movimentos;
- compromisso de que a empresa não tomará qualquer atitude nem renunciará a uma ação.

Se a empresa convencer seus rivais de que está comprometida com um movimento estratégico que está executando ou planejando executar, ela aumenta as

---

[6] Deve ser ressaltado que o termo *comunicação* não é usado no sentido literal. Não obstante, alguns métodos de sinalização e de estabelecimento de compromissos estão sob revisão das autoridades norte-americanas antitruste devido à preocupação no sentido de que eles podem ser efetivos no estabelecimento de conluios tácitos nas indústrias. Embora essa interpretação seja nova e não demonstrada, os administradores devem estar cientes de sua existência.

chances de os rivais desistirem da nova posição e não utilizarem os recursos para retaliar ou tentar obrigar a empresa a recuar. Assim, o compromisso pode *dissuadir a retaliação*. Quanto mais presa uma empresa pareça estar às suas intenções de executar um movimento, mais provável será esse resultado. Se os concorrentes percebem um concorrente temível e firmemente comprometido, podem convencer-se de que, se retaliarem, o concorrente irá contra-atacar para manter sua nova posição, e assim por diante em uma espiral descendente.

A segunda forma de compromisso é análoga, mas está relacionada à reação de uma empresa às possíveis iniciativas de seus rivais. Se a empresa pode convencer seus rivais de que ela retaliará com vigor e com certeza seus movimentos, eles podem concluir que não vale a pena fazer o movimento. O papel desse tipo de compromisso é *dissuadir a execução de movimentos ameaçadores* em primeiro lugar. Quanto mais os concorrentes percebem a perspectiva de uma retaliação acirrada e obstinada a ponto de atingir seriamente os lucros de todos, menos inclinados estarão a iniciar a cadeia de eventos. Isso é semelhante à situação em que o assaltante diz:

– Mãos ao alto! Passe seu dinheiro.

E a vítima parecendo desconcertada diz:

– Se você tomar o dinheiro, eu explodirei esta bomba e ambos morreremos!

A terceira forma de compromissos – não assumir uma ação perigosa – pode ser denominada *criar confiança*. Essa forma de compromisso pode ser importante no arrefecimento de batalhas competitivas. Por exemplo, se a empresa consegue convencer seus rivais de que seguirá um aumento de preços em vez de tentar reduzi-los, isso pode ajudar a parar uma guerra de preços.

O grau de persuasão de um compromisso está relacionado ao grau em que ele aparenta ser *firme e irreversível*. O valor de um compromisso está em seu poder de dissuasão e esse valor aumenta com a certeza com que o concorrente vê o compromisso sendo honrado. A ironia é que se a dissuasão falha, a empresa pode lamentar ter assumido o compromisso (a vítima na verdade não deseja explodir a si mesma). A empresa enfrenta o difícil *trade-off* de renegar seu compromisso, reduzir sua credibilidade em situações futuras, ou pagar o preço de executar aquilo a que se comprometeu.

Tanto o compromisso como a sua oportunidade são de importância crucial. A empresa que pode se comprometer *em primeiro lugar* pode ficar na posição de fazer com que as outras empresas aceitem seu comportamento como certo ao avaliarem a maximização de suas atividades, inclinando, assim, o resultado a seu favor. Isso pode funcionar especialmente quando as empresas buscam um resultado estável, mas não concordam quanto à forma exata desse resultado. Quando duas empresas estão envolvidas em uma vigorosa batalha por posição e têm interesses muito divergentes, assumir um compromisso prematuro pode ser menos proveitoso.[7]

Comunicação do Compromisso

A comunicação do compromisso, quer para seguir um movimento ou para retaliar contra a ação de um concorrente, pode ser feita a partir de vários mecanismos e vários instrumentos de sinalização. Os blocos de construção de um compromisso digno de confiança são os seguintes:

- ativos, recursos e outros mecanismos para executar o compromisso prontamente;
- uma intenção clara de executar o compromisso e mais adesão histórica aos compromissos anteriores;
- impossibilidade de recuar ou a resolução moral percebida de não recuar;
- possibilidade de detectar concordância com os termos aos quais se refere o compromisso.

A necessidade de se ter os *mecanismos* para executar um compromisso de modo a comunicar sua seriedade é óbvia. Se uma empresa parece imbatível, é improvável que ocorra uma batalha. Ativos particularmente visíveis para levar a cabo compromissos são reservas de caixa excedente, capacidade excedente de produção,[8] um grande corpo de vendedores, extensas instalações de pesquisa, pequenas posições em outros negócios de um concorrente que possam ser usadas na retaliação e marcas-resposta. Ativos menos visíveis são coisas como novos produtos ainda não lançados mas já disponíveis, os quais visam atingir diretamente o mercado principal de um concorrente. *Mecanismos disciplinares* é um termo aplicado a ativos ou recursos que pretendem punir um concorrente se ele executar um movimento indesejável do ponto de vista da empresa. Muitos dos ativos listados anteriormente podem ser mecanismos disciplinares efetivos.

A construção desses ativos para executar um compromisso pode desempenhar um importante papel no estabelecimento de compromissos. A simples posse dos ativos não é suficiente, contudo. Os concorrentes precisam saber da sua presença

---

[7] Para evidência empírica de apoio a essa conclusão, ver Deutsch (1960).
[8] Para uma discussão do ponto relacionado de que excesso de capacidade pode proporcionar dissuasão à entrada, ver Spence (1977).

para que eles passem a ter valor de dissuasão. Assegurar que os concorrentes estejam cientes da existência de recursos para cumprir compromissos compreende, às vezes, anúncios públicos, discussões com os clientes que se espalharão pela indústria e cooperação com a imprensa especializada a ponto de produzir artigos abordando a existência de tais recursos. Recursos altamente visíveis são particularmente valiosos como dissuasores, dado que minimizam o risco de serem mal interpretados ou ignorados pelos concorrentes.

A intenção clara de cumprir um compromisso precisa, da mesma forma, ser comunicada para que um compromisso seja digno de confiança. Uma maneira de fazer isso é com um padrão consistente de comportamento. O passado é, em geral, usado pelos concorrentes como uma indicação da credibilidade e da firmeza de uma empresa em suas reações, e uma série bem encadeada de reações passadas (que podem ter ocorrido em matérias menos importantes ou mesmo triviais) pode ser um sinal persuasivo das intenções futuras. A intenção clara de cumprir um compromisso é também fortalecida por ações perceptíveis que reduzem o lapso na retaliação, como programas defensivos de P&D já implantados que sejam do conhecimento dos concorrentes. Anúncios ou vazamentos da intenção de cumprir um compromisso são também meios de comunicação, embora nem sempre comuniquem com a mesma seriedade do comportamento passado.

Extremamente efetivos na comunicação de compromissos são fatores conhecidos que tornam *difícil e dispendioso, se não impossível, o recuo da empresa*. Por exemplo, um contrato a longo prazo de conhecimento público com um fornecedor ou um cliente é uma indicação da intenção a longo prazo de tentar entrar e permanecer em um mercado. Assim é também a compra de uma fábrica em vez de arrendá-la, ou a entrada no mercado como um produtor totalmente integrado e não apenas como um montador. Compromissos para retaliar os movimentos de um concorrente podem se tornar irreversíveis por meio de acordos verbais ou escritos com varejistas ou clientes para cortar preços, dar garantias de um produto com qualidade equivalente, campanhas cooperativas de publicidade para responder a uma ação de um concorrente etc. A declaração de compromissos para a indústria ou para a comunidade financeira em termos públicos, publicações de metas para parcela de mercado e uma variedade de outros meios podem fazer com que os concorrentes saibam que uma empresa ficará publicamente embaraçada se precisar recuar. Esse conhecimento tenderá a dissuadi-los de tentar fazer isso.

Prosseguindo nessa linha de pensamento, quanto mais o concorrente pensa que a empresa está no limite da irracionalidade na busca de seus compromissos, mais prudente ele será quanto a essa empresa. A irracionalidade é comunicada em situações competitivas por coisas como atitudes anteriores, ações judiciais e declarações públicas. O comportamento que informa aos concorrentes que uma empresa é séria pode ocorrer em todas as partes de um negócio. O que é dito aos fornecedores, aos clientes, aos canais de distribuição e ao público pode comunicar maior ou menor seriedade quanto a estar no negócio ou quanto a fixar-se em um compromisso a longo prazo.

É importante notar que nem sempre são necessários grandes recursos para a comunicação de compromissos. A empresa com uma grande parcela de mercado ou uma vasta linha de produtos, por exemplo, terá em geral objetivos conflitantes para retaliar certos movimentos, como já vimos. A pequena empresa, contudo, pode ter muito a ganhar e pouco a perder iniciando um movimento ou retaliando os movimentos de outros. Um corte de preços iniciado por uma empresa pode ter um enorme impacto sobre o grande concorrente, considerando o seu maior volume. Embora a empresa menor tenha poucos recursos para cumprir suas ameaças, ela pode compensar isso em parte com firmeza ou irracionalidade.

Finalmente, a *habilidade de uma empresa em detectar concordância* é central para a efetividade de seu compromisso de retaliar. Se um concorrente acredita que pode "trapacear" e não ser notado, ele deve ser tentado a fazê-lo. Mas se a empresa pode *demonstrar*, por exemplo, sua habilidade em detectar imediatamente qualquer manobra com preços, ajustes na qualidade ou novos produtos que possam surgir, seu compromisso de retaliar torna-se mais digno de confiança. Sistemas *conhecidos* de acompanhamento de vendas, comunicação com os clientes e entrevistas com distribuidores são exemplos de formas de comunicar uma alta probabilidade de detecção. Deve ser notado que os compradores podem ser incentivados a relatar cortes de preços secretos, mesmo que eles não ocorram, de modo a encorajar descontos. Isso pode minar a estabilidade de um mercado em que a informação é insatisfatória ou os fornecedores não podem verificar as reclamações dos compradores.

Uma prolongada batalha competitiva envolvendo os Baxter Travenol Laboratories em soluções intravenosas, recipientes sangüíneos e produtos descartáveis relacionados é um exemplo interessante de algumas idéias sobre o compromisso.[9] Baxter ($800 milhões), com uma forte posição de mercado, enfrenta um desafio por parte da divisão McGraw da American Hospital Supply Corporation ($1,5 bilhão), que tinha desenvolvido um novo recipiente para soluções intravenosas. Embora a Food and Drug Administration não tivesse dado sua aprovação a esse

---

[9] Para uma descrição, ver "A Miracle of Sorts", *Forbes*, 15 de novembro de 1977.

novo produto competitivo em novembro de 1977, a Baxter já tinha começado a agir para comunicar seu compromisso de resistir à sua introdução. Os agentes de compras dos hospitais já tinham observado o aumento na competição de preços. Dizia-se que a Baxter estaria oferecendo grandes descontos em muitas linhas e estaria especificamente atrás das contas da McGraw. A Baxter também estava investindo pesadamente em pesquisas e tinha se engajado sistematicamente em cortes de preços sempre que outro concorrente penetrava no mercado no início dos anos 70. A firmeza e a resolução da Baxter ao enfrentar esse recente desafio competitivo foram aparentemente bem comunicadas.

Confiança como um Compromisso

Nossa discussão concentrou-se na comunicação de compromisso quanto a um movimento ou à retaliação, mas em algumas situações as empresas preferem assumir compromissos de *não* efetuar um movimento perigoso ou de cessar a agressão. Embora esse procedimento possa parecer fácil, os concorrentes em geral são desconfiados quanto a um gesto de conciliação, especialmente se foram atingidos por essa empresa anteriormente. Eles também podem ficar receosos de que, ao abaixarem a guarda, possam dar à empresa provocadora uma chance de fazer um progresso em relação a eles que será difícil de recuperar. Como, então, as empresas podem realmente comunicar conciliação ou estabelecer confiança?

Uma vez mais a amplitude de possibilidades observadas na prática é muito grande, e os princípios já descritos quanto à comunicação de compromisso são aplicáveis. Uma maneira persuasiva de comunicar confiança é a empresa reduzir de modo *demonstrável* o seu desempenho proporcionando algum benefício a seus concorrentes. Por exemplo, há grande evidência de que a General Electric ceda parcela de mercado em quedas cíclicas no negócio de tubo-geradores para evitar uma grave deterioração de preço e recupera sua parcela em ascensões cíclicas.[10]

PONTOS FOCAIS

Um problema que conduz à instabilidade em um oligopólio está na coordenação das expectativas dos concorrentes sobre o resultado definitivo do mercado. Na medida em que os concorrentes tenham expectativas divergentes, a luta vai continuar e a perspectiva de deflagração de uma guerra é muito provável. O trabalho de

---

[10] Sultan (1974), vol. 1.

Thomas Schelling sobre a teoria de jogos[11] sugere que uma parte importante para alcançar um resultado nesse cenário é a descoberta de um *ponto focal*, ou algum local para onde o processo competitivo possa convergir suas expectativas. A força dos pontos focais reside na necessidade e no desejo dos concorrentes de alcançarem em conjunto um resultado estável para evitar movimentos e contramovimentos difíceis e desestabilizadores. Pontos focais podem assumir a forma de pontos lógicos de preços, regras percentuais de margem sobre os custos na fixação de preços, divisões em números arredondados da parcela de mercado, divisões informais do mercado em alguma base geográfica ou quanto aos clientes, e assim por diante. A teoria dos pontos focais consiste em que os ajustes competitivos acabarão acontecendo nesse ponto, que serve então como um local natural de fixação.

O conceito dos pontos focais levanta três implicações para a rivalidade competitiva. Primeira, as empresas devem buscar a identificação de um ponto focal desejável o mais breve possível. Quanto maior a rapidez com que ele seja alcançado, menores serão os custos da luta em sua procura. Segunda, os preços da indústria ou outras variáveis de decisão podem ser simplificados de modo que possa ser identificado um ponto focal. Isso pode acarretar, por exemplo, o estabelecimento de produtos padronizados ou de padrões de qualidade para substituir uma variedade complexa de itens na linha. Terceira, é de interesse da empresa tentar iniciar o jogo para estabelecer o ponto focal que produza melhores resultados para ela. Isso pode significar a introdução de uma terminologia na indústria que conduza a um ponto focal desejado, como falar em termos de preços por metro quadrado em vez de preços em termos absolutos. Pode também tomar a forma de estruturação da *seqüência* de movimentos estratégicos de modo a fazer com que um ponto focal adequado (do ponto de vista da empresa) pareça emergir naturalmente.

UMA NOTA SOBRE INFORMAÇÃO E SEGREDO

Em parte devido à proliferação da imprensa especializada em negócios e das crescentes exigências de informação para o público, as companhias estão cada vez mais revelando fatos sobre si próprias. Embora parte disso seja exigido em termos legais, muito do que está escrito nos relatórios anuais, declarado em entrevistas ou discursos, ou que aparece por outros meios, não obedece a uma obrigação estatutária. A atitude de revelar informações pode derivar mais do interesse quanto ao

---
[11] Schelling (1960).

mercado de ações, do orgulho dos administradores, da incapacidade de controlar as declarações dos empregados, ou simplesmente por falta de atenção.

Como deve ter ficado claro após a discussão neste capítulo, a informação é crucial tanto para movimentos ofensivos quanto para defensivos. Às vezes o fornecimento seletivo de informação pode servir a propósitos muito úteis, na sinalização ao mercado, na comunicação de compromisso e em coisas semelhantes; mas muitas vezes a informação quanto a planos ou intenções pode tornar muito mais fácil para os concorrentes a formulação de sua estratégia. Por exemplo, se um novo produto iminente é revelado com detalhes, os concorrentes poderão concentrar seus recursos na preparação de uma resposta. Compare essa situação com uma em que a revelação da natureza de um novo produto é muito vaga; os concorrentes são então obrigados a preparar uma coleção de estratégias defensivas, dependendo da forma que o produto venha a ter realmente.

A revelação *seletiva* de informações sobre si mesma é um recurso de extrema importância para a empresa na elaboração de seus movimentos competitivos. A revelação de qualquer informação deve ser feita apenas como uma parte integrante da estratégia competitiva.

6
Estratégia Direcionada para Compradores e Fornecedores

Este capítulo desenvolve algumas das implicações da análise estrutural para a seleção de compradores, ou para a escolha de clientes-alvo ou grupos de clientes. Também explora algumas implicações da análise estrutural para a estratégia de compras. As políticas dirigidas tanto para compradores quanto para fornecedores são vistas em geral de forma muito limitada, concentrando-se principalmente nos problemas operacionais. Entretanto, dispensando atenção maior aos aspectos da estratégia dirigidos aos compradores e fornecedores, a empresa pode melhorar sua posição competitiva e reduzir sua vulnerabilidade ao exercício do poder.

SELEÇÃO DE COMPRADORES

A maior parte das indústrias vende seus produtos ou serviços não apenas a um só comprador mas a uma gama de diferentes compradores. O poder de negociação desse grupo de compradores, visto em termos agregados, é uma das forças competitivas básicas que determinam a rentabilidade potencial de uma indústria. O Capítulo 1 examinou algumas das condições estruturais que tornam o grupo de compradores de uma indústria como um todo mais ou menos poderoso.

É raro, contudo, que o grupo de compradores de uma determinada indústria seja homogêneo do ponto de vista estrutural. Muitas indústrias de bens de produção, por exemplo, vendem os produtos para empresas em uma ampla variedade de negócios que utilizam esses produtos de diversas maneiras. Essas empresas podem divergir amplamente em seus volumes de compras, na importância dos produtos como um insumo para seus processos de produção etc. Compradores de bens de consumo podem também variar bastante na quantidade que compram de um produto, em renda, em nível de educação e em muitas outras dimensões.

Os compradores de uma indústria podem diferenciar-se também em suas necessidades de compras. Compradores diferentes podem requerer níveis diferentes de atendimento, qualidade ou durabilidade desejadas para o produto, necessidade de informações nas apresentações de venda etc. Essas necessidades diferentes de compra são uma das razões pelas quais os compradores têm poder de negociação estrutural diferente.

Os compradores diferenciam-se não apenas em sua posição estrutural como também em seu potencial de crescimento e, portanto, no crescimento provável de seus volumes de compras. A venda de um componente eletrônico para uma empresa como a Digital Equipment na indústria em rápido crescimento de microcomputadores oferece maiores perspectivas de crescimento do que a venda do mesmo componente para um fabricante de televisão em preto-e-branco.

Finalmente, por uma variedade de razões, os custos para o atendimento de compradores individuais são diferentes. Na distribuição de componentes eletrônicos, por exemplo, o atendimento a compradores que fazem pedidos de componentes em quantidades pequenas tem um custo muito maior (em termos de percentagem das vendas) do que o atendimento a compradores de grandes volumes, dado que os custos de atender a um pedido são praticamente fixos com relação à quantidade remetida. Os principais custos são faturamento, processamento e manuseio, que não são muito afetados pelo número de componentes envolvidos.

Como resultado dessa heterogeneidade, a *seleção de compradores* – a escolha de compradores-alvo – torna-se uma variável estratégica importante. De uma maneira geral, a empresa deve vender aos compradores que mais a favoreçam, na medida em que possa escolher. A seleção de compradores pode influenciar fortemente o índice de crescimento da empresa e pode minimizar o poder de alterar o equilíbrio dos compradores. A seleção de compradores com atenção para considerações estruturais é uma variável estratégica especialmente importante em indústrias maduras e naquelas em que as barreiras provocadas pela diferenciação do produto ou por inovações tecnológicas sejam difíceis de serem sustentadas.

Alguns conceitos para a seleção de compradores serão desenvolvidos a seguir. Após identificarmos as características dos compradores favoráveis, ou "bons"; algumas implicações estratégicas da seleção de compradores serão discutidas. Uma dessas implicações básicas é que uma empresa não só pode descobrir bons compradores como pode, também, *criá-los*.

Uma Metodologia para a Seleção de Compradores e sua Estratégia

Existem quatro critérios gerais, extraídos da discussão anterior, que determinam a qualidade dos compradores do ponto de vista estratégico:

- Necessidades de compras comparadas com a capacidade da companhia
- Potencial de crescimento
- Posição estrutural
  - poder de crescimento intrínseco
  - propensão para exercer o poder
  - de negociação ao pedir preços baixos
- Custo do atendimento

As necessidades diferentes de aquisição dos compradores trazem consigo implicações estratégicas se uma empresa tem capacidades diferenciadas de atendimento a essas necessidades em relação a seus concorrentes. A empresa melhorará sua vantagem competitiva, não considerando outros fatores possíveis, se ela dirigir seus esforços para os compradores cujas necessidades particulares ela estiver em melhor posição relativa para atender. O significado do potencial de crescimento dos compradores para a formulação da estratégia dispensa explicação. Quanto maior o potencial de crescimento de um comprador, maior a probabilidade de sua demanda em relação ao produto da empresa crescer ao longo do tempo.

A posição estrutural dos compradores é em geral dividida em duas partes para os propósitos da análise estratégica. O poder de negociação intrínseco é o efeito de alavancagem que os compradores podem exercer potencialmente sobre os vendedores, dada a sua influência e as fontes alternativas de fornecimento disponíveis. Contudo, essa alavancagem *pode ou não* ser exercida, porque os compradores também se diferenciam na propensão quanto a exercer seu poder de negociação para reduzir as margens dos vendedores. Alguns compradores, mesmo comprando em grandes quantidades, não são particularmente sensíveis ao preço. Ou estão dispostos a trocar o preço por outros atributos do produto de modo a preservar as margens dos vendedores. Tanto o poder de negociação intrínseco como a propensão para exercer tal poder são cruciais estrategicamente, porque o poder não exercido é uma ameaça que pode ser posta em prática com a evolução da indústria. Compradores que até um dado momento não demonstraram sensibilidade aos preços podem rapidamente fazê-lo à medida que suas indústrias forem amadurecendo, por exemplo, ou à medida que algum produto substituto começar a pressionar suas próprias margens.

A última característica básica do comprador, do ponto de vista estratégico, é o custo para a empresa do atendimento a determinados compradores. Se esse custo é alto, então compradores que são "bons", com base nos outros critérios, podem perder sua atratividade, porque os custos ultrapassam quaisquer margens mais altas ou riscos menores de atendê-los.

Esses quatro critérios *não* apontam necessariamente na mesma direção. Os compradores com o maior potencial de crescimento podem ser também os mais poderosos e/ou mais cruéis ao exercerem seu poder, embora não de modo obrigatório. Ou os compradores com pequeno poder de negociação e baixa sensibilidade aos preços podem ter um custo tão alto de atendimento que os benefícios de preços mais altos realizados podem ser insuficientes. Finalmente, os compradores que a empresa melhor pode atender podem fracassar em todos os outros testes. Assim sendo, a decisão final quanto aos melhores compradores-alvo é em geral um processo de ponderação desses fatores, avaliados em relação às metas da empresa.

Avaliar onde um determinado comprador enquadra-se nos quatro critérios é uma questão de aplicação dos conceitos da análise estrutural e da concorrência às suas situações. Alguns desses fatores serão discutidos agora.

Necessidades de Compra em Relação às Capacidades de uma Empresa

A necessidade de adequar as necessidades de compra de determinados compradores às capacidades relativas da empresa dispensa explicação. Tal comparação permitirá à empresa alcançar o mais alto nível de diferenciação do produto *vis-à-vis* seus compradores em comparação aos concorrentes. Ela também deve minimizar o custo de atendimento desses compradores em relação a seus concorrentes. Por exemplo, se a empresa dispõe de grande habilidade na engenharia e no desenvolvimento de produtos, ela alcançará a maior vantagem relativa no atendimento a compradores que consideram muito importante a diversidade de modelos. Ou se a empresa goza de um sistema logístico eficiente em comparação a seus concorrentes, essa vantagem será maximizada pelo atendimento aos compradores para os quais o custo é crucial ou para os quais o plano logístico para alcançá-los seja extremamente complexo.

O diagnóstico das necessidades de compra de determinados compradores é uma questão de identificar todos os fatores que entram na decisão de compra de cada comprador e os fatores envolvidos na execução da transação de compra (embarque, entrega, processamento de pedido). Esses podem ser ordenados para compradores individuais ou grupos de compradores dentro do total da população de compradores. A identificação das capacidades relativas da própria empresa pode basear-se nas técnicas da análise da concorrência apresentadas no Capítulo 3.

Potencial de Crescimento dos Compradores

O potencial de crescimento de um comprador em uma atividade industrial é determinado por três condições rígidas:

- o índice de crescimento de sua indústria;
- o índice de crescimento de seu principal segmento de mercado;
- sua mudança em parcela de mercado na indústria e nos segmentos mais importantes.

O índice de crescimento da indústria do comprador dependerá de diversos fatores, como a posição da indústria em relação a produtos substitutos, o crescimento do grupo de compradores para o qual ela vende etc. Os fatores gerais que determinam o crescimento a longo prazo da indústria são descritos no Capítulo 8.

Alguns segmentos de mercado dentro de uma indústria crescerão em geral mais rapidamente do que outros. Assim sendo, o potencial de crescimento do comprador também depende em parte dos principais segmentos que ele atende ou quais ele poderia estar atendendo e poderá vir a atender. A avaliação do potencial de crescimento de segmentos particulares exige basicamente a mesma análise da avaliação do potencial de crescimento da indústria, apenas em um nível mais baixo de agregação.

A parcela de mercado de um comprador em sua indústria e em determinados segmentos de mercado é o terceiro elemento na análise do crescimento. Tanto a parcela atual do comprador como a possibilidade de que ela venha a aumentar ou diminuir é função da situação competitiva desse comprador. A avaliação dessa situação requer uma análise da concorrência assim como um diagnóstico da estrutura atual e futura da indústria, conforme descrito em outros capítulos.

Todos esses três elementos em conjunto determinam o potencial de crescimento do comprador. Se um determinado comprador tem, por exemplo, uma forte posição para aumentar sua parcela, ele pode oferecer possibilidades para crescimento substancial mesmo em uma indústria madura ou em declínio.

O potencial de crescimento de um comprador doméstico é determinado por um conjunto análogo de fatores:

- demografia;
- volume de compras.

O primeiro fator, demografia, determina o tamanho futuro de um determinado segmento de consumidores. Por exemplo, o número de consumidores com bom nível educacional e com mais de 25 anos crescerá rapidamente. Qualquer extrato de renda, educação, estado civil, idade e assim por diante, pode ser analisado de modo análogo utilizando técnicas demográficas.

O volume do produto ou do serviço que o segmento particular de consumidores comprará é o outro determinante básico de suas perspectivas de crescimento. Isso será determinado por fatores como a existência de substitutos, tendências sociais que alteram necessidades básicas etc. Como no caso da demanda por bens industriais, os fatores básicos que determinam a demanda a longo prazo de bens de consumo serão discutidos no Capítulo 8.

Poder de Negociação Intrínseco dos Compradores

Os fatores que determinam o poder de negociação intrínseco de determinados compradores ou segmentos de compradores são similares aos descritos no Capítulo 1, que determinam o poder do grupo comprador de uma indústria como um todo, embora precisem ser um pouco ampliados. Apresentamos aqui os critérios de identificação de compradores que *não* dispõem de muito poder de negociação intrínseco, em comparação a outros, porque esses serão bons compradores para os propósitos da seleção de compradores:

Eles compram pequenas quantidades em relação ao total de vendas dos vendedores. Compradores de volumes pequenos terão menor poder para demandar concessões de preço, absorção do custo de fretes e outras considerações especiais. O volume de compras de um determinado comprador será mais significativo quanto a seu poder de negociação se o vendedor tiver custos fixos altos.

Eles não dispõem de fontes alternativas adequadas. Se as necessidades dos compradores em questão são tais que existam poucos produtos alternativos que as satisfaçam de modo adequado, seu poder de negociação é limitado. Por exemplo, se o comprador necessita de um componente com uma precisão extraordinariamente alta devido ao projeto do produto final, talvez existam poucos vendedores que possam fornecê-lo. Um bom comprador, usando esse critério, é aquele que tem necessidade de características do produto ou do serviço de um determinado vendedor que são únicas. Fontes alternativas adequadas podem também ser limitadas pela necessidade de testes extensos ou experimentação em campo para assegurar que o vendedor está satisfazendo as especificações, como é comum em equipamento de telecomunicações.

Eles enfrentam altos custos de compra, transação ou negociação. Compradores que enfrentam dificuldades particulares em assegurar opções de compra, em negociar, ou em conduzir as transações, em geral têm poder intrínseco menor. O custo para eles de encontrar uma nova marca ou um novo fornecedor é grande, e são forçados a se fixarem nos existentes. Por exemplo, compradores localizados em áreas geográficas isoladas podem ter esse tipo de dificuldade.

Eles não constituem uma ameaça real de integração para trás. Compradores que estão em situação insatisfatória para efetuar uma integração para trás perdem um importante apoio para a negociação. Os compradores de um produto geralmente são muito diferenciados quanto a essa capacidade. Por exemplo, dentre os numerosos compradores de ácido sulfúrico, apenas os grandes usuários, que são os fabricantes de fertilizantes ou companhias de petróleo, estão realmente nessa posição. Os outros compradores de ácido sulfúrico têm menor poder de negociação. Os fatores que determinam a viabilidade da integração para trás por um determinado comprador são descritos no Capítulo 14.

Eles enfrentam custos fixos altos para mudar de fornecedores. Alguns compradores enfrentarão custos de mudança particularmente altos devido às suas situações. Por exemplo, eles podem ter ligado as especificações de seu produto às de um determinado fornecedor ou efetuado pesados investimentos para aprender como usar o equipamento de um determinado fornecedor.

As principais fontes de custos de mudança são as seguintes:

- custo de modificação de produtos para a adaptação ao produto de um novo fornecedor;
- custo de teste do produto de um novo fornecedor para assegurar a viabilidade da substituição;

- investimentos para reciclagem de empregados;
- investimentos requeridos em novos equipamentos auxiliares necessários para a utilização dos produtos de um novo fornecedor (ferramentas, equipamentos de teste etc.);
- custo do estabelecimento de novos arranjos logísticos;
- custos psicológicos de desfazer um relacionamento.

Cada um desses custos pode ser maior para alguns compradores do que para outros.

Custos de mudança podem afetar também o vendedor, que pode ter de arcar com custos fixos devido à mudança de compradores. Custos de mudança enfrentados pelos vendedores fornecem poder de negociação aos compradores.

Sensibilidade dos Compradores ao Preço

Compradores individuais podem também se diferenciar em sua propensão a exercer o poder de negociação de que dispõem ao forçar para baixo as margens do vendedor. Compradores que sejam totalmente insensíveis ao preço, ou que prefiram trocar o preço por características de desempenho do produto, são em geral bons compradores. Uma vez mais, as condições determinantes da sensibilidade ao preço de compradores individuais são similares às que determinam a sensibilidade de todo o grupo de compradores, apresentadas no Capítulo 1, com algumas considerações complementares.

Compradores que *não* são sensíveis ao preço tendem a cair em uma ou mais das seguintes características:

O custo do produto é uma parcela pequena do custo do produto do comprador e/ou de seu orçamento de compra. Se o produto é um item de custo relativamente baixo, os benefícios percebidos em barganhar pelo preço tendem a ser baixos. Nota-se que o custo relevante é o custo total do produto por período e não o custo unitário. Os custos unitários podem ser baixos, mas o número de unidades adquiridas pode tornar o item muito importante. Os esforços do consumidor ou do agente de compras, qualquer que seja o caso, tenderão a concentrar-se nos itens de custos mais altos. Para compradores industriais, isso com freqüência significa que agentes especialistas em compras, na categoria "sênior", e executivos da companhia compram itens de alto custo, e agentes juniores de compras em geral lidam com todos os itens de baixo custo como um grupo. Para compradores de bens de consumo, um item de baixo custo não justifica os altos custos de sair pesquisando e comparando produtos. Conseqüentemente, a conveniência pode ser um motivo importante na compra e esta será baseada em critérios menos "objetivos".

A penalidade pela falha do produto é alta em relação a seu custo. Se um produto, que falha ou não satisfaz as expectativas, faz com que o comprador tenha de arcar com um prejuízo substancial, então o comprador tenderá a não ser sensível ao preço. O comprador estará muito mais interessado na qualidade, preferindo pagar alguma coisa a mais por ela, e tenderá a fixar-se em produtos já testados. Um bom exemplo dessa característica do produto é encontrado na indústria de produtos elétricos. Controles elétricos vendidos a compradores para uso em máquinas de produção podem encontrar menor sensibilidade ao preço do que os controles vendidos para compradores que os utilizam em aplicações mais corriqueiras. A falha dos controles em um equipamento de produção caro pode deixá-lo ocioso assim como muitos operários, se não toda uma linha de produção. Produtos vendidos a compradores que irão utilizá-los em sistemas inter-relacionados podem implicar também altos custos de falha, porque a falha do produto pode fazer com que todo o sistema falhe.

A eficácia do produto (ou serviço) pode trazer grande economia ou melhorar o desempenho. Invertendo a situação anterior, se o produto ou o serviço pode poupar ao comprador tempo e dinheiro ou se seu desempenho é bom ou pode melhorar o desempenho do produto do comprador, este tenderá a ser insensível ao preço. Por exemplo, os serviços de um banco de investimento ou de um consultor podem produzir economias substanciais por meio de uma avaliação acurada das emissões de ações, apreciação dos candidatos à aquisição ou desenvolvimento de métodos para resolver problemas da companhia. Compradores com decisões de preço particularmente difíceis, ou com grandes interesses na resolução de problemas, estarão inclinados a pagar um prêmio pelo melhor conselho. Outro exemplo é fornecido na pesquisa de campos de petróleo. Companhias como a Schlumberger utilizam sofisticadas técnicas eletrônicas para detectar a presença provável de óleo em formações rochosas. Interpretações acuradas podem levar a economias substanciais nos custos de perfuração e as companhias perfuradoras pagam com satisfação altas taxas por esses serviços, particularmente as companhias que estão lidando com poços cuja exploração é muito difícil ou muito cara em virtude da grande profundidade ou da localização *off-shore*. Relacionadas a economias como essa, existem economias para o comprador pela entrega em tempo adequado, pelo atendimento rápido no caso de falhas, e muitas outras. Exemplos de produtos que podem dar ao comprador um melhor desempenho incluem remédios vendidos sob prescrição médica e equipamento eletrônico.

O comprador compete com uma estratégia de alta qualidade para a qual percebe que o produto adquirido contribui. Os compradores que estão competindo com uma estratégia de alta qualidade são com freqüência altamente sensíveis quanto aos insumos que adquirem. Se eles percebem que o insumo melhora o desempenho de seu produto ou se a marca do insumo lhes transfere prestígio que reforçará sua estratégia de alta qualidade, eles tenderão a ser insensíveis aos preços desses insumos. Por esses motivos, fabricantes de máquinas caras com freqüência pagarão um prêmio por motores ou geradores elétricos fabricados pelo fornecedor com maior prestígio.

O comprador quer um produto diferenciado ou feito sob encomenda. Se o comprador deseja um produto especialmente projetado para ele, então esse desejo freqüentemente vem (embora nem sempre) acompanhado da disposição em pagar um preço-prêmio por ele. Essa situação pode prender o comprador a um determinado fornecedor ou fornecedores, e ele pode estar disposto a pagar um prêmio para manter esses fornecedores satisfeitos. Tais compradores podem acreditar também que esse esforço extraordinário merece uma compensação. Um bom exemplo de uma companhia que cresceu com uma estratégia como esta é a Illinois Tool Works, que elabora ferramentaria adaptada às necessidades de seus clientes. Essa política levou a altas margens e a uma grande lealdade dos clientes.

Entretanto, um comprador com alto poder de negociação intrínseco pode exigir produtos sob medida ou com características únicas, mas pode não estar disposto a fazer pagamentos extraordinários por eles. O atendimento desses compradores coloca o vendedor na pior das situações, porque ele eleva os custos sem elevar as margens.

O comprador tem grande rentabilidade e/ou pode repassar prontamente os custos dos insumos. Compradores com alta rentabilidade tendem a ser menos sensíveis ao preço do que aqueles em condições financeiras marginais, a menos que o produto adquirido seja um item de custo importante. Parte dessa atitude pode basear-se no fato de que os compradores com alta rentabilidade pertencem a uma das categorias listadas anteriormente, e parte pode ser atribuída a uma maior propensão a assegurar ao vendedor um retorno justo. Embora possa ser argumentado que compradores com alta rentabilidade estão nessa situação porque são bons negociadores, na prática parece que as prioridades desses compradores estão colocadas menos na negociação agressiva pelo preço e mais em outras áreas.

O comprador está mal informado sobre o produto e/ou não efetua compras com especificações bem definidas. Compradores que estão mal informados quanto ao custo de um insumo, às condições de demanda, ou aos critérios pelos quais as diversas marcas devem ser avaliadas, tendem a ser menos sensíveis ao preço do que compradores muito bem informados. Se, por outro lado, os compradores estão muito bem informados quanto à situação da demanda e aos custos dos fornecedores, eles podem ser ávidos negociadores de preços. Esse é o caso com muitos dos grandes compradores de produtos de primeira necessidade. No entanto, compradores mal informados tendem a ser influenciados por fatores subjetivos e a ter menos consciência da redução nas margens dos fornecedores. Entretanto, o comprador pode não ser tão mal informado a ponto de não reconhecer que os produtos concorrentes são diferentes.

A motivação de quem realmente toma a decisão não é definida de modo tão limitado como os custos dos insumos. A sensibilidade do comprador ao preço depende, em parte, da motivação do verdadeiro comprador ou do agente de decisão na organização do comprador, o que pode variar muito de comprador para comprador. Por exemplo, agentes de compras são normalmente recompensados por economias nos custos, o que lhes dá uma orientação restrita ao preço, enquanto gerentes de fábrica podem ter uma visão a longo prazo baseada na produtividade da fábrica.[1] Dependendo do porte da companhia e de muitos outros fatores, um agente de compras, um gerente de fábrica, ou mesmo um executivo sênior podem ser quem efetivamente toma as decisões. Em bens de consumo, membros diferentes da família podem tomar decisões quanto a produtos diferentes. Consumidores diferentes podem ter sistemas de motivação diferentes. Quanto mais a definição da motivação de quem toma a decisão não esteja restrita à minimização do custo dos insumos, menos sensível ao preço será o comprador.

Os fatores que promovem a insensibilidade ao preço podem funcionar em conjunto. Por exemplo, a maior parte dos compradores de Letraset, um processo rápido de transferência de letras e desenhos, é composta de arquitetos e artistas co-

---

[1] Para uma discussão desse ponto, ver Corey (1976).

merciais. Para eles, o custo das letras é pequeno em comparação ao custo de seu tempo, e letras atraentes refletem-se fortemente na impressão global deixada pelo trabalho que fazem. Arquitetos e artistas estão mais interessados na disponibilidade imediata de uma grande variedade de estilos diferentes de letras. Conseqüentemente, os compradores de Letraset tendem a ser extremamente insensíveis ao preço e permitiram que a Letraset obtivesse altas margens.

Os fatores discutidos anteriormente também significam que os *grandes compradores não são necessariamente os mais sensíveis ao preço*. Por exemplo, grandes compradores de máquinas de construção usam seu equipamento intensamente, e em geral compram uma vasta linha de máquinas, preferindo lidar com um só fornecedor. Um único fornecedor permite-lhes tirar vantagem da permutabilidade das peças e interagir com uma só organização de serviços. Eles estão dispostos a pagar um prêmio por uma linha de máquinas em que possam confiar, de modo que elas possam ser intensamente utilizadas, e por produtos cujos custos de serviço sejam baixos. Pequenos contratantes, por outro lado, compram apenas poucos tipos de equipamento de construção e em geral os utilizam menos intensamente; são muito mais sensíveis ao preço de compra já que o custo do equipamento é um item de custo importante para eles.

Custo do Atendimento aos Compradores

Os custos de atendimento a diferentes compradores de um produto podem variar acentuadamente, em geral por uma das seguintes razões:

- volume do pedido;
- venda direta comparada com a venda feita por distribuidores;
- tempo de espera necessário;
- estabilidade do fluxo de pedidos para fins logísticos e de planejamento;
- custo de expedição;
- custo da venda;
- necessidade de adaptação ao cliente ou modificação.

Muitos dos custos de atendimento aos compradores podem não ser aparentes, e alguns são bastante sutis. Eles podem ser obscurecidos pela alocação dos gastos gerais. Em geral, para verificar o custo de atendimento a diferentes tipos de compradores, uma empresa precisa fazer um estudo especial, porque dados com detalhe suficiente raramente fazem parte dos documentos normais de operação.

Estratégia e Seleção de Compradores

A noção de que os compradores diferem nas quatro dimensões discutidas implica que a escolha de compradores pode ser uma variável estratégica crítica. Nem todas as empresas podem dar-se ao luxo de selecionar seus compradores, e nem todas as indústrias têm compradores que sejam significativamente diferentes nessas dimensões. Em muitos casos, contudo, a opção da seleção de compradores está presente.

O princípio estratégico básico na seleção de compradores é *procurar e tentar vender aos compradores mais favoráveis* disponíveis com base nos critérios anteriormente delineados. Como já vimos, os quatro critérios podem ter implicações conflitantes quanto à atratividade de um determinado comprador. O comprador com o maior potencial de crescimento pode ser também o mais poderoso e o mais sensível ao preço, por exemplo. Assim sendo, a escolha do melhor comprador deve equilibrar todos os quatro critérios em relação às capacidades da empresa comparadas às de seus concorrentes.

Empresas diferentes estarão em posições diferentes para selecionar compradores. Uma empresa com alta diferenciação de produto pode, por exemplo, ser capaz de vender para bons compradores que não estão disponíveis para muitos de seus concorrentes. O poder intrínseco dos compradores pode também variar para empresas diferentes. Uma empresa muito grande ou uma com uma variedade única do produto pode ser menos afetada pelo porte do comprador do que uma empresa menor, para citar apenas uma possibilidade. Finalmente, as empresas têm capacidades diferentes quanto ao atendimento de necessidades particulares dos compradores. Assim sendo, *dependerá da posição da empresa em questão escolher* os *compradores mais favoráveis* em alguns aspectos.

Existem algumas outras implicações estratégicas da seleção de compradores:

A empresa com uma posição de baixo custo pode vender a compradores poderosos, sensíveis ao preço, e ainda assim ser bem-sucedida. Se uma empresa é uma produtora com custo baixo, não importa quão poderoso ou sensível ao preço seja o comprador, ela será capaz de obter margens acima da média para sua indústria, porque o vendedor pode igualar os seus preços aos de seus concorrentes e ainda obter melhores retornos do que eles. Mas há um elemento vago nessa afirmação em alguns negócios. O vendedor pode ter de vender algumas vezes a compradores "inferiores" se quiser alcançar uma vantagem de custo, pois ele precisa do volume.

A empresa sem vantagem de custo ou diferenciação precisa ser seletiva quanto a seus compradores se ela desejar um retorno acima da média. Sem uma vantagem de custo, a empresa precisa concentrar seus esforços em compradores que sejam menos sensíveis ao preço se ela quiser superar a média da indústria. Esse requisito pode significar que uma empresa precise deliberadamente desistir do volume de vendas para sustentar esse tipo de enfoque. Sem uma vantagem de custo, a formação de volume por si só é autodestrutiva, pois expõe a empresa a compradores cada vez mais desfavoráveis. Esse princípio reforça a noção das estratégias genéricas descritas no Capítulo 2. Se a empresa não pode alcançar a liderança de custo, ela precisa ter cuidado para não ficar presa a uma situação de meio-termo vendendo a compradores poderosos.

Bons compradores podem ser criados (ou a qualidade dos compradores melhorada) pela estratégia. Algumas das características dos compradores que os tornam favoráveis podem ser influenciadas pela empresa. Por exemplo, uma estratégia importante é *criar custos de mudança* – persuadindo o cliente a adotar as características do produto da empresa em seu próprio produto, desenvolvendo produtos feitos sob encomenda, pela assistência no treinamento do pessoal do cliente quanto ao uso do produto da empresa, e assim por diante. Além disso, uma venda inteligente pode *mudar a decisão* sobre o produto de uma pessoa que seja sensível ao preço para outra que seja menos sensível. O produto ou o serviço pode ser melhorado para proporcionar economia potencial a determinados tipos de compradores; e muitas outras ações podem ser tomadas para melhorar a qualidade do comprador do ponto de vista da empresa, influenciando as características dos bons compradores previamente identificados.

Essa análise sugere que uma maneira de encarar a formulação da estratégia é criar compradores favoráveis. É obviamente melhor, em termos de estratégia, criar bons compradores que fiquem presos àquela empresa particular do que criar bons compradores que assim o serão para qualquer concorrente.

A base da escolha dos compradores pode ser ampliada. Um método tão importante para a criação de bons compradores que merece uma discussão à parte é a ampliação da base de escolha dos compradores. Em termos ideais, a base pode ser deslocada do preço de compra e em direções nas quais a empresa tenha capacidades específicas ou em que possam ser criados custos de mudança.

Existem duas maneiras fundamentais de ampliar a escolha dos compradores. A primeira é *aumentar o valor agregado* que a empresa proporciona ao comprador,[2] o que envolve táticas como:

---

[2] Theodore Levitt poderia chamar isso de vender ao comprador um produto "ampliado"; ver Levitt (1969).

- fornecer serviço responsivo ao cliente;
- fornecer assistência técnica;
- fornecer crédito ou pronta entrega;
- criar novas características do produto.

A noção aqui é simples. O aumento do valor agregado amplia os atributos nos quais a escolha potencialmente se baseia. Ele pode permitir a transformação de um produto que não passa de uma mercadoria comum em um que pode ser diferenciado.

Uma maneira distinta, mas relacionada, de ampliar a base de escolha dos compradores é redefinir o modo de *pensar* do comprador sobre a função do produto, mesmo que o produto ou o serviço oferecido não sofra alteração. Nesse caso, o comprador recebe uma demonstração de que o custo ou o valor do produto para ele não é apenas o preço inicial de compra mas envolve fatores adicionais como:[3]

- valor de revenda;
- custo de manutenção e tempo parado ao longo da vida do produto;
- custo de combustível;
- capacidade de geração de receita;
- custo de instalação.

Se o comprador pode ser convencido de que fatores como esses entram no custo ou valor total real do produto, a empresa tem, então, uma oportunidade potencial de demonstrar que seu produto tem um desempenho superior nessas dimensões, justificando, assim, um preço maior e a lealdade do comprador. Naturalmente, a empresa precisa cumprir suas promessas de superioridade e essas promessas precisam ser, até certo ponto, diferentes das dos seus concorrentes ou as possíveis margens mais altas serão rapidamente dissipadas. O alargamento da base da escolha dos compradores exige uma combinação de marketing efetivo e desenvolvimento do produto que sustente a história de forma convincente. A General Electric vem praticando essa estratégia com bastante sucesso há décadas na indústria de grandes tubos geradores.

Compradores de alto custo podem ser eliminados. Uma estratégia comumente usada para aumentar o retorno sobre o investimento é eliminar os compradores de alto custo da lista básica de clientes. Essa tática normalmente pode ser bastante eficaz,

---

[3] Esse conceito foi cuidadosamente desenvolvido por McKinsey and Company na noção de "valor econômico para o cliente". Ver Forbus e Mehta (1979).

pois existe uma tendência geral no sentido de uma proliferação dos clientes marginais, particularmente na fase de crescimento do desenvolvimento de uma indústria. A eliminação dos compradores de alto custo é também muitas vezes proveitosa porque os custos do atendimento a compradores individuais raramente são estudados. Contudo, é muito importante reconhecer que existem outros aspectos quanto ao desejo dos compradores, além dos custos de atendimento. Compradores de alto custo podem ser, por exemplo, altamente insensíveis ao preço e acessíveis a aumentos de preço que ultrapassem o custo de seu atendimento, uma vez que o valor real desse custo tenha sido estabelecido. Os compradores de alto custo podem oferecer contribuições substanciais para o crescimento de uma empresa que podem ser essenciais para a obtenção de economias de escala ou necessárias para outros propósitos estratégicos. Assim, uma decisão de eliminar clientes de alto custo deve envolver um estudo de todos os quatro elementos da atratividade do comprador.

A qualidade dos compradores pode mudar com o tempo. Muitos dos fatores que determinam a qualidade de um comprador podem mudar. À medida que uma indústria vai amadurecendo, por exemplo, os compradores tendem a se tornar mais sensíveis ao preço em muitos negócios, pois suas próprias margens estão reduzidas e eles tornam-se compradores mais experientes. Do ponto de vista estratégico, então, é importante não basear uma estratégia na venda a compradores cuja qualidade se deteriorará. Inversamente, o reconhecimento precoce de um grupo comprador passível de tornar-se particularmente favorável representa uma oportunidade estratégica muito importante. Descobrir esses compradores logo de início pode ser fácil se eles tiverem custos de mudança baixos e se poucos concorrentes estiverem interessados neles. Uma vez aberta a porta, os custos de mudança podem ser elevados pela estratégia.

Os custos de mudança devem ser considerados ao serem feitos movimentos estratégicos. Em vista da importância dos custos de mudança, o impacto de todos os movimentos estratégicos sobre eles deve ser considerado. Por exemplo, a presença de custos de mudança implica que muitas vezes sai muito mais barato para um cliente aperfeiçoar ou ampliar um produto já adquirido do que trocá-lo por outro de outra marca. Essa consideração pode permitir que a empresa com unidades já em funcionamento obtenha margens muito altas com o aperfeiçoamento, desde que seu preço seja fixado adequadamente em relação ao custo das novas unidades dos concorrentes.

ESTRATÉGIA DE COMPRA

A análise do poder dos fornecedores no Capítulo 1 conjugada com a aplicação inversa dos princípios da seleção de compradores pode ajudar uma empresa na formulação de sua estratégia de compra. Embora existam muitos aspectos na estratégia, nos procedimentos e na organização de compras que vão além do escopo deste livro, alguns pontos podem ser examinados proveitosamente utilizando-se a metodologia da estrutura da indústria. Os pontos principais na estratégia de compra do ponto de vista estrutural são os seguintes:

- estabilidade e competitividade do grupo de fornecedores;
- estágio ótimo de integração vertical;
- alocação de compras entre fornecedores qualificados;
- criação de alavancagem máxima com fornecedores escolhidos.

O primeiro ponto é a estabilidade e a competitividade dos fornecedores. Do ponto de vista estratégico, é aconselhável comprar de fornecedores que irão manter ou melhorar sua posição competitiva em termos de produtos e serviços. Esse fator assegura que a empresa comprará insumos de qualidade/custo adequados ou superiores de modo a assegurar sua própria competitividade. De modo similar, a escolha de fornecedores que continuarão em condições de atender às necessidades da empresa minimizará os custos com a troca de fornecedores. A análise estrutural e da concorrência, discutida em todo este livro, pode ser usada para identificar o modo como os fornecedores de uma empresa se comportarão ao longo dessas dimensões.

O segundo ponto, integração vertical, será adiado até o Capítulo 14, que examina as considerações estratégicas nas decisões de integração vertical. Suponho aqui que a empresa já tenha decidido quais itens adquirir externamente, e a questão seja *como adquiri-los* de modo a criar a melhor posição estrutural de negociação.

Ao alocar as compras entre fornecedores e ao criar poder de negociação, os pontos três e quatro, podemos voltar-nos para a análise estrutural. No Capítulo 1, as seguintes condições foram identificadas como levando a fornecedores poderosos de um determinado insumo:

- concentração de fornecedores;
- não dependência do cliente para uma fração substancial das vendas;
- custo de mudança enfrentado pelo cliente;
- um produto diferenciado ou único (poucas fontes alternativas);
- ameaça de integração para a frente.

A análise da seleção de compradores no início deste capítulo acrescentou algumas outras condições sobre as quais o fornecedor manterá poder em relação ao comprador:

- o comprador não representa uma ameaça real de integração para trás;
- o comprador enfrenta altos custos de informação, compra ou negociação.

Em compras, então, a meta é encontrar mecanismos para compensar ou superar essas fontes de poder dos fornecedores. Em alguns casos esse poder é inerente à economia da indústria e está fora do controle da empresa. Em muitos casos, porém, ele pode ser amenizado pela estratégia.

Compras Dispersas. As compras de um item podem ser dispersadas entre fornecedores alternados de modo a melhorar a posição de negociação da empresa. O montante comprado de cada fornecedor individual tem de ser suficiente para fazer com que o fornecedor se preocupe com a sua perda – uma dispersão em excesso das compras não aproveita a posição de negociação estrutural. Contudo, comprar tudo de um só fornecedor pode dar a ele uma oportunidade muito grande de exercer poder ou de implantar custos de mudança. Isso pode ser reduzido pela habilidade do comprador em negociar descontos em virtude do volume comprado, o que em parte é uma função do poder de negociação e, em parte, é função das condições econômicas do fornecedor. Balanceando esses fatores, o comprador deve procurar criar a maior dependência possível do fornecedor em relação ao seu negócio e obter o máximo de desconto sem se expor a um risco muito grande de não conseguir fugir aos custos de mudança.

Evitar Custos de Mudança. Uma boa estratégia de compras, do ponto de vista estrutural, envolve evitar os custos de mudança. As fontes comuns de custos de mudança já foram identificadas e também existem outras áreas mais sutis. Evitar os custos de mudança significa resistir à tentação de tornar-se demasiado dependente da assistência técnica de um fornecedor; assegurar que os empregados não sejam cooptados; evitar os esforços dos fornecedores no sentido de criar uma variedade personalizada ou uma aplicação técnica específica sem uma clara justificativa do custo que compense o possível exercício futuro de alavancagem etc. Essa política pode implicar uma exigência deliberada de que o produto de um outro fornecedor seja usado algumas vezes, a não aprovação de investimentos em equipamento auxiliar que crie vínculos com um determinado fornecedor e a resistência a produtos de fornecedores que envolvam procedimentos especializados de treinamento para empregados, entre outras coisas.

Promover Fontes Alternativas Qualificadas. Pode ser necessário estimular fontes alternativas a entrarem no negócio, financiando contratos de desenvolvimento e contratos para uma pequena parte das compras. Alguns compradores ajudaram de fato a capitalizar novas fontes ou foram ao exterior para persuadir empresas estrangeiras a entrarem no negócio. Pode ser também aconselhável ajudar novos fornecedores a minimizarem seus custos para que se tornem novas fontes qualificadas. Os mecanismos variam da atenção total do pessoal de compras à busca de novos fornecedores ao subsídio do custo de testar os produtos de novos fornecedores.

Promover Padronização. Todas as empresas em uma indústria podem ser bem atendidas promovendo a padronização de especificações nas indústrias das quais adquirem seus insumos. Essa política ajuda a reduzir a diferenciação entre os produtos dos fornecedores e impede a implantação de custos de mudança.

Criar uma Ameaça de Integração para Trás. Quer o comprador deseje ou não realmente integrar-se para trás em um item, sua posição de negociação é ajudada pela presença de uma ameaça real. Essa ameaça pode ser criada com declarações, vazamentos de estudos internos quanto à viabilidade da integração, criação de planos de contingência para integração com firmas de consultoria ou de engenharia etc.

Uso de Integração Parcial. Quando o volume de compras assim o permite, é possível obter um grande poder de negociação com a integração parcial, ou integração gradual em um item particular, embora comprando parte ou quase a sua totalidade de fornecedores externos. Esse processo foi brevemente discutido no Capítulo 1 e será examinado posteriormente no Capítulo 14.

O objetivo de todos esses métodos é obviamente reduzir o total dos custos de compras a longo prazo. Deve ser reconhecido que a utilização de alguns deles pode realmente levantar *alguns* aspectos dos custos de compras julgados sob uma definição limitada. Por exemplo, a manutenção de fontes alternativas ou a luta contra os custos de mudança podem acarretar despesas que poderiam ser evitadas a curto prazo. Contudo, o propósito final dessas despesas será melhorar a posição de negociação da empresa e, portanto, os custos de seus insumos a longo prazo.

Surgem alguns pontos. Primeiro, é importante evitar a situação na qual uma orientação muito limitada para uma redução de custo a curto prazo venha a solapar estratégias de compra potencialmente valiosas como as delineadas anteriormente. Segundo, quaisquer custos adicionais criados por uma dessas estratégias de compra devem ser avaliados em relação a seus benefícios a longo prazo na amenização do poder de negociação dos fornecedores. Finalmente, visto que o custo de comprar em fornecedores diferentes pode variar, a empresa deve comprar de fornecedores com baixos custos a menos que existam benefícios compensadores em termos do poder de negociação a longo prazo.

7
Análise Estrutural Dentro das Indústrias

A análise estrutural de uma indústria, no Capítulo 1, está baseada na identificação das fontes e do poder das cinco forças competitivas gerais que determinam a natureza da competição na indústria e no seu potencial de lucro básico. O foco da análise até aqui esteve na indústria como um todo e, nesse nível, a análise levanta diversas implicações para a estratégia competitiva. Algumas delas foram descritas em capítulos anteriores. É claro, porém, que a análise estrutural da indústria pode ser usada em maior profundidade do que a indústria como um todo. Em muitas, se não na maioria das indústrias, existem empresas que adotaram estratégias competitivas muito diferentes, ao longo de dimensões como a amplitude da linha de produtos, o grau de integração vertical e assim por diante, tendo atingido níveis diferentes de parcela de mercado. Além disso, algumas empresas continuamente superam outras em termos de taxa de retorno sobre o capital investido. O retorno da IBM tem constantemente excedido o de outros fabricantes de computadores.[1] Por exemplo, a General Motors tem superado persistentemente a Ford, a Chrysler e a AMC. Em outras indústrias, empresas menores como a Crown Cork and Seal e a National Can na indústria de latas e a Estee Lauder em cosméticos superaram as maiores.

As cinco forças competitivas gerais fornecem um contexto no qual todas as empresas em uma indústria competem. Mas precisamos explicar por que algumas

---

[1] A taxa média de retorno sobre o capital próprio da IBM de 1970 a 1975 foi de 19,4%, apesar de um grande montante de caixa não utilizado, o que pode ser comparado aos 13,7% da Burroughs, 9,3% da Honeywell, e 4,7% da Control Data. Ver o exemplar de janeiro da *Forbes*, que anualmente apresenta essa e outras comparações de rentabilidade.

empresas são persistentemente mais lucrativas do que outras e como isso está relacionado às suas posturas estratégicas. Precisamos também entender como as diferentes capacidades das empresas em marketing, redução de custo, administração, organização etc. estão relacionadas às suas posturas estratégicas e ao seu desempenho final.

Este capítulo amplia os conceitos da análise estrutural para explicar diferenças no desempenho de empresas na mesma indústria, fornecendo, ao mesmo tempo, uma metodologia para guiar a escolha da estratégia competitiva. Também desenvolve e amplia a noção de estratégias genéricas descritas no Capítulo 2. A análise estrutural *dentro* das indústrias, bem como aplicada às indústrias como um todo, comprovará ser um instrumento analítico útil na formulação da estratégia.

DIMENSÕES DA ESTRATÉGIA COMPETITIVA

As estratégias das companhias para competir em uma indústria podem ser diferenciadas de diversas maneiras. Entretanto, as seguintes dimensões estratégicas em geral captam as diferenças possíveis entre as opções estratégicas de uma companhia em uma dada indústria:

- *especialização*: o grau em que ela concentra seus esforços em termos da amplitude de sua linha, os segmentos de clientes-alvo e os mercados geográficos atendidos;
- *identificação de marcas*: o grau em que ela busca a identificação de marca evitando a competição baseada basicamente em preços ou em outras variáveis. A identificação de marca pode ser alcançada por publicidade, força de vendas, ou por diversos outros meios;
- *política de canal*: o grau em que ela busca desenvolver a identificação de marca diretamente com o consumidor final *versus* o apoio aos canais de distribuição na venda de seu produto;
- *seleção do canal*: a escolha dos canais de distribuição variando de canais pertencentes à companhia a pontos-de-venda que são especializados em um dado produto até canais que distribuem amplas linhas de produtos;
- *qualidade do produto*: seu nível de qualidade do produto, em termos de matérias-primas, especificações, observância das tolerâncias, características etc.;
- *liderança tecnológica*: o grau em que ela procura a liderança tecnológica *versus* um comportamento imitativo. É importante notar que uma empresa pode ser líder em tecnologia mas deliberadamente não fabricar o produto

da mais alta qualidade do mercado; qualidade e liderança tecnológica não andam necessariamente juntas;
- *integração vertical*: o montante do valor agregado conforme refletido no nível de integração para a frente e para trás adotado, incluindo o fato de a empresa ter canal de distribuição cativo, lojas de varejo exclusivas ou de sua propriedade, uma rede própria de assistência técnica e assim por diante;
- *posição de custo*: o grau em que ela busca a posição de mais baixo custo na fabricação e na distribuição por meio de investimento em instalações ou equipamentos para minimizar o custo;
- *atendimento*: o grau em que ela proporciona serviços auxiliares com a sua linha de produto, como assistência técnica, uma rede própria de atendimento, crédito e assim por diante. Esse aspecto da estratégia poderia ser visto como parte da integração vertical, mas é considerado à parte com finalidades analíticas;
- *política de preço*: sua posição relativa de preço no mercado. A posição de preço estará em geral relacionada a outras variáveis como a posição de custo e a qualidade do produto, mas o preço é uma variável estratégica distinta que deve ser considerada à parte;
- *alavancagem*: o grau de alavancagem financeira e operacional de que ela dispõe;
- *relacionamento com a matriz*: exigências sobre o comportamento de uma unidade baseadas no relacionamento desta com sua matriz. A empresa pode ser uma unidade de um conglomerado altamente diversificado, um elo de uma cadeia vertical de negócios, parte de um grupo de negócios relacionados em um setor geral, uma subsidiária de uma companhia estrangeira etc. A natureza do relacionamento com a empresa controladora influenciará os objetivos com os quais a empresa é administrada, os recursos que ela tem disponíveis, e determinará, talvez, algumas operações ou funções que ela reparte com outras unidades (com as resultantes implicações de custo), como já vimos no Capítulo 1;
- *relacionamento com os governos do país de origem e anfitriões*: em indústrias multinacionais, o relacionamento que a empresa desenvolveu ou a que está sujeita com o governo de seu país de origem assim como com governos de países estrangeiros em que esteja operando. O governo do país de origem pode lhe proporcionar recursos ou outro tipo de assistência ou, ao contrário, pode regulamentar a atividade da empresa ou de alguma outra maneira influenciar suas metas. Os governos anfitriões com freqüência desempenham funções semelhantes.

Cada uma dessas dimensões estratégicas pode ser descrita para uma empresa em diferentes níveis de detalhe, e outras dimensões podem ser acrescentadas para refinar a análise; o ponto importante é que essas dimensões forneçam um quadro global da posição da empresa.

A amplitude das diferenças estratégicas ao longo de uma determinada dimensão dependerá claramente da indústria. Por exemplo, no caso dos fertilizantes nitrogenados, nenhuma empresa tem uma identidade de marca suficiente e a qualidade do produto é essencialmente uniforme. Contudo, as empresas se diferenciam muito na integração para trás, no atendimento que fornecem, na integração para a frente na distribuição, nas posições relativas de custo e nas relações com suas matrizes.

As dimensões estratégicas são relacionadas entre si. Uma empresa com um preço relativo baixo (como a Texas Instruments em semicondutores) em geral tem uma posição de custo baixa e uma qualidade do produto boa, mas não superior. Para alcançar esses baixos custos, essa empresa provavelmente tem um alto grau de integração vertical. As dimensões estratégicas para uma determinada empresa formam em geral um conjunto internamente consistente, como no exemplo. Uma indústria normalmente tem empresas com algumas combinações de dimensões diferentes, embora internamente consistentes.

GRUPOS ESTRATÉGICOS

O primeiro passo na análise estrutural dentro das indústrias é caracterizar as estratégias de todos os concorrentes significativos em cada uma dessas dimensões. Essa atividade permite a classificação da indústria em *grupos estratégicos*. Um grupo estratégico são empresas em uma indústria que estão seguindo uma estratégia idêntica ou semelhante ao longo das dimensões estratégicas. Uma indústria poderia ter apenas um grupo estratégico se todas as empresas seguissem essencialmente a mesma estratégia. No outro extremo, cada empresa poderia constituir um grupo estratégico diferente. Em geral, contudo, existe um pequeno número de grupos estratégicos que responde pelas diferenças estratégicas essenciais entre as empresas na indústria. Por exemplo, na importante indústria de eletrodomésticos, um grupo estratégico (com a GE como protótipo) caracteriza-se por amplas linhas de produto, publicidade em grande escala a nível nacional, alto grau de integração e distribuição e atendimento cativo. Outro grupo é constituído de produtores especializados como a Maytag enfocando o segmento na alta qualidade e de alto preço com distribuição seletiva. Um outro grupo (como a Roper e a Design and Manufacturing) produz sem fazer publicidade para marcas privadas. Podem ser ainda identificados um ou dois outros grupos.

Note que, para os fins de definição de grupos estratégicos, as dimensões estratégicas precisam incluir o relacionamento da empresa com sua matriz. Em uma indústria como a de fertilizantes nitrogenados, por exemplo, algumas empresas são divisões de companhias de petróleo, algumas são divisões de companhias químicas, algumas fazem parte de cooperativas agrícolas e as demais são independentes. Cada um desses diferentes tipos de empresas é administrado com objetivos um pouco diferentes. Muitas vezes o relacionamento com a matriz reflete-se também em diferenças nas outras dimensões da estratégia – por exemplo, todas as divisões de companhias de petróleo na indústria de fertilizantes nitrogenados têm estratégias bem semelhantes – porque o relacionamento tem muito a ver com os recursos à disposição da empresa e com a filosofia com a qual ela é operada. Os mesmos tipos de argumentos aplicam-se às diferentes relações que as empresas possam ter com os governos de seus países de origem e/ou anfitriões, que também precisam fazer parte da definição dos grupos estratégicos.

Grupos estratégicos com freqüência divergem em suas abordagens do produto ou de marketing, mas nem sempre. Às vezes, como na moagem de milho e na fabricação de produtos químicos ou do açúcar, os produtos dos grupos são idênticos, mas os métodos de fabricação, logística e de integração vertical são bastante diferentes. Ou então as empresas podem estar seguindo estratégias, embora tendo relações diferentes com as matrizes ou os governos dos países em que estão operando, que afetem seus objetivos. Grupos estratégicos *não* são equivalentes a segmentos de mercado ou a estratégias de segmentação, sendo definidos com base em uma concepção mais ampla de postura estratégica.

Os grupos estratégicos existem por uma variedade de razões, tais como pontos fortes e fracos iniciais divergentes das empresas, ocasiões diferentes de entrada no negócio e acidentes históricos. (Adiante, neste capítulo, esse assunto volta a ser focalizado.) Contudo, uma vez que os grupos tenham se formado, as empresas dentro do mesmo grupo estratégico geralmente se assemelham de diversas maneiras, além de suas estratégias gerais. Elas tendem a ter parcelas de mercado semelhantes, além de serem afetadas e de responderem de modo semelhante a acontecimentos externos ou a movimentos competitivos na indústria por causa de suas estratégias semelhantes. Essa última característica é importante na utilização de uma classificação de grupos estratégicos como um instrumento analítico.

Os grupos estratégicos em uma indústria podem ser dispostos em um mapa como o mostrado hipoteticamente na Figura 7-1. O número de eixos está obvia-

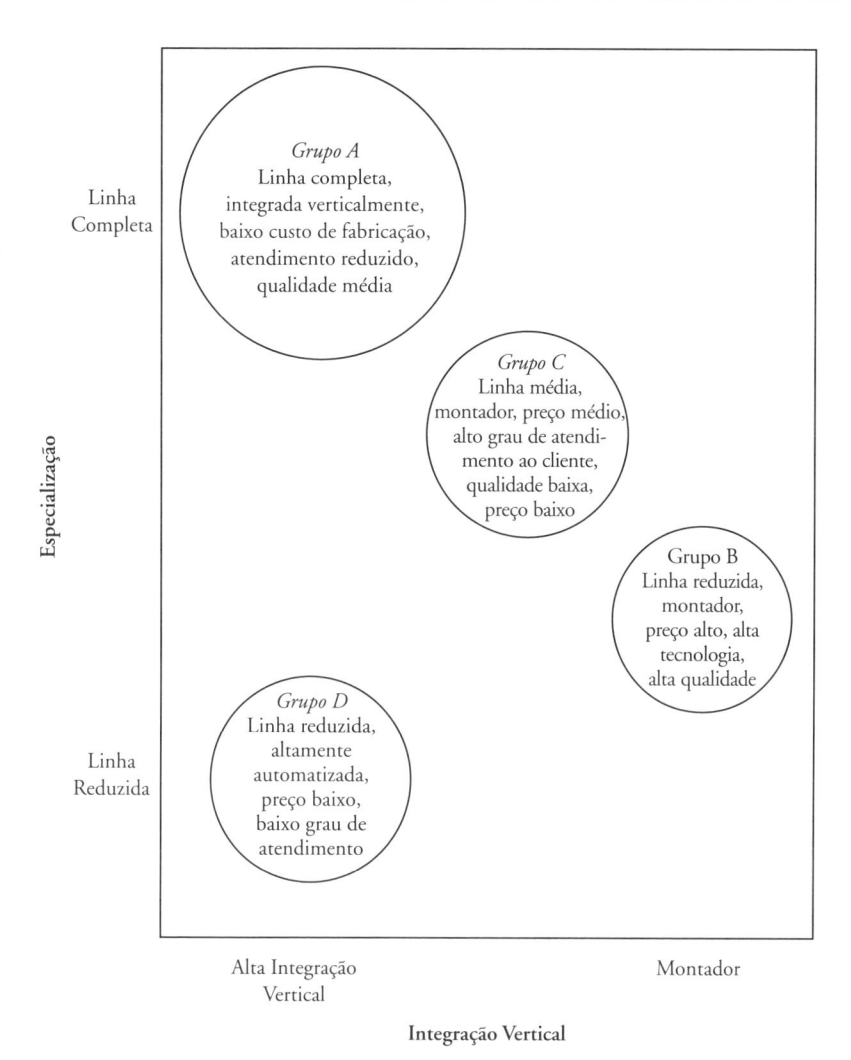

FIGURA 7-1 *Um mapa de grupos estratégicos em uma indústria hipotética.*

mente limitado pelo caráter bidimensional de uma página impressa, o que significa que o analista precisa selecionar algumas dimensões estratégicas particularmente importantes para construir um mapa.[2] É útil representar a parcela de mercado coletiva das empresas em cada grupo estratégico para uma análise posterior.

O grupo estratégico é um dispositivo analítico projetado para ajudar na análise estrutural. É um quadro de referência intermediária entre a visão global da indústria e a consideração isolada de cada empresa. Em última análise, cada empresa é um caso único; assim sendo, a classificação de empresas em grupos estratégicos

---

[2] Os conceitos discutidos a seguir auxiliarão quanto aos procedimentos.

levanta inevitavelmente questões subjetivas sobre que grau de diferença estratégica é importante. Esses julgamentos têm necessariamente de estar relacionados com a análise estrutural: uma diferença na estratégia entre empresas é suficientemente importante para ser reconhecida na definição de grupos estratégicos caso ela afete de modo significativo a posição estrutural das empresas. Voltaremos posteriormente a essas considerações práticas da classificação de grupos estratégicos e do uso da classificação como um instrumento analítico.

No caso raro de existência de um único grupo estratégico em uma indústria, esta pode ser analisada plenamente com a utilização das técnicas de análise estrutural apresentadas no Capítulo 1. Nesse caso, a estrutura da indústria proporcionará o mesmo nível potencial de rentabilidade sustentável para todas as empresas. A rentabilidade real de empresas particulares na indústria deverá diferir a longo prazo apenas no que toca à sua diferença na *habilidade em colocar em prática* a estratégia comum. Se existem, contudo, vários grupos estratégicos em uma indústria, a análise é mais complicada. O potencial de lucro das empresas em diversos grupos estratégicos é, com freqüência, diferente, abstraídas totalmente suas capacidades de implementação, porque as cinco forças competitivas gerais *não terão o mesmo impacto sobre grupos estratégicos diferentes.*

Grupos Estratégicos e as Barreiras de Mobilidade

As barreiras de entrada foram vistas até aqui como características da indústria que dissuadem a vinda de novas empresas para a indústria. As principais fontes de barreiras identificadas são economias de escala, diferenciação do produto, custos de mudança, vantagens no custo, acesso aos canais de distribuição, necessidades de capital e política governamental. Entretanto, embora algumas das fontes de barreiras de entrada protejam todas as empresas na indústria, é claro que *barreiras de entrada globais dependem do grupo estratégico em particular ao qual o iniciante pretende se ligar*. Penetrar na indústria de eletrodomésticos como uma empresa verticalmente integrada estabelecida a nível nacional e com uma linha ampla de produtos será muito mais difícil do que penetrar como montador de uma linha reduzida de produtos sem marca definida para atender a pequenos contratos de marca privada. As diferenças na estratégia podem implicar distinções na diferenciação do produto, diferenças na obtenção de economias de escala, diferenças nas necessidades de capital e possíveis diferenças em todas as outras fontes de barreiras de entrada. Se existem barreiras causadas por economias de escala na produção, por exemplo, elas serão mais importantes na proteção do grupo estratégico constituído de empresas com grandes fábricas e com alto grau de integração vertical. Economias de escala na distribuição, caso existam na indústria, criarão barreiras de entrada em grupos estratégicos com organizações de distribuição cativas. As vantagens de custo derivadas da experiência acumulada, caso isso seja importante na indústria, criarão barreiras protegendo os grupos constituídos de empresas experientes (não protegendo, contudo, as empresas inexperientes). E, assim, para cada outra fonte de barreiras de entrada.

Diferenças no relacionamento das empresas com suas matrizes podem afetar também as barreiras de entrada. O grupo estratégico composto de empresas que têm uma relação vertical com suas matrizes, por exemplo, pode gozar de acesso mais favorecido a matérias-primas ou de um maior volume de recursos financeiros com os quais retaliar contra possíveis penetradores do que um grupo estratégico constituído de concorrentes independentes. Ou as empresas que compartilham canais de distribuição com outra divisão de sua matriz podem obter economias de escala que seus concorrentes não podem igualar, dissuadindo, assim, a entrada.

Essa visão de que as barreiras de entrada dependem do grupo estratégico alvo traz consigo outra implicação importante. Essas barreiras não só protegem as empresas em um grupo estratégico da penetração por empresas de fora da indústria como também fornecem *barreiras para a mudança de posição estratégica de um grupo estratégico para outro*. Por exemplo, o montador de eletrodomésticos com linha reduzida e sem marca caracterizada descrito anteriormente enfrentará muitas, se não todas, as dificuldades de penetração no grupo estratégico constituído pelas empresas integradas com linha ampla e prestígio nacional enfrentadas por uma empresa entrante. Os fatores que criam barreiras de entrada resultantes da adoção de uma determinada estratégia – porque eles afetam as economias de escala, a diferenciação do produto, os custos de mudança, as necessidades de capital, as vantagens absolutas de custo, ou o acesso à distribuição – elevam o custo da adoção dessa estratégia por outras empresas. Esse custo de adoção da nova estratégia pode anular os ganhos esperados com a alteração.

Os mesmos fatores econômicos básicos que conduzem a barreiras de entrada podem, assim, ser enquadrados de modo mais generalizado como *barreiras de mobilidade*, ou fatores que dissuadem os movimentos de empresas de uma posição estratégica para outra. O movimento de uma empresa de uma posição externa à indústria para um grupo estratégico na indústria (entrada) passa a fazer parte de um contínuo de movimentos possíveis, usando esse conceito ampliado de barreiras.

As barreiras de mobilidade fornecem a primeira razão importante para o fato de algumas empresas em uma indústria serem persistentemente mais lucrativas do que outras. Grupos estratégicos diferentes caracterizam-se por níveis diferentes de barreiras de mobilidade, que concedem a certas empresas vantagens persistentes sobre as outras. As empresas em grupos estratégicos com barreiras de mobilidade altas terão um maior potencial de lucro do que aquelas situadas em grupos com barreiras de mobilidade mais baixas. Essas barreiras também fornecem o fundamento lógico que justifica o fato de as empresas continuarem competindo com estratégias diferentes apesar de nem todas as estratégias obterem o mesmo êxito. Podemos nos perguntar por que as estratégias bem-sucedidas não são rapidamente imitadas. Sem as barreiras de mobilidade, as empresas com estratégias bem-sucedidas seriam rapidamente imitadas pelas outras, e a sua rentabilidade tenderia à igualdade, salvo pelas diferenças em suas habilidades em executar a melhor estratégia no sentido operacional. Sem dissuasão, por exemplo, os fabricantes de computadores, como a Control Data e a Honeywell, poderiam aproveitar a chance de adotar a estratégia da IBM, com seus custos mais baixos e uma rede de atendimento e de distribuição superior. A existência de barreiras de mobilidade implica que algumas empresas como a IBM possam gozar de vantagens sistemáticas sobre as outras, com economias de escala, vantagens absolutas de custo e assim por diante, que só podem ser superadas por grandes alterações estratégicas que conduzam uma mudança estrutural na indústria e não apenas por uma melhor execução da estratégia. Finalmente, a presença dessas barreiras significa que as parcelas de mercado das empresas em alguns grupos estratégicos em uma indústria podem ser muito estáveis e, por outro lado, pode haver entrada e saída rápidas (ou rotatividade) em outros grupos estratégicos da indústria.

Exatamente como as barreiras de entrada, as barreiras de mobilidade podem mudar; e quando isso acontece (como quando o processo da fabricação se torna mais intensivo em capital), as empresas freqüentemente abandonam alguns grupos estratégicos e passam para novos grupos, alterando o padrão desses grupos. As barreiras de mobilidade podem também ser influenciadas pela estratégia escolhida pela empresa. Uma companhia em uma indústria com produto não diferenciado, por exemplo, pode tentar criar um novo grupo estratégico (com barreiras de mobilidade mais altas) investindo intensamente em publicidade para estabelecer uma identificação de marca (como a Perdue está fazendo com frangos não congelados). Ou ela pode tentar introduzir um novo processo de fabricação com maiores economias de escala (Castle & Cooke e Ralston Purina no cultivo de cogumelos).[3] Os investimentos para estabelecer barreiras de mobilidade são geralmente arriscados e até certo ponto trocam a rentabilidade a curto prazo por uma a longo prazo.

---

[3] Ver "Mushrooming Business", *Forbes*, 15 de julho de 1977.

Algumas empresas enfrentarão custos mais baixos do que outras para superar determinadas barreiras de mobilidade, dependendo de suas posições estratégicas existentes e dos recursos e potencialidade de que dispõem. Empresas diversificadas podem gozar também de reduções nas barreiras de mobilidade em virtude das oportunidades de compartilhar operações ou funções. As implicações desses fatores para as decisões de entrar em um novo negócio são discutidas no Capítulo 16.

Depois de classificar os grupos estratégicos em uma indústria, o segundo passo na análise estrutural dentro de uma indústria é avaliar a dimensão e a composição das barreiras de mobilidade que protegem cada grupo.

Barreiras de Mobilidade e Formação de Grupos

Os grupos estratégicos são formados e modificam-se em uma indústria por diversas razões. Primeira, as empresas em geral iniciam ou desenvolvem mais tarde diferenças em recursos e potencialidades, selecionando, assim, estratégias diferentes. As empresas bem situadas distanciam-se das outras na corrida em direção aos grupos estratégicos protegidos por barreiras de mobilidade altas à medida que a indústria vai se desenvolvendo. Segunda, as empresas são diferentes quanto às suas metas e ao seu posicionamento em relação ao risco. Algumas empresas podem estar mais inclinadas para investimentos arriscados na construção de barreiras de mobilidade do que outras. Unidades empresariais com relações de dependência diferentes com sua matriz (sendo, por exemplo, uma empresa relacionada verticalmente, não relacionada ou independente) podem divergir quanto às metas de tal forma que isso conduza a diferenças na estratégia, como pode acontecer aos concorrentes internacionais com situações diferentes em seus outros mercados, se comparados às empresas que operam apenas em nível nacional.

O desenvolvimento histórico de uma indústria fornece outras explicações para as diferenças nas estratégias das empresas. Em algumas indústrias, o fato de ter entrado antes conduz a estratégias mais dispendiosas para os que entram por último. Barreiras de mobilidade derivadas de economias de escala, diferenciação do produto e de outras causas podem também mudar, tanto como resultado dos investimentos da empresa como por causas exógenas. A mudança nas barreiras de mobilidade significa que os primeiros a chegar em uma indústria podem seguir estratégias muito diferentes daquelas dos que chegam mais tarde, sendo muitas dessas estratégias inacessíveis aos que entrarem mais tarde. A irreversibilidade de muitos tipos de decisões de investimentos muitas vezes impede os primeiros a entrarem na indústria de adotar as estratégias dos últimos, que têm a vantagem de observar o que aconteceu aos pioneiros.

Um aspecto relacionado é que o processo de evolução histórica de uma indústria tende a levar à auto-seleção de tipos diferentes de entrantes em diferentes ocasiões. Por exemplo, as últimas empresas a entrar em uma indústria tendem a ser aquelas com vultosos recursos financeiros e que podem se permitir esperar até que algumas das incertezas na indústria estejam resolvidas. Empresas com poucos recursos, por outro lado, poderiam ter sido compelidas a entrar logo de início quando os custos de capital da entrada seriam menores.

Alterações na estrutura da indústria podem facilitar a formação de novos grupos estratégicos ou tornar os grupos homogêneos. Por exemplo, à medida que uma indústria aumenta de tamanho, as estratégias envolvendo integração vertical, canais de distribuição cativos e atendimento interno podem tornar-se cada vez mais viáveis para a empresa agressiva, promovendo a formação de novos grupos estratégicos. De modo similar, mudanças tecnológicas ou no comportamento dos compradores podem alterar os limites de uma indústria, trazendo à cena grupos estratégicos inteiramente novos.[4] De modo inverso, a maturidade em uma indústria, que diminui a atração do comprador pela capacidade de atendimento ou pela contínua reafirmação contida no fato de o fabricante ter uma linha completa de produtos, pode contribuir para reduzir as barreiras de mobilidade correspondentes a algumas dimensões estratégicas, levando a uma redução no número de grupos estratégicos. Como conseqüência de todos esses fatores, podemos esperar que o conjunto de grupos estratégicos e a distribuição das taxas de lucro das empresas dentro de uma indústria mudem ao longo do tempo.

Grupos Estratégicos e Poder de Negociação

Assim como grupos estratégicos diferentes são protegidos por barreiras de mobilidade diferentes, eles gozam de graus diferentes de poder de negociação com clientes e fornecedores. Se examinarmos os fatores que conduzem à presença ou à ausência de poder de negociação discutidos no Capítulo 1, é evidente que eles estão de alguma maneira relacionados à estratégia adotada pela empresa em questão. Por exemplo, quanto ao poder de negociação com os compradores, a Hewlett-Packard (HP) está em um grupo estratégico de calculadoras eletrônicas que

---

[4] Mudanças tecnológicas ou relativas aos compradores podem aumentar ou diminuir a substitubilidade do produto, alterando, assim, os limites relevantes da indústria.

enfatiza a alta qualidade e a liderança tecnológica, concentrando-se no usuário sofisticado. Embora uma estratégia como essa possa limitar a parcela de mercado potencial da HP, ela a expõe a compradores menos sensíveis ao preço e menos poderosos do que as empresas que competem com produtos essencialmente padronizados no mercado de massa, em que os compradores têm pouca necessidade de produtos com características sofisticadas. Relacionando esse exemplo à terminologia do Capítulo 1, os produtos da HP são mais diferenciados do que os dos concorrentes do mercado de massa, seus compradores são mais orientados para a qualidade e o custo da calculadora é menor em relação aos orçamentos desses compradores e ao valor do serviço que eles desejam que ela execute. Um exemplo em que grupos estratégicos diferentes têm poder de negociação diferente com os fornecedores pode ser visto no volume muito maior de compras e na ameaça de integração para trás que grandes cadeias nacionais de lojas de departamentos, como a Sears, têm como poder de negociação com os fornecedores em comparação com lojas de departamentos locais com uma única unidade.

Os grupos estratégicos contarão com diferentes níveis de poder em relação a compradores e fornecedores por duas categorias de razões, ambas ilustradas nos exemplos anteriores: suas estratégias podem lhes conferir graus diferentes de vulnerabilidade a compradores ou fornecedores *comuns*; ou suas estratégias podem envolver um relacionamento com fornecedores ou compradores *diferentes* com níveis também diferentes de poder de negociação. A extensão em que o poder relativo pode variar depende da indústria; em algumas indústrias, todos os grupos estratégicos poderiam estar essencialmente na mesma posição em relação a fornecedores e compradores.

O terceiro passo na análise estrutural dentro de uma indústria é, então, avaliar o poder relativo de negociação de cada grupo estratégico na indústria com seus fornecedores e compradores.

Grupos Estratégicos e a Ameaça dos Substitutos

Os grupos estratégicos podem enfrentar também diferentes níveis de exposição à concorrência de produtos substitutos caso eles enfoquem diferentes partes da linha de produtos, atendam clientes diferentes, operem em diferentes níveis de qualidade ou sofisticação tecnológica, tenham posições diferentes de custo etc. Tais diferenças podem torná-los mais ou menos vulneráveis a substitutos, mesmo que os grupos estratégicos estejam todos na mesma indústria.

Por exemplo, uma empresa de microcomputadores dirigida para clientes comerciais, vendendo máquinas em conjunto com o software para executar uma grande variedade de funções, estará menos vulnerável à substituição por microcomputadores do que uma empresa que esteja vendendo principalmente para compradores industriais visando aplicações repetitivas de controle de processos. Ou uma companhia mineradora com uma fonte de minério de baixo custo pode estar menos vulnerável a um material substituto, cuja vantagem tenha como base apenas o preço, do que uma companhia mineradora com uma fonte de minério com alto custo que tenha baseado sua estratégia em um alto nível de atendimento ao cliente.

Portanto, o quarto passo na análise estrutural dentro de uma indústria é avaliar a posição relativa de cada grupo estratégico quanto a produtos substitutos.

Grupos Estratégicos e a Rivalidade entre as Empresas

A presença de mais de um grupo estratégico em uma indústria tem implicações na rivalidade dentro dessa indústria, ou na concorrência de preços, publicidade, atendimento e outras variáveis. Algumas das características estruturais que determinam a intensidade da rivalidade competitiva (Capítulo 1) podem ser aplicadas a todas as empresas na indústria, proporcionando, assim, o contexto no qual os grupos estratégicos interagem. De forma geral, porém, a existência de vários grupos estratégicos habitualmente conduz ao fato de que as forças da rivalidade competitiva não são sentidas da mesma forma por todas as empresas na indústria.

O primeiro ponto a ser notado é que a presença de vários grupos estratégicos afetará quase sempre o nível global de rivalidade na indústria. Essa presença aumentará em geral a rivalidade, pois implica maior diversidade ou assimetria entre as empresas na indústria no sentido definido no Capítulo 1. Diferenças na estratégia e nas circunstâncias externas significam que as empresas terão preferências diferentes quanto a assumir riscos, ao horizonte de tempo, em termos de preços, de qualidade etc. Essas diferenças complicarão o processo de entendimento das empresas quanto às intenções das outras e de sua reação a elas, aumentando, assim, a probabilidade de deflagrações repetidas de estados de guerra. A indústria com uma classificação complexa de grupos estratégicos tenderá a ser mais competitiva em sua totalidade do que uma com poucos grupos. Pesquisa recente verificou esse ponto em vários contextos.[5]

Nem todas as diferenças em estratégia afetam com a mesma importância a rivalidade na indústria, e o processo de rivalidade competitiva não é simétrico.

---

[5] Ver Hunt (1972); Newman (1978); Porter (1976, Capítulos 4 e 7).

Algumas empresas estão mais expostas aos riscos de reduções de preços e a outras formas de rivalidade advindas de outros grupos estratégicos do que outras. Quatro fatores determinam a intensidade com que os grupos estratégicos em uma indústria interagirão na competição por clientes:

- a interdependência no mercado entre os grupos, ou o grau de sobreposição dos clientes visados;
- a diferenciação do produto atingida pelos grupos;
- o número de grupos estratégicos e seus tamanhos relativos;
- o distanciamento estratégico entre os grupos, ou o grau de divergência das estratégias.

A influência mais importante sobre a rivalidade entre os grupos estratégicos é sua interdependência no mercado, ou o grau em que grupos estratégicos diferentes estão competindo pelos mesmos clientes ou competindo por clientes em segmentos distintos do mercado. Quando os grupos estratégicos têm uma alta interdependência no mercado, as diferenças na estratégia conduzirão a uma rivalidade mais vigorosa, por exemplo, em fertilizantes em que o cliente (o agricultor) é o mesmo para todos os grupos. Quando os grupos estratégicos visam segmentos muito diferentes, o grau de interesse e de efeito mútuos é muito menor. À medida que os clientes a que estejam vendendo vão se tornando mais diferenciados, a rivalidade passa a ser como (mas não igual) se os grupos estivessem em indústrias diferentes.

O segundo fator básico influenciando a rivalidade é o grau de diferenciação do produto criado pelas estratégias dos grupos. Se estratégias divergentes conduzem a preferências dos clientes por marcas distintas e diferentes, a rivalidade entre os grupos tenderá, então, a ser muito menor do que se os produtos oferecidos fossem vistos como intercambiáveis.

Quanto mais numerosos e iguais em tamanho (parcela de mercado) os grupos estratégicos, mais sua assimetria estratégica aumentará a rivalidade competitiva, não levando em consideração outros fatores. Grupos numerosos implicam uma grande diversidade e uma alta probabilidade de que um grupo deflagre uma situação belicosa atacando a posição de outros grupos com reduções de preços ou de outras táticas. Por outro lado, se os grupos são muito desiguais em tamanho – por exemplo, um grupo estratégico constitui uma pequena parcela de uma indústria e outro grupo é uma parcela muito grande – suas diferenças estratégicas provavelmente terão um pequeno impacto na maneira como eles competem entre si, dado que o poder de que dispõe o grupo pequeno para afetar o grupo grande por meio de táticas competitivas é possivelmente baixo.

O último fator, distanciamento estratégico, refere-se ao grau em que as estratégias em grupos diferentes divergem em termos das variáveis básicas, como identificação de marca, posição de custo e liderança tecnológica, assim como quanto a circunstâncias externas, como relações com as matrizes ou com o governo. Quanto maior o distanciamento estratégico entre os grupos, não considerando outros fatores, mais vigoroso o conflito competitivo entre as empresas. Empresas seguindo abordagens estratégicas marcadamente diferentes tendem a ter idéias totalmente diferentes sobre como competir e a ter muita dificuldade para compreender os comportamentos umas das outras e para evitar reações erradas e a deflagração de guerras. No ramo dos fertilizantes nitrogenados, por exemplo, os participantes de companhias de petróleo e de companhias químicas, as cooperativas e companhias independentes têm todas objetivos e restrições muito diferentes. Por exemplo, incentivos fiscais e outras condições fora do comum levaram as cooperativas a se expandirem mesmo em uma ocasião em que as condições globais da indústria não eram boas. As companhias petrolíferas fizeram o mesmo por outras razões nos anos 60.

Todos os quatro fatores se inter-relacionam para determinar o padrão de rivalidade para clientes entre os grupos estratégicos em uma indústria. Por exemplo, a situação mais instável, provavelmente associada com uma concorrência intensa, é aquela em que vários grupos estratégicos em situação igual, cada qual seguindo estratégias marcadamente diferentes, estão competindo pelo mesmo cliente básico. Inversamente, uma situação provavelmente mais estável (e lucrativa) é aquela em que existem apenas poucos grupos estratégicos grandes que competem por segmentos de clientes distintos com estratégias que não diferem a não ser em poucas dimensões.

Um *determinado* grupo estratégico enfrentará a rivalidade de outros grupos com base nos fatores que acabamos de discutir. Ele estará mais exposto a ataques de rivalidade dos outros grupos estratégicos que compartilham uma interdependência no mercado. A instabilidade dessa rivalidade dependerá das outras condições anteriormente identificadas. Um determinado grupo estará mais exposto à rivalidade de outros grupos estratégicos se, por exemplo, eles competem pelos mesmos segmentos de mercado com produtos considerados similares, se têm o mesmo tamanho e seguem métodos estratégicos bem diferentes para levar o produto ao mercado (tendo grande distanciamento estratégico). Alcançar a estabilidade será extremamente difícil para esse grupo estratégico e deflagrações de guerras agressivas praticamente lhe asseguram um resultado bastante competitivo. Entretanto, um grupo estratégico que tenha uma parcela coletiva grande e/ou direcione seus esforços para segmentos de mercado distintos não atendidos por outros grupos estratégicos e que alcance um alto grau de diferenciação do produto está quase certamente isolado da rivalidade intergrupos. Os grupos estratégicos seguros que estão mais isolados da rivalidade só serão capazes de manter sua rentabilidade se as barreiras de mobilidade os protegerem de mudanças na posição estratégica por outras empresas.

Assim sendo, os grupos estratégicos afetam o padrão de rivalidade *dentro* da indústria. Esse processo está ilustrado esquematicamente pela classificação de grupos estratégicos apresentada na Figura 7-2, que é similar à Figura 7-1, exceto que o eixo horizontal é o segmento de clientes-alvo do grupo estratégico de modo a avaliar a interdependência no mercado. O eixo vertical é outra dimensão básica da estratégia na indústria. As letras representam grupos estratégicos, a área sendo proporcional à parcela de mercado coletiva das empresas no grupo. As formas geométricas são usadas para representar suas configurações estratégicas globais, com as diferenças nas formas representando o distanciamento estratégico. Aplicando a análise já apresentada, é claro que o Grupo D será muito menos afetado pela rivalidade na indústria do que o Grupo A. O Grupo A compete com os Grupos B e C que são similarmente grandes e utilizam estratégias muito diferentes para atingir o mesmo segmento básico de clientes. As empresas nesses três grupos estão em cons-

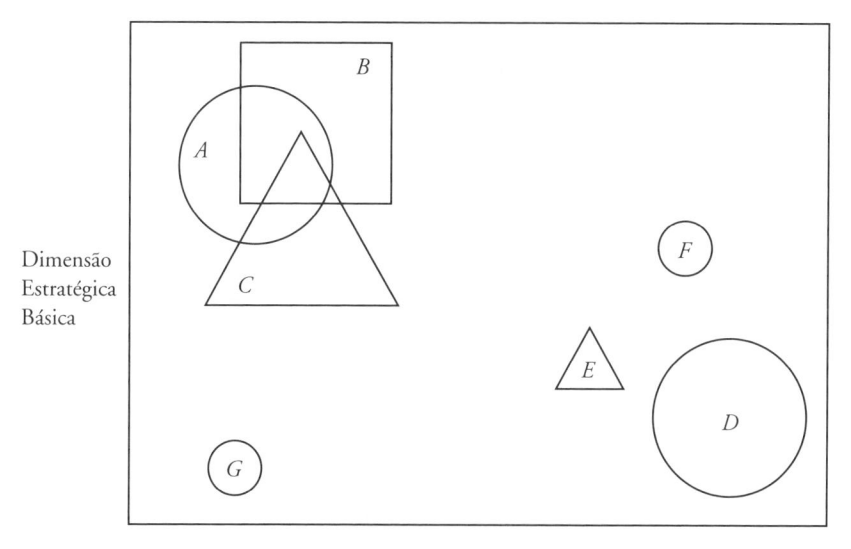

FIGURA 7-2 *Mapa de grupos estratégicos e rivalidade entre os grupos.*

tante conflito. O Grupo D, por outro lado, compete por um segmento diferente e interage mais fortemente para atingir esse segmento com os Grupos E e F, que são menores e seguem estratégias similares (eles poderiam ser vistos como produtores "especialistas" seguindo a estratégia "redonda" ou variantes bem parecidas dela).

O quinto passo na análise estrutural dentro de uma indústria é, então, avaliar o padrão da interdependência no mercado entre os grupos estratégicos e a sua vulnerabilidade ao conflito iniciado por outros grupos.

GRUPOS ESTRATÉGICOS E A RENTABILIDADE DE UMA EMPRESA

Vimos que grupos estratégicos diferentes podem ter situações variadas com respeito a cada força competitiva que age em uma indústria. Estamos agora em posição de responder à questão proposta anteriormente; ou seja, quais fatores determinam a força do mercado e, portanto, o potencial de lucros de empresas individuais em uma indústria, e de que modo esses fatores se relacionam às suas escolhas estratégicas?

Com base nos conceitos já apresentados, os determinantes fundamentais da rentabilidade de uma empresa são os seguintes:

Características Comuns da Indústria

1. Elementos estruturais no âmbito da indústria que determinam a intensidade das cinco forças competitivas e que se aplicam igualmente a todas as empresas; esses elementos incluem fatores como a taxa de crescimento da demanda na indústria, o potencial global para a diferenciação do produto, a estrutura das indústrias fornecedoras, os aspectos tecnológicos, e assim por diante, que estabelecem o contexto global de concorrência para todas as empresas na indústria.

Características do Grupo Estratégico

2. A dimensão das *barreiras de mobilidade* protegendo o grupo estratégico da empresa.
3. *O poder de negociação* do grupo estratégico da empresa com fornecedores e clientes.
4. A vulnerabilidade do grupo estratégico da empresa a *produtos substitutos*.
5. A exposição do grupo estratégico da empresa à *rivalidade* de outros grupos.

Posição da Empresa Dentro de seu Grupo Estratégico

6. O grau de concorrência *dentro* do grupo estratégico.
7. A *escala* da empresa em relação às outras do grupo.
8. *Custos de entrada* no grupo.
9. A capacidade da empresa de executar ou *implementar* a estratégia escolhida em termos operacionais.

As características da estrutura de mercado no âmbito da indústria aumentam ou reduzem o potencial de lucro para todas as empresas na indústria, mas nem todas as estratégias na indústria têm o mesmo potencial de lucro. Quanto mais altas as barreiras de mobilidade que estejam protegendo o grupo estratégico, mais forte a posição de negociação do grupo com fornecedores e clientes e menor a vulnerabilidade do grupo a produtos substitutos; quanto menos exposto o grupo estiver à rivalidade de outros grupos, maior o potencial de lucro médio das empresas no grupo. Assim, um segundo conjunto crítico de determinantes do sucesso de uma empresa é a posição de seu grupo estratégico na indústria, o que foi bastante discutido nas seções anteriores.

A terceira categoria de determinantes da posição de uma empresa, que não foi discutida até aqui, é onde ela se posiciona *dentro* de seu grupo estratégico. Alguns fatores são cruciais para esse posicionamento. Primeiro, o grau de competição dentro do grupo é importante porque as empresas dentro dele podem competir de tal forma que anulem o potencial de lucro entre elas. Esse efeito ocorre com maior probabilidade quando existem muitas empresas no grupo estratégico.

Segundo, todas as empresas que seguem a mesma estratégia não estão necessariamente em posições iguais do ponto de vista estratégico. Especificamente, a posição estrutural de uma empresa pode ser afetada por sua *escala* em relação às outras do seu grupo estratégico. Se existem quaisquer economias de escala operando que sejam suficientes para acarretar um declínio nos custos na faixa de mercado mantida pelas empresas do grupo, então as empresas que tenham parcelas de mercado relativamente pequenas terão menor potencial de lucro. Por exemplo, embora a Ford e a GM tenham estratégias relativamente semelhantes e possam ser classificadas no mesmo grupo estratégico, a escala maior da GM permite-lhe colher algumas das vantagens econômicas inerentes à estratégia que a Ford não consegue obter, como em pesquisa e desenvolvimento e nos custos de mudança de modelos. Empresas como a Ford passaram por cima de barreiras de mobilidade relativas à escala e penetraram em um grupo estratégico, mas ainda suportam algumas desvantagens de custo em relação a uma empresa de porte maior no grupo.

A posição da empresa em seu grupo estratégico também depende de seu *custo de entrada* no grupo. Os recursos e as potencialidades de que dispõe uma empresa ao entrar em um grupo podem lhe proporcionar uma vantagem ou uma desvantagem em relação às outras do grupo. Parte desses recursos e potencialidades para a entrada tem como base a posição da empresa em outras indústrias ou o seu sucesso anterior em outros grupos estratégicos na mesma indústria. Por exemplo, a John Deere poderia penetrar em praticamente qualquer grupo estratégico na indústria de equipamentos de construção com menos custos do que a maioria das empresas em virtude de sua posição sólida em equipamentos agrícolas. Ou a Charmin da Procter and Gamble poderia entrar no grupo com uma marca nacional de papel higiênico com menor custo dada a combinação da experiência tecnológica anterior da Charmin com a solidez do sistema de distribuição da Procter and Gamble.

Os custos de entrada em um grupo podem ser afetados pela *oportunidade da entrada* nele. Em algumas indústrias pode sair mais caro, para os últimos a entrar em um grupo estratégico, estabelecer suas posições (por exemplo, maior custo de estabelecer uma marca equivalente; maior custo para encontrar bons canais de distribuição dada a ocupação dos canais pelas outras empresas). Ou a situação pode ser invertida se os que entram podem adquirir o equipamento mais recente ou usar a tecnologia mais avançada. Diferenças na oportunidade de entrada podem traduzir-se também em experiência acumulada e, portanto, em custos. Assim, as diferenças na oportunidade de entrada podem traduzir-se em diferenças na rentabilidade que pode ser mantida entre os membros do mesmo grupo estratégico.

O último fator a entrar na análise da posição de uma empresa em seu grupo estratégico é sua capacidade de implementação. Nem todas as empresas que seguem a mesma estratégia (estando, assim, no mesmo grupo estratégico) terão necessariamente uma rentabilidade equivalente, mesmo que as outras condições que já foram vistas sejam idênticas. Algumas empresas são superiores em sua habilidade para organizar operações, desenvolver temas criativos de publicidade com orçamentos iguais, promover inovações tecnológicas com os mesmos gastos de P&D etc. Esses tipos de habilidades não são vantagens estruturais da espécie criada pelas barreiras de mobilidade e por outros fatores discutidos anteriormente, mas elas podem ser também vantagens relativamente estáveis. A empresa que tem uma capacidade de implementação superior terá maior rentabilidade do que as outras no grupo estratégico.

Essa seqüência de fatores determina em conjunto as perspectivas de lucro de cada empresa e, ao mesmo tempo, suas perspectivas de parcela de mercado. A empresa terá maior rentabilidade se estiver em uma indústria favorável, em um grupo estratégico favorável dentro dessa indústria e se tiver uma posição sólida no seu grupo. Novas empresas que entram não eliminam a atratividade da indústria em virtude das barreiras de entrada; a atratividade de um grupo estratégico é preservada pelas barreiras de mobilidade. A força da posição de uma empresa em seu grupo é o resultado de sua história e dos recursos de que dispõe.

Essa análise torna claro que *existem muitos tipos diferentes de estratégias potencialmente lucrativas*. Estratégias bem-sucedidas podem se basear em uma ampla variedade de barreiras de mobilidade ou métodos para lidar com as forças competitivas. As três estratégias genéricas descritas no Capítulo 2 representam a maior diferença possível na abordagem; são possíveis muitas variações dessas estratégias. Recentemente tem sido dada muita importância à posição de custo como o determinante da posição estratégica. Embora o custo seja um dos meios para desenvolver barreiras, deve ficar claro que existem muitos outros.

Considerando-se a natureza interativa dos pontos que determinam a rentabilidade da empresa, o potencial de lucro de uma empresa é fortemente afetado pelo resultado competitivo nos grupos estratégicos que são interdependentes no mercado e têm barreiras de mobilidade elevadas. Os grupos estratégicos com barreiras de mobilidade mais elevadas têm maiores potenciais de lucro do que os grupos menos protegidos se a concorrência *dentro* deles não é muito grande. Contudo, se essa concorrência é acirrada por alguma razão e seus preços e lucros são, conseqüentemente, reduzidos, isso também pode destruir a rentabilidade das empresas nos grupos interdependentes menos protegidos por barreiras de mobilidade. Preços mais baixos (ou custos mais altos com publicidade e outras formas de concorrência que não o preço) são disseminados pela interdependência do mercado que os grupos menos protegidos têm de responder, reduzindo seus próprios lucros. Esse é um risco que deve ser avaliado ao se escolher um grupo estratégico.

Um bom exemplo desse processo é visto na indústria de refrigerantes. Se a Coca e a Pepsi entram em uma guerra de preços ou em uma batalha de publicidade, seus lucros diminuem, mas não tanto quanto as marcas locais e regionais que inevitavelmente são afetadas porque seus fabricantes estão competindo pelos mesmos clientes. A competição entre a Coca, a Pepsi e as outras marcas principais, protegidas por barreiras de mobilidade substanciais, reduz o lucro das marcas regionais e locais. Elas tendem a perder não só lucros como parcela relativa.

As Grandes Empresas São mais Lucrativas do que as Pequenas?

Recentemente tem havido bastante discussão sobre estratégia com o argumento de que a empresa com a maior parcela de mercado terá a maior rentabilidade.[6] A análise anterior sugere que, dependendo das circunstâncias, isso será ou não verdadeiro. Se as grandes empresas em uma indústria competem em grupos estratégicos que estão mais protegidos por barreiras de mobilidade do que as empresas menores, estão em posições mais fortes em relação a clientes e fornecedores, estão mais isoladas da rivalidade com outros grupos etc., então as grandes empresas serão de fato mais lucrativas do que as pequenas. Por exemplo, em indústrias como a de cerveja e a fabricação de artigos de toalete e de aparelhos de televisão, em que há economias de escala substanciais na fabricação, na distribuição e no atendimento de uma linha de produtos, assim como existem economias de escala na publicidade em nível nacional, então as grandes empresas dessas indústrias serão provavelmente mais lucrativas do que as menores. Por outro lado, se as economias de escala na produção, na distribuição ou em outras funções não são muito grandes, as empresas menores seguindo estratégias especializadas podem atingir uma maior diferenciação do produto ou uma progressividade tecnológica mais alta ou um atendimento superior em seus nichos de produtos particulares do que as empresas maiores. Em tais indústrias, as empresas pequenas terão uma maior rentabilidade do que as grandes operando com uma linha mais ampla (como em confecções femininas e tapetes).

Argumenta-se, às vezes, que se as empresas com parcelas pequenas de mercado têm maior rentabilidade do que aquelas com parcelas grandes, isso reflete um erro na definição de indústria. Os defensores do papel dominante da parcela de mercado argumentam que devemos definir o mercado de modo mais estrito, caso em que as "pequenas" empresas terão de fato uma parcela maior de um segmento especializado do que uma empresa que opera com uma linha ampla. Mas se usarmos uma definição estrita de mercado, deveremos também definir estritamente o mercado em indústrias em que as empresas com uma linha ampla vêm a ser as mais lucrativas. Em tais casos, viríamos a descobrir com freqüência que as empresas grandes não teriam necessariamente a maior parcela de cada segmento, mais ainda assim obteriam vantagens da escala global. Atribuir os lucros mais altos das empresas especializadas e com uma pequena parcela a uma definição particularizada do mercado é fugir da questão que estamos procurando responder; ou seja, sob que circunstâncias da indústria pode uma empresa selecionar uma estratégia especiali-

---

[6] Ver, por exemplo, Buzzell et al. (1975).

zada (para considerar apenas uma opção estratégica) sem se tornar vulnerável às economias de escala ou à diferenciação do produto obtidas pelas empresas com uma linha mais ampla? Ou sob que circunstâncias a parcela global na indústria não é importante? A resposta será diferente para cada indústria, dependendo do conjunto de barreiras de mobilidade e das outras características estruturais e específicas das empresas que descrevi.

A evidência empírica sugere que a relação entre a rentabilidade de uma parcela maior e uma parcela menor depende da indústria. O Anexo 7-1 apresenta a comparação da taxa de retorno sobre o patrimônio líquido das empresas maiores responsáveis por pelo menos 30% das vendas de sua indústria (líderes) com a mesma taxa para empresas de tamanho médio na mesma indústria (seguidoras). Nesses cálculos, as empresas pequenas com ativos inferiores a $500 mil foram excluídas. Embora algumas indústrias na amostra sejam excessivamente amplas, é surpreendente que as seguidoras sejam acentuadamente mais lucrativas do que as líderes em 15 das 38 indústrias. As indústrias em que as taxas de retorno das seguidoras foram maiores parecem ser de modo geral aquelas em que não existem economias de escala ou estas são muito pequenas (confecções, calçados, cerâmica, derivados de carne, tapetes) e/ou aquelas que são altamente segmentadas (material óptico, médico e oftalmológico, bebidas alcoólicas, periódicos, tapetes, brinquedos e artigos esportivos). As indústrias em que as líderes têm taxas de retorno maiores parecem ser, em geral, aquelas em que a publicidade é maciça (sabão; perfumes; refrigerantes; derivados de grãos, ou seja, cereais; cutelaria) e/ou exigem gastos com pesquisa e apresentam economias de escala (rádio e televisão, remédios, equipamentos fotográficos). Esse resultado é o que poderíamos esperar.

Grupos Estratégicos e a Posição de Custo

Outro fenômeno relativamente recente na formulação da estratégia é que a posição de custo é o único fator sustentável sobre o qual se pode construir uma estratégia competitiva. A empresa com custos mais baixos estará sempre em posição de invadir o território de outras áreas da estratégia, como diferenciação, tecnologia ou atendimento, nas quais outros grupos estratégicos estejam baseados.

Essa visão é seriamente enganadora, mesmo pondo de lado o fato de que a posição de baixo custo não é de modo algum facilmente sustentável. Como descrito mais amplamente no Capítulo 2, na maioria das indústrias existem diversas maneiras de criar barreiras de mobilidade ou de construir uma posição estrutural sólida. Essas estratégias diferentes envolverão, em geral, conjuntos de políticas fun-

ANEXO 7-1 Rentabilidade relativa de líderes da indústria e seguidores*

Taxa de Retorno do seguidor Muito Mais Alta (4,0 ou mais Pontos Percentuais) do que o Retorno do Líder	Taxa de Retorno do Seguidor de 0,5 a 4,0 Pontos Percentuais Mais Alta do que o Retorno do Líder	Taxa de Retorno do Líder de 2,5 a 4,0 Pontos Percentuais Mais Alta do que o Retorno do Seguidor	Taxa de Retorno do Líder Muito Mais Alta (4,0 ou Mais Pontos Percentuais) do que o Retorno do Seguidor
Derivados de carne	Açúcar	Laticínios	Vinho
Bebidas alcoólicas	Fumo (além de cigarros)	Cereais	Refrigerantes
Periódicos	Artigos de malha	Cervejas	Sabão
Tapetes	Confecções femininas	Remédios	Perfumes, cosméticos e artigos de toalete
Artigos de couro	Confecções masculinas	Joalheria	Tintas
Produtos ópticos, médicos e oftalmológicos	Calçados		Cutelaria, ferramentas manuais e ferragens em geral
	Cerâmica e produtos relacionados		Eletrodomésticos
	Equipamentos de iluminação elétrica		Rádio e televisão
	Brinquedos e artigos esportivos		Equipamento e acessórios fotográficos

Fonte: Porter (1979).

*Inclui 26 de uma amostra compreendendo 38 indústrias de bens de consumo para os anos 1963-65. Nas outras 12 indústrias não relacionadas, a taxa de retorno do grupo líder foi maior, e, em alguns casos, foi igual à taxa de retorno do grupo seguidor.

cionais diferentes e normalmente *conflitantes*. Uma empresa tentando atingir o mais alto grau de eficácia em uma estratégia raramente será também a mais eficaz em atender às necessidades satisfeitas por outras. A posição de baixo custo *dentro do grupo estratégico* pode ser crucial, mas uma posição de baixo custo de modo global não é necessariamente importante, nem é a única maneira de competir. Alcançar a posição de baixo custo global quase sempre acarreta um sacrifício em outras áreas da estratégia, como diferenciação, tecnologia ou atendimento, nas quais os outros grupos estratégicos estão baseados.

É verdade, entretanto, que os grupos estratégicos competindo em outras bases que não o baixo custo precisam estar constantemente cientes do diferencial entre seus custos e os dos grupos estratégicos com custos baixos de modo global. Se esse diferencial se torna muito grande, os clientes podem, então, ser induzidos a mudar para os grupos de custos mais baixos, apesar de um sacrifício na qualidade, no atendimento, na progressividade tecnológica, ou em outras áreas. A posição relativa de custo entre os grupos é uma variável estratégica básica nesse sentido.

IMPLICAÇÕES PARA A FORMULAÇÃO DA ESTRATÉGIA

A formulação da estratégia competitiva em uma indústria pode ser vista como a *escolha do grupo estratégico em que competir*. Essa escolha pode compreender a seleção do grupo existente que envolva o melhor *trade-off* entre o potencial de lucro e os custos para a empresa entrar nesse grupo, ou pode envolver a criação de um grupo estratégico inteiramente novo. A análise estrutural dentro de uma indústria põe em destaque os fatores que determinarão o sucesso de um determinado posicionamento estratégico para a empresa.

Como descrito na Introdução, a orientação mais generalizada para a formulação da estratégia é definida em termos da comparação dos pontos fortes e fracos de uma empresa, em particular sua competência distintiva, com as oportunidades e os riscos em seu meio ambiente. Os princípios da análise estrutural dentro de uma indústria permitem que sejamos muito mais concretos e específicos sobre quais são os pontos fortes e fracos de uma empresa, a sua competência distintiva e as oportunidades e riscos da indústria. Os pontos fortes e fracos de uma empresa podem ser listados da seguinte maneira:

Pontos Fortes	*Pontos Fracos*
• fatores que constroem as barreiras de mobilidade que protegem o grupo estratégico;	• fatores que debilitam as barreiras de mobilidade que protegem o grupo estratégico;
• fatores que reforçam o poder de negociação do grupo em relação a compradores e fornecedores;	• fatores que enfraquecem o poder de negociação do grupo em relação a compradores e fornecedores;
• fatores que isolam o grupo da rivalidade de outras empresas;	• fatores que expõem o grupo à rivalidade de outras empresas;
• escala maior em relação ao grupo estratégico;	• escala menor em relação ao grupo estratégico;
• fatores permitindo custos menores de entrada no grupo estratégico do que em outros;	• fatores causando maior custo de entrada no grupo estratégico do que em outros;
• forte capacidade de implementação da estratégia em relação aos concorrentes;	• capacidade menor de implementação da estratégia em relação aos competidores;
• recursos e habilidades permitindo à empresa superar as barreiras de mobilidade e penetrar em grupos estratégicos ainda mais interessantes.	• falta de recursos e habilidades que pudessem permitir à empresa superar as barreiras de mobilidade e penetrar em grupos mais interessantes.

Se as barreiras de mobilidade básicas para a entrada no grupo estratégico de uma empresa são baseadas, por exemplo, em sua ampla linha de produtos, tecnologia própria, ou em vantagens de custo absolutas decorrentes da experiência, essas fontes de barreiras de mobilidade definem alguns dos pontos fortes da empresa. Ou se o grupo estratégico mais interessante na indústria da empresa está protegido por barreiras de mobilidade apoiadas na obtenção de economias de escala por meio de uma distribuição cativa e de uma organização de atendimento, a falta desse fator torna-se um dos principais pontos fracos da empresa. A análise estrutural nos fornece uma metodologia para identificar sistematicamente os principais pontos fortes e fracos de uma empresa com relação aos concorrentes. Esses pontos fortes e fracos não têm uma rigidez externa mas podem mudar na medida em que a evolução da indústria realinhe a posição relativa dos grupos estratégicos ou em que as empresas efetuem inovações ou realizem investimentos para alterar suas posições estruturais.

Essa metodologia para visualizar os pontos fortes e fracos ressalta dois tipos fundamentalmente diferentes: estruturais e quanto à implementação. Pontos fortes e fracos de caráter estrutural repousam nas características fundamentais da estrutura da indústria, tais como barreiras de mobilidade, determinantes do poder de negociação relativo e assim por diante. Como tal, eles são de natureza relativamente estável, sendo difícil superá-los. Pontos fortes e fracos quanto à implementação, baseados nas diferenças de capacidade das empresas para executar estratégias, baseiam-se nas pessoas e na capacidade administrativa. Como tais, eles podem ser mais efêmeros, embora não necessariamente. Em qualquer caso, é importante fazer uma distinção entre os dois tipos na análise da estratégia.

As *oportunidades estratégicas* apresentadas à empresa em sua indústria podem também ser vistas de modo mais concreto usando esses conceitos.

As oportunidades podem ser divididas em algumas categorias:

- criação de um grupo estratégico novo;
- mudança para um grupo estratégico em posição mais favorável;
- fortalecimento da posição estrutural do grupo existente ou da posição da empresa no grupo;
- mudança para um novo grupo e fortalecimento da posição estrutural desse grupo.

A categoria de oportunidades com o maior retorno talvez seja a criação de um *novo* grupo estratégico. Mudanças tecnológicas ou a evolução na estrutura da indústria muitas vezes oferecem oportunidades para grupos estratégicos totalmente novos. Mesmo sem esses estímulos, a empresa com uma boa visão pode ser capaz de perceber um grupo estratégico novo, bem situado, não percebido por seus concorrentes. A American Motors, por exemplo, identificou um carro compacto com uma situação especial na metade dos anos 50, superando por algum tempo sérias desvantagens em relação às três grandes. A Timex criou uma nova concepção de relógio de preço baixo e digno de confiança, conjugando novas técnicas de fabricação com um novo método de marketing e de distribuição. Mais recentemente, a Hanes criou um grupo inteiramente novo no ramo das meias com sua estratégia "L'eggs". Embora a boa visão seja um bem escasso, a análise estrutural pode ajudar a pensar diretamente nas áreas de mudança que poderão produzir os mais altos retornos.

Uma outra classe de oportunidade estratégica potencial é representada pelos grupos estratégicos com posição mais favorável na indústria nos quais a empresa poderia escolher entrar.

Uma terceira categoria de oportunidade estratégica é a possibilidade de a empresa realizar investimentos ou ajustes que melhorem a posição estrutural de seu grupo estratégico existente ou sua posição dentro do grupo, aumentando, por exemplo, as barreiras de mobilidade, melhorando a posição em relação a produtos substitutos, reforçando a capacidade de marketing etc. É possível também considerar esses investimentos e ajustes como a criação de um grupo estratégico novo e melhor.

Um último tipo de oportunidade estratégica é entrar em outros grupos estratégicos e aumentar suas barreiras de mobilidade ou melhorar sua posição. A evolução estrutural em uma indústria é uma potente criadora de possibilidades para efetuar essa mudança, assim como para melhorar a posição da empresa em seu grupo.

Os *riscos* com os quais uma empresa se defronta podem ser identificados com o uso dos mesmos conceitos básicos:

- riscos de que outras empresas entrem em seu grupo estratégico;
- riscos de fatores que reduzam as barreiras de mobilidade do grupo estratégico da empresa diminuam o poder em relação a compradores ou fornecedores, piorem a posição em relação a produtos substitutos, ou a exponham a uma maior rivalidade;
- riscos que acompanham os investimentos que visam melhorar a posição da empresa aumentando as barreiras de mobilidade;
- riscos de tentar superar barreiras de mobilidade para entrar em grupos estratégicos mais interessantes ou em grupos inteiramente novos.

Os dois primeiros podem ser vistos como ameaças à posição atual da empresa, ou riscos de inação, enquanto os últimos são riscos de seguir oportunidades.

A escolha feita pela empresa, das estratégias ou do grupo estratégico em que competir, é um processo de relacionar todos esses fatores. Muitas, se não a maior parte, das principais ocorrências estratégicas revolucionárias acontecem em virtude da estrutura mutável. A análise estrutural mostra como a posição estratégica de uma empresa conjugada com a estrutura existente da indústria se traduz em desempenho no mercado. Se a estrutura da indústria é imutável, então o custo de superar as barreiras de mobilidade para mover-se para outro grupo estratégico já ocupado por outras empresas pode eliminar os benefícios. Contudo, se a empresa é capaz de perceber uma posição estratégica totalmente nova e estruturalmente favorável, ou se ela pode mudar sua posição em uma ocasião em que a evolução da indústria reduz o custo da mudança, o resultado pode ser, então, um aprimoramento significativo no desempenho. A metodologia aqui identificada pode iluminar o que procurar em um reposicionamento como esse.

As três estratégias genéricas identificadas no Capítulo 2 representam três abordagens amplas e consistentes para chegar a um bom posicionamento estratégico. No contexto deste capítulo, elas representam tipos gerais diferentes de grupos estratégicos que podem obter êxito, dependendo das condições econômicas da indústria em questão. Este capítulo acrescentou algo mais vivido à análise das estratégias genéricas. É claro, com base neste capítulo, que o fundamento das estratégias genéricas repousa na criação (de diferentes maneiras) de barreiras de mobilidade; de uma posição favorável em relação aos compradores, fornecedores e substitutos; e de isolamento da rivalidade. Nosso conceito ampliado da análise estrutural é, então, uma maneira de tornar a noção de estratégias genéricas mais clara e mais operacional.

O MAPA DOS GRUPOS ESTRATÉGICOS COMO UM INSTRUMENTO ANALÍTICO

Estamos agora em posição de retornar à discussão do mapa dos grupos estratégicos como um instrumento analítico. O mapa é uma maneira muito prática de demonstrar graficamente a concorrência em uma indústria e de ver como a indústria muda ou de que forma as tendências podem afetá-la. É um mapa do "espaço estratégico" e não do preço e do volume.

Ao mapear grupos estratégicos, as poucas variáveis estratégicas usadas como eixos do mapa devem ser selecionadas pelo analista. Ao fazer isso, alguns princípios provarão ser úteis. Primeiro, as melhores variáveis estratégicas a serem usadas como eixos são as que *determinam as barreiras de mobilidade principais* na indústria. Por exemplo, no ramo dos refrigerantes as principais barreiras são a identificação da marca e os canais de distribuição que, assim, servem como eixos úteis em um mapa de grupos estratégicos. Segundo, ao mapear grupos é importante selecionar como eixos variáveis que se movem ao mesmo tempo. Por exemplo, se todas as empresas com elevada diferenciação do produto também têm linhas amplas de produtos, então as duas variáveis não podem servir como eixos do mapa. Muito pelo contrário, devem ser selecionadas variáveis que reflitam a diversidade das combinações estratégicas na indústria. Terceiro, os eixos para um mapa não precisam ser variáveis contínuas ou monótonas. Por exemplo, os canais visados na indústria de serras de fita são revendedores especializados, revendedores de produtos populares e vendedores de marcas privadas. Algumas empresas concentram-se em um deles, enquanto outras tentam ampliar seus canais. Os revendedores especializados diferenciam-se mais dos vendedores de marcas privadas em termos da estratégia requerida, e os de produtos populares têm uma situação intermediária. Ao mapear a indústria, talvez seja mais esclarecedor arranjar as empresas conforme mostrado na Figura 7-3. A localização das empresas reflete sua combinação de canais. Um último princípio é que uma indústria pode ser mapeada várias vezes, usando várias combinações de dimensões estratégicas, para auxiliar o analista a ver os principais tópicos competitivos. Mapear é um meio de auxiliar no diagnóstico das relações competitivas, não existindo nenhum método necessariamente correto.

Tendo construído um mapa dos grupos estratégicos de uma indústria, algumas etapas analíticas podem ser esclarecedoras.

Identificação das Barreiras de Mobilidade. As barreiras de mobilidade que protegem cada grupo dos ataques de outros grupos podem ser identificadas. Por exemplo, as barreiras básicas que protegem o grupo de alta qualidade/orientado-para-revendedores na Figura 7-3 são tecnologia, imagem da marca e uma rede estabelecida de revendedores especializados. As principais barreiras que protegem o grupo de marca privada, por outro lado, são economias de escala, experiência e, até certo ponto, o relacionamento com os clientes de marcas privadas. Um exercício como esse pode ser muito esclarecedor na previsão de ameaças aos diversos grupos e de mudanças prováveis de posição entre as empresas.

Identificação de Grupos Marginais. Uma análise estrutural como a descrita neste capítulo pode identificar grupos cuja posição é tênue ou marginal. Esses grupos são candidatos à saída ou a tentativas de movimento para outros grupos.

Representação Gráfica das Direções dos Movimentos Estratégicos. Uma utilização muito importante do mapa de grupos estratégicos está na representação gráfica das direções para as quais movem-se as estratégias das empresas e daquelas em que poderiam variar, do ponto de vista global da indústria. Essa tarefa pode ser feita mais facilmente desenhando-se setas a partir de cada grupo estratégico representando a direção em que o grupo (ou uma empresa do grupo) parece estar se movendo no espaço estratégico. Fazer isso para todos os grupos pode mostrar que as empresas estão se movendo independentemente em termos estratégicos, o que pode ser estabilizador para a concorrência na indústria, em particular se isso envolve uma separação cada vez maior dos segmentos do mercado-alvo atendidos. Ou um exercício como este pode demonstrar que as posições estratégicas são convergentes, o que pode resultar em uma situação muito instável.

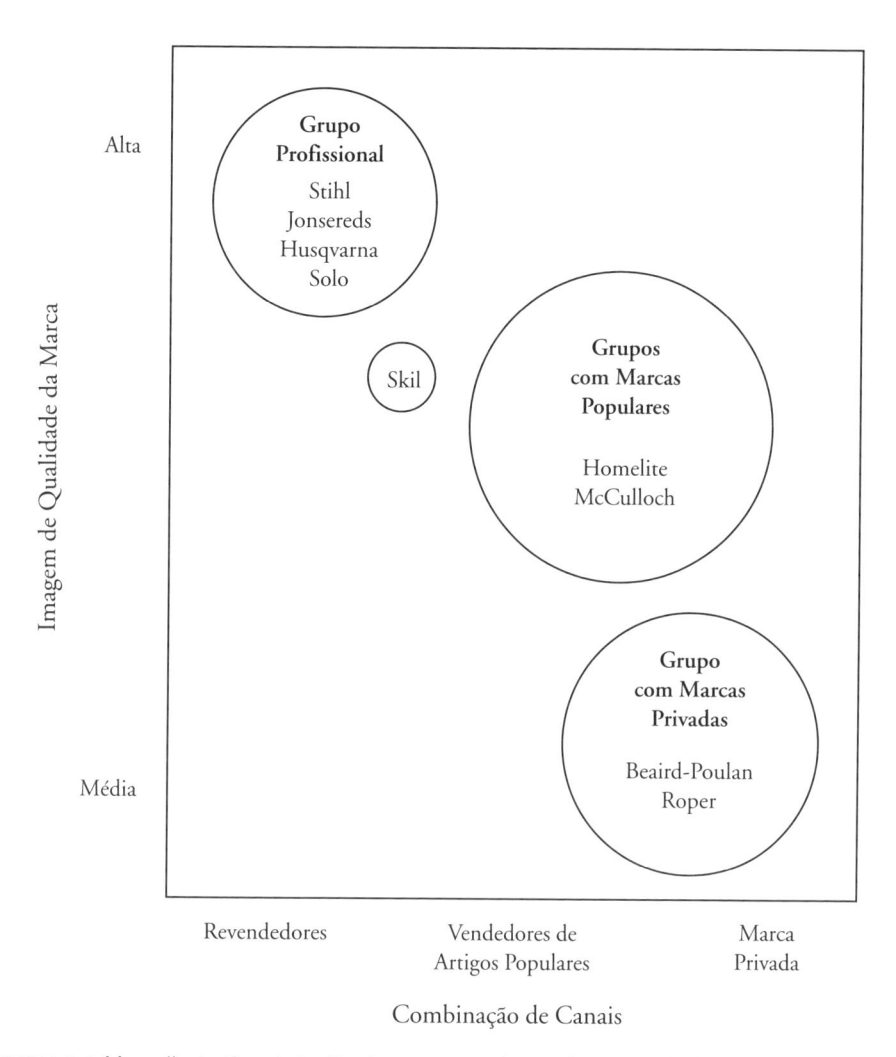

FIGURA 7-3 *Mapa ilustrativo da indústria norte-americana de serras de fita.*

Análise de Tendências. Pode ser esclarecedor pensar nas implicações de cada tendência da indústria para o mapa de grupos estratégicos. A tendência reduz a viabilidade de alguns grupos? Para onde as empresas deste grupo irão se mudar? Esta tendência está elevando as barreiras mantidas por alguns grupos? A tendência reduzirá a capacidade dos grupos de se diferenciarem quanto a algumas dimensões? Todos esses fatores podem conduzir a previsões sobre a evolução da indústria.

Previsão de Reações. O mapa pode ser usado para prever reações da indústria a um acontecimento. As empresas de um grupo tendem a reagir de modo semelhante a perturbações ou a novas tendências, dada a similaridade de suas estratégias.

8
Evolução da Indústria

A análise estrutural nos fornece uma base para a compreensão das forças competitivas operando em uma indústria e que são decisivas para o desenvolvimento da estratégia competitiva. É claro, entretanto, que as estruturas das indústrias se modificam, freqüentemente de formas fundamentais. As barreiras de entrada e a concentração vêm aumentando de maneira significativa na indústria de cerveja norte-americana, por exemplo, e a ameaça de substitutos cresceu a tal ponto que está colocando os produtores de acetileno em situação difícil.

A evolução da indústria assume uma importância decisiva para a formulação da estratégia. Ela pode aumentar ou diminuir os atrativos básicos de uma indústria como uma oportunidade de investimento, e quase sempre exige que a empresa faça ajustes estratégicos. Entender o processo de evolução da indústria e ser capaz de predizer as mudanças são coisas importantes, porque o custo de reagir estrategicamente aumenta em geral quando a necessidade de mudança se torna mais óbvia e a vantagem da melhor estratégia é maior para a primeira empresa a selecioná-la. Por exemplo, no negócio de equipamentos agrícolas logo após a guerra, a mudança estrutural aumentou a importância de uma forte rede de revendedores exclusivos apoiada em suporte e crédito das companhias. As empresas que reconheceram logo essa mudança puderam escolher a dedo os revendedores.

Este capítulo apresentará instrumentos analíticos para a previsão do processo evolutivo em uma indústria e para a compreensão de seu significado para a formulação da estratégia competitiva. O capítulo começa descrevendo alguns conceitos básicos na análise da evolução da indústria. Em seguida, identificarei as forças condutoras que são a causa da mudança na indústria. Finalmente, algumas revelações econômicas importantes no processo evolutivo são discutidas e as implicações estratégicas exploradas.

CONCEITOS BÁSICOS NA EVOLUÇÃO DA INDÚSTRIA

O ponto de partida para a análise da evolução da indústria é a metodologia da análise estrutural apresentada no Capítulo 1. As mudanças na indústria terão importância estratégica caso possam afetar as fontes básicas das cinco forças competitivas; ou seja, as mudanças são importantes somente no sentido tático. O método mais simples para a análise da evolução é fazer as seguintes perguntas: Está ocorrendo na indústria alguma mudança que afetará cada elemento da estrutura? Por exemplo, será que algumas das tendências da indústria envolvem um aumento ou uma diminuição nas barreiras de mobilidade? Um aumento ou uma diminuição no poder relativo dos compradores ou fornecedores? Se essas perguntas forem feitas de uma forma disciplinada para cada força competitiva e para as causas econômicas que a fundamentam, o resultado será um perfil das questões importantes na evolução de uma indústria.

Embora esse método específico para a indústria seja o ponto de partida, ele pode não ser suficiente, porque nem sempre está claro que mudanças estão ocorrendo atualmente na indústria, muito menos que mudanças ocorrerão no futuro. Dada a importância da capacidade de prever a evolução, é interessante ter algumas técnicas analíticas que ajudarão a antecipar o padrão das mudanças que podemos esperar que ocorram na indústria.

Ciclo de Vida do Produto

O mais antigo dos conceitos para prever o curso provável da evolução da indústria é o conhecido ciclo de vida do produto. A hipótese é que uma indústria[1] atravessa várias fases ou estágios – introdução, crescimento, maturidade e declínio – ilustradas na Figura 8-1. Esses estágios são definidos por pontos de modulação no índice de crescimento das vendas da indústria. O crescimento da indústria segue uma curva em forma de S devido ao processo de inovação e difusão de um novo produto.[2] A fase introdutória horizontal de crescimento da indústria reflete a dificuldade de superar a inércia do comprador e estimular os testes do novo produto. O crescimento rápido ocorre quando muitos compradores se precipitam no mercado tão logo o produto prove seu sucesso. A penetração dos compradores em potencial do produto é finalmente alcançada, fazendo com que o crescimento rápido estacione e se nivele a um índice básico de crescimento do grupo de compradores

---

[1] Há algumas controvérsias sobre se o ciclo de vida se aplica somente aos produtos individuais ou às indústrias inteiras. A opinião de que ele se aplica às indústrias é sumariada aqui.
[2] Kotler (1972), p. 432-433; ver também Polli e Cook (1969), p. 385-387.

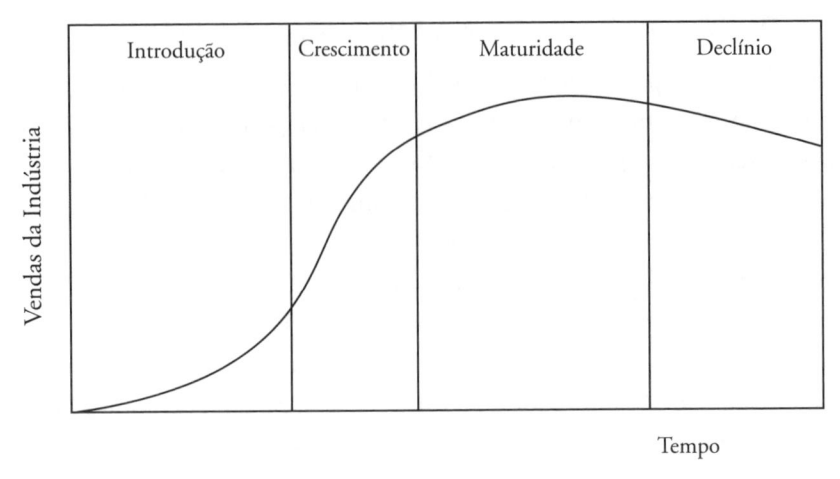

FIGURA 8-1 *Estágios do ciclo de vida.*

relevantes. Finalmente, o crescimento decrescerá conforme forem aparecendo novos produtos substitutos.

À medida que a indústria vai atravessando seu ciclo de vida, a natureza da concorrência se modificará. Resumi na Figura 8-2 os prognósticos mais comuns sobre como uma indústria se modifica no decorrer do ciclo de vida e de que forma isso afeta a estratégia.

O ciclo de vida do produto atraiu algumas críticas válidas:

1. A duração dos estágios varia demasiadamente de indústria para indústria e não está claro em que estágio do ciclo de vida está uma indústria. Esse problema reduz a utilidade do conceito como um instrumento de planejamento.
2. O crescimento da indústria nem sempre atravessa o padrão em formato de S. Algumas indústrias pulam a fase da maturidade, passando direto do crescimento para o declínio. Algumas vezes o crescimento da indústria revitaliza-se após um período de declínio, como ocorreu nas indústrias de motocicletas e bicicletas e, recentemente, na indústria de radiodifusão. Algumas indústrias parecem, de um modo geral, pular a lenta partida da fase introdutória.
3. As companhias podem *afetar* o formato da curva de crescimento com inovação do produto e do reposicionamento, estendendo-a de diversas maneiras.[3] Se a companhia aceita o ciclo de vida como dado, ele se torna uma profecia de efeito indesejável.

---

[3] Para o debate sobre estes métodos, veja Levitt (1965).

	Introdução	Crescimento	Maturidade	Declínio
Compradores e Comportamento do Comprador	Comprador de alta renda[j,k,l] Inércia do comprador[a] Compradores devem ser convencidos a testar o produto[a,j]	Ampliação do grupo de compradores[j] Consumidor aceitará qualidade irregular[l]	Mercado de massa[l] Saturação[a] Repetição de compra[a,j] A regra é escolher entre marcas[a]	Clientes são compradores sofisticados do produto[j]
Produtos e Mudança no Produto	Qualidade inferior[l] Projeto do produto e chave para o desenvolvimento[g] Muitas variações diferentes do produto; sem padronização[k] Freqüentes mudanças no projeto[j,k] Projetos básicos do produto[l]	Produtos têm diferenciação técnica e de desempenho[h] Confiabilidade é básica para produtos complexos[g] Aperfeiçoamentos competitivos no produto[j] Boa qualidade[l]	Qualidade superior[l] Menor diferenciação do produto[b,f,i] Padronização[f,k] Mudanças mais lentas no produto – mais mudanças anuais mínimas no modelo[i,j] Trocas tornam-se significativas[j]	Pequena diferenciação do produto[h,i] Qualidade irregular do produto[l]
Marketing	Publicidade/Vendas (p/v) muito altas[b,h] Melhor estratégia de preços[k] Altos custos de marketing[l]	Muita publicidade[b], mas uma percentagem mais baixa de vendas do que na introdução[b,h] Maior promoção de medicamentos[c] Publicidade e distribuição são básicas para produtos não-técnicos[g]	Segmentação do mercado[a,j,l] Esforços para ampliar o ciclo de vida[d,i] Linha ampla[j] Predominam os serviços e os negócios[a,j] Embalagem importante[a] Concorrência de publicidade[a] P/V mais baixas[a,b]	P/V e outro tipo de marketing baixos

FIGURA 8-2 *Prognósticos das teorias do ciclo de vida do produto sobre estratégia, concorrência, desempenho.*

	Introdução	Crescimento	Maturidade	Declínio
Fabricação e Distribuição	Supercapacidade[l] Tandas de produção curtas[j,k] Alto conteúdo de mão-de-obra especializada[k] Altos custos de produção[l] Canais especializados[l]	Subcapacidade[l] Mudança para produção em massa[j,k] Luta pela distribuição[j] Canais de massa[l]	Certa supercapacidade[a] Capacidade ótima[l] Crescente estabilidade do processo de fabricação[e] Mão-de-obra menos especializada[k] Longas tandas de produção com técnicas estáveis[k] Canais de distribuição reduzem suas linhas para melhorar suas margens[j]	Supercapacidade substancial[a,l] Produção em massa[h] Canais de produtos especiais[l]
P&D	Técnicas de produção mutáveis[k]		Altos custos de distribuição física devido às linhas amplas[j] Canais de massa[l]	
Comércio Exterior	Algumas exportações[k]	Exportações significativas[k] Poucas importações[k]	Queda nas exportações[k] Importações significativas[k]	Nenhuma exportação[k] Importações significativas[k]
Estratégia Global	Melhor período para aumentar parcela de mercado[e] P&D, engenharia são funções básicas[l]	Época propícia para alterar a imagem de qualidade ou de preço[j] Marketing a função básica[l]	Época inauspiciosa para aumentar parcela de mercado[e] Principalmente se for companhia com pequena parcela[e] Torna-se básico ter custos competitivos[j] Época inauspiciosa para alterar a imagem de preço ou a imagem de qualidade[j] "Eficácia do marketing" é básico[g]	Controle de custo é básico[g,j]

FIGURA 8-2 *Continuação*

	Introdução	Crescimento	Maturidade	Declínio
Concorrência	Poucas companhias[a,j,k,l]	Entrada[a] Muitos concorrentes[a,d,j,l] Muitas fusões e perdas[l]	Concorrência de preços[a,i,j,k] Queda[j,k] Aumento nas marcas privadas[d,e]	Saídas[a] Número reduzido de concorrentes[j,l]
Risco	Alto risco[a]	Riscos podem ser assumidos aqui porque o crescimento os encobre[l]	Ciclicidade tem início[j]	
Margens e Lucros	Margens e preços altos[b,j,l] Lucros baixos[g,i] Elasticidade-preços para vendedor individual não é tão grande como na maturidade[k]	Lucros altos[b,j,l] Lucros mais altos[h] Preços razoavelmente altos[b] Preços mais baixos do que na fase introdutória[i] Resistentes à recessão[j] P/L altos[j] Clima propício à aquisição[j]	Queda de preços[b,j] Lucros mais baixos[l] Margens mais baixas[b,l] Margens dos revendedores mais baixas[i,j] Maior estabilidade das parcelas de mercado e estrutura de preços[e] Clima inauspicioso para aquisição – difícil vender companhias[j] As menores margens e preços[l]	Preços e margens baixos[a] Queda de preços[b,j] Preços podem subir no final do declínio[i,l]

[a]Levitt (1965).
[b]Buzzell (1966).
[c]Cox (1967).
[d]Buzzell et al. (1972).
[e]Catry e Chevalier (1974).
[f]Dean (1950).
[g]Clifford (1965).
[h]Forrester (1959).
[i]Patton (1959).
[j]Staudt, Taylor e Bowersox (1976).
[k]Wells (1972).
[l]Smallwood (1973).

FIGURA 8-2 *Continuação*

4. A natureza da concorrência associada a cada estágio do ciclo de vida é *diferente* para indústrias diferentes. Por exemplo, algumas indústrias começam altamente concentradas e permanecem desse modo. Outras, como a dos caixas bancários automáticos, são concentradas por um período significativo e depois diminuem um pouco. Outras começam altamente fragmentadas; algumas dessas se consolidam (automóveis) enquanto outras não (distribuição de componentes eletrônicos). Os mesmos padrões divergentes aplicam-se à publicidade, às despesas de P&D, ao grau de concorrência de preços e a muitas outras características da indústria. Padrões divergentes como esses levantam sérias dúvidas quanto às implicações estratégicas atribuídas ao ciclo de vida.

O verdadeiro problema com o ciclo de vida do produto na qualidade de previsor da evolução da indústria é que ele tenta descrever *um* padrão de evolução que invariavelmente ocorrerá. E, com exceção do índice de crescimento da indústria, há pouco ou nenhum fundamento racional para explicar por que ocorrerão mudanças competitivas associadas ao ciclo de vida. Visto que a evolução real da indústria segue por muitos caminhos diferentes, o padrão do ciclo de vida nem sempre se mantém, mesmo que esse seja um padrão comum, ou até mesmo o mais comum, de evolução. Nada no conceito nos permite predizer quando ele irá manter-se ou não.

Uma Metodologia para Prever a Evolução

Em vez de tentar descrever a evolução da indústria, será mais vantajoso examinar em profundidade o processo para ver o que realmente o impele. Como qualquer evolução, as indústrias desenvolvem-se porque algumas forças que estão em movimento criam incentivos ou pressões para a mudança. Essas podem ser chamadas de *processos evolutivos*.

Toda indústria começa com uma *estrutura inicial* – as barreiras de entrada, o poder do comprador e do fornecedor etc., que existem desde o seu início. Essa estrutura é comumente (embora nem sempre) bem diferente da configuração que a indústria tomará mais tarde no seu desenvolvimento. A estrutura inicial resulta da combinação das características econômicas e técnicas básicas da indústria, das restrições iniciais decorrentes do seu pequeno porte e das habilidades e recursos das primeiras companhias a entrarem nela. Por exemplo, mesmo uma indústria como a automobilística, com enormes possibilidades para economias de escala, começa com operações de produção por encomenda com uso intenso de mão-de-obra por causa dos pequenos volumes de carros produzidos durante os primeiros anos.

Os processos evolutivos conduzem a indústria à sua *estrutura potencial*, que raramente é conhecida totalmente durante o seu desenvolvimento. Entretanto, encravada na tecnologia fundamental, nas características do produto e na natureza dos compradores existentes e em potencial, existe uma variedade de estruturas que a indústria possivelmente pode atingir, dependendo da direção e do sucesso de pesquisa e desenvolvimento, das inovações de marketing etc.

É importante compreender que as decisões de investimento tanto por parte das empresas já existentes na indústria como das novas são úteis em grande parte da evolução da indústria. Em resposta às pressões ou aos incentivos criados pelo processo evolutivo, as empresas investem para aproveitar as possibilidades de novos métodos de marketing, novas instalações de fabricação etc., que mudam as barreiras de entrada, alteram o poder relativo contra fornecedores e compradores etc. A sorte, as habilidades, os recursos e a orientação das empresas na indústria podem modelar o caminho evolutivo que ela tomará. A despeito do potencial para mudança estrutural, uma indústria pode não mudar realmente porque nenhuma empresa conseguiu descobrir um novo método de marketing viável; ou as economias de escala em potencial podem não se realizar porque nenhuma empresa possui os recursos financeiros para construir uma instalação totalmente integrada, ou simplesmente porque nenhuma empresa está inclinada a pensar sobre os custos. Visto que a inovação, os desenvolvimentos tecnológicos e as individualidades (e recursos) das empresas particulares, que já estejam na indústria ou considerando entrar nela, são tão importantes para a evolução, esta não será só difícil de ser prevista com segurança como também uma indústria pode desenvolver-se de várias maneiras em uma variedade de ritmos diferentes, dependendo do destino.

PROCESSO EVOLUTIVO

Embora a estrutura inicial, o potencial estrutural e as decisões de investimento das empresas particulares sejam específicos à indústria, podemos generalizar sobre quais são os processos evolutivos importantes. Existem alguns processos dinâmicos previsíveis (e interagentes) que ocorrem em toda indústria de uma forma ou de outra, embora sua velocidade e sua direção variem de indústria para indústria:

- mudanças a longo prazo no crescimento;
- mudanças nos segmentos de compradores atendidos;

- aprendizagem dos compradores;
- redução da incerteza;
- difusão de conhecimento patenteado;
- acúmulo de experiência;
- expansão (ou retração) na escala;
- alterações nos custos da moeda e dos insumos;
- inovação no produto;
- inovação no marketing;
- inovação no processo;
- mudança estrutural nas indústrias adjacentes;
- mudanças na política governamental;
- entradas e saídas.

Cada processo evolutivo será descrito com atenção para as suas determinantes, para as suas relações com os outros processos e para as suas implicações estratégicas.

Mudanças a Longo Prazo no Crescimento

Talvez a força mais onipresente que conduz à mudança estrutural seja uma alteração no índice de crescimento da indústria a longo prazo. O crescimento da indústria é uma variável básica para determinar a intensidade da concorrência dentro dela, e estabelece o ritmo da expansão necessário para manter parcela, influenciando, assim, o equilíbrio da oferta e da procura e a persuasão que a indústria oferece aos novos entrantes.

Existem cinco razões externas importantes para explicar as mudanças no crescimento da indústria a longo prazo.

Demografia

Nos *bens de consumo*, as mudanças demográficas são um determinante básico do tamanho do grupo de compradores de um produto e, assim, do índice de crescimento na demanda. O grupo de clientes em potencial para um produto pode ser tão vasto quanto o número de casas, mas ele comumente consiste em compradores caracterizados por grupos com idades, níveis de renda, níveis de escolaridade ou localizações geográficas específicas. À medida que o índice de crescimento total da população, sua distribuição por grupos etários e níveis de renda e fatores demográficos variam, eles se traduzem diretamente em alterações na demanda. Um exemplo bem nítido e atual dessa situação é o efeito adverso da redução na taxa de natalidade nos Estados Unidos sobre a demanda de produtos de todas as espécies para bebês, enquanto os produtos destinados a grupos de idade variando de 25 a 35 anos estão atualmente desfrutando os efeitos da exploração da natalidade no período após a Segunda Guerra Mundial. A demografia também representa um problema potencial para as indústrias fonográficas e de balas cujas vendas tradicionalmente se destinam a uma faixa etária abaixo dos 20 anos, que atualmente está diminuindo.

Uma parte do efeito das mudanças demográficas é causada pela *elasticidade-renda*, que se refere à alteração na demanda de um comprador em relação a um produto quando a sua renda aumenta. Para alguns produtos (capas para tacos de golfe de pele de marta), a demanda tende a aumentar sem nenhuma relação com a renda dos compradores. Para outros produtos, a proporção do aumento da demanda é inferior ao aumento da renda, ou essa demanda até mesmo cai. É importante, do ponto de vista estratégico, identificar onde um produto se enquadra nesse espectro, porque isso é decisivo na previsão do crescimento a longo prazo à medida que os níveis de renda geral dos compradores vão se modificando tanto no país de origem de uma empresa como nos mercados internacionais potenciais. Algumas vezes, contudo, as indústrias podem mudar a posição de seus produtos para cima ou para baixo na escala de elasticidade da renda por meio de inovações no produto; portanto, os efeitos da elasticidade da renda não são necessariamente um resultado previsto.

Para os *produtos industriais*, o efeito das variações demográficas sobre a demanda é baseado no ciclo de vida das indústrias clientes. A demografia afeta a demanda dos consumidores em relação a produtos finais, que, refiltrada, afeta as indústrias fornecedoras de insumos para esses produtos finais.

As empresas podem tentar enfrentar as demografias desfavoráveis ampliando o grupo de compradores com inovações nos produtos, novos métodos de marketing, ofertas de serviços adicionais etc. Esses métodos podem, por sua vez, afetar a estrutura da indústria a partir de um aumento nas economias de escala, expondo a indústria a grupos de compradores basicamente diferentes com poder de negociação diferente, e assim por diante.

Tendências nas Necessidades

A demanda em relação ao produto de uma indústria é afetada pelas variações que qualquer sociedade experimenta no decorrer do tempo quanto aos estilos de vida, aos gostos, às filosofias e às condições sociais da população compradora. Por exemplo, no final dos anos 60 e começo dos anos 70, havia nos Estados Unidos movimentos como uma volta à "natureza", um maior tempo de lazer, roupas mais simples e nostalgia. Essas tendências impulsionaram a procura de mochilas, de blue jeans e de outros produtos. Para citar outro exemplo tomemos o recente movimento da "volta às bases" na educação que está criando uma nova demanda em relação a testes escritos e de leitura padronizados. Apareceram também outras tendências sociais como, por exemplo, o aumento no índice de criminalidade, a mudança no papel da mulher e uma maior conscientização em relação à saúde; tendências que aumentaram a demanda de alguns produtos (bicicletas, creches) e reduziram a demanda de outros.

As tendências em necessidades como essas não somente afetam diretamente a demanda como também afetam indiretamente a procura de produtos industriais por meio de indústrias intermediárias. As tendências nas necessidades afetam a demanda em segmentos particulares da indústria como também a sua demanda total. As necessidades podem ser criadas de uma forma inteiramente nova ou apenas intensificadas pelas tendências sociais. Por exemplo, os assaltos a residências vêm aumentando drasticamente nos últimos vinte anos, intensificando bastante a procura de guardas de segurança, fechaduras, cofres, e sistemas de alarme. As crescentes perdas esperadas em decorrência dos furtos justificam o grande gasto para evitá-los.

Finalmente, as alterações nas regulamentações governamentais podem aumentar ou diminuir as necessidades com relação aos produtos. Por exemplo, a demanda de máquinas de flíper e de caça-níqueis está aumentando como um resultado da legislação iminente e já aprovada que legaliza o jogo.[4]

Mudança na Posição Relativa dos Substitutos

A demanda de um produto é afetada pelo custo e pela qualidade, definidos em termos gerais, dos produtos substitutos. Se o custo de um substituto cai em termos relativos, ou se suas capacidades melhoram para satisfazer as necessidades do comprador, o crescimento da indústria será afetado de maneira adversa (e vice-versa). Os exemplos são as incursões que a televisão e o rádio fizeram na procura de concertos ao vivo dados por orquestras sinfônicas e por outros grupos de teatro; o crescimento na procura de espaço de publicidade nas revistas, visto que os preços da propaganda na televisão subiram demasiadamente e o horário nobre de publicidade na televisão está cada vez mais escasso; e o efeito depressivo da subida dos

---

[4] Ver *Dun's*, fevereiro de 1977.

preços sobre a demanda de produtos como bombons de chocolate e refrigerantes em relação aos seus substitutos.

Ao prever a mudança a longo prazo no crescimento, uma empresa deve identificar todos os produtos substitutos que podem satisfazer as mesmas necessidades que seus produtos satisfazem. Então, as tendências tecnológicas e outras que afetarão o custo ou a qualidade de cada um desses substitutos deveriam ser projetadas. A comparação destas com as tendências análogas para a indústria produzirá previsões sobre os índices de crescimento futuros da indústria e identificará caminhos críticos em que os substitutos estão obtendo vantagem e, desse modo, fornecerá direções para a ação estratégica.[5]

Mudanças na Posição dos Produtos Complementares

O custo e a qualidade reais de muitos produtos para o comprador dependem do custo, da qualidade e da disponibilidade de produtos complementares, ou produtos usados juntamente com eles. Por exemplo, em muitas regiões dos Estados Unidos as casas móveis são montadas principalmente nos parques destinados a esse tipo de casa. Na última década houve uma insuficiência crônica desses parques, o que limitou a procura desse tipo de casa. De maneira semelhante, a demanda de discos estereofônicos foi muito afetada pela disponibilidade de equipamento de áudio estereofônico, que, por sua vez, foi afetado pelo seu custo e confiabilidade.

Do mesmo modo que é importante identificar substitutos para o produto de uma indústria, também é importante identificar os complementos. Os produtos complementares devem ser observados em termos gerais. Por exemplo, o crédito com taxas de juros correntes é um produto complementar para compras de bens duráveis. Pessoal especializado é um produto complementar para muitos artigos com orientação técnica (por exemplo, programadores para computadores e engenheiros de minas para mineração de carvão). Os gráficos das tendências no custo, na disponibilidade e na qualidade dos produtos complementares fornecerão as previsões sobre o crescimento a longo prazo para o produto de uma indústria.

Penetração do Grupo de Clientes

A maioria dos índices de crescimento muito altos da indústria resulta da maior penetração, ou seja, de vendas para novos clientes e não para os clientes habituais.

---

[5] As políticas do governo podem afetar a posição de um produto em confronto com a dos substitutos em áreas como regulamentação da segurança (que aumenta os custos), subsídios etc.

Eventualmente, entretanto, é um fato real que uma indústria deve alcançar uma penetração essencialmente completa. Seu índice de crescimento é, então, determinado pela demanda de reposição. Períodos renovados de acréscimos de novos clientes podem, algumas vezes, ser estimulados por alterações no produto ou no marketing, o que amplia o escopo da base de clientes ou estimula uma rápida reposição. Entretanto, todos os índices de crescimento muito altos eventualmente têm um fim.

Uma vez alcançada a penetração, a indústria vende principalmente para os clientes habituais. Pode haver uma grande diferença entre vender para os compradores habituais e para os que compram pela primeira vez. Essa diferença tem conseqüências importantes para a estrutura da indústria. A chave para atingir o crescimento da indústria, quando se vende para esses clientes habituais, é estimular a reposição rápida do produto ou aumentar o consumo por pessoa. Visto que a reposição é determinada pela obsolescência física, tecnológica ou do projeto percebida pelo comprador, as estratégias para manter o crescimento depois da penetração dependerão da influência desses fatores. Por exemplo, a demanda de reposição de roupas é estimulada pelas mudanças anuais ou até mesmo sazonais no estilo. E a história clássica da ascendência da General Motors sobre a Ford é um exemplo de como as alterações no modelo estimularam a demanda após a saturação do mercado para o automóvel básico (uma só cor: preto).

Enquanto a penetração, na maioria das vezes, significa que a demanda da indústria se nivelará quanto aos *bens duráveis*, atingir a penetração pode conduzir a uma queda repentina na demanda. Depois que a maioria dos clientes em potencial tiver comprado o produto, poucos comprarão reposições durante muitos anos por causa da sua durabilidade. Se a penetração na indústria foi rápida, essa situação pode se traduzir em vários anos improdutivos para a sua demanda. Por exemplo, as vendas da indústria de veículos para andar na neve, que experimentaram uma penetração muito rápida, caíram das 425 mil unidades anuais no ano de pique (1970-1971) para 125 mil a 200 mil unidades anuais em 1976-1977.[6] Os veículos de passeio sofreram um declínio semelhante, embora não tão intenso. A relação entre o índice de crescimento antes e depois da penetração será uma função da rapidez com que a penetração foi alcançada e do tempo médio antes da reposição, e esse valor pode ser calculado.

O declínio nas vendas da indústria de bens duráveis significa que a capacidade de fabricação e distribuição excederá inerentemente a demanda. Isso geralmente

---

[6]"A Smoother Trail for Snowmobile Makers", *Business Week*, 13 de dezembro de 1976.

acarreta um grave declínio nas margens de lucro de alguns produtores. Uma outra característica da demanda de bens duráveis é que o crescimento estimulado pela penetração pode esconder a ciclicidade a despeito do fato de o produto ser inerentemente sensível ao ciclo econômico. Uma indústria abordando a penetração terá, então, seu primeiro ciclo intenso, agravando o problema do excesso.

Mudança no Produto

As cinco causas externas do crescimento da indústria não pressupõem nenhuma alteração nos produtos oferecidos pela indústria. A inovação no produto pela indústria pode, contudo, permitir que ele atenda a novas necessidades, pode melhorar a posição da indústria em relação aos substitutos e pode eliminar ou reduzir a necessidade de produtos complementares escassos ou dispendiosos. Portanto, a inovação no produto pode melhorar as condições de uma indústria com relação às cinco causas externas de crescimento e, dessa maneira, aumentar o seu índice de crescimento. Por exemplo, as inovações no produto desempenham um importante papel estimulando o crescimento rápido das motocicletas, bicicletas e serras de fita.

Mudanças nos Segmentos de Compradores Atendidos

O segundo processo evolutivo importante é a mudança nos segmentos de compradores atendidos pela indústria. Por exemplo, as primeiras calculadoras eletrônicas eram vendidas a cientistas e engenheiros, e só bem mais tarde foram vendidas para estudantes e tesoureiros. Aeronaves leves eram inicialmente vendidas para militares e, mais tarde, para usuários particulares e comerciais. Relacionada a isso está a possibilidade de efetuar a segmentação adicional dos segmentos de compradores já existentes por meio da criação de produtos diferentes (definidos em termos gerais) e de técnicas de marketing para eles. Uma possibilidade final são certos segmentos de compradores deixarem de ser atendidos.

O significado de novos segmentos de compradores para a evolução da indústria é que as exigências para atender a esses novos compradores (ou eliminar as exigências de atender a segmentos obsoletos) podem ter um impacto fundamental na estrutura da indústria. Por exemplo, embora os primeiros compradores do produto possam não ter exigido crédito ou atendimento no local, os compradores posteriores podem exigir. Se a concessão de crédito e de serviço interno cria economias de escala potenciais e aumenta as exigências de capital, então as barreiras de entrada subirão significativamente.

Um bom exemplo é fornecido pelas mudanças no negócio de instrumentos de leitura de caracteres ópticos no final dos anos 70. Essa indústria e a sua líder, a Recognition Equipment, produziam examinadores ópticos grandes e caros para classificar cheques, cartões de crédito e correspondência. Cada máquina era feita sob encomenda, exigindo tecnologia especial e sendo produzida em pequenos lotes. Nos últimos anos, entretanto, foram desenvolvidas pequenas unidades para uso com terminais de pontos de venda a varejo. Além de abrir um vasto mercado potencial, as pequenas unidades permitem uma fabricação padronizada de alto volume e serão adquiridas em grandes quantidades por compradores individuais. Esse desenvolvimento promete mudar as economias de escala, as exigências de capital, os métodos de marketing e muitos outros aspectos da estrutura da indústria.

Por isso, a análise da evolução da indústria deve incluir uma identificação de todos os novos segmentos de compradores potenciais e suas características.

Aprendizagem dos Compradores

Por meio da repetição da compra, os compradores acumulam conhecimento sobre um produto, seu emprego e as características das marcas concorrentes. Os produtos tendem a se transformar com o passar do tempo em *artigos de uso geral* à medida que os compradores vão ficando mais sofisticados e a aquisição tende a ter como base informações mais precisas. Portanto, há uma força natural reduzindo a diferenciação do produto na indústria com o passar do tempo. A aprendizagem sobre o produto pode fazer com que os compradores passem a exigir mais proteção de garantia, prestação de serviço, melhores características de desempenho, e assim por diante.

Um exemplo é a indústria de embalagem em aerossol. Essa indústria apareceu como bem de consumo nos anos 50. O acondicionamento, uma parte de extrema importância no marketing de muitos bens de consumo, quase sempre representa um item de custo relevante para a companhia de marketing. Nos primeiros anos da embalagem em aerossol, essas companhias não estavam familiarizadas com o projeto das aplicações do aerossol, com o modo como os recipientes eram enchidos e com a melhor maneira para comercializar esses produtos. Uma indústria de envasilhamento de aerossol por contrato surgiu para montar e encher as embalagens e essa indústria também representou uma ajuda importante para as companhias de marketing no desenvolvimento de novas aplicações do aerossol, na solução de problemas de produção etc. Com o passar do tempo, entretanto, essas companhias aprenderam muito sobre os aerossóis e começaram a desenvolver suas próprias aplicações e programas de marketing, em alguns casos iniciando efetivamente uma integração para trás. Os envasilhadores por contrato achavam cada vez mais difícil diferenciar seus serviços, e sua função limitava-se cada vez mais a meramente fornecer os recipientes em aerossol. Como resultado, as suas margens de lucro ficaram muito reduzidas e muitos deixaram a indústria.

A aprendizagem de um comprador tende a progredir em graus diferentes para produtos diferentes, dependendo da importância da compra e da experiência técnica do comprador. Compradores inteligentes ou interessados (porque esse é um produto importante) tendem a aprender mais rapidamente.

Para compensar a experiência do comprador faz-se necessária uma alteração no produto ou no método como ele é vendido ou utilizado, como, por exemplo, novas características, novos aditivos (hexaclorofeno), mudanças de estilo, novos recursos de propaganda etc. Esse desenvolvimento anula alguns conhecimentos acumulados pelo comprador e, conseqüentemente, acentua as possibilidades de uma diferenciação continuada do produto. Essas possibilidades são também aumentadas com a expansão da base de clientes incluindo novos compradores sem experiência quanto ao produto, principalmente aqueles cujas características de compra fazem com que eles aprendam mais vagarosamente.

Redução da Incerteza

Um outro tipo de aprendizagem que afeta a estrutura da indústria é a redução da incerteza. Muitas das novas indústrias são, no início, caracterizadas por uma grande incerteza quanto a assuntos como o tamanho potencial do mercado, a configuração ótima do produto, a natureza dos compradores em potencial e de que maneira eles podem ser mais bem atingidos, e se os problemas tecnológicos podem ser superados. Essa incerteza com freqüência leva as empresas a um alto grau de experimentação, adotando muitas estratégias diferentes que representam apostas muitos diferentes quanto ao futuro. O crescimento rápido proporciona períodos calmos que permitem que essas estratégias divergentes coexistam por longos períodos.

Com o passar do tempo, entretanto, há um processo contínuo no qual as incertezas são resolvidas. As tecnologias são aprovadas ou desaprovadas, os compradores são identificados e as indicações sobre o tamanho potencial da indústria são reunidas com base no crescimento dessa indústria. Lado a lado com essa redução da incerteza está um processo de imitação das estratégias de sucesso e de abandono daquelas improdutivas.

A redução da incerteza pode também atrair *novos tipos de entrantes* na indústria. O risco reduzido pode atrair empresas estabelecidas maiores, com perfis de riscos mais baixos do que as companhias recentemente criadas, tão comuns nas indústrias em desenvolvimento. Quando se torna claro que o potencial de uma indústria é grande e que os entraves tecnológicos podem ser superados, as empresas maiores podem achar que já é tempo de entrar – o que tem acontecido nos veículos de passeio, nos videogames, no aquecimento solar e em muitas outras indústrias. Naturalmente, os eventos podem criar novas incertezas em uma indústria, mas, da mesma forma que a aprendizagem dos compradores, a redução da incerteza estará agindo continuamente para resolver os problemas existentes.

Estrategicamente, a redução da incerteza e a imitação sugerem que uma empresa não pode confiar só na primeira para se proteger por muito tempo dos seus rivais ou dos novos entrantes. Dependendo das barreiras de mobilidade, a imitação das estratégias de sucesso pode ser mais ou menos difícil. Para proteger sua posição, uma empresa deve preparar-se estrategicamente, tanto para defender sua posição contra os imitadores e novos concorrentes como para ajustar sua abordagem, caso suas apostas iniciais quanto à estratégia apropriada demonstrem estar erradas.

Difusão de Conhecimento Patenteado

As tecnologias de produtos e de processos desenvolvidos por empresas particulares (ou fornecedores ou outros grupos) tendem a tornar-se menos patenteadas. Com o passar do tempo, a tecnologia torna-se mais estabelecida e o conhecimento sobre ela mais difundido. A difusão ocorre por meio de vários mecanismos. Primeiro, as empresas podem aprender com a inspeção física dos produtos patenteados dos concorrentes e com as informações obtidas de várias fontes sobre o tamanho, a localização, a organização e outras características das operações dos concorrentes. Fornecedores, distribuidores e clientes são todos condutos para essas informações e normalmente têm grande interesse em promover a difusão devido aos seus próprios objetivos (por exemplo, criar outro fornecedor forte). Em segundo lugar, a informação patenteada é também difundida quando se incorpora aos bens de capital produzidos por fornecedores externos. A menos que as empresas na indústria produzam seus próprios bens de capital ou protejam a informação que eles dão aos fornecedores, a tecnologia pode tornar-se adquirível pelos concorrentes. Em terceiro lugar, a rotatividade de pessoal aumenta o número de pessoas que têm a informação patenteada e podem servir como um conduto direto para passar a informação para as outras empresas. As empresas desmembradas, fundadas por pessoal técnico que saiu das companhias pioneiras, são comuns, da mesma forma que a prática de controlar pessoal de fora. Finalmente, o pessoal especializado e perito na tecnologia invariavelmente se torna mais numeroso, e procede de firmas de consultoria, fornecedores, clientes, pessoal saído de cursos técnicos universitários etc.

Na falta de proteção da patente, entretanto, as vantagens desta tendem a diminuir em proporção direta à dificuldade de algumas empresas em aceitar esse fato. Portanto, quaisquer barreiras de mobilidade baseadas no conhecimento patenteado ou em tecnologia especializada tendem a desgastar-se com o passar do tempo, do mesmo modo que aquelas causadas pela escassez de pessoal especializado e qualificado. Essas mudanças facilitam não somente o aparecimento de novos concorrentes como também a integração vertical na indústria dos fornecedores ou clientes.

Voltando ao exemplo do aerossol discutido anteriormente, com o tempo, a nova tecnologia do aerossol tornou-se muito mais conhecida. Visto que o volume de produção necessário para atingir a escala de eficiência na embalagem em aerossol era relativamente pequeno, muitas das grandes companhias de marketing podiam manter suas próprias operações cativas de enchimento. Quando o conhecimento sobre a tecnologia e o pessoal especializado tornara-se mais comum, muitas dessas companhias integraram-se verticalmente no envasilhamento de aerossol ou ameaçaram fazê-lo. Esse desenvolvimento deixou o envasilhador por contrato no papel com a responsabilidade de satisfazer uma demanda de emergência em uma situação de negociação muito adversa. A resposta de muitos deles foi investir no aperfeiçoamento da tecnologia de envasilhamento e inventar novos usos para o aerossol visando recuperar sua vantagem tecnológica. Essa estratégia provou ser cada vez mais difícil, e a posição dos envasilhadores por contrato enfraquece substancialmente com o passar do tempo.

O índice de difusão da tecnologia patenteada dependerá da indústria particular. Quanto mais complexa a tecnologia, mais especializado o pessoal técnico necessário, maior o número crítico de pessoal necessário para a pesquisa; ou quanto maiores as economias de escala na função de pesquisa, mais lenta será a difusão da tecnologia patenteada. Quando os imitadores se defrontam com grandes exigências de capital e economias de escala em P&D, a tecnologia patenteada pode proporcionar uma barreira de mobilidade durável.

Uma força compensadora básica para a difusão da tecnologia patenteada é a proteção da patente, que legalmente inibe a difusão. Entretanto, essa proteção pode falhar na prevenção da difusão visto que é possível evadir as patentes usando invenções similares. A outra força compensadora para a difusão é a criação contínua de novas tecnologias patenteadas a partir de pesquisa e desenvolvimento. O novo conhecimento proporcionará às companhias períodos adicionais de vantagens quanto à patente. Entretanto, a inovação contínua pode não compensar se o período de difusão for pequeno e as lealdades dos compradores com relação às empresas pioneiras não forem muito fortes.

Dois dos muitos padrões possíveis de barreiras de mobilidade resultantes da tecnologia patenteada são ilustrados na Figura 8-3. Economias de escala na pesquisa eram, no início, baixas em ambas as indústrias visto que as inovações incipientes iniciais que criaram o produto poderiam ter sido feitas por pequenos grupos de pessoal de pesquisa. Essa situação é bem comum, tendo ocorrido em indústrias como a dos microcomputadores, semicondutores e outras. A tecnologia patenteada fornecia uma barreira de mobilidade modesta no princípio dessa indústria, mas que logo foi desgastada pela difusão. Em uma indústria, a tecnologia complexa levou a crescentes economias de escala na atividade de pesquisa. Na outra, houve pouca oportunidade para a inovação tecnológica continuada e, conseqüentemente, pouca necessidade de uma pesquisa mais profunda sobre uma escala significativa. Na primeira indústria, então, as barreiras de mobilidade da tecnologia patenteada aumentaram rapidamente de novo para um nível mais alto que o inicial. Eventualmente, elas diminuíram quando as oportunidades para inovação adicional desvaneceram e deu-se a difusão. Na outra indústria, as barreiras de mobilidade da tecnologia patenteada declinaram rapidamente para um nível baixo. Portanto, uma indústria provavelmente teria uma fase de maturidade rentável, enquanto a outra dependeria de outras fontes de barreiras para impedir o desgaste do lucro para o nível competitivo. No exemplo do aerossol, a natureza da tecnologia não permitiu o aumento secundário nas barreiras de entrada.

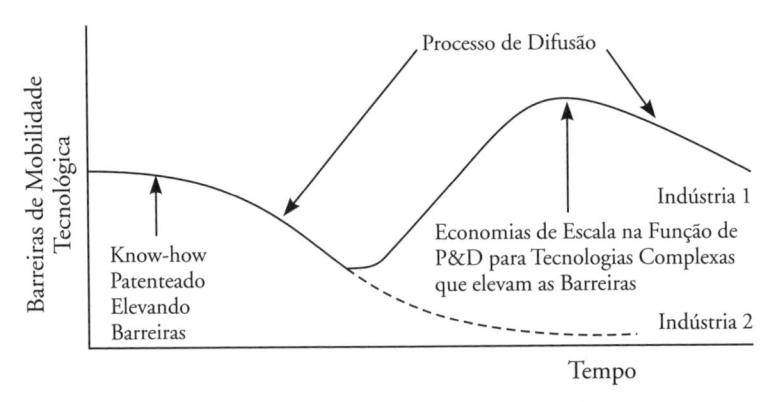

Figura 8-3 *Padrão ilustrativo de barreiras tecnológicas e evolução da indústria.*

Do ponto de vista estratégico, a difusão do conhecimento sobre a tecnologia significa que para manter a posição (1) o know-how existente e o pessoal especializado devem ser protegidos, o que é muito difícil na prática;[7] (2) o desenvolvimento tecnológico deve ocorrer para manter a liderança; ou (3) a posição estratégica deve ser escorada em outras áreas. O planejamento para a defesa da posição estratégica contra a difusão tecnológica assume uma alta prioridade se a posição existente de uma empresa é bastante dependente das barreiras tecnológicas.

Acúmulo de Experiência

Em algumas indústrias, cujas características foram identificadas no Capítulo 1, os custos unitários declinam com a experiência em fabricação, distribuição e comercialização do produto. A importância da curva da aprendizagem para a concorrência na indústria depende do fato de as empresas com mais experiência terem condições de estabelecer lideranças significativas e sustentáveis sobre as outras. Para que essas lideranças persistam, é preciso que as empresas que estão atrás sejam incapazes de superá-las por meio de imitação dos métodos dos líderes, da compra de maquinaria nova e mais eficiente etc. Se essas empresas tiverem condições de dar um grande salto, os líderes podem ficar em desvantagem devido ao fato de serem os primeiros a arcar com a despesa de pesquisa, experimentação e introdução de novos métodos e equipamento. A tendência de propagação da tecnologia patenteada trabalha, até certo ponto, contra a curva da aprendizagem.

Quando a experiência pode ser mantida patenteada, ela pode ser uma força potente na mudança na indústria. Se a empresa não está sendo a mais rápida na aquisição de experiência, ela deve preparar-se estrategicamente para praticar imitação rápida ou estabelecer vantagens estratégicas em outras áreas além dos custos. Para realizar a última hipótese é preciso que a empresa adote estratégias genéricas de diferenciação ou enfoque.

Expansão (ou Retração) na Escala

Uma indústria em crescimento está, por definição, aumentando sua escala total. Esse crescimento é comumente acompanhado por aumentos no tamanho absolu-

---

[7] Algumas empresas obtiveram sucesso com inovação defensiva e registro de patente. Se a empresa puder descobrir e patentear as melhores tecnologias alternativas bem como aquela que ela emprega, a dificuldade do entrante aumenta bastante. Tais estratégias foram seguidas pela Bulova com o relógio Accutron e pela Xerox com a xerografia.

to das empresas líderes na indústria, e as empresas que estão ganhado parcela de mercado devem estar crescendo em tamanho com maior rapidez ainda. O aumento da escala na indústria e na empresa tem uma série de implicações para a estrutura da indústria. Primeira, ela tende a ampliar o conjunto de estratégias disponíveis com métodos que, com freqüência, conduzem ao aumento das economias de escala e das exigências de capital na indústria. Por exemplo, ele pode permitir que as empresas maiores substituam capital por mão-de-obra, adotem métodos de produção sujeitos a maiores economias de escala, estabeleçam canais de distribuição cativos ou uma organização de prestação de serviço cativa e utilizem propaganda em nível nacional. O aumento da escala também pode possibilitar a entrada de um estranho na indústria com vantagens competitivas substanciais por ser o primeiro a adotar tais mudanças.[8]

O modo como o aumento na escala opera sobre a estrutura da indústria é ilustrado pela aeronave leve nos anos 60 e no começo dos anos 70. Nessa indústria, o crescimento permitiu à Cessna (líder na indústria) alterar seu processo de produção por encomenda para uma produção quase em massa. Essa mudança resultou em uma vantagem de custo para a Cessna porque ela obteve economias de escala na produção em massa até então indisponíveis para seus principais concorrentes. Se os seus dois principais concorrentes também alcançarem a escala para começar uma produção em massa com maior intensidade de capital, as barreiras para entrar na indústria aumentarão acentuadamente para os de fora.

Uma outra conseqüência do crescimento da indústria é que as estratégias da integração vertical tendem a se tornar mais viáveis, e uma maior integração vertical tende a elevar as barreiras. O aumento da escala da indústria também significa que os seus fornecedores estão lhe vendendo maiores quantidades de mercadorias e que os seus clientes, como um grupo, estão comprando quantidades maiores. Visto que os fornecedores ou compradores *individuais* também estão aumentando suas vendas ou compras, eles podem ficar tentados a começar uma integração para a frente ou para trás na indústria. Ocorrendo ou não a integração, o poder de negociação dos fornecedores ou dos compradores aumentará.

Pode haver também uma tendência no sentido de a grande escala da indústria atrair novos concorrentes, que podem dificultar ainda mais as coisas para os líderes existentes, principalmente se os entrantes forem empresas grandes e estabelecidas. Muitas empresas de grande porte só entrarão em um mercado após ele ter atingido um tamanho absoluto significativo (para justificar os custos fixos da en-

---

[8] A retração da escala da indústria tem efeitos contrários.

trada e dar uma contribuição material para suas vendas totais), embora elas constituam prováveis entrantes potenciais desde o início da indústria como resultado das qualificações ou dos ativos que trazem dos seus negócios existentes. Por exemplo, na indústria de veículos de passeio, as primeiras empresas a entrarem foram as inteiramente novas e os fabricantes de casas móveis de porte relativamente pequeno e cujo processo de produção era semelhante ao de fabricação de veículos de passeio. Quando a indústria tornou-se bastante grande, começaram a entrar grandes companhias de equipamentos agrícolas e automotivos. Essas empresas possuíam amplos recursos para competir no ramo dos veículos de passeio devido às suas operações existentes, mas elas deixaram para as empresas menores o desenvolvimento do mercado e a comprovação da existência de um mercado importante antes da sua entrada.

Alterações nos Custos de Insumos e nas Taxas de Câmbio

Toda indústria utiliza uma variedade de insumos em seus processos de fabricação, distribuição e comercialização. Alterações no custo ou na qualidade desses insumos podem afetar a estrutura da indústria. As categorias importantes de custos de insumos sujeitos a mudança são as seguintes:

- salários (incluindo os custos totais de mão-de-obra);
- custos de material;
- custos de capital;
- custos de comunicação (incluindo mídia);
- custos de transporte.

O efeito mais direto está no aumento ou na redução do custo (e preço) do produto, afetando, assim, a demanda. Por exemplo, o custo da produção de filmes tem aumentado notadamente nos últimos anos. Essa elevação está oprimindo os produtores independentes em relação às companhias cinematográficas bem financiadas, principalmente visto que as proteções fiscais para filmes foram limitadas pela legislação tributária de 1976. Esse desenvolvimento cortou a principal fonte financeira dos produtores independentes.

Alterações nos salários ou nos custos de capital podem alterar o contorno da curva de custo da indústria, modificando as economias de escala ou promovendo a substituição de capital por mão-de-obra. Os custos crescentes da mão-de-obra em requisições de serviço e em entregas estão afetando fundamentalmente a estratégia em muitas indústrias. Mudanças no custo de comunicação ou de transporte podem estimular a reorganização da produção, o que afeta as barreiras de entrada. Alterações nos custos de comunicação podem conduzir ao uso de diferentes meios de vendagem com custo efetivo (e, assim, alterações no nível de diferenciação do produto), programas variados de distribuição etc. Além do mais, variações nos custos de transporte podem modificar os limites geográficos do mercado, o que aumenta ou diminui o número efetivo de concorrentes na indústria.

Flutuações na taxa de câmbio também podem ter um efeito profundo sobre a concorrência na indústria. A desvalorização do dólar em relação ao iene e a muitas moedas européias vem desencadeando desde 1971 mudanças significativas na posição em muitas indústrias.

Inovação no Produto

Uma fonte principal de mudança estrutural na indústria é a inovação tecnológica de vários tipos e origens. A inovação no produto é um tipo importante. Ela pode ampliar o mercado e, conseqüentemente, promover o crescimento da indústria e/ou pode acentuar a diferenciação do produto. A inovação no produto pode também ter conseqüências indiretas. O processo de introdução rápida do produto e as necessidades associadas de altos custos de marketing podem por si só criar barreiras de mobilidade. As inovações podem exigir novos métodos de fabricação, distribuição e marketing que alteram as economias de escala ou outras barreiras de mobilidade. Uma alteração significativa no produto pode também anular a experiência do comprador e, conseqüentemente, ter um grande impacto sobre o comportamento de compra.

As inovações no produto podem vir de dentro ou de fora da indústria. A pioneira nos televisores em cores foi a RCA, uma líder na televisão em preto-e-branco. Entretanto, as calculadoras eletrônicas foram introduzidas por companhias eletrônicas e não pelos fabricantes de réguas de cálculo ou de calculadoras mecânicas. Portanto, a previsão das inovações no produto envolve o exame das possíveis fontes externas. Muitas inovações fluem verticalmente, originadas pelos clientes e fornecedores, quando a indústria é um importante cliente ou fonte de insumos.

Um exemplo da influência da inovação no produto sobre a estrutura é a introdução do relógio digital. As economias de escala na produção de relógios digitais são maiores do que aquelas na produção de muitas variedades de relógios convencionais. Competir nesse ramo de negócio também exige grandes investimentos de capital e uma base tecnológica totalmente nova em comparação com os relógios convencionais. Portanto, barreiras de mobilidade e outros aspectos da estrutura da indústria de relógios estão mudando rapidamente.

Inovação no Marketing

Da mesma forma que as inovações no produto, as inovações no marketing podem influenciar a estrutura da indústria diretamente com o aumento da demanda. Rupturas no uso de meios de publicidade, novos temas ou canais de marketing etc. podem permitir que novos clientes sejam atingidos ou podem reduzir a sensibilidade ao preço (aumentando a diferenciação do produto). Por exemplo, as companhias cinematográficas impulsionaram a demanda fazendo propaganda dos filmes na televisão. A descoberta de novos canais de distribuição pode ampliar a demanda ou aumentar a diferenciação do produto; as inovações no marketing que o tornam mais eficiente podem reduzir o custo do produto.

As inovações no marketing e na distribuição também têm conseqüências sobre outros elementos da estrutura da indústria. Novas formas de marketing podem estar sujeitas ao aumento ou à diminuição das economias de escala e, conseqüentemente, afetam as barreiras de mobilidade. Por exemplo, a mudança no marketing do vinho abandonando a prática de uma publicidade pequena em revistas e passando a utilizar uma rede de televisão aumentou as barreiras de mobilidade na indústria vinícola. As inovações no marketing também podem alterar o poder relativo dos compradores e afetar a balança dos custos variáveis e fixos e, conseqüentemente, a volatilidade da concorrência.

Inovação no Processo

A última classe de inovação que pode mudar a estrutura da indústria está nos métodos ou nos processos de fabricação. As inovações podem tornar o processo mais ou menos intenso em capital, aumentar ou diminuir as economias de escala, alterar a proporção dos custos fixos, aumentar ou diminuir a integração vertical, afetar o processo de acúmulo de experiência etc. – todos afetando a estrutura da indústria. As inovações que aumentam as economias de escala ou estendem a curva da experiência para além dos limites dos mercados nacionais podem levar à globalização da indústria (veja Capítulo 13).

Um exemplo do meio pelo qual os processos evolutivos de interação podem desencadear alterações na fabricação é encontrado nas alterações que ocorreram no negócio dos centros de serviços de computador em 1977. Esse serviço proporciona capacidade de computação e uma biblioteca de programas para uma grande variedade de usuários, incluindo aqueles que lidam com comércio, educação e instituições financeiras. Tradicionalmente, esses centros eram organizações locais ou regionais servindo principalmente a negócios menores com pacotes de programas de computador simples em áreas como contabilidade e folha de pagamento. Entretanto, um produto substituto, o microcomputador, barateou a capacidade do computador além de torná-lo facilmente acessível até mesmo para organizações pequenas. Como resultado, foram colocadas em movimento forças que estão promovendo o desenvolvimento de grandes centros de prestação de serviços em âmbito nacional e regional. Em primeiro lugar, programas mais sofisticados estão sendo desenvolvidos para diferenciar o centro de prestação de serviços do microcomputador, exigindo investimentos substanciais. As economias da expansão desses investimentos para um grande número de usuários estão estimulando a concentração. Segundo, a premência de oferecer capacidade de computador por um custo baixo está valorizando a utilização eficiente das instalações. Esse desenvolvimento está contribuindo para o impulso no sentido de as companhias nacionais aproveitarem as variações no fuso horário para fazerem uso da capacidade das horas de paralisação. Terceiro, a tecnologia do computador continua a crescer em complexidade, elevando as barreiras tecnológicas para o estabelecimento de um centro de prestação de serviço, pelo menos a curto prazo. Assim, todas essas forças desenvolvidas no processo evolutivo conduzem a uma mudança no processo de fabricação dos principais centros de prestação de serviço.

As inovações na fabricação que alterem a estrutura podem vir tanto de fora como de dentro da própria indústria. Os desenvolvimentos nas máquinas operatrizes computadorizadas e em outros equipamentos de fabricação feitos pelos fornecedores, por exemplo, podem levar a um aumento nas economias de escala na produção em uma indústria. As inovações feitas pelos fabricantes nos anos 50 levaram ao emprego de fibra de vidro em barcos, o que reduziu bastante os problemas com o projeto e a construção de barcos de passeio. Essa redução nas barreiras de entrada desencadeou a entrada de várias companhias novas na indústria com conseqüências desastrosas para os lucros, muitas falindo entre 1960 e 1962 quando a indústria sofreu um *shake-out*.* Na indústria de embalagens de metal, os fornecedores de aço empregaram recursos substanciais para ajudar a defender os vasi-

---

Nota do Tradutor: Um *shake-out* é uma situação em que uma ou mais empresas são postas para fora do mercado por não poderem enfrentar a concorrência.

lhames de aço contra a invasão dos de alumínio por meio de inovações que reduziam a espessura do aço e de técnicas para a fabricação de vasilhames de custo mais baixo. Todos esses exemplos sugerem que a empresa deve ampliar sua visão de mudança tecnológica para além dos limites da indústria.

Mudança Estrutural nas Indústrias Adjacentes

Visto que a estrutura das indústrias dos fornecedores e dos clientes afeta seu poder de negociação com uma indústria, as alterações na sua estrutura têm importantes conseqüências para a evolução da indústria. Por exemplo, houve um importante desenvolvimento de cadeias de lojas no varejo de confecções e de ferragens nas décadas de 1960 e 1970. Como a estrutura do varejo tornou-se concentrada, o poder de negociação dos varejistas com suas indústrias fornecedoras aumentou. Fabricantes de roupas estão sendo espremidos pelos varejistas, que estão encomendando cada vez mais perto da temporada de venda e exigindo outras concessões. As estratégias promocionais e de marketing dos fabricantes tiveram de ser adaptadas e a concentração na fabricação de roupas tem previsão de crescimento. A revolução da comercialização em massa no varejo teve efeitos semelhantes sobre muitas outras indústrias (relógios, pequenos aparelhos, artigos de toalete).

Enquanto alterações na concentração ou na integração vertical das indústrias adjacentes atraem grande atenção, mudanças mais sutis nos métodos de concorrência nessas indústrias podem ter também um efeito de igual importância sobre a evolução. Por exemplo, na década de 1950 e no começo da década de 1960, os varejistas de discos proibiram os consumidores de tocar os discos na loja. Os efeitos dessa mudança na indústria fonográfica adjacente demonstraram ser intensos. Visto que o consumidor não podia mais testar os discos na loja, o que as estações de rádio tocavam tornou-se decisivo para as vendas de discos. Entretanto, como as taxas de propaganda estavam se tornando cada vez mais ligadas ao tamanho da audiência mantida, as estações de rádio estavam mudando para o formato "As 40 mais"; isto é, tocando repetidamente apenas as músicas nos primeiros lugares. Passou a ser extremamente difícil a divulgação pelo rádio de um disco novo e não demonstrado. A mudança no varejo criou um elemento novo e poderoso para a indústria fonográfica – as estações de rádio – que alteravam as condições estratégicas para o sucesso. Ela também forçou essa indústria a comprar horário de propaganda para a divulgação de discos novos nas estações de rádio, a única maneira certa de assegurar que os novos discos seriam tocados, sendo que geralmente aumentava as barreiras na indústria fonográfica.

A conseqüência das mudanças na estrutura de indústrias adjacentes indica a necessidade de diagnosticar e de preparar-se para a evolução estrutural nas indústrias de compra e de fornecimento, exatamente como na indústria propriamente dita.

Mudanças na Política Governamental

As influências do governo podem ter um impacto importante e real sobre a mudança estrutural da indústria, sendo mais direta a partir da regulamentação plena de variáveis básicas como a entrada na indústria, práticas competitivas ou rentabilidade. Por exemplo, a legislação nacional pendente do seguro de saúde com reembolso baseado no acréscimo de uma taxa sobre os custos afetará fundamentalmente o potencial de lucro nas indústrias de hospitais particulares e de laboratórios clínicos. Os requisitos para a licença, uma forma intermediária de regulamentação governamental, tendem a restringir a entrada, fornecendo, assim, uma barreira que protege as empresas existentes. Alterações na regulamentação governamental de preços também podem ter um impacto fundamental na estrutura da indústria. Um exemplo atual são as conseqüências intensas que acompanharam a mudança de comissões fixadas legalmente para comissões negociadas nas transações de títulos. As comissões fixas criavam uma proteção de preço para as empresas de títulos mobiliários e mudavam a concorrência de uma base de preços para a prestação de serviços e pesquisa. O término das comissões fixas mudou a concorrência para uma base de preço e resultou em uma saída em massa da indústria, em decorrência de falência total ou de fusões. As barreiras de mobilidade no novo ambiente aumentaram drasticamente. As ações do governo também podem aumentar ou diminuir demasiadamente a probabilidade da concorrência internacional (veja o Capítulo 13).

Formas menos diretas de influência do governo sobre a estrutura da indústria ocorrem com a regulamentação da qualidade e da segurança do produto, da qualidade do meio ambiente e de tarifas ou investimentos externos. O efeito de muitas das novas regulamentações da qualidade do produto ou do meio ambiente, embora certamente atinjam alguns objetivos sociais desejáveis, é um aumento nas exigências de capital, uma elevação nas economias de escala com a imposição de exigências de pesquisa e de testes, e, por outro lado, um pioramento na posição das empresas menores em uma indústria e um aumento nas barreiras com que se defrontam novas empresas.

Um exemplo do impacto da regulamentação da qualidade está na indústria de guardas de segurança. As críticas são cada vez maiores quanto à falta de treinamento que as companhias dão a seus guardas no uso de armas, técnicas de prisão etc., e uma legislação exigindo um treinamento obrigatório com uma duração específica está em andamento. Embora as companhias maiores possam facilmente cumprir esse requisito, muitas empresas menores poderão ser bastante prejudicadas pelo aumento nas despesas gerais e pela necessidade de competir por empregados mais altamente qualificados.

Entrada e Saída

A entrada afeta claramente a estrutura da indústria, principalmente a entrada de empresas estabelecidas de outras indústrias. As empresas entram em uma indústria porque percebem as oportunidades de crescimento e lucros que superam os custos de entrada (ou de superar as barreiras de mobilidade).[9] Com base nos estudos de casos de muitas indústrias, o crescimento delas parece ser o sinal mais importante para os que estão de fora de que existem lucros futuros a serem realizados, mesmo que essa possa ser uma mera hipótese. A entrada também segue indicações particularmente visíveis de crescimento futuro, tais como alterações nas regulamentações, inovações no produto etc. Por exemplo, a crise energética e a legislação proposta recentemente para a concessão de subsídios federais despertaram a entrada rápida no campo do aquecimento solar mesmo que sua demanda esteja ainda bem baixa.

A entrada em uma indústria (por meio de aquisição ou do desenvolvimento interno) de uma empresa estabelecida é sempre uma força condutora muito importante para a mudança na estrutura dessa indústria.[10] As empresas estabelecidas provenientes de outros mercados geralmente possuem capacidades ou recursos que podem ser aplicados para alterar a concorrência na nova indústria; na verdade, isso sempre proporciona uma grande motivação para as suas decisões de entrada. Essas capacidades e recursos são freqüentemente muito diferentes daqueles das empresas existentes, e a sua aplicação em muitos casos modifica a estrutura da indústria. Além disso, as empresas em mercados diferentes podem ser capazes de perceber melhor as oportunidades para alterar a estrutura da indústria do que as empresas existentes, porque elas não têm ligações com as estratégias tradicionais e podem estar em uma posição que lhes permita ter uma maior ciência das mudan-

---

[9] A decisão de entrar em uma nova indústria é discutida com detalhe no Capítulo 16.
[10] A entrada no mercado interno de empresas estrangeiras já na indústria em qualquer outro lugar do mundo pode ter grandes repercussões estruturais: as normas competitivas podem ser bem diferentes nos mercados estrangeiros, como também os métodos estratégicos.

ças tecnológicas ocorrendo fora da indústria que podem ser aplicadas para competir dentro dela.

Um exemplo servirá para ilustrar. Em 1960, a indústria vinícola norte-americana era composta principalmente de pequenas empresas familiares que fabricavam vinhos especiais e os vendiam em mercados regionais. Havia pouca publicidade ou promoção, poucas companhias tinham uma distribuição em âmbito nacional e o enfoque competitivo da maioria delas estava baseado claramente na produção de vinhos de excelente qualidade.[11] Os lucros na indústria eram modestos. Em meados dos anos 60, entretanto, uma série de grandes companhias de marketing (por exemplo, a Heublein, a United Brands) entrou na indústria por meio de desenvolvimento interno ou comprou fábricas de vinhos já existentes. Elas começaram investindo maciçamente em publicidade e em promoção para ambas as marcas de custo baixo e especial. Visto que várias dessas empresas tinham distribuição nacional em lojas de bebidas alcoólicas porque produziam também outros tipos de bebidas, elas rapidamente expandiram em nível nacional a distribuição das suas marcas. A introdução freqüente de novas marcas registradas tornou-se um hábito na indústria, e muitos produtos novos foram introduzidos no segmento de baixa qualidade, que as companhias de linhas antigas tinham desprezado durante o desenvolvimento de um nome para os vinhos norte-americanos. A rentabilidade dos líderes da indústria era excelente. Portanto, a entrada de um tipo diferente de empresa na indústria vinícola norte-americana provocou, ou pelo menos acelerou, uma mudança estrutural significativa na indústria; mudança esta que os primeiros participantes controlados por famílias não tinham qualificações, nem recursos, nem a inclinação para provocarem por si mesmos.

A saída altera a estrutura da indústria com a redução do número de empresas e possivelmente aumentando o domínio das líderes. As empresas saem porque não percebem mais a possibilidade de obterem retornos sobre seus investimentos que excedam o custo de oportunidade do capital. O processo de saída é retardado pelas barreiras de saída (Capítulo 1), que pioram a situação das empresas mais fortes remanescentes e podem conduzir a uma guerra de preço e a outras eclosões competitivas. Os aumentos na concentração e a capacidade de a rentabilidade de uma indústria crescer em resposta às mudanças estruturais na indústria também serão impedidos pela presença de barreiras de saída.

---

[11] A única exceção importante foi a Gallo que, em decorrência, viria a desempenhar um papel de destaque na indústria.

Os processos evolutivos são um instrumento para predizer as mudanças na indústria. Cada um desses processos é a base de uma questão estratégica básica. Por exemplo, o impacto potencial de uma mudança na regulamentação do governo sobre a estrutura de uma indústria significa que uma companhia deve perguntar-se: "Será que existe em andamento alguma ação do governo que possa influenciar algum elemento da estrutura de minha indústria? Caso exista, o que a mudança ocasiona na minha posição estratégica relativa, e de que modo eu posso preparar-me para lidar efetivamente com ela agora?" Uma questão semelhante pode ser formulada para cada um dos outros processos evolutivos discutidos anteriormente. O conjunto de questões resultante deve ser perguntado diversas vezes, talvez até formalmente durante o processo de planejamento estratégico.

Além do mais, cada processo evolutivo identifica um número de *sinais* estratégicos básicos, ou partes da informação estratégica básica, por meio dos quais a empresa deve constantemente examinar seu meio ambiente. A entrada de uma empresa estabelecida proveniente de uma outra indústria, um desenvolvimento básico afetando um produto substituto etc. devem fazer com que um sinal de alerta surja nas mentes dos executivos encarregados de manter o poder estratégico de um negócio. Esse sinal de alerta deve desencadear uma série de análises para predizer a importância da mudança para a indústria e a reação adequada.

Finalmente, é importante observar que aprendizagem, experiência, tamanho do mercado em crescimento e vários outros processos discutidos anteriormente estarão agindo, *mesmo que não haja nenhum evento distinto importante para comunicar isso*. A conclusão é que uma atenção metódica deve ser dada às mudanças estruturais que podem resultar desses processos ocultos.

RELAÇÕES BÁSICAS NA EVOLUÇÃO DA INDÚSTRIA

No contexto desta análise, *de que modo* as indústrias se modificam? Elas não se modificam de uma forma gradativa, porque uma indústria é um *sistema inter-relacionado*. A alteração em um elemento da estrutura de uma indústria tende a desencadear alterações em outras áreas. Por exemplo, uma inovação no marketing poderia desenvolver um novo segmento de compradores, mas o atendimento a esse novo segmento pode desencadear alterações nos métodos de fabricação, aumentando, assim, as economias de escala. As primeiras empresas a obterem essas economias estarão também em posição para começarem uma integração para trás, que afetará o poder com os fornecedores etc. Uma mudança na indústria, portanto, sempre dá início a uma reação em série conduzindo a muitas outras modificações.

Deve ficar claro com base na discussão deste capítulo que, embora a evolução da indústria esteja sempre ocorrendo em quase todos os negócios e exija uma reação estratégica, não há nenhum método de desenvolvimento das indústrias. Qualquer modelo para a evolução como, por exemplo, o ciclo de vida do produto, deve, portanto, ser rejeitado. Entretanto, existem algumas relações particularmente importantes no processo evolutivo que é examinado nesta seção.[12]

A Indústria Irá se Consolidar?

Parece ser um fato aceito que as indústrias tendem a se consolidar com o passar do tempo, mas como uma afirmação geral, isso simplesmente não é verdade. Em uma amostra mais abrangente de 151 indústrias manufatureiras norte-americanas com 4 dígitos no período de 1963-1972, por exemplo, 69 aumentaram mais de 2 pontos percentuais em uma concentração de 4 empresas, enquanto 52 decresceram mais de 2 pontos percentuais no mesmo período. A questão quanto a se a consolidação ocorrerá em uma indústria evidencia talvez a inter-relação mais importante entre os elementos da estrutura da indústria – envolvendo concorrência competitiva, barreiras de mobilidade e barreiras de saída.

A Concentração na Indústria e as Barreiras de Mobilidade Caminham Juntas. Se as barreiras de mobilidade são altas ou especialmente se elas aumentam, a concentração quase sempre aumenta. Por exemplo, a concentração vem aumentando na indústria vinícola norte-americana. No segmento de qualidade padrão do mercado, que representa grande parte do volume, as mudanças estratégicas descritas anteriormente neste capítulo aumentaram bastante as barreiras de mobilidade (muita propaganda, distribuição nacional, rápida inovação da marca etc.). Como resultado, as empresas maiores tomaram a frente das pequenas e poucas empresas novas entraram para desafiá-las.

Nenhuma Concentração se Realiza se as Barreiras de Mobilidade Forem Baixas ou Estiverem Caindo. Quando as barreiras são baixas, as empresas sem sucesso que saem serão substituídas por novas empresas. Se uma onda de saída ocorrer por causa de um problema econômico ou por alguma outra adversidade, pode haver um aumento temporário na concentração na indústria. Mas ao primeiro sinal de que os lucros e as vendas na indústria estão crescendo, novos concorrentes aparecerão.

---

[12] A evolução da indústria tem implicações na oportunidade ótima de entrada em uma indústria; elas são discutidas no Capítulo 10.

Portanto, um *shake-out* quando uma indústria atinge a maturidade não implica necessariamente uma consolidação a longo prazo.

Barreiras de Saída Impedem a Consolidação. Barreiras de saída mantêm as companhias operando em uma indústria mesmo que elas estejam obtendo retornos abaixo do normal sobre os investimentos. Mesmo em uma indústria com barreiras de mobilidade relativamente altas, as empresas líderes não podem contar com os benefícios da consolidação se as altas barreiras de saída retêm as empresas malsucedidas no mercado.

Potencial de Lucros a Longo Prazo Depende da Estrutura Futura. No período de crescimento muito rápido logo no início da vida de uma indústria (principalmente depois de alcançada a aceitação inicial do produto), os níveis de lucro são comumente altos. Por exemplo, o crescimento nas vendas de equipamento de esqui excederam o nível dos 20% anuais no final da década de 1960, e quase todas as empresas da indústria desfrutaram de resultados financeiros compensadores. Entretanto, quando o crescimento nivela-se em uma indústria, há um período de desordem quando a concorrência intensificada elimina as empresas mais fracas. Todas as empresas na indústria podem sofrer em termos financeiros durante esse período de ajustamento. Se as empresas remanescentes desfrutarão ou não de uma rentabilidade acima da média dependerá do nível das barreiras de mobilidade, como também das outras características estruturais da indústria. Se as barreiras de mobilidade são altas ou aumentaram quando a indústria atingiu a maturidade, as empresas remanescentes podem desfrutar de resultados financeiros compensadores mesmo no período de crescimento mais lento. Se as barreiras de mobilidade são baixas, entretanto, o crescimento mais lento significa provavelmente para a indústria o fim dos lucros acima da média. Portanto, as indústrias na maturidade podem ser ou não tão rentáveis quanto eram no seu período de desenvolvimento.

Alterações nos Limites da Indústria

A mudança estrutural em uma indústria é com freqüência acompanhada por alterações nos limites da indústria. Como já discutido no Capítulo 1, os limites da indústria são uma colocação criteriosa da linha tracejada na Figura 8-4.

A evolução da indústria tem uma forte tendência para alterar esses limites. As inovações na indústria ou que envolvem substitutos podem efetivamente ampliar a indústria colocando um número maior de empresas em concorrência direta. A

```
                    Entrantes
                    Potenciais
                        ↑
                        ↓
    ┌───────────────────────────────────────┐
    │                                       │
Fornecedores ←──→   Concorrentes   ←──→ Compradores
    │               na Indústria           │
    │                    ↑                 │
    └────────────────────┼─────────────────┘
                         ↓
                 Empresas Produzindo
                 Produtos Substitutos
```

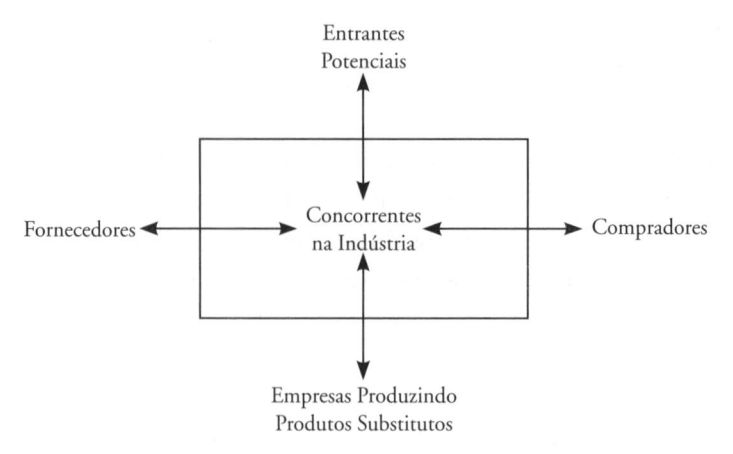

FIGURA 8-4 *Limites da indústria.*

redução no custo de transporte com relação ao custo da madeira, por exemplo, fez do fornecimento de madeira um mercado mundial e não um mercado restrito a continentes. As inovações que aumentam a confiabilidade e reduzem o custo dos dispositivos de vigilância eletrônica colocaram estes em uma concorrência ativa com os serviços de guardas de segurança. As alterações estruturais que tornam mais fácil para os fornecedores uma integração para a frente na indústria pode significar que eles se tornam efetivamente concorrentes. Ou compradores que adquirem mercadorias com marca privada em grandes quantidades e que impõem critérios de projeto do produto podem tornar-se concorrentes efetivos na indústria manufatureira (Sears-Roebuck). Uma parte da análise da importância estratégica da evolução da indústria é claramente uma análise de como os limites da indústria podem ser afetados.

As Empresas Podem Influenciar a Estrutura da Indústria

Como foi descrito rapidamente no Capítulo 1 e realçado aqui, a mudança na estrutura da indústria pode ser influenciada pelo comportamento estratégico das empresas. Se a empresa compreende a importância da alteração estrutural para a sua posição, ela pode procurar influenciar a mudança na indústria de uma maneira que lhe seja favorável, por meio do modo como ela reage às alterações estratégicas dos concorrentes ou por meio das alterações estratégicas que ela inicia.

Uma outra maneira de influenciar a mudança estrutural é ser muito sensível às forças externas que podem provocar o desenvolvimento da indústria. Com uma vantagem inicial, é bem possível direcionar essas forças de uma forma adequada à posição da empresa. Por exemplo, a forma específica das alterações nas regulamentações pode ser influenciada; a divulgação das inovações vinda de fora da indústria pode ser alterada pela forma que tomam a licença ou outros acordos com as empresas inovadoras; uma ação positiva pode ser iniciada para melhorar o custo ou o fornecimento dos produtos complementares proporcionando assistência direta e ajuda na formação de associações comerciais ou expondo o seu caso para o governo; e assim por diante com relação às outras forças importantes que causam a mudança estrutural. A evolução da indústria não deve ser acolhida como um *fait accompli*, ao qual se reagir, mas como uma oportunidade.

II

Meios Industriais Genéricos

A Parte II toma como base as técnicas analíticas para a formulação da estratégia competitiva (na Parte I) com o objetivo de considerar a análise mais específica da estratégia em tipos importantes de meios industriais. Esses meios diferem bastante quanto às suas implicações estratégicas fundamentais ao longo de uma série de dimensões básicas:

- concentração de indústrias;
- estado de maturidade da indústria;
- exposição à concorrência internacional.

Na Parte II, é feita a seleção de uma série de meios industriais genéricos com base nessas dimensões para uma consideração em profundidade. Em cada um desses meios, são identificados os aspectos cruciais da estrutura industrial, questões estratégicas básicas, alternativas estratégicas características e armadilhas estratégicas.

Cinco meios genéricos importantes são considerados isoladamente. O Capítulo 9 examina a estratégia competitiva em indústrias fragmentadas, ou em indústrias em que o nível de concentração de indústrias é baixo. Os Capítulos 10, 11 e 12 consideram a formulação de estratégia em indústrias em estados fundamentalmente diferentes de maturidade: no Capítulo 10, a indústria emergente ou nova; no Capítulo 11, a indústria que passa pela difícil transição de um rápido crescimento para a maturidade; e no Capítulo 12, os problemas únicos da indústria em declínio. Por fim, o Capítulo 13 examina a formulação de estratégia em indústrias globais, um cenário industrial cada vez mais comum na década de 1980.

Os meios examinados na Parte II são todos baseados em *uma* dimensão estrutural básica da indústria, e cada capítulo desenvolve as implicações para a estratégia competitiva dessa dimensão. Embora alguns capítulos examinem meios mutuamente exclusivos (uma indústria poderia estar emergindo ou declinando, mas nunca ambos, por exemplo), alguns meios industriais podem não ser. Por exemplo, uma indústria global também poderia ser fragmentada ou estar passando pela transição para a maturidade.

O leitor deve começar fazendo uma caracterização do meio da indústria particular em estudo dentro da metodologia da Parte II. Em indústrias que se enquadram em mais de um dos meios examinados, o problema de estabelecer uma estratégia competitiva consiste em reconciliar as implicações estratégicas decorrentes de cada um dos aspectos importantes da estrutura da indústria.

9
Estratégia Competitiva em Indústrias Fragmentadas

Um importante meio ambiente estrutural, no qual numerosas organizações competem, é a indústria fragmentada, em que nenhuma companhia possui uma parcela de mercado significativa nem pode influenciar fortemente o resultado da indústria. Comumente, as indústrias fragmentadas se constituem de grande número de empresas de pequeno e médio portes, muitas das quais de iniciativa privada. Não existe definição quantitativa precisa de uma indústria fragmentada, e provavelmente tal definição não se faz necessária para a discussão de questões estratégicas nesse importante meio ambiente. A noção essencial que faz dessas indústrias um meio competitivo bastante peculiar é a ausência de líderes de mercado com influência sobre a atuação da indústria como um todo.

Encontram-se indústrias fragmentadas em muitas áreas de uma economia, seja nos Estados Unidos ou em qualquer outro país, sendo comuns em áreas como:

- prestação de serviços;
- varejo;
- distribuição;
- fabricação de madeira e metal;
- produtos agrícolas;
- negócios "criativos".

Algumas indústrias fragmentadas, como a de software de computador e de produção associada de programas de TV, caracterizam-se por produtos ou serviços diferenciados, enquanto outras, como o transporte de petróleo, distribuição de componentes eletrônicos e artefatos de alumínio, envolvem, em essência, produtos não-diferenciados. As indústrias fragmentadas divergem bastante quanto à sofisticação tecnológica, variando desde atividades de alta tecnologia, como aquecimento solar, até coleta de lixo e vendas a varejo de bebidas alcoólicas. O Anexo 9-1 relaciona as indústrias manufatureiras dos Estados Unidos nas quais a parcela de mercado das quatro principais companhias chegou a 40% ou menos, em 1972. Embora essa relação omita distribuição, serviços e muitas outras indústrias não abrangidas pelo setor de fabricação ou que não entraram no censo, fornece uma idéia de quão amplo é o conjunto de negócios fragmentados.

ANEXO 9-1 *Indústrias fragmentadas ilustrativas na fabricação nos EUA, 1972*

Indústria (4 dígitos)	Parcela de Mercado Total das 4 Principais Companhias (%)	Parcela de Mercado Total das 8 Principais Companhias (%)
Frigoríficos de carne	22	37
Salsichas e outras carnes preparadas	19	26
Preparo de aves	17	26
Processamento de aves e ovos	23	36
Leite condensado e em pó	39	58
Sorvetes e sobremesas congeladas	29	40
Leite líquido	18	26
Frutas e legumes em conserva	20	31
Frutas, legumes e sopas desidratadas	33	51
Frutas e legumes congelados	29	43
Farinha e outros cereais	33	53
Pães, bolos e similares	29	39
Doces	32	42
Óleos e gorduras animais e marinhas	28	37
Peixes frescos e congelados empacotados	20	32
Tecidos estreitos	20	31
Agasalhos de tricô	16	26
Acabamentos de algodão	27	41
Tapetes e alcatifas tufados	20	33
Tecelagem de fios, exceto lã	21	31
Fiação e dobagem	35	51
Artigos de cordão	34	51
Estofamento e tapeçaria	28	40
Cordame e barbante	36	56
Ternos e casacos masculinos	19	31
Camisas sociais e roupas de dormir masculinas	22	31
Gravatas masculinas	26	36
Calças compridas masculinas	29	41
Blusas e corpetes femininos	18	26
Vestidos	9	13
Trajes completos e casacos femininos	13	18

ANEXO 9-1 *Continuação*

Indústria (4 dígitos)	Parcela de Mercado Total das 4 Principais Companhias (%)	Parcela de Mercado Total das 8 Principais Companhias (%)
Roupa de baixo para moças, senhoras e crianças	15	23
Vestidos e blusas infantis	17	26
Casacos e trajes completos infantis	18	31
Artigos de pele	7	12
Robes e roupões	24	39
Capas impermeáveis	31	40
Roupas de couro e forradas com pele de carneiro	19	32
Cintos	21	32
Cortinas	35	43
Lonas e similares	23	29
Serrarias e oficinas de aplainamento, em geral	18	23
Armários de cozinha em madeira	12	19
Casas móveis	26	37
Construções de madeira pré-fabricadas	33	40
Móveis estofados	14	23
Móveis metálicos	13	24
Colchões e molas para camas	24	31
Móveis de escritório em madeira	25	38
Caixas de papelão dobráveis	23	35
Caixas de fibra corrugada e plana	18	32
Periódicos	26	38
Edição de livros	19	31
Impressão de livros	24	36
Impressão comercial, tipografia	14	19
Impressão comercial, litográfica	4	8
Composição	5	8
Fotogravura	13	19
Tintas e similares	22	34
Fertilizantes, somente mistura	24	38
Adesivos e substâncias vedadoras	19	31
Emulsões asfálticas e paralelepípedos	15	23
Lubrificantes e graxas	31	44
Curtume e acabamento de couros	17	28
Luvas e meias-luvas de couro	35	50
Bolsas e carteiras femininas	14	23
Cimento, hidráulico	26	46
Telha de barro estrutural e tijolos	17	26
Tijolos e blocos de concreto	5	8
Concreto pré-adensado	6	10
Fios de aço e similares	18	30
Tubos e canos de aço	23	40
Fundições de alumínio	23	30

ANEXO 9-1 *Continuação*

Indústria (4 dígitos)	Parcela de Mercado Total das 4 Principais Companhias (%)	Parcela de Mercado Total das 8 Principais Companhias (%)
Fundições de latão, bronze e cobre	20	28
Acessórios de instalações sanitárias e artigos de latão	26	42
Equipamento de aquecimento, exceto elétrico	22	31
Estruturas metálicas forjadas	10	14
Portas de metal, caixilho e guarnições	12	19
Chapas forjadas (caldeirarias)	29	35
Metalurgia de chapas	9	15
Transportadores e equipamento de transporte	22	32
Máquinas operatrizes, para enformar metais	18	33
Moldes especiais, ferramentas, gabaritos e acessórios	7	10
Trabalhos arquitetônicos de metal	14	21
Produtos processados em torno	6	9
Parafusos, porcas, rebites e arruelas	16	25
Peças forjadas de ferro e aço	29	40
Laminação e polimento	5	8
Revestimento de metal e serviços correlatos	15	23
Válvulas e conexões de tubos	11	21
Molas de arame	26	38
Conexões e tubos forjados	21	32
Acessórios de máquinas operatrizes	19	30
Maquinaria para beneficiamento de produtos alimentícios	18	27
Maquinaria têxtil	31	46
Maquinaria para indústria de papel	32	46
Bombas e equipamento associado	17	27
Exaustores e ventiladores	26	37
Fornos e fornalhas industriais	30	43
Equipamento de comunicação de rádio e TV	19	33
Carrocerias de caminhão e ônibus	26	34
Construção e reparo de barcos	14	23
Instrumentos científicos e técnicos	22	33
Jóias, metais preciosos	21	26
Bonecas	22	34
Jogos, brinquedos e veículos infantis	35	49
Artigos esportivos	28	37
Bijuterias	17	27
Flores artificiais	33	44
Botões	31	47
Letreiros e *displays* de propaganda	6	10
Esquifes funerários	25	34

Fonte: U.S. Bureau of the Census, *1972 Census of Manufactures*, "Concentration Ratios in Manufacturing", Table 5.

Neste capítulo são examinados os problemas peculiares da formulação de estratégia competitiva nas indústrias fragmentadas, vistas como um importante meio industrial genérico. Não se trata, no entanto, de uma cartilha exaustiva para competir em qualquer indústria fragmentada em particular. Toda a série de técnicas analíticas e de conceitos apresentados no decorrer deste livro deve ser associada aos conceitos deste capítulo para se tirar conclusões sobre a estratégia competitiva em qualquer indústria.

Este capítulo está dividido em várias partes. A primeira aborda o porquê de indústrias serem fragmentadas, pois esse entendimento é essencial para a formulação de estratégia. Em segundo lugar, são discutidos alguns métodos para estimular a mudança estrutural que permite superar a fragmentação da indústria. Em terceiro lugar, em caso de fragmentação incontrolável, são examinadas algumas das alternativas para enfrentar uma estrutura fragmentada. Também identificamos algumas armadilhas em que as companhias se vêem envolvidas ao competirem em indústrias fragmentadas. Por fim, é apresentada uma metodologia analítica básica para a formulação de estratégia competitiva nesse ambiente fragmentado, com base nos elementos abordados no decorrer do capítulo.

O QUE TORNA UMA INDÚSTRIA FRAGMENTADA?

As indústrias são fragmentadas por diversos motivos, com implicações acentuadamente diferentes para nelas se competir. Algumas indústrias são fragmentadas por motivos históricos – em virtude dos recursos ou da qualificação das companhias que tradicionalmente fazem parte delas –, não havendo, em princípio, fatores econômicos para a fragmentação. Entretanto, em numerosas indústrias existem causas econômicas básicas, sendo as principais as que se seguem:

Barreiras de Entrada Pouco Significativas. Quase todas as indústrias fragmentadas têm barreiras de entrada baixas. Se não fosse assim, não se poderiam formar por tantas organizações de pequeno porte. No entanto, embora sendo a principal condição para a fragmentação, as barreiras de entrada pouco significativas não são, em geral, *suficientes* para explicá-la. A fragmentação está quase sempre associada a uma ou mais das diferentes causas abordadas posteriormente.

Ausência de Economias de Escala ou Curva de Experiência. A maioria das indústrias fragmentadas caracteriza-se pela ausência de economias de escala expressivas ou curvas de aprendizagem em qualquer aspecto relevante da atividade, quer seja fabricação, comercialização, distribuição ou pesquisa. Numerosas indústrias fragmentadas têm processos de fabricação que se caracterizam por poucas, no caso de haver alguma, economias de escala ou reduções nos custos da experiência, porque o processo é uma simples operação de fabricação ou montagem (moldagem de poliuretano e fibra de vidro), é uma operação de armazenamento direto (distribuição de componentes eletrônicos), possui um contingente de mão-de-obra inerentemente elevado (guardas de segurança), implica grande ocorrência de serviços pessoais ou é intrinsecamente difícil de mecanizar ou de estabelecer uma rotina. Em uma indústria como a da pesca da lagosta, por exemplo, a unidade de produção é o barco individual. Ter inúmeros barcos pouco contribui para reduzir os custos da pesca, porque todos os barcos estão pescando nas mesmas águas com a mesma chance de uma boa pescaria. Portanto, existem muitos operadores pequenos com quase os mesmos custos. Até pouco tempo atrás, o cultivo de cogumelos resistia às economias de custo por escala ou aprendizagem. Os cogumelos especiais são cultivados em cavernas por inúmeros pequenos produtores que conhecem o segredo dessa arte. Recentemente, entretanto, a situação começou a mudar, como será discutido mais adiante.

Custos de Transporte Elevados. Altos custos de transporte limitam o porte de uma fábrica eficiente ou de uma área de produção, apesar da ocorrência de economias de escala. Os custos de transporte contrabalançados com economias de escala determinam o âmbito em que uma fábrica pode servir economicamente. Esses custos são elevados em indústrias como a de cimento, leite (líquido) e produtos químicos altamente corrosivos. Eles são efetivamente altos em muitas indústrias de prestação de serviços, porque são "produzidos" nas instalações do cliente ou o cliente deve dirigir-se ao local onde o serviço é prestado.

Custos de Estoque Elevados ou Flutuações Irregulares nas Vendas. Embora possa haver economias de escala intrínsecas no processo de produção, elas não podem ser obtidas se os custos de manutenção de estoque forem elevados e as vendas flutuarem. Nesse caso, a produção tem de ser aumentada ou diminuída, o que impede a construção de instalações de produção de larga escala, com uso intensivo de capital e a operação contínua das mesmas. De modo semelhante, se as vendas são bastante irregulares e flutuam extensamente, a companhia com instalações de produção em larga escala pode não ter vantagem sobre uma organização de menor porte e de produção mais rápida, ainda que as operações de produção da empresa maior sejam mais eficientes em condições de utilização da capacidade máxima. Sistemas de distribuição ou instalações de produção em pequena escala e menos especializadas são normalmente mais flexíveis para absorver mudanças na produção do que as maiores e mais especializadas, mesmo que possam ter custos operacionais mais elevados e um índice operacional estável.

Ausência de Vantagem de Tamanho em Transações com Compradores ou Fornecedores. A estrutura dos grupos de compradores e das indústrias fornecedoras não proporciona a uma companhia, em decorrência do seu porte grande, poder de negociação significativo nas negociações com esses grupos adjacentes. Os compradores, por exemplo, podem ter um porte tão grande que mesmo uma grande companhia da indústria só obtenha uma vantagem marginal sobre uma empresa menor quando em negociação com esses compradores. Por vezes, compradores ou fornecedores eminentes serão suficientemente poderosos para manter pequenas as companhias da indústria em que atuam, mediante dispersão intencional de suas atividades ou por meio do encorajamento à entrada de novas empresas.

Deseconomias de Escala em Aspectos Importantes. Deseconomias de escala podem originar-se de uma variedade de fatores. Mudanças rápidas nos produtos ou no estilo exigem resposta rápida e coordenação intensa entre as funções. Em situações nas quais freqüentes lançamentos de novos produtos e mudanças de estilo são essenciais para a concorrência, dando margem apenas a tempos de espera curtos, uma grande empresa pode ser menos eficiente que uma de menor porte – o que parece ser verdadeiro na indústria de confecções femininas e em outras indústrias nas quais o estilo desempenha um papel relevante na concorrência.

Se manter as *despesas indiretas baixas* é decisivo para o sucesso, esse fator pode favorecer a pequena empresa sob a direção implacável de um gerente-proprietário e que não está sobrecarregada de planos de pensão nem envolvida em outras dificuldades e está menos sujeita a exames minuciosos de fiscais do governo do que as companhias de maior porte.

Uma *linha de produto altamente diversa* exigindo adequação a usuários individuais requer uma acentuada interface fabricante-usuário em pequenos volumes do produto, podendo favorecer a empresa menor em prejuízo da maior. A indústria de formulários contínuos pode ser um exemplo no qual essa diversidade de produtos tenha levado à fragmentação. Os dois principais produtores norte-americanos de formulários contínuos detêm apenas uma parcela de mercado de aproximadamente 35%.

Embora existam exceções, se *um denso conteúdo de criatividade* é exigido, freqüentemente torna-se difícil manter a produtividade do pessoal encarregado das atividades criativas, em se tratando de uma companhia muito grande. Não se vêem companhias hegemônicas em indústrias como a de propaganda e de projeto de interiores.

Se o *controle local rigoroso* e a supervisão de operações são essenciais para o sucesso, a companhia pequena pode ter uma vantagem. Em algumas indústrias, particularmente na de serviços como, por exemplo, casas noturnas e restaurantes, uma intensa e rigorosa supervisão pessoal parece necessária. A gerência ausente funciona, via de regra, menos eficazmente em tais negócios do que um gerente-proprietário que mantém rigoroso controle sobre uma operação relativamente pequena.[1]

As empresas menores são freqüentemente mais eficientes quando o *serviço personalizado* é a essência do negócio. A qualidade desse tipo de serviço e a percepção por parte do cliente de que lhe está sendo prestado um serviço individualizado em geral parecem reduzir-se com o tamanho da empresa, uma vez atingido o limiar. Esse fator parece levar à fragmentação em indústrias como a de tratamento de beleza e a de consultoria.

Quando *imagem local e contatos locais* são as chaves do negócio, a grande empresa pode ficar em desvantagem. Em algumas indústrias, como a de fabricação de alumínio, materiais de construção e numerosas atividades de distribuição, a presença no local é fundamental para o sucesso. Um desenvolvimento do negócio, uma estruturação dos contatos e um intenso esforço de venda no local da atividade são necessários para a concorrência. Em tais indústrias, uma empresa local ou regional pode quase sempre prevalecer em relação a uma empresa maior, desde que não enfrente desvantagens de custo expressivas.

Necessidades Variadas do Mercado. Em algumas indústrias, as preferências dos compradores são fragmentadas, cada um desejando variedades especiais de um produto e prontos a (e com condições de) pagar mais por isso, em lugar de aceitar uma versão mais padronizada. Portanto, a demanda por qualquer variedade de um produto especial é pequena, não havendo quantidade adequada para sustentar estratégias de produção, distribuição ou marketing, que proporcionariam vantagens à grande companhia. Às vezes, essas preferências se originam de diferenças locais ou regionais nas necessidades do mercado, como por exemplo na indústria de

---

[1] Uma situação pertinente é aquela em que a atividade requer longas jornadas de trabalho ou horas extras, como a de distribuidores de implementos agrícolas, que vendem uma grande percentagem do volume anual de produtos, como fertilizantes e sementes, em questão de algumas semanas de trabalho frenético. É difícil encontrar alguém que não o gerente-proprietário para fazer os sacrifícios exigidos.

carros de bombeiro. Todo corpo de bombeiros de uma localidade quer carros exclusivos, com numerosas e onerosas sirenes, alarmes e outros opcionais. Portanto, quase todo carro de bombeiro vendido é especialmente fabricado. A produção é feita sob encomenda, sendo quase que inteiramente uma operação de montagem. Literalmente, existem dúzias de fabricantes desses carros, nenhum dos quais possuindo uma parcela de mercado significativa.

Acentuada Diferenciação do Produto, Particularmente se Baseada na Imagem. Se a diferenciação do produto é bastante acentuada e está calcada na imagem, ela pode impor limitações ao tamanho de uma companhia e dar uma proteção que permita a sobrevivência de empresas ineficientes. O porte grande pode ser incompatível com uma imagem de exclusividade ou com o desejo do comprador de ter uma marca só para si. Estreitamente relacionada a essa situação está aquela em que os principais fornecedores para a indústria em questão valorizam a exclusividade ou uma imagem particular no canal de distribuição de seus produtos ou serviços. Artistas, por exemplo, podem preferir lidar com uma pequena agência de reservas ou com selos de gravação que tragam a imagem que querem cultivar.

Barreiras de Saída. Se houver barreiras de saída, as empresas marginais tendem a permanecer na indústria e com isso evitar a consolidação. À parte dessas barreiras econômicas de saída, as barreiras gerenciais parecem ser comuns em indústrias fragmentadas. Podem existir concorrentes cujas metas não estejam necessariamente orientadas para o lucro. Certas atividades podem ter um apelo romântico ou um estímulo que atraia os concorrentes que querem estar na indústria, apesar da baixa ou mesmo inexistente rentabilidade. Esse fator parece comum em indústrias como a de pesquisa e a de agências de empregos.

Normas Locais. As regulamentações locais, que obrigam a empresa a seguir padrões que podem ser particularizados ou adequados ao cenário político local, podem ser uma importante fonte de fragmentação, mesmo onde as demais condições não existam. As normas locais vêm provavelmente contribuindo para a fragmentação em indústrias como a de varejo de bebidas alcoólicas e a de prestação de serviços personalizados, como lavagem a seco e armações de óculos.

Proibição do Governo de Concentração. As restrições legais proíbem a consolidação em indústrias como a de energia elétrica e a de estações de rádio e televisão, e as restrições da Lei MacFadden sobre operações bancárias de agências transpondo os limites dos estados impedem a consolidação em sistemas eletrônicos de transferência de fundos.

Novidade. Uma indústria pode ser fragmentada por ser nova, e nenhuma companhia, ou companhias, desenvolveu habilidades nem obteve os recursos para comandar uma parcela significativa de mercado, mesmo que não haja outros obstáculos à consolidação. As indústrias de aquecimento solar e de fibras ópticas parecem ter passado por isso em 1979.

Basta apenas a ocorrência de uma dessas características para impedir a consolidação de uma indústria. Se nenhuma delas está presente em uma indústria fragmentada, esta será uma importante conclusão, conforme discutimos a seguir.

Superando a Fragmentação

Superar a fragmentação pode ser uma oportunidade estratégica bastante significativa. O resultado da consolidação de uma indústria fragmentada pode ser bastante significativo, dado que os custos de entrada nesse tipo de indústria são, por definição, baixos e, em geral, os concorrentes pequenos e relativamente impotentes oferecem pouco perigo de retaliação.

Já enfatizamos anteriormente que uma indústria deve ser encarada como um sistema inter-relacionado; isso aplica-se também às indústrias fragmentadas. Uma indústria pode ser considerada fragmentada na evidência de um só dos fatores listados na seção anterior. Se essa restrição fundamental para a consolidação pode ser de alguma maneira superada, o resultado é, freqüentemente, o desencadeamento de um processo de mudança de toda a estrutura da indústria.

A indústria de criação de gado para corte é um bom exemplo de como uma indústria fragmentada pode mudar estruturalmente. Essa indústria caracteriza-se historicamente por um grande número de pequenos rancheiros que engordam o gado em pastos e o transportam para os frigoríficos para seu processamento. A criação de gado envolve, por tradição, poucas economias de escala; o que pode muito bem haver são deseconomias devido ao controle de um rebanho enorme e ao transporte do mesmo de um lugar para outro. Entretanto, desenvolvimentos tecnológicos levaram a uma utilização maior dos lotes de pasto como um processo alternativo para a engorda do gado. Sob condições rigorosamente controladas, esses lotes provaram ser um meio bem mais econômico para a engorda de animais. Sua construção, no entanto, requer grandes desembolsos de capital e parece haver economias de escala significativas em sua operação. Como resultado, alguns dos grandes criadores de gado, como a Iowa Beef e a Monfort, estão surgindo e a indústria está se concentrando. Esses criadores estão começando a crescer o suficiente para se integrarem para trás no processamento de forragens e para a frente no processamento da carne e na sua distribuição. Esta última levou ao desenvolvimento de marcas registradas. Nessa indústria, a principal causa da fragmentação foi a tecnologia de produção empregada para a engorda do gado. Superado esse obstáculo à consolidação, desencadeou-se um processo de mudança estrutural englobando inúmeros elementos da estrutura da indústria que estão bem além dos lotes de pasto exclusivamente.

Métodos Comuns para a Consolidação

A fragmentação é superada a partir de mudanças que eliminam os principais fatores econômicos que conduzem à estrutura fragmentada. Alguns métodos comuns para a fragmentação são apresentados a seguir:

Gerar Economias de Escala ou Curva de Experiência. Como na indústria de criação de gado para corte, se a mudança tecnológica leva a economias de escala ou a uma curva de experiência significativa, pode ocorrer, então, a consolidação. Economias de escala geradas em um setor da atividade podem, algumas vezes, prevalecer sobre as deseconomias em um outro setor.

Na fabricação, as inovações conduzindo à mecanização e a uma maior intensidade de capital levaram à consolidação na indústria de fornecimento de animais para pesquisa médica e na indústria de cultivo de cogumelos anteriormente mencionada. Os Charles River Breeding Laboratories foram pioneiros no uso de grandes e onerosas instalações para a procriação de animais. Nessas instalações, as condições sanitárias e todos os aspectos ambientais e dietéticos relativos a esses animais são cuidadosamente controlados. Nesses locais são criados animais de ótima qualidade para pesquisa e, assim, é desvendada a principal causa da fragmentação da indústria. No cultivo de cogumelos, algumas companhias de grande porte entraram na indústria e foram pioneiras nos processos sofisticados para o plantio controlado de cogumelos mediante a adoção de transportadores, controle das condições climáticas e de outros recursos para reduzir os custos de mão-de-obra e aumentar o rendimento. Esses processos envolvem economias de escala significativas, desembolsos de capital e sofisticação tecnológica e fornecem uma base para a consolidação na indústria.

As inovações que geram economias de escala no marketing podem também conduzir à consolidação da indústria. Por exemplo, a adoção bastante difundida do sistema de rede de televisão como o principal meio para a comercialização de brinquedos foi acompanhada de uma significativa consolidação da indústria. O aparecimento de revendedores exclusivos de linhas completas e que ofereciam financiamento e assistência técnica propiciou a consolidação entre os fabricantes de equipamento de terraplenagem, tendo como maior beneficiária a Caterpillar Tractor.

Os mesmos argumentos básicos se aplicam à geração de economias de escala em outras funções, tais como distribuição, prestação de serviços etc.

Padronizar as Diversas Necessidades do Mercado. As inovações no produto ou no marketing podem padronizar necessidades do mercado até então distintas. Por exemplo, a criação de um novo produto pode harmonizar as preferências dos compradores; uma alteração no projeto pode reduzir expressivamente o custo de uma variação padronizada, levando os compradores a aferirem ao produto padronizado um valor maior que o atribuído ao dispendioso produto fabricado por encomenda. A modularização de um produto poderia permitir uma produção de componentes em grandes quantidades, obtendo, assim, economias de escala ou reduções no custo de experiência, mantendo ao mesmo tempo a heterogeneidade dos produtos finais. O potencial para tais inovações é claramente limitado pelas características econômicas subjacentes da indústria, mas em muitas delas o fator restritivo à consolidação parece ser a falta de habilidade e criatividade em encontrar maneiras de controlar as causas da fragmentação.

Neutralizar ou Eliminar os Aspectos que mais Contribuem para a Fragmentação. Às vezes, as causas da fragmentação da indústria estão centradas em uma ou duas áreas, como, por exemplo, deseconomias de escala na produção ou preferências fragmentadas do comprador. Uma estratégia para superar a fragmentação é isolar de algum modo esses aspectos do resto da atividade. Dois exemplos marcantes são as indústrias de acampamento e de refeições ligeiras. Ambas as atividades dependem de um rigoroso controle local e da prestação habitual de um bom serviço. Intrinsecamente, caracterizam-se por pequenos locais individualizados, porque quaisquer economias de escala potenciais nas áreas de acampamento ou nas instalações de refeições ligeiras são compensadas pela necessidade de uma localização próxima aos clientes ou às principais estradas e estações de férias. Essas indústrias são, por tradição, fragmentadas, constituindo-se de milhares e milhares de pequenas operações dirigidas pelos proprietários. Ainda assim, existem expressivas economias de escala no marketing e na aquisição em ambas as atividades, particularmente se o ponto de saturação em âmbito nacional pode ser atingido, o que favorece o emprego de veículos de propaganda de alcance nacional. A fragmentação, nesse caso, foi superada por meio da concessão de franquia de locais individuais aos gerentes-proprietários, que operavam sob a proteção de uma organização nacional que comercializava a marca e servia de centro de compras e de outros serviços. Assim, o controle rigoroso e a manutenção do serviço estavam assegurados, bem como os benefícios das economias de escala. Esse conceito gerou gigantes como a KOA nos acampamentos, e o McDonald's, a Pizza Hut e muitos outros nas refeições ligeiras. Uma outra indústria na qual a franquia está solucionando a fragmentação hoje em dia é a corretagem de imóveis. A Century 21 está rapidamente expandindo sua parcela nessa indústria altamente fragmentada mediante a franquia de firmas locais, permitindo-lhes operar com autonomia com seu nome local, mas com a cobertura da marca Century 21 anunciada em âmbito nacional.

Quando as causas da fragmentação estão centradas na produção ou no processo de prestação de serviços, como nos exemplos anteriores, sua superação requer que a produção seja desligada do resto do negócio. Se os segmentos de compradores são numerosos ou a diferenciação extrema dos produtos conduz à preferência por exclusividade, pode ser possível – pelo uso de diversas marcas e estilos de embalagem cuidadosamente dissociados – superar as restrições impostas à parcela de mercado. Um outro exemplo é o do artista ou outro tipo de cliente ou fornecedor que deseja negociar com uma organização menor e mais personalizada com uma imagem especial ou reputação positiva. Na indústria fonográfica, esse objetivo tem sido alcançado com a utilização de vários selos próprios e de contratos com selos associados, todos usando a mesma organização de prensagem, comercialização, promoção e distribuição de discos. Cada selo é estabelecido independentemente e luta para dar um toque individual a seus artistas. Contudo, a parcela total de mercado da matriz pode ser significativa, como no caso da CBS e da Warner Brothers, cada uma com cerca de 20% do mercado.

Esse método básico para superar a fragmentação reconhece que sua causa fundamental não pode ser alterada. Ao contrário, a estratégia visa neutralizar os setores da atividade sujeitos à fragmentação para proporcionar vantagens com relação à parcela de mercado em outros aspectos que entrem em jogo.

Fazer Aquisições para Criar uma Massa Crítica. Em algumas indústrias pode haver certas vantagens em deter uma parcela de mercado expressiva, mas é extremamente difícil incrementar essa parcela devido às causas da fragmentação. Por exemplo, se os contatos locais são importantes nas vendas, é difícil penetrar no território de outras companhias objetivando uma expansão dos negócios. Porém, se a empresa pode conseguir uma parcela de mercado inicial, poderá começar a obter vantagens significativas da escala. Em casos como esse, uma estratégia de fazer várias aquisições de companhias locais pode ter êxito, desde que as aquisições possam ser integradas e administradas.

Reconhecer Logo de Início as Tendências da Indústria. Por vezes, as indústrias se consolidam naturalmente quando amadurecem, particularmente se a principal causa da fragmentação foi a novidade da indústria; ou as tendências exógenas da indústria podem também levar à consolidação alterando as causas da fragmentação. Por exemplo, centros de serviços de computador estão enfrentando uma crescente concorrência por parte dos mini e dos microcomputadores. Essa nova tecnologia significa que mesmo firmas de pequeno e médio portes podem ter seu próprio computador. Portanto, os centros de serviços estão tendo de atender cada vez mais as companhias grandes e espalhadas para que possam manter seu crescimento e/ou para que possam oferecer programação sofisticada e outros serviços além do tempo de computador. Esse desenvolvimento aumentou as economias de escala na indústria de centros de serviços e está levando à consolidação.

Nesse exemplo, a ameaça dos produtos substitutos desencadeou a consolidação alterando as necessidades dos compradores e, desse modo, estimulando mudanças nos serviços que estavam cada vez mais sujeitos a economias de escala. Em outras indústrias, as mudanças nas preferências dos clientes, alterações na estrutura dos canais de distribuição e as demais inumeráveis tendências na indústria podem influir, direta ou indiretamente, nas causas da fragmentação. Mudanças governamentais ou nas regulamentações podem forçar a consolidação elevando os padrões do produto ou do processo de fabricação a tal ponto que eles fiquem fora do alcance de empresas pequenas com a criação de economias de escala. Reconhecer o efeito final de tais tendências e posicionar a companhia para tirar proveito das mesmas pode ser um caminho importante para superar a fragmentação.

Indústrias "Presas"

Até agora o assunto girou em torno das indústrias cuja fragmentação está arraigada aos seus aspectos econômicos e dos meios para superar essa fragmentação, que implicam o isolamento de seus principais fatores. Além disso, um ponto crítico a ser reconhecido para fins estratégicos é o fato de muitas indústrias serem fragmentadas, não por motivos econômicos fundamentais, mas por estarem "presas" a um estado fragmentado. São várias as razões que levam as indústrias a tal situação, como se vê a seguir.

Às Empresas Existentes Faltam Recursos ou Habilidades. Algumas vezes, os passos necessários para superar a fragmentação são evidentes, mas faltam às empresas os recursos para os necessários investimentos estratégicos. Por exemplo, pode haver economias de escala potenciais na produção, mas as empresas não têm capital ou perícia para a construção de instalações para uma produção em larga escala ou para que possam fazer os investimentos necessários em uma integração vertical. As empresas podem também carecer de recursos ou habilidades para o desenvolvimento de seus próprios canais de distribuição, suas próprias organizações de prestação de serviços, instalações logísticas especializadas ou franquias de marca registrada de consumo que promoveriam a consolidação da indústria.

As Empresas Existentes Têm Visão Estreita ou São Complacentes. Ainda que disponham dos recursos para que possam promover a consolidação da indústria, as empresas podem estar emocionalmente presas às práticas tradicionais da indústria que apóiam a estrutura fragmentada ou podem estar sem condições de perceber oportunidades para mudança. Esse fato, possivelmente aliado à falta de recursos, pode explicar em parte a fragmentação histórica da indústria vinícola norte-americana. Os produtores foram por muito tempo orientados para a produção e aparentemente fizeram pouco esforço para fomentar uma distribuição nacional ou o reconhecimento da marca registrada de consumo. Muitas das grandes companhias de bens de consumo e de bebidas alcoólicas abriram seu caminho na indústria em meados dos anos 60 e inverteram tal orientação.

Falta de Atenção por Parte de Empresas Externas. Se as duas condições anteriores existem, algumas indústrias podem permanecer fragmentadas por um longo período, mesmo que tenham objetivos propícios à consolidação, devido à falta de atenção por parte das empresas externas. Nenhuma dessas empresas percebe a oportunidade de introduzir recursos e de adotar uma perspectiva inovadora na indústria para promover a consolidação. As indústrias que não são percebidas (e que apresentam perspectivas favoráveis à entrada) tendem a ser aquelas que estão fora do caminho convencional (fabricação de rótulos, cultivo de cogumelos) ou às quais falta fascínio ou qualquer estímulo aparente (fabricação de filtros de ar e de gordura). Elas podem ser também muito novas ou pequenas demais para despertarem o interesse das principais empresas estabelecidas que dispõem dos recursos para superar a fragmentação.

Se uma empresa pode reconhecer uma indústria na qual a estrutura fragmentada não reflita o princípio econômico básico da concorrência, esse reconhecimento pode lhe proporcionar uma oportunidade estratégica bastante relevante. Uma companhia pode entrar em tal indústria a um custo baixo em decorrência de sua estrutura inicial. Não existindo causas econômicas básicas para a fragmentação, não é necessário incorrer-se em nenhum custo de investimento ou em risco de inovações para mudar a estrutura econômica subjacente.

LIDANDO COM A FRAGMENTAÇÃO

Em muitas situações, a fragmentação da indústria decorre, na verdade, dos aspectos econômicos subjacentes que não podem ser superados. As indústrias fragmentadas caracterizam-se não somente por seus numerosos concorrentes, mas também por uma posição geralmente fraca em termos de poder de negociação com fornecedores e compradores. O resultado pode ser uma rentabilidade marginal. Em tal ambiente, o *posicionamento* estratégico é de importância crucial. O desafio estratégico é enfrentar a fragmentação tornando-se uma das organizações mais bem-sucedidas, embora capaz de obter somente uma modesta parcela de mercado.

Como cada indústria apresenta, em essência, diferenças, não há regra geral para se competir mais eficazmente em uma indústria fragmentada. Entretanto, existem várias alternativas estratégicas possíveis para enfrentar uma estrutura fragmentada que devem ser consideradas ao analisar qualquer situação em particular. Trata-se de meios específicos para se buscar as estratégias genéricas de baixo custo, diferenciadas ou de enfoque descritas no Capítulo 2 no meio ambiente típico de uma indústria fragmentada. Cada um destina-se a nivelar a postura estratégica da empresa com o caráter especial da concorrência nas indústrias fragmentadas ou a neutralizar as forças competitivas intensas que em geral funcionam como a regra nessas indústrias.

Descentralização Firmemente Administrada. Como as indústrias fragmentadas são freqüentemente caracterizadas pela necessidade de intensa coordenação, orientação administrativa local, serviço altamente personalizado e um rigoroso controle, uma importante alternativa para a concorrência é a descentralização firmemente administrada. Em vez de aumentar a escala de operações em uma ou em algumas instalações, essa estratégia envolve deliberadamente a manutenção de operações individuais de menor escopo com a maior autonomia possível. Essa alternativa apóia-se em um controle central rigoroso e na remuneração de gerentes locais em função do desempenho. Essa estratégia está sendo posta em prática com grande sucesso pela Indal na indústria de extrusão e fabricação de alumínio no Canadá, por várias cadeias em crescimento de jornais de pequeno e médio portes que surgiram nos Estados Unidos durante a década passada e pelas muito bem-sucedidas Dillon Companies, atuando no varejo de produtos alimentícios, apenas para citar alguns exemplos. A Dillon, por exemplo, adota uma estratégia de adquirir um grupo de pequenas cadeias regionais de mercearias, conservando, porém, a autonomia das mesmas: cada uma com seu próprio nome, grupo comprador etc. O sistema é reforçado por um controle central e por uma poderosa política de promoção de dentro para fora. A estratégia evitou a homogeneização das unidades individuais e a conseqüente insensibilidade às condições locais que minam algumas cadeias de comestíveis e, como um subproduto, manteve a sindicalização pouco influente.

A essência desse tipo de estratégia é reconhecer e tratar das causas da fragmentação, aplicando, porém, um grau de profissionalismo à atuação dos gerentes locais.

Instalações – "modelo". Outra alternativa, relacionada com a anterior, é ver a principal variável estratégica do negócio como a construção de instalações de custo baixo e eficientes em diversos locais. Essa estratégia envolve o projeto e uma instalação-padrão, seja ela uma fábrica ou um estabelecimento de prestação de serviços, e o aperfeiçoamento do processo de construção e de colocação da instalação em funcionamento a um custo mínimo. A empresa reduz, assim, seu investimento em relação à concorrência e/ou proporciona um local mais atrativo ou eficiente onde operar o negócio. Alguns dos fabricantes mais bem-sucedidos de casas móveis, como a Fleetwood Inc., adotaram essa estratégia.

Maior Valor Agregado. Muitas indústrias fragmentadas geram produtos ou serviços que são artigos de uso geral ou, por outro lado, difíceis de diferenciar; muitas distribuidoras, por exemplo, estocam linhas de produtos semelhantes ou idênticas às de seus concorrentes. Em casos como esses, uma estratégia eficaz pode ser aumentar o valor adicionado do negócio mediante prestação de mais serviços com a venda, envolvimento em alguma operação final de fabricação do produto (como corte no tamanho exato ou aplicação de furos) ou por meio de submontagem ou montagem dos componentes antes que sejam vendidos aos clientes. A diferenciação acentuada do produto e, conseqüentemente, maiores margens de lucro, que não podem ser alcançadas com o produto ou o serviço básico, podem ser realizadas com tais atividades. Esse conceito foi aplicado com sucesso por vários distribuidores de metal que se posicionavam como "centros de serviços com metal" e se empenhavam em operações de fabricação simples, fornecendo numerosas orientações ao cliente naquele que tradicionalmente era considerado um negócio meramente intermediário. Alguns distribuidores de componentes eletrônicos lograram semelhante êxito com a submontagem de conectores a partir de componentes isolados ou de conjuntos de montagem.

Por vezes o valor agregado pode ser reforçado por uma integração para a frente da fabricação à distribuição ou ao varejo. Essa medida pode neutralizar o poder dos compradores ou permitir uma maior diferenciação do produto por meio de um maior controle das condições de venda.

Especialização por Tipo ou Segmento de Produto. Quando a fragmentação da indústria resulta ou é acompanhada da presença de vários itens da linha de produtos, uma estratégia eficaz para atingir resultados acima da média pode ser a especialização em um grupo de produtos bastante restrito. Essa alternativa é uma variante da estratégia de enfoque descrita no Capítulo 2. Ela pode permitir que a empresa alcance algum poder de negociação com os fornecedores com o desenvolvimento de um volume significativo de seus produtos. Permite também o reforço da diferenciação do produto para o cliente em decorrência da perícia e da imagem do especialista na área específica do produto. A estratégia de enfoque permite ainda à organização estar mais bem informada acerca da área do produto e investir potencialmente em sua capacidade para educar os clientes e prestar-lhes serviços relativos à área em particular. O custo de tal estratégia de especialização pode impor algumas limitações às perspectivas de crescimento para a empresa.

Um exemplo interessante de especialização do produto aliado ao crescente valor agregado é dado pela Ethan Allen, um participante muito bem-sucedido da indústria fragmentada de móveis norte-americana. A Ethan Allen é especializada em móveis antigos, oferecendo uma linha que permite ao cliente reunir peças independentes em ambientes projetados por profissionais:

> *Nós estamos vendendo o que você pode fazer com o produto, não o produto propriamente dito. Prestamos à classe média um serviço de que somente os ricos poderiam dispor.*[2]

O conceito integrado permite à Ethan Allen cobrar um ágio de até 20% por seus produtos que é empregado em maciça propaganda de televisão. A companhia

---

[2]"Nat Ancell's Unique Selling Proposition", *Forbes*, 25 de dezembro de 1978.

só vende por meio de uma rede única de lojas de varejo independentes e exclusivas. Tal estrutura permite acentuar a diferenciação e evita a embaraçosa negociação de lojas de departamentos e de descontos. Embora a parcela de mercado da empresa seja somente de cerca de 3%, sua rentabilidade está bem acima da média.

Especialização por Tipo de Cliente. Se a concorrência é intensa em virtude de uma estrutura fragmentada, uma empresa pode vir a se beneficiar com a especialização em um tipo particular de cliente da indústria – talvez os clientes com o menor poder de negociação por comprarem pequenos volumes anuais ou por serem pequenos em tamanho absoluto. A empresa também poderia especializar-se em clientes menos sensíveis aos preços[3] ou que precisam mais do valor agregado que a empresa pode proporcionar junto com o produto ou o serviço básico. Como a especialização no produto, a especialização no cliente pode limitar as perspectivas de crescimento da empresa em troca da oferta de maior rentabilidade.

Especialização por Tipo de Encomenda. Sem levar em consideração o cliente, a empresa pode especializar-se em um tipo especial de encomenda para enfrentar a pressão competitiva intensa em uma indústria fragmentada. Uma alternativa é atender somente encomendas pequenas para as quais o cliente quer entrega imediata e a cujo preço ele é indiferente. A empresa pode também atender somente pedidos sob encomenda para obter vantagem da menor sensibilidade ao preço ou para estabelecer custos de mudança. Uma vez mais, o custo de tal especialização pode ser uma certa limitação quanto ao volume.

Uma Área Geográfica de Enfoque. Ainda que uma parcela significativa na indústria esteja fora de alcance ou não existam economias de escala nacionais (e talvez mesmo deseconomias), pode haver economias substanciais em se cobrir uma dada área geográfica mediante a concentração de instalações, da atenção ao marketing e da atividade de vendas. Essa política pode trazer economias no uso da força de vendas, permitir uma propaganda mais eficiente, um só centro de distribuição etc. Por outro lado, espalhar as atividades de um ramo de negócios por várias áreas acentua os problemas de concorrência em uma indústria fragmentada. A estratégia de cobertura tem sido bastante eficaz para as lojas de comestíveis, que permanecem numa indústria fragmentada, a despeito da presença de algumas grandes cadeias nacionais.

---

[3] Ver os Capítulos 1 e 6 para uma discussão das características que influem no poder de negociação dos compradores e em sua sensibilidade aos preços.

Postura Simples/Objetiva. Conhecida a intensidade da concorrência e as margens baixas em muitas indústrias fragmentadas, uma alternativa estratégica simples, porém poderosa, pode ser o cuidado intenso em manter uma postura competitiva simples/objetiva – isto é, despesas indiretas baixas, empregados pouco qualificados, controle firme do custo e atenção aos detalhes. Essa alternativa coloca a empresa na melhor posição para competir em uma base de preços e ainda propicia um retorno acima da média.

Integração para Trás. Embora as causas da fragmentação possam impedir uma grande parcela de mercado, a integração seletiva para trás pode reduzir os custos e pressionar os concorrentes que não podem arcar com esse tipo de integração. Naturalmente, a decisão de integrar-se deve ser tomada somente após uma análise completa, que será discutida mais adiante no Capítulo 14.

ARMADILHAS ESTRATÉGICAS POTENCIAIS

O meio estrutural singular da indústria fragmentada apresenta muitas armadilhas estratégicas também peculiares. Algumas armadilhas comuns, que poderiam servir de sinais vermelhos na análise das alternativas estratégicas em qualquer indústria fragmentada, são as seguintes:

Busca do Domínio. A estrutura básica de uma indústria fragmentada faz com que a busca de domínio seja desnecessária, a menos que essa estrutura possa ser mudada na sua essência. Caso contrário, uma companhia tentando obter uma parcela dominante de uma indústria fragmentada está normalmente fadada ao fracasso. Os fatores econômicos básicos da fragmentação geralmente expõem a empresa a ineficiências, perda de diferenciação do produto e caprichos de fornecedores e clientes à medida que ela aumenta sua parcela. Tentar ser de tudo para todos geralmente aumenta a vulnerabilidade às forças competitivas em uma indústria fragmentada, embora essa estratégia possa lograr bastante êxito em outras indústrias nas quais existam vantagens de custo para a produção de volume e outras economias.

Um exemplo de uma companhia que aprendeu a duras penas essa lição foi a Prelude Corporation, cuja meta pretendida era ser a "General Motors da indústria da lagosta".[4] Ela montou uma ampla frota de barcos caros e de alta tecnologia para

---

[4] Para uma descrição mais extensa sobre a Prelude, ver *Prelude Corporation*, Harvard Business School, ICCH 4-373-052, 1968.

a pesca de lagostas; estabeleceu um serviço de manutenção e um cais próprios; e integrou-se verticalmente no transporte e nos restaurantes. Infelizmente, os fatores econômicos eram tais que suas embarcações não tinham vantagens significativas na pesca de lagosta sobre os demais pescadores, e sua estrutura de elevadas despesas indiretas e pesados custos fixos maximizaram a vulnerabilidade da companhia às flutuações inerentes à pesca da lagosta. Os altos custos fixos também levaram os pequenos pescadores a reduzirem seus preços, pois não mediam o resultado de seus negócios em relação aos alvos de retorno sobre o investimento (RSI) da empresa, mas pareciam satisfeitos com um retorno muito mais baixo. O resultado foi uma crise financeira e a suspensão eventual das operações. Nada na estratégia da Prelude abordava as causas da fragmentação em sua indústria, daí ter sido vã sua busca de domínio.

Falta de Disciplina Estratégica. Uma disciplina estratégica extrema é quase sempre exigida para a concorrência efetiva nas indústrias fragmentadas. A menos que a causa da fragmentação possa ser superada, a estrutura competitiva das indústrias fragmentadas geralmente necessita de um enfoque ou de uma especialização em algum conceito estratégico rígido como aqueles articulados na seção anterior. A aplicação desses conceitos pode exigir a coragem para desativar alguns negócios, como também para contrariar os critérios convencionais quanto ao modo de conduzir os negócios. Uma estratégia indisciplinada ou oportunista pode funcionar a curto prazo, mas comumente maximiza a exposição da empresa às forças competitivas intensas, comuns em indústrias fragmentadas, a um prazo mais longo.

Supercentralização. A essência da concorrência em muitas indústrias fragmentadas é a prestação de serviços personalizados, contatos locais, controle rigoroso das operações, capacidade de reagir a flutuações ou a mudanças de estilo etc. Uma estrutura organizacional centralizada é, em muitos casos, contraproducente porque retarda o tempo de resposta, diminui os incentivos dos que atuam no local e pode afastar os indivíduos qualificados necessários para a prestação de muitos serviços personalizados. Embora o controle centralizado seja quase sempre útil e mesmo essencial na administração de uma empresa com diversas unidades e operando em uma indústria fragmentada, tal centralização pode ser desastrosa.

De maneira semelhante, a estrutura econômica das indústrias fragmentadas é freqüentemente tal que uma organização de produção ou de marketing centralizada não está sujeita a economias de escala, e nem mesmo a deseconomias. Portanto, a centralização nessas áreas enfraquece em vez de fortalecer a empresa.

Suposição de que os Concorrentes Têm as Mesmas Despesas Indiretas e Objetivos. A natureza peculiar das indústrias fragmentadas freqüentemente implica a existência de muitas empresas pequenas e de iniciativa privada. Além disso, os gerentes-proprietários podem ter razões não-econômicas para estar no negócio. Nessas circunstâncias, a suposição de que esses concorrentes terão uma estrutura de despesas indiretas ou os objetivos de uma corporação constitui-se em erro grave. Quase sempre trabalham por seus próprios meios, empregam mão-de-obra da própria família e evitam os custos reguladores e a necessidade de oferecer benefícios aos empregados. Mesmo que tais concorrentes possam ser "ineficientes", isso não significa que seus custos sejam altos com relação aos de uma empresa no mesmo ramo de negócio. De modo semelhante, esses concorrentes podem ficar satisfeitos com níveis de rentabilidade muito diferentes (e mais baixos) do que uma empresa e podem estar muito mais interessados em manter o volume e proporcionar trabalho a seus empregados do que na rentabilidade propriamente alta. Portanto, suas reações quanto a alterações de preço e a outros acontecimentos da indústria podem ser bastante diferentes das de uma companhia "normal".

Reações Excessivas a Novos Produtos. Em uma indústria fragmentada, o grande número de concorrentes quase sempre assegura que o comprador exerce um grande poder e é capaz de jogar um concorrente contra o outro. Em tal cenário, os produtos em início de vida freqüentemente surgem como salvação para uma situação que, não fosse isso, seria de competição intensa. Com uma demanda em rápido crescimento e compradores não familiarizados com o novo produto, a concorrência de preço pode ser pouco expressiva, com os compradores exigindo da organização orientação e prestação de serviços. Essa é uma ajuda tão propícia na indústria fragmentada que as empresas fazem grandes investimentos para se ajustarem a fim de atenderem à demanda. Aos primeiros sinais da maturidade, entretanto, a estrutura fragmentada nivela-se à demanda e as margens de lucro que apoiavam esses investimentos desaparecem. Portanto, há um risco de reação excessiva a novos produtos, com conseqüente elevação dos custos e despesas indiretas, colocando a empresa em desvantagem na concorrência de preço, o que é um fato em muitas indústrias fragmentadas. Embora seja bastante problemático em todas as indústrias enfrentar novos produtos, a dificuldade torna-se particularmente maior em atividades fragmentadas.

FORMULANDO ESTRATÉGIA

Reunindo as idéias discutidas anteriormente, podemos delinear uma metodologia analítica ampla para formular estratégias competitivas em indústrias fragmentadas (veja Figura 9-1). A *primeira etapa* é conduzir uma análise completa da indústria e da concorrência para identificar a origem das forças competitivas e a estrutura da indústria, bem como a posição dos concorrentes mais relevantes. Concluída essa análise inicial, a *segunda etapa* é identificar as causas da fragmentação na indústria. É fundamental que a lista dessas causas seja exaustiva e que sua relação com os aspectos econômicos da indústria seja estabelecida. Se não existe uma causa econômica básica para a fragmentação, esse é um achado decisivo, como foi discutido anteriormente.

Primeira Etapa	Qual a estrutura da indústria e as posições dos concorrentes?
Segunda Etapa	Por que a indústria é fragmentada?
Terceira Etapa	Pode a fragmentação ser superada? Como?
Quarta Etapa	É lucrativo superar a fragmentação? Qual deve ser o posicionamento da empresa para fazer isso?
Quinta Etapa	Se a fragmentação é inevitável, qual a melhor alternativa para enfrentá-la?

FIGURA 9-1 *Etapas para formulação de estratégia competitiva em indústrias fragmentadas.*

A *terceira etapa* é examinar uma por uma as causas da fragmentação no contexto da análise da concorrência e da indústria, que foi a primeira etapa. Algumas dessas fontes de fragmentação podem ser superadas com inovação ou mudanças estratégicas? A injeção de recursos ou uma nova perspectiva é tudo de que se necessita? Algumas das causas da fragmentação são alteradas direta ou indiretamente pelas tendências da indústria?

A *quarta etapa* depende de uma resposta positiva a uma das questões precedentes. Se a fragmentação pode ser superada, a organização deve avaliar se a futura estrutura da indústria produz ou não retornos atrativos. Para responder a essa questão, a empresa deve prever o novo equilíbrio estrutural na indústria, uma vez verificada a consolidação, e depois reaplicar a análise estrutural. Se a indústria consolidada não promete retornos atrativos, a questão final é: qual a melhor posição defensável para uma companhia assumir a fim de usufruir a consolidação da indústria?

Se as chances de superar a fragmentação analisadas na terceira etapa são desfavoráveis, a quinta etapa é selecionar a melhor alternativa para enfrentar a estrutura fragmentada. Essa etapa envolve uma consideração das alternativas amplas apresentadas anteriormente e também de outras que se apliquem à indústria em questão, levando em conta os recursos e as capacidades da organização em particular.

Além de fornecerem uma série de processos analíticos a serem periodicamente revistos, essas etapas dirigem a atenção para os elementos-chave dos dados ao analisar as indústrias fragmentadas e a concorrência nas mesmas. As causas da fragmentação, as previsões dos efeitos da inovação sobre essas causas e a identificação das tendências da indústria que venham a alterar as causas da fragmentação tornam-se requisitos fundamentais para a investigação do meio ambiente e para a previsão tecnológica.

10
Estratégia Competitiva em Indústrias Emergentes

Indústrias emergentes são indústrias recentemente formadas, ou reformadas, criadas por inovações tecnológicas, alterações nas relações de custos relativos, surgimento de novas necessidades dos consumidores, ou outras alterações econômicas e sociais que elevam um novo produto ou serviço em nível de uma oportunidade potencialmente viável de negócio. Indústrias emergentes estão sendo criadas a todo momento; algumas das muitas criações dos anos 70 incluem o aquecimento solar, os videogames, as fibras ópticas, o processamento da linguagem, os meios de separação biológica, os computadores pessoais e os alarmes antipoluição. Do ponto de vista estratégico, os problemas de uma indústria emergente se apresentam também quando uma atividade antiga experimenta uma mudança drástica em suas regras competitivas conjugada com um crescimento em escala provocado pelo grande volume de pedidos em decorrência das mudanças no meio ambiente do tipo que acabamos de descrever. Por exemplo, a água mineral engarrafada está no mercado há muito tempo, mas a ascensão da Perrier é sintomática do crescimento e da redefinição da atividade que são fundamentais. Quando ocorrem tal crescimento e redefinição, uma indústria enfrenta situações estratégicas que não diferem substancialmente das de uma indústria começando de novo.

A característica essencial de uma indústria emergente, do ponto de vista da formulação de estratégia, é que não existem regras nesse jogo. O problema competitivo nesse tipo de indústria é que todas as regras devem ser estabelecidas de modo que a empresa possa competir e prosperar sujeita a elas. A ausência de regras é ao mesmo tempo um risco e uma fonte de oportunidade; de qualquer modo, isso tem de ser controlado.

Este capítulo examina os problemas da estratégia competitiva nessa importante situação estrutural, apoiando-se na base analítica desenvolvida na Parte I. Em primeiro lugar, as características estruturais e da concorrência nas indústrias emergentes serão traçadas para destacar o meio competitivo em tal situação. A seguir, identificam-se os problemas típicos encontrados no desenvolvimento de uma nova indústria e que limitam seu crescimento, além de serem vitais na luta por posição entre os concorrentes. Os fatores que determinam os compradores ou os segmentos de compradores que serão os primeiros a comprar, ou os "primeiros adotantes", do produto da nova indústria são identificados. A identificação desses compradores é crucial, não só para a formulação direta da estratégia competitiva, como também para a projeção do desenvolvimento da indústria, porque esses primeiros compradores podem ter uma influência decisiva na maneira como a indústria planeja, produz, entrega e comercializa seu produto.

Tendo identificado alguns aspectos básicos do meio ambiente nas indústrias emergentes, consideraremos a seguir algumas decisões estratégicas importantes com que as empresas dessas indústrias vão se defrontar e algumas alternativas estratégicas para enfrentá-las com sucesso. Por último, algumas técnicas analíticas para a previsão do futuro das indústrias emergentes são apresentadas, em conjunto com princípios para selecionar indústrias emergentes que ofereçam perspectivas favoráveis aos candidatos à entrada.

O MEIO ESTRUTURAL

Embora as indústrias emergentes possam diferir bastante em suas estruturas, existem alguns fatores estruturais comuns que parecem caracterizar muitas indústrias nesse estágio de desenvolvimento. A maior parte relaciona-se à ausência de bases estabelecidas para a concorrência ou de outras regras de jogo ou ao pequeno porte inicial e à novidade da indústria.

Características Estruturais Comuns

Incerteza Tecnológica. Existe em geral muita incerteza quanto à tecnologia em uma indústria emergente: Que configuração do produto prova afinal ser a melhor? Que tecnologia de produção prova ser a mais eficiente? Por exemplo, em alarmes antipoluição existe sempre incerteza quanto a se os detectores fotoelétricos ou de ionização virão a ser a melhor alternativa; no momento os dois tipos estão sendo produzidos por companhias diferentes.[1] Os métodos da Philips e da RCA para a tecnologia do disco-vídeo estão lutando para serem adotados como o padrão na indústria, como aconteceu com os métodos alternativos para a tecnologia do aparelho de televisão nos anos 40. Tecnologias alternativas de produção podem também existir, sem que tenham sido experimentadas em larga escala. Na fabricação de fibras ópticas, por exemplo, existem pelo menos cinco processos diferentes sustentados por diversos participantes da indústria.

Incerteza Estratégica. Relacionada com a incerteza tecnológica, mas com efeito mais amplo, existe uma grande variedade de métodos estratégicos sendo experimentados pelos participantes da indústria. Nenhuma estratégia "correta" foi identificada claramente, e empresas diferentes estão fazendo tentativas com métodos diferentes para o posicionamento, marketing, atendimento etc., do produto/mercado, assim como estão apostando em diferentes configurações do produto ou tecnologias de produção. Por exemplo, as empresas de aquecimento solar têm assumido diversas posições quanto ao fornecimento de componentes *versus* sistemas, segmentação de mercado e canais de distribuição. Estreitamente relacionado a esse problema está o fato de as empresas freqüentemente terem pouca informação sobre os concorrentes, sobre as características dos clientes e sobre as condições da indústria na fase emergente. Ninguém sabe quem são todos os concorrentes e normalmente não existem dados confiáveis quanto às vendas da indústria e à parcela de mercado, por exemplo.

Altos Custos Iniciais mas Redução Acentuada no Custo. Um pequeno volume de produção e a novidade da indústria em geral se combinam para produzir altos custos na indústria emergente em relação aos que pode potencialmente alcançar. Mesmo para tecnologias para as quais a curva de aprendizagem venha em breve se nivelar, existe geralmente uma curva de aprendizagem muito acentuada operando. Surgem rapidamente idéias em termos de procedimentos aperfeiçoados, layout de fábrica etc., e os empregados obtêm ganhos importantes em produtividade à medida que a familiaridade com o trabalho aumenta. O aumento nas vendas traz importantes contribuições para a escala e para o volume total acumulado da produção final das empresas. Esses fatores são acentuados se, como é comum, a tecnolo-

---

[1] Abernathy chama adequadamente de a ausência de um "modelo dominante" para o produto ou o serviço. Ver Abernathy (1978).

gia na fase emergente da indústria tem uma intensidade de mão-de-obra maior do que aquela que possa vir a ter no final.

O resultado de uma curva de aprendizagem acentuada é que os custos inicialmente altos declinam a uma taxa proporcional muito alta. Se os ganhos devidos à aprendizagem se combinam com crescentes oportunidades de obter economias de escala com o crescimento da indústria, os declínios no custo serão ainda mais rápidos.

Companhias Embrionárias e Desmembramentos Spin-Offs. A fase emergente da indústria é em geral acompanhada pela presença da mais alta proporção de companhias recém-formadas (em contraste com unidades recém-formadas de empresas estabelecidas) em toda a história da indústria. Prova disso são as muitas empresas novas existentes nas indústrias emergentes contemporâneas, como os computadores pessoais e o aquecimento solar, e as que caracterizam o início da indústria automobilística (Packard, Hudson, Nash e várias outras) e o início da indústria de microcomputadores (por exemplo, Digital Equipment, Data General, Computer Automation). Sem regras de jogo estabelecidas ou economias de escala como elementos dissuasores, as companhias recém-formadas têm condição de entrar em indústrias emergentes (essa situação será discutida posteriormente).

Relacionada à presença de companhias recém-formadas está a existência de muitos *spin-offs,* ou seja, empresas criadas por pessoas que deixaram empresas na indústria para criar as suas próprias. A Digital Equipment gerou alguns *spin-offs* em microcomputadores (por exemplo, Data General) como também a Varian Associates (por exemplo, General Automation) e a Honeywell, e poderíamos citar muitas outras indústrias em que isso também ocorreu. O fenômeno dos *spin-offs* está relacionado a vários fatores. Primeiro, em um ambiente de rápido crescimento e em que as oportunidades são aparentes, os benefícios da participação no patrimônio líquido podem parecer atrativos quando comparados a um salário em uma empresa estabelecida. Segundo, em virtude da fluidez da tecnologia e da estratégia na fase emergente, freqüentemente os empregados de uma empresa estabelecida estão em boa posição para atinar idéias novas e melhores, aproveitando seu envolvimento com a indústria. Algumas vezes esses empregados deixam a empresa para aumentar seus benefícios potenciais, mas não é rara a ocorrência de desmembramentos porque o empregado com uma idéia nova se defronta com a má vontade da parte de seu superior para colocá-la em prática, talvez porque ela coloque em risco boa parte do investimento que a empresa já fez. A Data General foi formada, segundo dizem os observadores da indústria, quando Edson de Castro e alguns outros empregados da Digital Equipment não puderam convencer a Digital quanto à idéia de um novo produto que acreditavam ter muito potencial. Visto que a estrutura da indústria não oferece barreiras de entrada substanciais a empresas recém-criadas, os *spin-offs* podem ser um fenômeno comum em indústrias emergentes.

Compradores pela Primeira Vez. Os compradores do produto ou do serviço de uma indústria emergente são inerentemente compradores pela primeira vez. A tarefa do marketing é, assim, induzir à substituição, ou fazer com que o comprador adquira o novo produto ou serviço em vez de qualquer outro. O comprador deve ser informado sobre as funções e a natureza básica do novo produto ou serviço, ser convencido de que ele realmente pode desempenhar essas funções e ser persuadido de que os riscos da aquisição são suportáveis considerando o potencial de benefícios. Agora mesmo, por exemplo, as companhias de aquecimento solar estão lutando para persuadir os proprietários e os compradores de residências de que as economias de custo proporcionadas pelo aquecimento solar são reais, de que os sistemas funcionam de forma confiável e de que não precisam esperar por novos incentivos fiscais do governo para aderir à nova tecnologia. Terei muito a dizer mais tarde quanto aos fatores que fazem com que os compradores tenham uma adesão imediata a um novo produto ou serviço.

Horizonte de Tempo Curto. Em muitas indústrias emergentes a pressão para desenvolver clientes ou fabricar produtos para satisfazer a demanda é tão grande que os problemas e os engarrafamentos são tratados mais em função da conveniência do que como resultado de uma análise das condições futuras. Ao mesmo tempo, as convenções da indústria nascem freqüentemente por puro acaso: enfrentando a necessidade de estabelecer um esquema de preços, por exemplo, uma empresa adota uma tabela dupla de preços que o gerente de marketing utilizou em sua empresa anterior, e que as outras empresas da indústria imitam por não terem outra alternativa à mão. Em ambos os casos, são criados os "critérios convencionais", discutidos no Capítulo 3.

Subsídios. Em muitas indústrias emergentes, especialmente naquelas com tecnologia radicalmente nova ou que estão dirigidas para áreas de interesse social, pode haver subsídios para os que nelas pretendam se instalar. Esses subsídios podem vir de diversas fontes governamentais e não-governamentais; subsídios altos na energia solar e na conversão de combustíveis fósseis em gás são exemplos particularmente notáveis do início da década de 1980. Podem ser outorgados diretamente às empresas sob a forma de subvenções, ou podem operar indiretamente por meio de incentivos fiscais, subsídios aos compradores e assim por diante. Os subsídios freqüentemente acrescentam um alto grau de instabilidade a uma indústria, que passa a depender de decisões políticas que podem ser rapidamente invertidas ou modificadas. Embora sejam obviamente benéficos para o desenvolvimento da indústria em alguns aspectos, muitas vezes acarretam um profundo envolvimento do governo em uma indústria, o que pode ser uma bênção bastante duvidosa. Contudo, a necessidade de superar as dificuldades iniciais leva muitas indústrias emergentes a procurar subsídios; os praticantes da cultura aquática estão tentando ativamente influenciar os meios políticos tendo em vista subsídios para sua atividade.

Barreiras de Mobilidade Iniciais

Em uma indústria emergente, a configuração das barreiras de mobilidade é, em geral, previsivelmente diferente da que caracteriza a indústria na fase posterior de seu desenvolvimento. Barreiras iniciais comuns são:

- tecnologia patenteada;
- acesso aos canais de distribuição;
- acesso às matérias-primas e a outros insumos (mão-de-obra especializada) de custo e qualidade adequados;
- vantagens de custo graças à experiência, tornadas mais significativas pela incerteza tecnológica e competitiva;
- risco, que aumenta o custo real de oportunidade do capital e, portanto, as barreiras de capital efetivas.

Como discutido no Capítulo 8, algumas dessas barreiras – tais como a tecnologia patenteada, o acesso à distribuição, os efeitos da aprendizagem e o risco – têm uma forte tendência para declinar ou perder a importância à medida que a indústria se desenvolve. Embora existam exceções, as barreiras de mobilidade iniciais *não* são, em geral, a identificação de marca (que na verdade está apenas sendo criada), economias de escala (a indústria é muito pequena para proporcioná-las), ou capital (as grandes empresas de hoje podem gerar qualquer capital necessário para um investimento de baixo risco).

A natureza das barreiras iniciais é uma razão básica para que observemos companhias recentemente criadas em indústrias emergentes. As barreiras iniciais típicas se derivam menos da necessidade de aplicação de recursos maciços do que da capacidade de arcar com o risco de ser criativo em termos de tecnologia e de tomar decisões antecipadas para garantir-se quanto aos fornecimentos de insumos e aos canais de distribuição. Esses mesmos tipos de barreiras podem também ajudar a explicar por que as companhias estabelecidas freqüentemente não são as primeiras a entrar em novas indústrias, mesmo quando dispõem de óbvios pontos fortes, só entrando nelas mais tarde. As companhias estabelecidas podem colocar um custo de oportunidade mais alto sobre o capital e estão com freqüência mal preparadas para assumir os riscos tecnológicos e quanto ao produto associados às fases iniciais do desenvolvimento da indústria. Por exemplo, os fabricantes de brinquedos entraram relativamente tarde nos videogames, não obstante alguns de seus pontos fortes óbvios como conhecimento dos clientes, marcas registradas e distribuição. A vertiginosa transformação tecnológica parece ter sido demasiado intimidadora. Analogamente, os fabricantes tradicionais de válvulas eletrônicas entraram com atraso na fabricação de semicondutores, e os fabricantes de cafeteiras elétricas foram batidos nos novos modelos automáticos por empresas novas como Mr. Coffee. Pode haver, contudo, algumas vantagens em entrar mais tarde, o que discutiremos posteriormente.

PROBLEMAS QUE RESTRINGEM O DESENVOLVIMENTO INDUSTRIAL

Indústrias emergentes em geral enfrentam limitações ou problemas, de diversos graus de gravidade, ao realizarem a sua arrancada inicial. Isso provém do caráter novo da indústria, de sua dependência para o crescimento de outras entidades econômicas externas e de exterioridades em seu desenvolvimento resultantes de sua necessidade de induzir os compradores a fazer uma substituição pelo seu produto.

Incapacidade de Obter Matérias-Primas e Componentes. O desenvolvimento de uma indústria emergente requer que novos fornecedores sejam estabelecidos ou que os fornecedores existentes ampliem sua produção e/ou modifiquem a natureza das matérias-primas e dos componentes para que possam satisfazer as necessidades da indústria. No processo, graves carências de matérias-primas e componentes são muito comuns em indústrias emergentes. Por exemplo, uma escassez aguda de tubos de imagem em cores em meados dos anos 60 foi um fator estratégico de peso que afetou os participantes da indústria. *Chips* de videogames, em particular os utilizados em jogos com um só *chip* em que a General Instrument foi pioneira, eram muito escassos e quase impossíveis de serem encontrados pelos novos entrantes por mais de um ano após sua introdução.

Período de Rápida Escalada dos Preços das Matérias-Primas. Confrontados com uma demanda florescente e com uma oferta inadequada, os preços das matérias-primas básicas com freqüência sobem com espantosa velocidade nas fases iniciais de uma indústria emergente. Essa situação é, em parte, simplesmente a lei da oferta e da procura e, em outra, o resultado da conscientização dos fornecedores quanto ao valor de seus produtos para uma indústria desesperada. Entretanto, à medida que os fornecedores realizam sua expansão (ou que os participantes da indústria promovem integrações para aliviar os engarrafamentos), os preços das matérias-primas podem cair com a mesma velocidade. Essa queda não acontece quando os fornecedores de matérias-primas não conseguem expandir-se facilmente, como no caso de jazidas minerais e mão-de-obra especializada.

Ausência de Infra-Estrutura. Indústrias emergentes enfrentam freqüentemente dificuldades como as de fornecimento de materiais, causadas pela inexistência de uma infra-estrutura adequada: canais de distribuição, instalações de prestação de serviços, mecânicos treinados, produtos complementares (por exemplo, áreas de estacionamento apropriadas para veículos de passeio; suprimentos de carvão para a tecnologia da gaseificação do carvão), e coisas semelhantes.

Ausência de Padronização Tecnológica ou do Produto. A incapacidade de chegar a um acordo quanto aos padrões técnicos ou do produto acentua problemas na oferta de matérias-primas ou de produtos complementares e pode impedir que sejam obtidos progressos em relação aos custos. A falta de acordo é em geral causada pelo alto nível de incerteza tecnológica e quanto ao produto que ainda existe em uma indústria emergente.

Possibilidade de Obsolescência. O crescimento de uma indústria emergente será impedido se os compradores perceberem que tecnologias de segunda ou de terceira gerações tornarão obsoletos produtos atualmente disponíveis. Os compradores irão esperar a desaceleração do ritmo do progresso tecnológico e da redução de custos. Esse fenômeno tem se apresentado em indústrias como as de relógios digitais e calculadoras eletrônicas.

Confusão dos Clientes. Indústrias emergentes com freqüência se vêem envolvidas pela confusão dos clientes resultante da presença de uma multiplicidade de tipos de produtos, variações tecnológicas e propostas e contrapropostas conflitantes dos concorrentes. Tudo isso é sintomático da incerteza tecnológica, da conseqüente falta de padronização e de um acordo técnico generalizado por parte dos participantes da indústria. Essa confusão pode limitar as vendas da indústria aumentando os riscos da aquisição percebidos pelos novos compradores. Por exemplo, alguns observadores acreditam que as alegações conflitantes que estão sendo feitas pelos fabricantes de alarmes antipoluição fotoelétricos *versus* de ionização estão fazendo com que os compradores adiem suas compras. Um artigo resume um problema semelhante na indústria de aquecimento solar em 1979:

> *Mas também de importância para um futuro promissor da indústria será o seu grau de sucesso em igualar o desempenho do equipamento à expectativa do consumidor. "Entusiasmo exagerado, ignorância e interesses egoístas estão colocando em risco o sucesso da aplicação de uma grande fonte de energia às necessidades da América", disse Loff na conferência sobre energia solar em Denver. Embora Loff enfatizasse que a falta de iniciativa quanto a incentivos fiscais fosse uma causa básica da doença da indústria, ele também censurou os desinformados "messias da energia solar, problemas e falhas com sistemas de aquecimento solar em construções e ... alegações irresponsáveis dos fornecedores".[2]*

Qualidade Irregular do Produto. Com um grande número de empresas recentemente estabelecidas, ausência de padrões e incerteza tecnológica, a qualidade do produto freqüentemente é irregular em indústrias emergentes. A qualidade irregular, mesmo se causada por apenas algumas empresas, pode afetar negativamente a imagem e a credibilidade de *toda a indústria*. Defeitos em videogames como, por exemplo, a queima dos tubos de imagem dos televisores, fizeram recuar o crescimento inicial quase da mesma maneira que o desempenho irregular dos relógios digitais (e de alguns centros autorizados de regulagem de automóveis), recentemente estabelecidos, provocou suspeita nos clientes.

Imagem e Credibilidade Junto à Comunidade Financeira. Em conseqüência da novidade, do alto nível de incerteza, da confusão do consumidor e da qualidade irregular, a imagem e a credibilidade da indústria emergente junto à comunidade financeira podem não ser muito boas. Esse resultado pode afetar não só a capacidade das empresas de assegurar financiamento a um custo baixo como também a capacidade de seus compradores obterem crédito. Embora a dificuldade no financiamento seja provavelmente a situação mais comum, algumas indústrias (em geral atividades envolvendo alta tecnologia ou companhias de "idéias") parecem ser

---

[2] "The Coming Boom in Solar Energy", *Business Week*, 9 de outubro de 1978.

uma exceção. Em indústrias como microcomputadores e transmissão de dados, mesmo as empresas recentemente iniciadas gozaram do *status* de favoritas da Wall Street, com vários empréstimos elevados e taxas efetivamente baixas.[3]

Aprovação de Agentes Reguladores. Indústrias emergentes com freqüência enfrentam atrasos e formalidades para obter o reconhecimento e a aprovação das agências reguladoras se oferecem novos métodos para necessidades presentemente atendidas por outros meios e sujeitas a regulamentação. Por exemplo, a construção de casas pré-fabricadas foi severamente atingida pela inflexibilidade dos códigos de construção, e novos produtos médicos enfrentam agora longos períodos obrigatórios de testes antes de obterem o certificado. Por outro lado, a política do governo pode colocar uma indústria emergente no mercado quase da noite para o dia, como aconteceu com a indústria de alarmes obrigatórios antipoluição.

Se a indústria emergente está fora de uma área tradicionalmente sob regulamentação, esta às vezes é introduzida repentinamente e pode retardar o progresso da indústria. Por exemplo, a água mineral foi tradicionalmente ignorada pelos reguladores até que a indústria se expandiu acentuadamente em meados dos anos 70. Tendo atingido um volume significativo, entretanto, os produtores de água mineral estão afogados em regulamentos quanto à classificação e à saúde pública.[4] O mesmo fenômeno ocorreu com bicicletas e serras de fita; assim que um impulso de crescimento aumenta o porte da indústria, os regulamentos aparecem.

Altos Custos. Em virtude de muitas das condições estruturais descritas, a indústria emergente com freqüência enfrenta custos unitários muito mais elevados do que o esperado. Essa situação às vezes obriga as empresas a colocarem inicialmente seus preços abaixo do custo ou limita gravemente o desenvolvimento da indústria. O problema é dar partida ao ciclo custo-volume.

Resposta de Entidades Ameaçadas. Alguma entidade é quase sempre ameaçada pelo advento de uma indústria emergente. Pode ser a indústria que produz um bem substituto, os sindicatos de trabalhadores, os canais de distribuição que têm laços com o antigo produto e preferem a certeza de lidar com ele etc. Por exemplo, a maioria das companhias de eletricidade está exercendo pressão contra os subsídios à energia solar porque acreditam que esta não será capaz de reduzir as necessidades

---

[3] Ver Fruhan (1979) para outros exemplos.
[4] "Mineral Water Could Drown in Regulation", *Business Week*, 11 de junho de 1979.

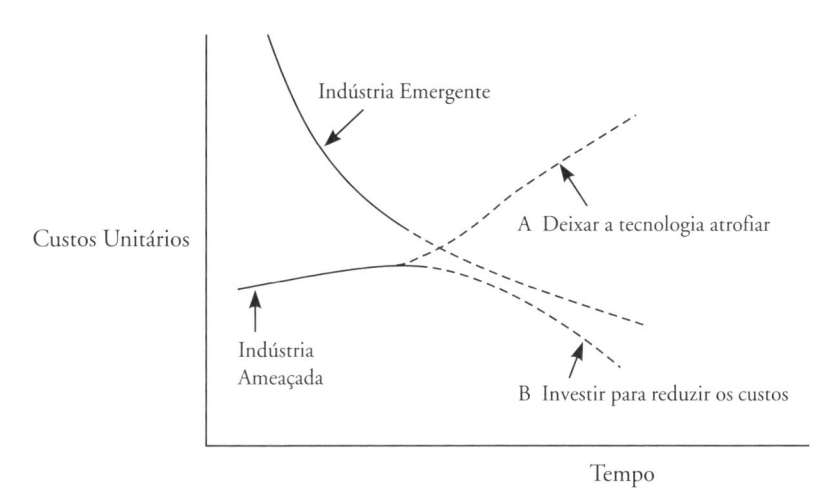

FIGURA 10-1 *Resposta da indústria ameaçada à substituição.*

de carga máxima da capacidade elétrica. Os sindicatos da indústria de construção lutaram muito contra as casas pré-fabricadas.

A entidade ameaçada pode combater a indústria emergente de diversas maneiras. Uma delas é na arena dos regulamentos ou da política; outra é na mesa de negociação coletiva. No caso de uma indústria ameaçada por substituição, sua resposta pode tomar a forma de uma renúncia aos lucros reduzindo os preços (ou aumentando custos como os de marketing) ou efetuando investimentos em pesquisa e desenvolvimento com o propósito de tornar o produto ou o serviço ameaçado mais competitivo. A Figura 10-1 ilustra a última alternativa.[5] Se a indústria ameaçada escolhe investir para tentar diminuir seus custos ajustados à qualidade, é claro que o alvo para o qual as reduções dos custos relacionados à escala e à aprendizagem devem estar apontados é móvel.

A propensão da indústria ameaçada para renunciar a lucros reduzindo preços ou investindo agressivamente na redução de custos para manter o volume é função direta das *barreiras de saída* (ver Capítulos 1 e 12) na indústria ameaçada. Se são altas devido à especialização dos ativos, à alta importância estratégica, aos vínculos emocionais, ou a outras causas, então a indústria emergente enfrenta esforços determinados e mesmo desesperados por parte da indústria ameaçada para frear seu crescimento.

---

[5] Esse diagrama foi sugerido por John Forbus da McKinsey & Company.

MERCADOS INICIAIS E POSTERIORES[6]

Uma das questões cruciais para propósitos estratégicos em uma indústria emergente é, com freqüência, a avaliação dos mercados que se abrirão mais cedo para o produto da nova indústria e aqueles que se abrirão mais tarde. Essa avaliação não apenas ajuda a enfocar o desenvolvimento do produto e os esforços de marketing como é também essencial para a previsão da evolução estrutural, uma vez que os mercados iniciais freqüentemente exercem uma grande influência na maneira como uma indústria se desenvolve.

Mercados, segmentos de mercado e mesmo determinados compradores dentro desses segmentos podem ter uma receptividade bastante diferente em relação a um novo produto. Certos critérios parecem ser cruciais na determinação dessa receptividade, alguns dos quais podem ser influenciados ou superados por empresas na indústria emergente.[7]

Natureza do Benefício. Talvez o determinante isolado mais importante da receptividade do comprador a um novo produto ou serviço seja a natureza do benefício esperado. Podemos imaginar um contínuo de benefícios que variam desde um novo produto que oferece uma vantagem no *desempenho* inalcançável por outros meios até um produto que ofereça apenas uma vantagem de *custo*. Casos intermediários são os que oferecem uma vantagem no desempenho mas que podem ser replicados por outros meios a um custo mais alto.

Os primeiros mercados a adquirirem um novo produto, considerando as demais condições em situação de igualdade, são geralmente aqueles em que existe uma vantagem no desempenho. Essa situação ocorre porque a obtenção de uma vantagem de custo *na prática* é freqüentemente vista com suspeita quando os compradores se confrontam com a novidade, com a incerteza e com um desempenho freqüentemente errático da indústria emergente, dentre outros fatores a serem discutidos mais tarde. Quer o benefício do novo produto seja de custo ou de desempenho, a receptividade do comprador depende de alguns outros aspectos da natureza do benefício que oferece:

Vantagem de Desempenho

- Qual é a importância da vantagem de desempenho para os compradores em questão? Os compradores vão divergir nesse ponto em virtude das diferenças em suas situações.

---

[6] As idéias desta seção foram muito beneficiadas pelo trabalho de Margaret O. Lawrence, na ocasião assistente de pesquisa em Política de Negócios na Harvard Business School.
[7] Esses critérios podem ser aplicados também para prever os mercados iniciais para uma nova variedade de um produto em uma indústria estabelecida.

- Quão óbvia é a vantagem?
- Qual a premência da necessidade do comprador de se aperfeiçoar na dimensão oferecida pelo novo produto?
- A vantagem de desempenho melhora a posição competitiva do comprador?
- Qual é o grau de intensidade da pressão competitiva no sentido de compelir a uma transformação? Vantagens de desempenho que ajudam a conter uma ameaça ao negócio do comprador, ou são de natureza defensiva, em geral estimulam a adoção antes daquelas que oferecem uma oportunidade de aperfeiçoamento competitivo em uma base ofensiva.
- Qual o grau de sensibilidade do comprador ao custo e/ou preço, se o melhor desempenho acarreta um custo mais alto?

Vantagem de Custo

- Qual é a importância da vantagem de custo para o comprador em questão?
- Quão óbvia é a vantagem?
- Pode uma vantagem competitiva permanente ser obtida com a redução de custos?
- Quanta pressão competitiva compele à transformação?
- Quão orientada para o custo é a estratégia do comprador em perspectiva?

Em alguns casos, os compradores são compelidos por determinações legais (ou por determinações de outras entidades, como companhias de seguro para que possam se habilitar ao seguro) a adquirir um novo produto que atende a uma função determinada. Em tais casos, os compradores em geral adquirem a alternativa de mais baixo custo que atenda às exigências técnicas.

Progresso Tecnológico Necessário para Produzir Benefícios Significativos. Um segundo fator básico determinando se os compradores vão adotar logo o novo produto é o desempenho tecnológico que a aplicação do produto exige. Alguns compradores podem conseguir obter valiosos benefícios mesmo com versões rudimentares do novo produto, enquanto outros exigem versões mais sofisticadas. Por exemplo, cientistas de laboratório estavam satisfeitos com microcomputadores com custo relativamente alto e baixa velocidade para resolverem problemas de processamento de dados para os quais não existia nenhuma outra alternativa. Por outro lado, as aplicações para contabilidade e controle exigiam versões mais sofisticadas e com custos mais baixos, e essas aplicações foram desenvolvidas mais tarde.

Custo da Falha do Produto. Compradores que se defrontam com um custo relativamente alto de falha do produto adotarão mais lentamente um novo produto do que aqueles cujo risco é mais baixo. Compradores cujo uso para o novo produto envolve sua ligação a um sistema integrado freqüentemente enfrentam custos de falha muito altos, assim como acontece com os compradores que são obrigados a pagar multas elevadas pela interrupção do serviço do produto por qualquer razão. O custo da falha também depende dos recursos dos compradores. Por exemplo, pessoas ricas provavelmente se preocupam menos quanto ao fato de seu novo veículo para neve recentemente adquirido não funcionar ou não proporcionar os benefícios anunciados do que as pessoas para as quais essa aquisição torna efetivamente impossível a compra de outros produtos de lazer.

Custos de Introdução ou de Mudanças. Os custos de introdução de um novo produto ou de substituição de um produto já existente pelo novo são diferentes para compradores diversos. Esses custos são análogos aos custos de mudança, que foram discutidos nos Capítulos 1 e 6, e incluem o seguinte:

- custos de reciclagem dos empregados;
- custos de aquisição de novos equipamentos auxiliares;
- baixas decorrentes de investimento não depreciado (deduzido o valor residual de venda) na tecnologia antiga;
- exigências de capital para a mudança;
- custos de engenharia e de P&D da mudança;
- custos de modificação dos estágios inter-relacionados da produção ou de aspectos relacionados do negócio.

Os custos de mudança podem ser sutis. Por exemplo, quando da adoção da nova tecnologia de gaseificação do carvão em vez de adquirir o gás de uma companhia de gás, um provável comprador freqüentemente tem de lidar com mudanças nas propriedades químicas do gás. Para alguns compradores isso afeta o desempenho do gás em suas operações de fabricação "corrente abaixo" e obriga a investimentos para efetuar modificações em suas instalações.

Custos de mudança são freqüentemente influenciados pelo ritmo da mudança, quando o ritmo é discricionário, e também por fatores como:

- se o novo produto está atendendo uma *nova função* ou substituindo um produto já existente; a substituição com freqüência envolve o custo de reciclagem, investimentos não depreciados etc.;

- duração dos ciclos do novo projeto; é em geral mais fácil substituir um novo produto durante um período programado para isso do que se a substituição ocorre em uma ocasião fora da programação.

Serviços de Apoio. Estreitamente relacionadas com os custos de mudança ao influenciar a ocasião da adoção estão as exigências que o comprador encontra quanto aos serviços de apoio (por exemplo, engenharia, reparos) inerentes ao novo produto, em relação à sua capacidade. Por exemplo, se o novo produto requer operadores habilitados ou técnicos para o serviço, é provável que seja adotado primeiro por compradores que já disponham de tais recursos ou tenham experiência em lidar com eles.

Custo de Obsolescência. Para determinados compradores, o grau em que sucessivas gerações de tecnologia na indústria emergente tornam as versões iniciais do produto obsoletas é variável. Alguns compradores podem obter os benefícios de que realmente precisam da primeira geração, enquanto outros são forçados a adquirir sucessivas gerações do novo produto para que possam permanecer competitivos. Dependendo de seus custos de mudança (discutidos anteriormente), esse segundo tipo de compradores está mais ou menos inclinado a comprar logo de início.

Barreiras Assimétricas Legais, Governamentais ou Sindicais. A intensidade com que se apresentam as barreiras legais quanto à adoção de um novo produto pode ser diversa para compradores diferentes. Por exemplo, os fabricantes de alimentos e de produtos farmacêuticos são acompanhados com extrema atenção quanto a qualquer alteração em suas operações industriais, enquanto as empresas em muitas outras indústrias podem alterar livremente seus processos. A mesma assimetria pode se aplicar à inércia criada por acordos sindicais.

Recursos para a Mudança. Os compradores podem diferir quanto aos recursos de que dispõem para a mudança para o novo produto, incluindo capital, engenharia e pessoal de P&D.

Percepção da Mudança Tecnológica. Os compradores podem diferir quanto à experiência com mudanças tecnológicas. Em negócios caracterizados por rápido progresso tecnológico e com um elevado grau de sofisticação tecnológica, um novo produto pode parecer muito menos ameaçador do que em uma indústria muito estável e de baixa tecnologia. Relacionada com esse fator, a mudança tecnológica em algumas indústrias é vista como uma oportunidade para melhorar a posição estratégica, enquanto em outras tem sido sempre uma ameaça. A probabilidade de as primeiras serem os compradores iniciais de um produto novo é muito maior do que as últimas, não consideradas outras condições.

Risco Pessoal para Quem Toma a Decisão. Os compradores são mais lentos na adoção de um novo produto quando o responsável pela decisão percebe um risco muito alto se a decisão de adotar vier a ser incorreta a curto e médio prazos. Esse risco pessoal pode variar muito, dependendo do controle ou da estrutura de poder do comprador.

ESCOLHAS ESTRATÉGICAS

A formulação da estratégia em indústrias emergentes precisa levar em conta a incerteza e o risco desse período do desenvolvimento de uma indústria. As regras do jogo competitivo são muito indefinidas, a estrutura da indústria ainda não está estabelecida e provavelmente está sofrendo mudança e é difícil diagnosticar os concorrentes. Contudo, todos esses fatores têm um outro lado – a fase emergente do desenvolvimento de uma indústria é provavelmente o período em que os graus estratégicos de liberdade são os maiores e em que a vantagem de boas escolhas estratégicas é a mais alta possível na determinação do desempenho.

Conformação da Estrutura da Indústria. O tópico estratégico capital nas indústrias emergentes é a capacidade da empresa de dar forma à estrutura da indústria. A partir de suas escolhas, a empresa pode tentar estabelecer as regras do jogo em áreas como política do produto, método de marketing e estratégia de preços. Dentro das restrições impostas pelo fator econômico da indústria e seus recursos, a empresa deve buscar definir as regras na indústria de uma maneira tal que obtenha a posição mais forte possível a longo prazo.

Exterioridades no Desenvolvimento da Indústria. Em uma indústria emergente, um tópico estratégico chave é o equilíbrio que a empresa tenta conseguir entre a defesa da indústria e a busca de seus próprios interesses. Por causa de possíveis problemas quanto à imagem da indústria, à credibilidade e à confusão dos compradores (esboçada na segunda seção deste capítulo), na fase emergente a empresa depende, em parte, das outras na indústria para o seu próprio sucesso. O problema capital para a indústria é induzir à substituição e atrair novos compradores, sendo geralmente do interesse da empresa durante essa fase ajudar a promover a padronização, vigiar a qualidade padronizada e produtores suspeitos, e apresentar uma fachada consistente aos fornecedores, aos consumidores, ao governo e à comunidade financeira. Reuniões e associações industriais podem ser um meio útil, da mesma forma que evitar estratégias que degradem a concorrência. Por exemplo, na indústria de administração hospitalar, que cresceu bastante a partir de 1970, todos os participantes têm uma dependência crítica da imagem de profissionalismo da indústria e de sua credibilidade com os credores. As empresas nessa indústria têm procurado realmente valorizar o nome da indústria e de seus concorrentes.

Essa necessidade de cooperação da indústria durante o período emergente com freqüência parece levantar um dilema interno para as empresas que buscam sua própria posição no mercado, freqüentemente em detrimento do desenvolvimento da indústria. Uma empresa pode resistir à padronização dos produtos, necessária para facilitar reparos e promover a confiança dos consumidores, porque deseja manter o caráter único ou obter a vantagem de ter a sua versão do produto adotada como padrão. Existe uma linha tênue de julgamento que determina se essa estratégia é ou não ótima a longo prazo. Algumas empresas na indústria de alarmes antipoluição, por exemplo, estão defendendo padrões que vão prejudicar outras empresas. Ao mesmo tempo, a confusão dos compradores continua quanto ao melhor tipo de alarme. A questão é se a indústria já está bastante desenvolvida para essa confusão se constituir em um problema grave para seu crescimento futuro.

É provavelmente uma generalização válida que o equilíbrio entre a perspectiva da indústria e a da empresa deva se inclinar em direção à empresa assim que a indústria começar a alcançar penetração significativa. Algumas vezes as empresas que desenvolveram o perfil de porta-vozes da indústria, tanto em seu benefício quanto no da indústria, não percebem que precisam alterar sua orientação. Em conseqüência, podem ficar para trás enquanto a indústria amadurece.

Outra implicação das exterioridades no desenvolvimento da indústria é a possibilidade de uma empresa ter de competir inicialmente com uma estratégia que mais tarde não deseja seguir ou participar de segmentos de mercado que pretende abandonar a longo prazo. Essas ações "temporárias" podem ser necessárias para desenvolver a indústria, mas, uma vez desenvolvida, a empresa está livre para procurar sua posição ótima. Por exemplo, a Corning Glass Works viu-se forçada a investir em pesquisa sobre conectores, técnicas de conexões elétricas e fontes de luz para aplicações em fibras ópticas – mesmo que a longo prazo a Corning pareça pretender ser apenas uma fornecedora de fibras e condutores – porque a qualidade do equipamento disponível e as técnicas existentes eram um obstáculo para o desenvolvimento das fibras ópticas em geral. Tais investimentos fora da posição ideal da empresa a longo prazo são parte do custo do pioneirismo.

Mudança de Papel dos Fornecedores e dos Canais. Estrategicamente, a empresa em uma indústria emergente tem de estar preparada para uma possível mudança na orientação de seus fornecedores e canais de distribuição à medida que cresce e se afirma. Fornecedores podem se tornar progressivamente inclinados (ou podem ser forçados) a responder às necessidades especiais da indústria em termos de variedades, atendimento e prazo de entrega. De modo similar, os canais de distribuição podem se tornar mais receptivos a investir em instalações, publicidade e assim por diante em colaboração com as empresas. Uma exploração antecipada dessas mudanças de orientação pode dar à empresa uma vantagem estratégica.

Mudança nas Barreiras de Mobilidade. Como exposto anteriormente neste capítulo, as barreiras de mobilidade iniciais podem se desgastar rapidamente em uma indústria emergente, sendo freqüentemente substituídas por outras muito diferentes à medida que a indústria cresce e a tecnologia amadurece. Esse fator tem várias implicações. A mais óbvia é que a empresa precisa estar preparada para descobrir novas maneiras de defender sua posição e não deve se basear apenas em coisas como tecnologia patenteada e uma variedade única do produto com as quais tenha sido bem-sucedida antes. A resposta à mudança nas barreiras de mobilidade pode acarretar comprometimento de capital muito superior ao necessário nas fases iniciais.

Uma outra implicação é que a *natureza dos entrantes* na indústria pode abranger também empresas mais estabelecidas atraídas para uma indústria maior e cada vez mais firme (menos arriscada), freqüentemente competindo em bases de formas mais novas de barreiras de mobilidade, como escala de operação e esforço de marketing. A empresa em uma indústria emergente deve prever a natureza das prováveis empresas a entrar nessa indústria com base em sua avaliação das barreiras atuais e futuras, em conjunto com a atração que a indústria possa exercer para vários tipos de empresas e a capacidade destas de superar as barreiras com baixo custo.

Outra implicação relacionada com o crescimento da indústria e com o amadurecimento tecnológico é que os clientes ou os fornecedores podem *se integrar* na indústria – o que ocorreu em indústrias como embalagens em aerossol, veículos de passeio e calculadoras eletrônicas. A empresa precisa estar preparada para assegurar suprimentos e mercados no caso de uma integração, ou para parar os movimentos de integração dentro de seu esforço de competição.

Oportunidade da Entrada

Uma decisão estratégica crucial para a concorrência em indústrias emergentes é a oportunidade adequada da entrada. Uma entrada prematura (ou pioneirismo) envolve risco elevado, mas pode envolver também barreiras de entrada menores e pode proporcionar um grande retorno. Uma entrada prematura é adequada quando se verificam as seguintes circunstâncias gerais:

- a imagem e a reputação da empresa são importantes para o comprador, e a empresa pode desenvolver uma reputação melhor sendo pioneira;
- a entrada prematura pode iniciar o processo de aprendizagem em um negócio em que a curva de aprendizagem seja importante, a experiência seja difícil de imitar e não será anulada pelas gerações sucessivas de tecnologia;
- a lealdade do cliente será grande, de modo que os benefícios se acumularão para a empresa que vender para esse cliente em primeiro lugar;
- vantagens absolutas de custo podem ser ganhas pelo comprometimento antecipado dos suprimentos de matérias-primas, canais de distribuição etc.

A entrada antecipada é especialmente arriscada nas seguintes circunstâncias:

- a concorrência inicial e a segmentação de mercado são em bases diferentes das que serão importantes mais tarde no desenvolvimento da indústria. A empresa, portanto, acumula as qualificações erradas e pode vir a enfrentar custos elevados de mudança;
- os custos de abertura do mercado são grandes, incluindo coisas como esclarecimento ao consumidor, aprovações legais e pioneirismo tecnológico, e os benefícios da abertura do mercado não podem ser patenteados pela empresa;
- a concorrência inicial com empresas pequenas e recém-criadas será dispendiosa, mas essas empresas serão substituídas posteriormente por uma concorrência mais vigorosa;
- a evolução tecnológica tornará os investimentos iniciais obsoletos e permitirá que as empresas que entrem mais tarde tenham uma vantagem por disporem dos produtos e dos processos mais novos.

Movimentos Táticos. Os problemas que limitam o desenvolvimento de uma indústria emergente sugerem alguns movimentos táticos que podem melhorar a posição estratégica da empresa:

- comprometimento desde o início com os fornecedores de matérias-primas proporcionará prioridade favorável em períodos de escassez;

- o financiamento pode ser esquematizado para tirar vantagem do interesse de Wall Street pela indústria, se isso acontecer, mesmo que o financiamento esteja além das necessidades reais. Esse passo reduz os custos de capital da empresa.

Enfrentando a Concorrência

Enfrentar a concorrência em uma indústria emergente pode ser um problema difícil, em particular para empresas que foram pioneiras e dominaram o mercado. A proliferação na entrada de novas empresas e nos desmembramentos pode causar ressentimentos e a empresa precisa levar em consideração os fatores externos descritos anteriormente que a tornam em parte dependente dos concorrentes para o desenvolvimento da indústria.

Um problema comum nas indústrias emergentes é que os pioneiros gastam recursos excessivos na defesa de grandes parcelas de mercado e respondendo a concorrentes com uma chance pequena de se tornarem forças do mercado a longo prazo. Isso pode ser em parte uma reação emocional. Embora possa ser às vezes apropriado responder à concorrência vigorosamente na fase emergente, é mais provável que os esforços da empresa sejam mais bem aproveitados no desenvolvimento de seus próprios pontos fortes e no desenvolvimento da indústria. Pode até ser adequado *encorajar* a entrada de certos concorrentes, talvez a partir de licenças ou de outros meios. Dadas as características da fase emergente, a empresa freqüentemente se beneficia com o fato de outras estarem agressivamente vendendo o produto da indústria e ajudando no desenvolvimento tecnológico. A empresa pode também preferir concorrentes que sejam do seu conhecimento, em vez de preservar uma grande parcela de mercado para si mesma, mas deixando a porta aberta para a entrada de empresas estabelecidas maiores quando a indústria amadurecer. É difícil generalizar quanto à estratégia adequada, mas apenas em raros casos será viável e lucrativo defender uma parcela de mercado de quase monopólio quando a indústria cresce rapidamente, muito embora tenha essa parcela inicialmente.

TÉCNICAS PARA PREVISÃO

O principal aspecto das indústrias emergentes é a grande incerteza, juntamente com a certeza de que alguma mudança ocorrerá. A estratégia não pode ser formulada sem uma previsão explícita ou implícita de como a estrutura da indústria vai evoluir. Infelizmente, contudo, o número de variáveis que entram em uma previsão como essa é em geral muito grande. Em conseqüência, qualquer método para reduzir a complexidade do processo de previsão é altamente aconselhável.

O emprego de *cenários* é uma técnica particularmente útil nas indústrias emergentes. Cenários são visões parciais e internamente consistentes de como o mundo será no futuro e que podem ser escolhidas de modo a limitar o conjunto de circunstâncias que podem vir a ocorrer. Cenários podem ser usados na previsão em indústrias emergentes, como mostrado na Figura 10-2. O ponto de partida para a previsão é a estimativa da evolução futura do produto e da tecnologia, em termos de custo, variedades do produto e desempenho. O analista deve escolher um pequeno número de cenários de produto/tecnologia internamente consistentes que englobem todos os resultados possíveis. Para cada um desses cenários, o analista cria, então, um outro cenário dos mercados que estarão abertos e dos seus tamanhos e características. Ocorre então o primeiro feedback, uma vez que a natureza dos mercados inicialmente abertos pode influenciar a maneira como os produtos e a tecnologia evoluem. O analista deve tentar construir essa interação de uma maneira iterativa dentro dos cenários.

O próximo passo é desenvolver as implicações para a concorrência para cada cenário produto/tecnologia/mercado e, então, prever o sucesso provável de diversos concorrentes. Esse processo pode mesmo envolver a previsão da entrada de novas empresas e, ao se fazer isso, novos feedbacks precisam ser examinados, porque a natureza e os recursos dos concorrentes podem influenciar a direção que uma indústria segue em seu desenvolvimento.

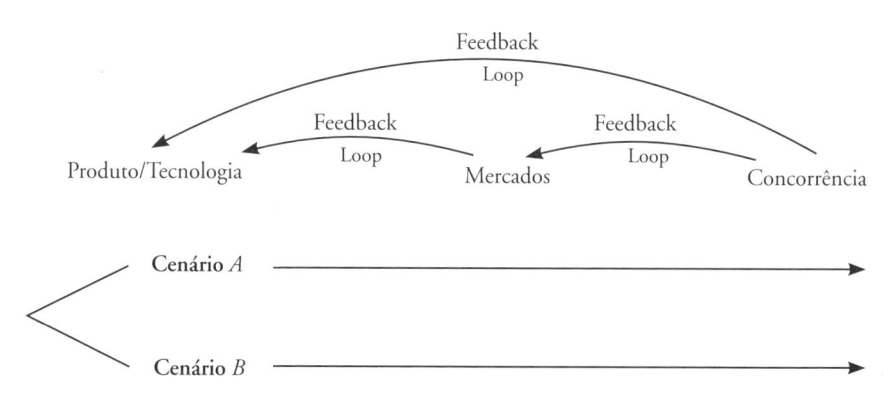

FIGURA 10-2 *Previsão em uma indústria emergente.*

Tendo desenvolvido os cenários conforme definidos, a empresa está em condição de examinar sua posição, avaliando em que cenário deve apostar ou como deve se comportar estrategicamente se cada um dos cenários ocorrer realmente. A empresa pode optar por tentar provocar a ocorrência do cenário que lhe seja mais favorável, caso tenha recursos para isso; ou pode ser forçada pela limitação de recursos ou pela grande incerteza sobre manter uma certa flexibilidade. Em qualquer caso, a empresa se beneficia identificando explicitamente os *eventos básicos* que assinalam se um ou outro cenário está de fato ocorrendo, de modo a criar uma agenda para seu planejamento estratégico e seu sistema de supervisão tecnológica.

EM QUAIS INDÚSTRIAS EMERGENTES ENTRAR

A escolha de em qual indústria emergente entrar depende do resultado de um exercício de previsão como o descrito anteriormente. Uma indústria emergente é atraente se sua estrutura final (e não sua estrutura *inicial*) é consistente com retornos acima da média e se a empresa pode criar uma posição defensável na indústria a longo prazo. Esse último ponto depende dos recursos da empresa relativos às barreiras de mobilidade que evoluirão.

Muito freqüentemente empresas entram em indústrias emergentes porque estão crescendo rapidamente, porque seus participantes estão no momento tendo grandes lucros, ou porque o porte final da indústria promete vir a ser grande. Essas podem ser razões válidas, mas a decisão de entrar precisa, em última instância, estar baseada em uma análise estrutural. O Capítulo 16 na Parte III deste livro discute a decisão de entrar em uma indústria de forma consideravelmente mais detalhada.

11
A Transição para a Maturidade Industrial

Como parte de seu processo evolutivo, muitas indústrias passam de períodos de rápido crescimento para o crescimento mais moderado da fase comumente denominada maturidade industrial. Veículos para andar na neve, calculadoras manuais, equipamento e quadras de tênis e circuitos integrados são apenas algumas das indústrias que passavam por esse processo em meados e no final da década de 1970. Conforme discutido no Capítulo 8, a maturidade não ocorre em um ponto fixo no desenvolvimento de uma indústria, podendo ser retardada por inovações ou por outros eventos que estimulem o crescimento contínuo dos seus participantes. Além disso, em resposta a rupturas estratégicas, indústrias na maturidade podem recuperar seu rápido crescimento e, assim, passar por mais de uma transição para a maturidade. Com essas qualificações importantes em mente, vamos considerar o caso em que está ocorrendo uma transição para a maturidade e em que as possibilidades de evitá-la foram esgotadas.

Quando ocorre, a transição para a maturidade é quase sempre um período crítico para companhias em uma indústria. É um período durante o qual normalmente ocorrem mudanças fundamentais no meio competitivo das companhias, exigindo respostas estratégicas difíceis. As empresas por vezes encontram dificuldades em perceber com clareza essas mudanças ambientais; mesmo quando são percebidas, reagir a elas pode exigir mudanças na estratégia que as empresas evitam fazer. Além disso, o impacto da transição para a maturidade extrapola considerações estratégicas, tendo implicações na estrutura organizacional da empresa e na função de sua liderança. Essas implicações administrativas estão no centro das dificuldades de se fazerem os ajustes estratégicos necessários.

Este capítulo faz um exame de algumas dessas questões, com base no fundamento analítico da Parte I deste livro. O enfoque é dado à identificação dos problemas estratégicos e administrativos levantados pela transição e não à análise do processo propriamente dito. A evolução da indústria é tratada em maior profundidade no Capítulo 8.

MUDANÇA NA INDÚSTRIA DURANTE A TRANSIÇÃO

A transição para a maturidade pode normalmente assinalar uma série de mudanças importantes no meio competitivo de uma indústria. Algumas das tendências prováveis para a mudança são as seguintes:

1. *Crescimento lento significa uma maior concorrência por parcela de mercado.* Nas companhias incapazes de manter os índices de crescimento históricos simplesmente conservando sua parcela de mercado, a atenção competitiva passa para o ataque às parcelas dos outros. Essa situação ocorreu em 1978 no negócio das máquinas de lavar louça, que estava ficando saturado, quando a GE e Maytag começaram a atacar agressivamente a Hobart nos segmentos de mercado de preços mais elevados. A maior concorrência por parcela de mercado exige uma reorientação fundamental na perspectiva de uma companhia e um conjunto inteiramente novo de suposições sobre o modo como a concorrência vai se comportar e reagir. A análise da concorrência, descrita nos Capítulos 3 e 4, precisa ser repetida. O conhecimento obtido anteriormente quanto às características e às reações dos concorrentes precisa ser reavaliado, no caso de não precisar ser descartado. Não apenas os concorrentes provavelmente vão ficar mais agressivos, como também é grande a probabilidade de uma retaliação "irracional" e de percepções errôneas. É comum irromperem guerras promocionais, de preços e de serviços, durante a transição para a maturidade.

2. *As empresas na indústria estão vendendo cada vez mais para compradores experientes e repetidos.* O produto já não é mais novo e sim um item autêntico e estabelecido. Os compradores estão cada vez mais experientes e informados, já tendo adquirido o produto, às vezes em repetidas ocasiões. O enfoque dos compradores passa da decisão sobre se comprar o produto para a escolha entre marcas. Abordar esses compradores com orientações diferentes exige uma reavaliação fundamental da estratégia.

3. *A concorrência normalmente passa a dar uma maior ênfase ao custo e ao serviço.* Em conseqüência de um crescimento mais lento, da maior informação dos compradores e, em geral, de uma maior maturidade tecnológica, a concorrência tende a passar a ter uma orientação dirigida mais para o custo e para o serviço. Esse desenvolvimento altera as exigências para o sucesso na indústria, podendo exigir uma intensa reorientação do "modo de vida" em uma companhia acostumada a competir em outras bases. A maior pressão sobre os custos também pode aumentar as exigências de capital forçando a empresa a adquirir as mais avançadas instalações e equipamento.
4. *Existe um problema de sobrepujamento em ampliar a capacidade da indústria e o pessoal.* À medida que a indústria vai se ajustando a um crescimento mais lento, seu índice de adição de capacidade também deve diminuir ou ela se vê com um excesso de capacidade. Assim, as orientações das companhias no sentido de acrescentar capacidade e pessoal precisam ser modificadas e dissociadas da euforia do passado. A empresa enfrenta a necessidade de controlar de perto as adições de capacidade feitas pelos concorrentes e de determinar com precisão o momento oportuno para as suas próprias adições. O rápido crescimento não mais encobre com presteza os erros eliminando rapidamente o excesso de capacidade.

   Essas mudanças na perspectiva raramente ocorrem em indústrias em fase de maturação, sendo comum um excedente de capacidade industrial em relação à demanda. Esse excedente acarreta um período de excesso de capacidade, acentuando a tendência, durante a transição, na direção de uma guerra de preços. Quanto maiores os incrementos eficientes de capacidade na indústria, mais difícil é o problema de sobrepujamento. E fica ainda mais difícil caso o pessoal a ser acrescentado seja altamente especializado e longos períodos de treinamento e de colocação desse pessoal sejam necessários.
5. *Os métodos de fabricação, marketing, distribuição, vendas e pesquisa estão sofrendo alterações.* Essas alterações são ocasionadas por uma maior concorrência com relação à parcela de mercado, pela maturidade tecnológica e pela sofisticação do comprador. (Algumas das alterações possíveis foram discutidas no Capítulo 8.) A empresa enfrenta a necessidade de uma reorientação fundamental em suas políticas funcionais ou de alguma ação estratégica que torne desnecessária essa reorientação. Caso a empresa precise responder a essas mudanças na política funcional, quase sempre são necessários recursos de capital e novas qualificações. A adoção de novos méto-

dos de fabricação pode acentuar os problemas de excesso de capacidade anteriormente discutidos.

6. *A obtenção de novos produtos e novas aplicações é mais difícil.* Embora a fase de crescimento possa ter se caracterizado por rápidas descobertas de novos produtos e novas aplicações, a habilidade em dar continuidade às mudanças no produto torna-se cada vez mais limitada, ou os custos e os riscos aumentam bastante, à medida que a indústria vai atingindo a sua maturidade. Essa mudança exige, dentre outras coisas, uma reorientação da atitude em relação à pesquisa e ao desenvolvimento de novos produtos.

7. *A concorrência internacional aumenta.* Como uma conseqüência da maturidade tecnológica, normalmente acompanhada da padronização do produto e de uma ênfase crescente nos custos, a transição é marcada pela emergência de uma concorrência internacional significativa. As forças que levam à internacionalização de uma indústria são discutidas em detalhe no Capítulo 13, assim como algumas das implicações básicas da concorrência global. Os concorrentes internacionais normalmente possuem estruturas de custo e metas diferentes daquelas das empresas internas, além de um mercado de base a partir do qual operar. Um volume significativo de exportações ou de investimentos externos por parte de empresas nacionais em geral antecedem a transição para a maturidade em um mercado de grande porte como os Estados Unidos.

8. *Os lucros da indústria normalmente diminuem durante o período de transição, às vezes temporariamente, outras, permanentemente.* O crescimento lento, compradores mais sofisticados, uma maior ênfase na parcela de mercado e as incertezas e as dificuldades das mudanças estratégicas necessárias geralmente significam que os lucros da indústria diminuem a curto prazo em relação aos níveis da fase de crescimento anterior à transição. Algumas empresas podem ser mais afetadas do que outras; aquelas com a menor parcela geralmente são as mais atingidas. Os lucros menores reduzem o fluxo de caixa durante um período em que pode ser extremamente necessário. Eles também tendem a diminuir rapidamente os preços das ações de companhias de capital aberto e a aumentar a dificuldade de levantar financiamento de débito. A repercussão ou não dos lucros depende do nível das barreiras de mobilidade e de outros elementos da estrutura industrial discutidos na Parte I.

9. *As margens dos revendedores caem, mas seu poder aumenta.* Pelas mesmas razões que os lucros da indústria em geral decrescem, as margens dos reven-

dedores podem ficar apertadas, e muitos deles podem deixar o negócio – normalmente antes de o efeito sobre os lucros dos fabricantes tornar-se perceptível. Esse fator pode ser visto recentemente entre revendedores de televisores e de veículos de passeio. Essas tendências endurecem a concorrência entre os participantes da indústria com relação a revendedores, os quais, na fase de crescimento, eram fáceis de serem encontrados e mantidos, mas não na maturidade. Assim, o poder dos revendedores pode aumentar acentuadamente.

ALGUMAS IMPLICAÇÕES ESTRATÉGICAS DA TRANSIÇÃO

As mudanças que geralmente acompanham a transição para a maturidade representam possíveis alterações na estrutura básica da indústria. Cada elemento importante da estrutura industrial normalmente está sofrendo alteração: barreiras globais de mobilidade, a importância relativa de várias barreiras, a intensidade da rivalidade (geralmente aumenta) etc. Mudança estrutural quase sempre significa que as empresas devem dar uma resposta estratégica, pois implica que a natureza fundamental da concorrência modifica-se de acordo na indústria.

Algumas questões estratégicas características normalmente surgem na transição. Elas são apresentadas como questões a serem examinadas e não como generalizações que se aplicarão a todas as indústrias; da mesma forma que os seres humanos, todas as indústrias amadurecem de uma maneira um pouco diferente. Muitos desses métodos podem ser uma base para a entrada de novas empresas em uma indústria, mesmo na maturidade.

Liderança no Custo Total *versus* Diferenciação *versus* Enfoque – o Dilema Estratégico Tornado Agudo pela Maturidade

O crescimento rápido tende a mascarar erros estratégicos e permite que a maioria, se não todas, as companhias na indústria sobrevivam e até mesmo prosperem em termos financeiros. A experimentação estratégica é alta, podendo haver uma coexistência de uma ampla variedade de estratégias. No entanto, a maturidade da indústria geralmente expõe as falhas estratégicas. A maturidade pode forçar as companhias a enfrentarem, normalmente pela primeira vez, a necessidade de optar por uma das três estratégias genéricas descritas no Capítulo 2. É uma questão de sobrevivência.

Análise de Custo Sofisticada

A análise de custo torna-se cada dia mais importante na maturidade para (1) racionalizar o *mix* do produto e (2) fixar corretamente os preços.

Racionalização do Mix do Produto

Embora uma ampla linha de produtos e uma freqüente introdução de novas variedades e opções possam ter sido possíveis durante o crescimento, sendo com freqüência necessárias e aconselháveis para o desenvolvimento da indústria, essa situação talvez não seja mais viável na maturidade. A concorrência quanto aos custos e as lutas por parcela de mercado são extremadas. Como conseqüência, é necessário um aperfeiçoamento adequado na sofisticação dos custos do produto para permitir a supressão de itens não lucrativos da linha e para concentrar a atenção naqueles com uma certa vantagem distintiva (tecnologia, custo, imagem etc.) ou naqueles que têm "bons" compradores.[1] A estimativa de custos médios para grupos de produtos, ou a sobretaxa de despesas indiretas com fins de estimativa de custos, torna-se inadequada para a avaliação da linha de produtos e de possíveis acréscimos a serem feitos a ela. A necessidade de racionalizar a linha de produtos cria, por vezes, a necessidade da instalação de sistemas computadorizados, de estimativa de custos que não tinham uma grande prioridade nos anos de desenvolvimento da indústria. Essa racionalização na linha foi crucial, por exemplo, para o sucesso da RCA com a Hertz.

Fixação Correta de Preços

Relacionada à racionalização da linha de produtos está a mudança na metodologia de fixação de preços normalmente necessária na maturidade. Embora a fixação do preço de custo médio, ou do preço da linha como um todo em lugar de fixar o preço de itens individuais, talvez tenha sido suficiente na era de crescimento,[2] a maturidade normalmente exige uma maior capacidade no sentido de medir os custos de itens individuais e fixar os preços de acordo. O subsídio cruzado implícito dentro da linha de produtos através da fixação do preço de custo médio encobre produtos cujos mercados não conseguem suportar seus custos reais e cedem lucros em situações em que os compradores não são sensíveis ao preço. O subsídio cruzado

---

[1] Ver Capítulo 6.
[2] A fixação do preço de custo médio pode ter sido aconselhável para o desenvolvimento da linha de produtos completa e para estabelecer uma posição no mercado.

também provoca reduções de preços ou introduções de novos produtos pela concorrência como defesa contra os itens com preços artificialmente altos. Os concorrentes sem sofisticação quanto à estimativa de custos para fixar os preços com racionalidade e que, portanto, retardam o ajuste nos preços de itens com preços baixos fora da realidade são, por vezes, um problema em indústrias na maturidade.

Às vezes, contudo, outros aspectos da estratégia de preços podem, e devem, ser modificados na maturidade. Por exemplo, Mark Controls obteve um enorme sucesso no difícil negócio de válvulas eliminando linhas não lucrativas, bem como renegociando contratos com compradores para incluir cláusulas de reajuste de acordo com a inflação. Os contratos na indústria tinham, por tradição, preços fixos, e os ajustes de acordo com a inflação não eram determinantes básicos dos aumentos de preços na fase de crescimento; nenhuma outra empresa jamais negociara cláusulas de reajuste. No entanto, provaram ser de grande benefício na fase de maturidade, quando fica cada vez mais difícil deter os aumentos de preços.

Poderíamos resumir esse e outros pontos nesta seção dizendo que um nível acentuado de "consciência financeira" ao longo de uma variedade de dimensões é normalmente necessário na maturidade, enquanto no período de desenvolvimento da indústria áreas como novos produtos e pesquisa podem ter sido, apropriadamente, o estágio central. Promover a consciência financeira pode ser mais ou menos difícil na indústria, dependendo do treinamento e da orientação dos administradores. No caso da Mark Controls, por exemplo, contrataram um profissional de fora com orientação financeira para dar início a inovações financeiras em uma indústria dominada por empresas familiares estabelecidas.

Projeto e Inovação no Processo de Fabricação

A importância relativa das inovações no processo normalmente aumenta na maturidade, da mesma forma que o resultado do projeto do produto e de seu sistema de entrega para facilitar uma fabricação e um controle com custo mais baixo.[3] A indústria japonesa deu uma enorme ênfase a esse fator, ao qual muitos atribuem seu sucesso em indústrias como aparelhos de televisão. O projeto da fabricação também tem sido básico para os aperfeiçoamentos da Canteen Corporation na sua posição na indústria de serviços alimentícios em fase de maturidade. A Canteen abandonou a prática de deixar a preparação das refeições ao livre-arbítrio dos cozinheiros locais passando a adotar formulações de pratos co-

---

[3] Para um estudo curioso documentando essa situação, ver Abernathy (1978).

muns ao âmbito de toda a nação. Essa mudança melhorou a consistência da qualidade das refeições, permitiu uma transferência mais fácil de cozinheiros de um local para outro, facilitou o controle das operações, ocasionou outras economias de custos e melhorou a produtividade.[4]

Maior Volume de Compras

Um maior volume de compras efetuadas pelos clientes já existentes pode ser mais aconselhável do que a busca de novos clientes. Vendas incrementais para os clientes existentes podem, por vezes, ser aumentadas com o fornecimento de serviços e de equipamentos periféricos, com uma melhora na qualidade da linha de produtos, com a ampliação da linha etc. Essa estratégia pode fazer com que a empresa se retire da indústria e entre em outras relacionadas; e é, em geral, menos dispendiosa do que procurar novos clientes. Em uma indústria na maturidade, a obtenção de novos clientes geralmente significa batalhar por parcela de mercado com os concorrentes, sendo, em conseqüência, bastante onerosa.

Essa estratégia vem sendo posta em prática com bastante sucesso por empresas como a Southland Corp. (7-Eleven Stores), a Household Finance Corporation (HFC) e a Gerber Products. A Southland está acrescentando lanchonetes, auto-serviço de combustível, fliperama e outras linhas às suas lojas com o intuito de capturar uma maior parcela dos dólares de seus clientes e aumentar o impulso de compra, evitando o custo do estabelecimento de novos locais. De forma semelhante, a HFC está acrescentando novos serviços, como a preparação de impostos, empréstimos maiores e mesmo atividades bancárias, visando ampliar a linha de produtos oferecida à sua enorme clientela. A estratégia da Gerber de "mais dólares por bebê" é uma outra variação do mesmo método. A Gerber acrescentou roupas infantis e outros produtos para crianças à sua linha dominante de alimentos para bebês.

Comprar Ativos Baratos

Algumas vezes pode-se adquirir ativos por preços bem baratos em decorrência da situação de aperto de uma companhia provocada pela transição para a maturidade. Uma estratégia de adquirir companhias em situação difícil, ou comprar ativos liquidados, pode melhorar as margens e criar uma posição de baixo custo, caso o índice de mudança tecnológica não seja demasiado. Essa estratégia vem sendo empregada com sucesso pela pouco conhecida Heilman na indústria de cerveja. Ape-

---

[4] Para uma breve descrição, ver *Business Week*, 15 de agosto de 1977.

sar da crescente concentração no topo da indústria, a Heilman cresceu 18% ao ano de 1972 a 1976 (para um montante de $30 milhões em vendas em 1976), com um retorno sobre o patrimônio líquido superior a 20%, através da aquisição de cervejarias regionais e de equipamento usado por preços de ocasião. Os líderes da indústria estavam impedidos de fazer aquisições pelas leis antitruste, vendo-se forçados a construir novas fábricas de grande porte aos preços correntes. A White Consolidated também emprega uma variante dessa estratégia. Especializou-se na compra de companhias em situação difícil, como o negócio de máquinas operatrizes da Sunstrand e de eletrodomésticos da Westinghouse, por preços inferiores ao valor contábil e reduzindo, assim, as despesas indiretas. Em muitos casos essa estratégia resulta na prosperidade de uma empresa.

Seleção dos Compradores

À medida que os compradores vão ficando mais informados e as pressões competitivas aumentam na maturidade, a seleção de compradores pode, por vezes, ser fundamental para dar continuidade à rentabilidade. Os compradores que talvez não tenham exercido seu poder de negociação no passado, ou com menor poder devido a uma disponibilidade limitada de produtos, não vão ficar acanhados em exercer esse poder na maturidade. Identificar "bons" compradores e mantê-los, conforme discutido no Capítulo 6, passa a ser crucial.

Curvas de Custos Diferentes

Normalmente existe mais de uma curva de custos possível em uma indústria. A empresa que *não* é a líder em custo total em um mercado na maturidade pode, por vezes, encontrar novas curvas de custos que podem, na verdade, torná-la um produtor de custo mais baixo para certos tipos de compradores, variedades de produtos ou volumes de encomendas. Essa etapa é básica para a implementação da estratégia genérica do enfoque descrita no Capítulo 2. Considere, por exemplo, a Figura 11-1.

A empresa que projeta explicitamente seu processo de fabricação visando flexibilidade, preparações rápidas e lotes pequenos (máquinas controladas por computador, com fins universais, por exemplo) pode desfrutar de vantagens quanto ao custo frente ao produtor de alto volume no atendimento de pedidos sob encomenda ou de lotes pequenos. Uma estratégia viável nessa situação é concentrar-se em pedidos na área circulada da Figura 11-1. As diferenças nas curvas de custos que permitem essa estratégia podem ser baseadas em pedidos pequenos, pedidos

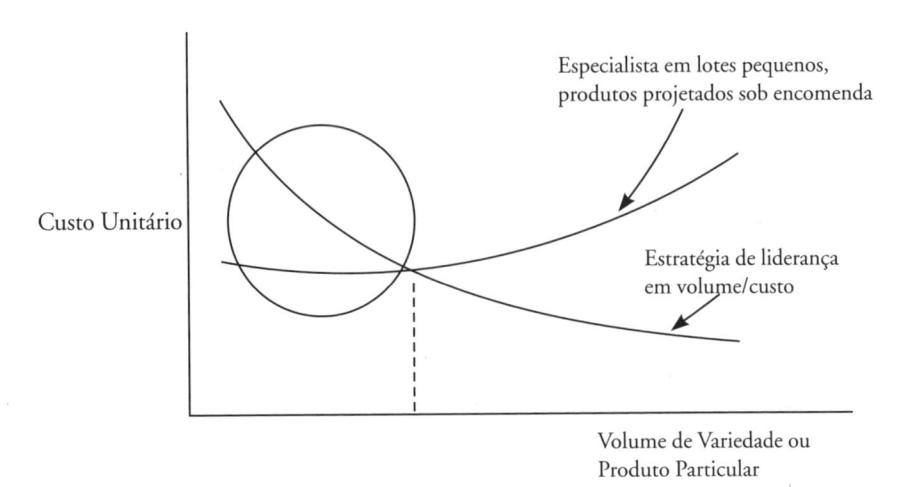

FIGURA 11-1 *Curvas de custos alternativas.*

Eixos do gráfico: Custo Unitário (vertical) × Volume de Variedade ou Produto Particular (horizontal). Curvas: "Especialista em lotes pequenos, produtos projetados sob encomenda" e "Estratégia de liderança em volume/custo".

sob encomenda, variedades de produtos particulares de pequeno volume e outras. Wickham Skinner fez uma descrição do modo como essas estratégias de fabricação podem ser implementadas no seu conceito da "fábrica enfocada".[5]

Concorrência em Âmbito Internacional

Uma empresa pode escapar da maturidade entrando na concorrência internacional em que a indústria tem uma estrutura mais favorável. Essa abordagem direta vem sendo posta em prática, por exemplo, pela Crown Cork and Seal no ramo das coroas e das embalagens de metal e pela Massey-Ferguson em implementos agrícolas. Equipamentos obsoletos no mercado interno podem, às vezes, ser utilizados com bastante eficácia em mercados internacionais, reduzindo em muito os custos de entrada nesses mercados. Ou a estrutura da indústria pode ser muito mais favorável no âmbito internacional, com compradores menos sofisticados e poderosos, um número mais reduzido de concorrente etc. Os empecilhos a essa estratégia são os riscos conhecidos da concorrência em nível internacional e o fato de que ela talvez apenas adie a maturidade em vez de enfrentá-la.

A Transição Deve Ser de Fato Empreendida?

Não se deve tomar como definitivo que as mudanças estratégicas necessárias a uma concorrência bem-sucedida em uma indústria na fase de maturação devem

---

[5] Skinner (1974).

ser experimentadas de qualquer modo, em vista dos tipos de qualificação e de recursos substanciais e, talvez, novos que podem ser necessários. A opção depende não apenas dos recursos mas também do número de outras empresas com capacidade para se manterem na indústria, da duração esperada do distúrbio na indústria enquanto são feitos os ajustes para a maturidade e das perspectivas futuras para os lucros da indústria (que dependem da estrutura industrial futura).

Para determinadas companhias, uma estratégia de desinvestimento talvez seja mais adequada do que fazer maiores reinvestimentos com um retorno incerto – o que foi feito pela Dean Foods com o leite. A ênfase na Dean vem sendo dada ao corte dos custos e aos investimentos altamente seletivos em equipamento visando reduzir os custos e deixando de lado a expansão da posição no mercado.

Os líderes da indústria podem ou não estar na melhor posição para realizar os ajustes exigidos pela transição, caso possuam uma inércia substancial incorporada a suas estratégias e tenham fortes ligações com as exigências estratégicas da fase de crescimento do desenvolvimento da indústria. A flexibilidade de uma empresa de porte menor pode mostrar-se de grande vantagem na transição, contanto que haja disponibilidade dos recursos necessários ao ajuste. A pequena empresa também pode ter uma maior facilidade em segmentar o mercado. De modo semelhante, uma empresa nova entrando na indústria durante a fase de transição, com os recursos financeiros e outros, mas sem vínculos com o passado, normalmente consegue estabelecer uma posição firme. O distúrbio ocasionado pelo período de transição produz oportunidades para o entrante potencial, desde que a estrutura industrial a longo prazo seja favorável.

ARMADILHAS ESTRATÉGICAS NA TRANSIÇÃO

Além de não conseguirem reconhecer as implicações estratégicas da transição anteriormente descritas, existe uma tendência no sentido de as empresas caírem em certas armadilhas estratégicas características:

1. *A autopercepção de uma companhia e sua percepção da indústria.* As companhias desenvolvem percepções ou imagens de si mesmas e de suas capacidades relativas ("nós somos o líder em qualidade"; "nós fornecemos um serviço superior aos clientes"), que se refletem nas suposições implícitas que formam a base de suas estratégias (ver Capítulo 3). Essa autopercepção pode ficar cada vez mais imprecisa à medida que a transição for prosseguindo, as prioridades dos compradores ajustarem-se e os concorrentes

responderem às novas condições da indústria. De forma similar, as empresas fazem suposições sobre a indústria, a concorrência, os compradores e os fornecedores que podem ser invalidadas pela transição. Todavia, alterar essas suposições, formadas com base na experiência passada real, é, por vezes, um processo difícil.

2. *Ficar no meio-termo.* O problema de ficar no meio-termo discutido no Capítulo 2 é particularmente agudo na transição para a maturidade. A transição normalmente reduz o período de calma que, no passado, viabilizou essa estratégia.

3. *A armadilha do caixa-investimento para formar parcela em um mercado na maturidade.* Caixa só deveria ser investido em um negócio com a expectativa de poder removê-lo posteriormente. Em uma indústria em lento crescimento na fase de maturidade, as suposições necessárias para que se justifique um investimento de um novo volume de caixa, visando formar parcela de mercado, são, em geral, heróicas. A maturidade da indústria funciona contra o aumento ou a manutenção de margens durante um período suficientemente longo para recuperar investimentos de caixa anteriores, fazendo com que o valor presente das entradas de caixa justifique as saídas. Assim, negócios na maturidade podem ser armadilhas de caixa, em particular quando uma empresa não está em uma posição firme no mercado, mas está tentando formar uma grande parcela em um mercado em fase de maturação. As chances são contra ela.

Uma armadilha relacionada é dar uma enorme atenção às receitas no mercado em fase de maturação em lugar de à rentabilidade. Essa estratégia pode ter se mostrado aconselhável na fase de crescimento, mas, na maturidade, enfrenta, em geral, retornos decrescentes. A Hertz pode perfeitamente ter sofrido esse tipo de problema no final da década de 1960, oferecendo à RCA uma grande oportunidade de dar uma reviravolta nos lucros em meados da década de 1970.

4. *Desistir com demasiada facilidade de parcela de mercado em favor de lucros a curto prazo.* Em face das pressões de lucro na transição, parece haver uma tendência por parte de algumas companhias no sentido de procurar manter a rentabilidade do passado recente – o que ocorre em detrimento de parcela de mercado ou através da antecipação de investimentos em marketing, P&D e outros necessários, que, por sua vez, afetam a posição futura no mercado. A má vontade em aceitar lucros mais baixos durante a fase de transição pode ser seriamente imprevidente, caso as economias de escala

sejam significativas na indústria na maturidade. Um período de lucros mais reduzidos pode ser inevitável quando ocorre a racionalização da indústria, e é preciso ter cabeça fria para evitar uma reação extremada.

5. *Ressentimento e reação irracional à concorrência de preços ("não competiremos numa base de preços").* Normalmente é difícil para as empresas aceitar a necessidade de uma concorrência de preços após um período em que ela não foi necessária e, portanto, evitá-la era uma regra sagrada. Algumas administrações até mesmo consideram a concorrência de preços imprópria ou indigna. Essa pode ser uma reação perigosa para a transição, quando uma empresa disposta a fixar preços agressivamente pode conseguir obter uma parcela que será crucial para o estabelecimento de uma posição de baixo custo a longo prazo.

6. *Ressentimento e reação irracional a mudanças nas práticas da indústria ("estão afetando a indústria").* Mudanças nas práticas da indústria, como técnicas de marketing, métodos de produção e a natureza dos contratos com os distribuidores são, em geral, uma parte inevitável da transição. Podem ser importantes para o potencial a longo prazo da indústria, havendo, porém, resistência a elas. Substituição de métodos manuais por máquinas sofrem resistência, como em alguns negócios no ramo dos artigos esportivos, e as empresas não estão dispostas a começar a pôr em prática um marketing agressivo de seus produtos ("marketing não funciona nessa indústria; ela exige venda pessoal"). E assim por diante. Essa resistência pode deixar uma empresa para trás na adaptação ao novo meio competitivo.

7. *Ênfase excessiva dada a produtos "novos" e "criativos" em vez de aperfeiçoar e vender agressivamente os existentes.* Embora o sucesso anterior nas fases inicial e de crescimento de uma indústria possa ser construído com base na pesquisa de novos produtos, o início da maturidade normalmente significa que novos produtos e aplicações são de difícil obtenção. Em geral, é apropriado mudar o enfoque da atividade inovadora, colocando em primeiro plano a padronização e não a novidade e o ajuste perfeito. No entanto, esse desenvolvimento não é satisfatório para determinadas companhias, sofrendo normalmente resistência.

8. *Apegar-se à "qualidade superior" como uma desculpa para não acompanhar os movimentos de marketing e de fixação agressiva de preços empreendidos pela concorrência.* A alta qualidade pode ser uma força vital de uma companhia, mas os diferenciais de qualidade tendem a sofrer um desgaste à medida que uma indústria vai entrando na maturidade (ver Capítulo 8).

Mesmo que permaneçam, os compradores mais informados podem estar dispostos a trocar a qualidade por preços mais baixos em um negócio maduro em que compraram os produtos antes. Todavia, é difícil para muitas companhias aceitar o fato de que não possuem o produto com a mais alta qualidade ou de que sua qualidade é desnecessariamente alta.

9. *Excesso de capacidade ameaçadora.* Em decorrência do fato de a capacidade exceder a demanda, ou devido aos aumentos de capacidade que inevitavelmente acompanham a modernização necessária das fábricas para que elas possam competir na indústria na fase de maturidade, algumas empresas podem se ver com um certo excesso de capacidade. Sua mera presença cria pressões delicadas e indelicadas no sentido da utilização, podendo ser empregada de formas que gradativamente arruinem a estratégia da empresa. Por exemplo, a capacidade excedente pode empurrar uma companhia para o meio-termo, na terminologia do Capítulo 2, em vez de manter uma abordagem de um maior enfoque. Ou pode acarretar pressões gerenciais na direção da armadilha de caixa. Normalmente é aconselhável vender integralmente ou descartar o excedente de capacidade em vez de mantê-lo. É óbvio, contudo, que a capacidade não deve ser vendida para ninguém que vá empregá-la no mesmo ramo de atividade.

IMPLICAÇÕES ORGANIZACIONAIS DA MATURIDADE

Nossa tendência é no sentido de pensar nas necessidades de mudança organizacional como um resultado de grandes alterações na estratégia e da evolução no porte e na diversificação de uma companhia. O ajuste necessário entre a estrutura organizacional e a estratégia de uma empresa também se aplica na maturidade da indústria, e a transição para a maturidade pode ser um dos pontos críticos no desenvolvimento de uma estrutura organizacional e de sistemas. Em especial na área de sistemas motivacionais e de controle, precisam ser feitos certos ajustes sutis.

No nível estratégico, discutimos o modo como uma empresa precisa estar preparada para ajustar suas prioridades competitivas às exigências normalmente divergentes da maturidade industrial. Talvez seja essencial uma maior atenção aos custos, ao atendimento ao cliente e a um marketing verdadeiro (em oposição a vendas). Uma menor atenção à introdução de novos produtos *versus* o aperfeiçoamento dos antigos pode se fazer necessária. Uma menor "criatividade" e uma maior atenção ao detalhe e ao pragmatismo normalmente se impõem em um negócio em sua fase de maturidade.

Essas mudanças no enfoque competitivo obviamente exigem alterações na estrutura e nos sistemas organizacionais que são a sua sustentação. Sistemas projetados para ressaltar e controlar áreas diferentes do negócio são indispensáveis. Um orçamento mais apertado, um controle mais rígido e novos sistemas de incentivos baseados no desempenho também podem ser necessários na maturidade; todos mais formais do que aqueles empregados anteriormente.[6] O controle de ativos financeiros, como estoque e contas a receber, pode assumir uma maior importância. Todos esses tipos de mudanças são básicos para reversões bem-sucedidas em uma companhia dentro de indústrias como as de veículos de passeio e de clínicas hospitalares que recentemente passaram por transição.

Uma maior coordenação entre funções e entre instalações de fabricação faz-se necessária para que a companhia seja mais competitiva em termos de custos. Por exemplo, a maturidade industrial significa que fábricas regionais, antes operando com independência, talvez precisem ser conectadas e coordenadas de uma forma melhor, exigindo não apenas novos sistemas e procedimentos como também grandes mudanças nas funções dos gerentes de fábrica.

Por vezes pode haver resistência a essas mudanças ao longo destas linhas. A companhia que se orgulha de ser a pioneira e de ter um produto de alta qualidade talvez encontre sérias dificuldades em engajar-se em uma concorrência de preços "desagradável" e em um marketing agressivo, conforme discutido anteriormente. A concorrência ao longo dessas dimensões em geral tem conseqüências profundas em toda a organização, em todo o salão da oficina e na equipe de vendas. Sacrificar a qualidade devido aos custos e efetuar um controle rígido destes são atitudes que sofrem resistência. Além disso, novas exigências de relatórios, novos controles, novas relações organizacionais e outras mudanças são, por vezes, vistas como uma perda da autonomia pessoal e como uma ameaça. Uma companhia precisa estar preparada para fazer reciclagem e para modificar novamente o pessoal em todos os níveis à medida que vai entrando no estágio da maturidade.

A gerência geral também precisa estar ciente de mudanças sutis no clima motivacional dentro da organização que podem acompanhar a transição para a matu-

---

[6] Na transição de uma companhia administrada de uma forma empresarial para uma administrada de um modo mais profissional, a organização e os sistemas precisam tornar-se mais racionalizados, mais formais e mais impessoais. Embora essa transição seja por si só difícil, é importante observar que a transição organizacional necessária para enfrentar a maturidade da indústria pode também envolver uma estrutura *diferente* e enfoques *diferentes* para os sistemas gerenciais básicos, em conseqüência das mudanças no meio competitivo decorrentes da maturidade. No caso da necessidade da ocorrência simultânea dessas duas transições em uma companhia, surge um sério desafio.

ridade. No período de crescimento que precede a transição, as oportunidades de avanço em geral são grandes, o excitamento é alto entre os participantes da empresa em rápido crescimento e a satisfação intrínseca com o trabalho tornou desnecessária grande parte dos mecanismos internos formais para formar uma lealdade com relação à companhia. Todavia, no meio competitivo mais maduro, há um menor crescimento, menos glamour, menos estímulo e o espírito de pioneirismo tende a desvanecer. Esse desenvolvimento acarreta uma série de problemas extremamente difíceis para a gerência geral.

1. *Expectativas reduzidas quanto ao desenvolvimento financeiro.* Os padrões aceitáveis para lucros e crescimento precisam, com freqüência, sofrer uma redução gradativa nas concepções dos administradores. Ao tentarem cumprir os padrões antigos, eles tomam atitudes extremamente disfuncionais para a estabilidade a longo prazo da companhia no mercado em fase de maturidade, a menos que tenha uma posição extremamente forte nesse mercado. O processo de redução gradativa é difícil, pois talvez tenha se formado uma forte tradição de obter resultados financeiros em decorrência de sucessos anteriores da organização. É preciso acrescentar que a gerência geral da organização está sujeita aos mesmos problemas ao rever suas próprias expectativas.
2. *Uma maior disciplina por parte da organização.* Todas as mudanças ambientais comuns descritas em uma indústria na fase de maturidade permitem uma menor folga e exigem uma maior disciplina por parte da organização na execução da estratégia escolhida. Essa necessidade estende-se a todas as camadas da organização de maneiras tangíveis e intangíveis.
3. *Expectativas reduzidas quanto ao avanço.* Índices anteriores de progresso pessoal são improváveis no meio mais maduro. Os administradores, no entanto, aprenderam a definir o sucesso em termos de progresso no ritmo anterior. Muitos deles podem sair durante o processo de transição por essas razões, e a pressão colocada pela organização sobre o gerente geral pode ser enorme. O desafio da gerência geral é encontrar novas formas de motivar e recompensar o pessoal. A pressão da transição nessa área leva algumas companhias à diversificação visando alcançar as possibilidades de crescimento e de progresso do passado. A diversificação exclusivamente por essa razão pode ser um erro sério.
4. *Uma maior atenção à dimensão humana.* No processo de adaptação ao novo clima da indústria na maturidade e às prioridades estratégicas implí-

citas em alteração, geralmente será necessário dar mais atenção, internamente, à dimensão humana. Mecanismos organizacionais são necessários para formar uma maior identificação e uma maior lealdade com relação à companhia; sendo necessário desenvolver dispositivos motivacionais mais engenhosos do que aqueles que, durante a fase de rápido crescimento, foram suficientes. Apoio e estímulo internos são indispensáveis para substituir os estímulos e as recompensas externas do passado, além de fornecer uma escora para os difíceis ajustes internos que se façam necessários no ambiente organizacional.

5. *Recentralização*. As pressões colocadas pela maturidade industrial sobre o controle dos custos podem, por vezes, exigir uma inversão dos movimentos anteriores visando a criação de centros de lucros autônomos, no nível da fábrica bem como em outras partes. Isso é comprovado particularmente no caso de a organização do centro de lucros ter sido projetada para facilitar o acréscimo de novos produtos ou para abrir novos mercados de acordo com o desenvolvimento da indústria.

Uma volta a uma organização mais funcional aumenta o controle central, pode eliminar um montante considerável de despesas indiretas, além de ampliar as possibilidades de uma coordenação entre as unidades. Essa coordenação pode tornar-se mais importante do que a capacidade empresarial no negócio maduro. Crown Cork and Seal obteve uma reversão enorme com o uso desse método; a Texfi, em sérias dificuldades, está, no momento, fazendo uma experiência com ele no ramo dos tecidos,[7] e o Burger King está empregando esse método para opor resistência ao McDonald's.

TRANSIÇÃO DA INDÚSTRIA E O GERENTE GERAL

A transição da indústria para a maturidade, em especial quando exige muitos dos ajustes estratégicos anteriormente descritos, assinala, em geral, um novo "modo de vida" em uma companhia. O estímulo do rápido crescimento e o pioneirismo são substituídos pela necessidade de controlar os custos, competir em termos de preços, comercializar agressivamente e assim por diante. Essa mudança no modo de vida tem importantes implicações para o gerente geral.

A *atmosfera* da companhia pode modificar-se de maneiras que o gerente geral talvez considere desaconselháveis. Ele, ou ela, não pode proporcionar ao pessoal

---

[7] *Business Week*, 15 de agosto de 1977.

muitas oportunidades nem possibilidades de progresso e precisa avaliar cada vez mais o desempenho comum com uma maior rigidez através de sistemas formais e detalhados. Pode ser difícil manter a antiga informalidade e as amizades pessoais em um ambiente como esse. As *qualificações* necessárias da parte do gerente geral modificam-se de acordo com as mudanças nas exigências básicas da organização. Um controle rígido dos custos, uma coordenação funcional cruzada, o marketing etc. podem exigir qualificações bem diferentes daquelas exigidas na formação de uma organização em uma indústria em rápido crescimento. Essas novas qualificações são estratégicas e administrativas, e, portanto, a adaptação é duplamente difícil.[8] Por fim, a *disposição* ou o sentimento de excitação e pioneirismo sentido pelo gerente geral no passado pode dar lugar a um sentimento de crescente pressão no sentido de se manter e a uma preocupação com a sobrevivência. Freqüentemente surge um certo mal-estar.

Assim, a transição para a maturidade freqüentemente é um período difícil para o gerente geral, em particular para o empresário-fundador, mas não exclusivamente para ele. Alguns resultados desfavoráveis, porém comuns, são os seguintes:

- Negação da transição: o gerente geral não reconhece e não aceita as mudanças necessárias ou faltam-lhe as qualificações exigidas. Em decorrência, a estratégia histórica e os arranjos organizacionais têm continuidade. Esse tipo de rigidez é uma reação comum à dificuldade estratégica não apenas durante a transição mas também em outras situações adversas dentro da companhia.[9]
- Abandono da gerência ativa: reconhecendo que o novo modo de vida na companhia deixou de ser satisfatório ou que suas qualificações gerenciais são inadequadas ao novo meio ambiente, o gerente geral renuncia ao controle.

A implicação da transição da indústria para o gerente geral traz uma mensagem não apenas para o próprio gerente geral mas também para a administração de companhias diversificadas. Os padrões de avaliação dos gerentes das unidades da empresa em geral precisam de alteração na fase de maturidade, da mesma forma que as qualificações e a orientação do gerente geral. Talvez seja por essas razões

---

[8] Na transição clássica de uma companhia administrada em termos empresariais para uma administrada em termos profissionais, a adaptação nas qualificações exigidas do gerente geral ocorre, em grande parte, apenas ao longo de linhas organizacionais e administrativas.

[9] Ver Porter (1976b).

que a rotação de gerentes é um método adequado quando uma divisão entra na maturidade. Existe uma tendência nas companhias diversificadas no sentido de aplicar os mesmos padrões aos gerentes divisionais independente de suas situações estratégicas fundamentalmente diferentes e no sentido de esperar que gerentes qualificados em uma área façam uma boa administração em outra. Uma maneira de evitar essas dificuldades é dar atenção às implicações gerenciais da transição para a maturidade.

12

Estratégia Competitiva em Indústrias em Declínio

Para fins de uma análise estratégica, as indústrias em declínio são tratadas aqui como aquelas que sofreram um declínio absoluto em vendas unitárias no decorrer de um período constante.[1] Assim, o declínio não pode ser atribuído ao ciclo econômico ou a outras descontinuidades a curto prazo, como greves e escassez de material, representando, porém, uma situação real em que estratégias de fim de jogo precisam ser desenvolvidas. Sempre houve indústrias em declínio, mas a prevalência desse meio estrutural difícil provavelmente intensificou-se com um crescimento econômico mundial mais lento, com a substituição de produtos resultante da rápida inflação nos custos e com contínuas mudanças tecnológicas em áreas como a eletrônica, os computadores e os produtos químicos.

Embora enganosamente conhecidas como uma fase do ciclo de vida do produto, as indústrias em declínio não vêm sendo alvo de muitos estudos. A fase de declínio de um negócio caracteriza-se no modelo do ciclo de vida como aquela em que as margens retraem-se, as linhas de produtos sofrem uma redução, P&D e propaganda diminuem e o número de concorrentes se reduz. A receita adotada para o declínio é uma estratégia de "colheita"; ou seja, eliminar investimento e gerar o fluxo de caixa máximo, seguida de uma desativação eventual. Os modelos de portfólios de produtos em uso comum hoje em dia para o planejamento dão o mesmo aviso às indústrias em declínio: Não inves-

---

[1] Este capítulo foi bastante beneficiado pelo trabalho realizado por Kathryn Rudie Harrigan, minha aluna em Harvard e atualmente professora assistente de Administração de Empresas na Universidade do Texas em Dallas.

tir em mercados desfavoráveis, de crescimento lento ou negativo, e sim forçar a saída de caixa.

Um estudo profundo de um amplo espectro de indústrias em declínio sugere, contudo, que a natureza da concorrência durante o declínio, bem como as alternativas estratégicas à disposição das empresas para enfrentar esse declínio são bem mais complexas. As indústrias diferem acentuadamente quanto à maneira como a concorrência reage ao declínio; algumas indústrias amadurecem com dignidade, enquanto outras caracterizam-se por lutas acirradas, excesso de capacidade prolongado e pesados prejuízos operacionais. Estratégias auspiciosas variam exatamente na mesma proporção. Algumas empresas obtiveram altos retornos com estratégias envolvendo um enorme reinvestimento em uma indústria em declínio e que, posteriormente, vão fazer de suas empresas "vacas caixeiras" melhores. Outras evitaram perdas sofridas subseqüentemente por seus concorrentes saindo antes de o declínio ser amplamente reconhecido, não colhendo absolutamente nada.

Este capítulo vai aplicar os instrumentos analíticos da Parte I ao meio ambiente peculiar das indústrias em declínio, em casos em que o declínio propriamente dito está fora do controle das empresas participantes.[2] Em primeiro lugar, faremos uma descrição das condições estruturais que determinam a natureza da concorrência durante a fase de declínio e a hospitalidade da indústria com relação às empresas remanescentes. Em seguida, identificamos detalhadamente as alternativas estratégicas genéricas (estratégias de fim de jogo) à disposição da empresa em declínio. O capítulo conclui com alguns princípios para a escolha de uma estratégia.

DETERMINANTES ESTRUTURAIS DA CONCORRÊNCIA NA FASE DE DECLÍNIO

No contexto da análise no Capítulo 1, uma série de fatores estruturais assume importância particular na determinação da natureza da concorrência na fase de declínio de uma indústria. A redução no volume de vendas da indústria torna essa fase potencialmente volátil. A extensão dos danos causados na rentabilidade pela pressão competitiva incipiente depende, todavia, de certas condições básicas que in-

---

[2] O declínio pode, por vezes, ser invertido por meio de inovações, redução de custos e mudanças em outras circunstâncias. Alguns métodos para protelar o declínio são discutidos no Capítulo 8. Nosso enfoque neste capítulo é dedicado às indústrias em que os recursos disponíveis se esgotaram e o problema estratégico passa a ser, então, enfrentar o declínio.

fluenciam a facilidade com que a capacidade deixará a indústria e a severidade com que as empresas remanescentes procuram lutar contra a maré de reduções em suas próprias vendas.

Condições da Demanda

O processo pelo qual a demanda sofre um declínio e as características dos segmentos de mercado remanescentes têm uma grande influência sobre a concorrência na fase de declínio.

Incerteza

O grau de incerteza percebido pelos concorrentes (seja de uma forma racional ou não) quanto ao fato de a demanda continuar em declínio é um dos fatores mais potentes que afetam a concorrência no fim do jogo. Caso as empresas acreditem que a demanda pode revitalizar-se ou nivelar-se, provavelmente procuram manter-se em suas posições e permanecer na indústria. É grande a probabilidade de seus esforços no sentido de manter posição, apesar da diminuição no volume de vendas resultar em uma luta acirrada. Essa situação vem ocorrendo na indústria de raiom onde há esperanças, provavelmente justificadas, de uma inversão nas perdas do raiom para o náilon e para o aço no mercado de corda de pneus, assim como nas perdas para outras fibras no mercado têxtil. Se, por outro lado, todas as empresas estiverem seguras de que a demanda continua declinando, isso facilita um processo ordenado de retração da capacidade. No caso do acetileno, por exemplo, logo ficou claro que o custo galopante do gás natural tornaria o etileno um substituto mais barato para muitos dos processos químicos que fazem uso do acetileno. Nesse caso, as empresas com menor eficiência começaram logo cedo a desenvolver estratégias de retirada.

As empresas podem *divergir* quanto às suas idéias sobre a demanda futura; algumas podem prever maior probabilidade de revitalização e essas empresas estão propensas a perseverar. Além disso, existe uma certa evidência, em casos de indústrias em declínio, de que a percepção de uma empresa quanto à probabilidade de declínio futuro é influenciada por sua posição na indústria e pelas barreiras de saída. Quanto mais firme a posição da empresa, ou quanto mais altas as barreiras de saída, mais otimismo parece haver nas projeções do futuro.

Índice e Padrão de Declínio

Quanto mais lento o processo de declínio, mais pode ser mascarado por fatores a curto prazo nas análises feitas pelas empresas sobre suas posições, e mais incerteza há em relação ao declínio futuro. A incerteza aumenta acentuadamente a volatilidade dessa fase. Se, por outro lado, a demanda estiver sofrendo um declínio pronunciado, as empresas encontram dificuldade em justificar projeções futuras otimistas. Além disso, grandes declínios no volume de vendas tornam mais prováveis os abandonos de fábricas inteiras ou a desativação de divisões inteiras, o que pode rapidamente ajustar para baixo a capacidade industrial. A suavidade do declínio também pode desempenhar seu papel na incerteza. Se as vendas da indústria forem inerentemente erráticas, como no caso do raiom e do acetato, talvez fique difícil separar a tendência para baixo nas vendas da confusão criada pelas flutuações de um período para outro.

O índice de declínio é, em parte, uma função do padrão seguido pelas empresas ao retirarem capacidade do negócio. Na atividade industrial, cujo produto é um insumo importante para os clientes, o declínio na demanda pode ser pronunciado caso um ou dois produtores importantes decidam retirar-se. Os clientes temem pela disponibilidade permanente de um insumo básico, estando dispostos a mudar para um substituto com maior rapidez do que em outras situações. Portanto, as empresas que anunciam sua saída antecipada podem exercer uma enorme influência sobre o índice de declínio. Esse índice também tende a acelerar de acordo com o progresso do declínio, pois a redução no volume eleva os custos e, talvez, os preços.

Estrutura dos Grupos Remanescentes de Demanda

À medida que a demanda declina, a natureza dos grupos remanescentes de demanda desempenha um papel fundamental na determinação da rentabilidade dos concorrentes. Estes podem oferecer perspectivas mais ou menos favoráveis quanto à rentabilidade, com base em uma análise estrutural completa como aquela esboçada no Capítulo 1. Por exemplo, um dos principais grupos de demanda remanescentes na indústria de charutos é o segmento especial. Esse segmento é, até certo ponto, imune à substituição, seus compradores são insensíveis ao preço e possibilita a criação de altos níveis de diferenciação do produto. As empresas que conseguem manter uma posição nesse segmento estão bem colocadas para que possam obter retornos acima da média, mesmo durante o declínio da indústria, pois podem defender suas posições contra forças competitivas. Na indústria do couro, o couro para estofamento é um grupo sobrevivente em que a tecnologia e a diferenciação têm o mesmo efeito. Por outro lado, no caso do acetileno, os segmentos do mercado, em que esse produto não foi substituído pelo etileno, sofrem a ameaça de outros substitutos, e, nesses mercados, o acetileno é um produto sujeito a uma guerra de preços graças aos seus altos custos fixos de fabricação. Assim, o potencial de lucro nos grupos remanescentes é bastante desanimador.

Um fim de jogo pode, em geral, ser lucrativo para os sobreviventes caso os grupos remanescentes de demanda envolvam compradores insensíveis ao preço ou aqueles cujo poder de negociação é pequeno, pois têm altos custos de substituição ou possuem outras peculiaridades como aquelas discutidas no Capítulo 6. A demanda remanescente é normalmente insensível ao preço, no caso de ser uma demanda de reposição e quando a procura dos fabricantes pelo equipamento original desapareceu. A rentabilidade do fim do jogo também depende da vulnerabilidade dos grupos remanescentes da demanda aos substitutos e aos fornecedores poderosos, bem como da presença de barreiras de mobilidade que protegem as empresas, que atendem aos segmentos remanescentes, contra o ataque de empresas que procuram substituir as vendas perdidas nos segmentos em extinção.

Causas do Declínio

A demanda da indústria entra em declínio por uma série de razões diferentes, com implicações para a concorrência durante a fase de declínio:

Substituição Tecnológica. Uma fonte do declínio são os produtos substitutos criados pela inovação tecnológica (calculadoras eletrônicas no lugar de réguas de cálculo) ou tornados proeminentes por mudanças nos custos relativos e na qualidade (produtos sintéticos no lugar do couro). Essa fonte pode ameaçar os lucros da indústria, pois a crescente substituição em geral reduz os lucros ao mesmo tempo em que diminui as vendas. Esse efeito negativo sobre os lucros é aliviado no caso da existência de demanda imune ou resistente ao substituto e com características favoráveis no sentido previamente descrito. A substituição pode ou não vir acompanhada de incerteza quanto à demanda futura, dependendo da indústria.

Demografia. Uma outra fonte de declínio é a redução no número de clientes que compram o produto. Na atividade industrial, a demografia acarreta o declínio reduzindo a demanda em indústrias "corrente abaixo". A demografia como fonte de declínio não é acompanhada pela pressão competitiva de um produto substituto.

Assim, caso a capacidade possa fazer com que a indústria seja afetada pela demografia de uma maneira ordenada, as empresas sobreviventes talvez tenham perspectivas de lucros comparáveis às da fase anterior ao declínio. As mudanças demográficas estão, todavia, normalmente sujeitas a uma grande incerteza, o que desestabiliza a concorrência no declínio, conforme já discutimos antes.

Mudanças nas Necessidades. A demanda pode cair por questões sociológicas ou outras que modifiquem as necessidades ou as preferências dos compradores. Por exemplo, o consumo de charutos caiu em grande parte devido à queda repentina na sua aceitação social. Da mesma forma que a demografia, as mudanças nas necessidades não acarretam necessariamente maior pressão dos substitutos em busca das vendas remanescentes. Contudo, as mudanças nas necessidades também podem estar sujeitas a grandes incertezas, como no caso dos charutos, o que fez com que muitas empresas continuassem prevendo um ressurgimento da demanda. Essa situação representa grande ameaça para a rentabilidade na fase de declínio.

A causa do declínio fornece, portanto, dicas quanto ao grau provável de incerteza previsto pelas empresas em relação à demanda futura, bem como algumas indicações quanto à rentabilidade do atendimento a segmentos remanescentes.

Barreiras de Saída

O modo como a capacidade deixa o mercado é crucial para a concorrência em indústrias em declínio. Da mesma forma que existem barreiras de entrada, também existem *barreiras de saída*, que mantêm as empresas competindo em indústrias em declínio embora estejam obtendo retornos anormais sobre o investimento. Portanto, quanto mais altas as barreiras de saída, menor a hospitalidade da indústria com relação às empresas que permanecem durante o declínio.

As barreiras de saída são provenientes de uma série de fontes fundamentais:

Ativos Duráveis e Especializados

Caso os ativos de uma empresa, fixos ou capital de giro ou ambos, sejam altamente especializados para o ramo de atividade particular, para a companhia ou para o local onde estão sendo empregados, isso cria barreiras de saída com a redução no valor de liquidação do investimento feito pela empresa no negócio. Ativos especializados precisam ser vendidos para alguém que pretenda empregá-los no mesmo ramo de atividade (e, caso sejam demasiadamente especializados, empregá-los no mesmo local) ou seu valor sofre uma enorme redução, precisando, em geral, ser descartados. O número de compradores dispostos a empregar os ativos no mesmo negócio em geral é reduzido, pois as mesmas razões que levam a empresa a desejar vender seus ativos em um mercado em declínio provavelmente desencorajam os compradores em potencial. Por exemplo, um complexo fabricante de acetileno ou uma fábrica de raiom possuem um equipamento tão especializado que precisa ser vendido para o mesmo uso ou tem de ser descartado. Além disso, a dificuldade em desmontar e transportar uma fábrica de acetileno é tão grande que os custos talvez sejam equivalentes, ou mesmo superiores, ao valor de sucata. Uma vez iniciado o processo de declínio das indústrias de acetileno e de raiom, o número de compradores potenciais dispostos a dar continuidade à operação das fábricas à venda é quase nulo; a venda dessas fábricas é efetuada com enormes descontos no valor contábil e, normalmente, para especuladores ou grupos de empregados desesperados. O estoque em uma indústria em declínio também pode ter um valor muito pequeno, em particular se a sua rotatividade for muito lenta.

Caso o valor de liquidação dos ativos de uma empresa seja baixo, é ótimo em termos econômicos para a empresa permanecer no negócio, mesmo que os fluxos de caixa futuros descontados esperados sejam baixos. Se os ativos forem duráveis, o valor contábil pode exceder em muito o valor de liquidação. Assim, é possível que uma empresa obtenha um prejuízo contábil, sendo, contudo, adequado em termos econômicos permanecer no negócio devido ao fato de os fluxos de caixa descontados excederem o custo de oportunidade do capital que poderia ser liberado no caso de uma desativação do negócio. Essa desativação em qualquer situação em que o valor contábil exceda o valor de liquidação também acarreta uma baixa, que tem certos efeitos intimidantes sobre a saída e que são discutidos posteriormente.

Ao avaliarmos as barreiras de saída ocasionadas pela especialização dos ativos em um determinado negócio, a questão passa a ser quanto à existência de mercados para esses ativos. Em alguns casos, os ativos podem ser vendidos para mercados externos que estejam em um estágio diferente de desenvolvimento econômico, muito embora seu valor no país de origem seja muito baixo. Essa transferência eleva o valor de liquidação e reduz as barreiras de saída. Contudo, existindo ou não mercados externos, o valor dos ativos especializados em geral sofre redução à medida que vai ficando cada vez mais evidente que a indústria está entrando em declínio. Por exemplo, a Raytheon, que vendeu seus ativos de fabricação de válvulas eletrônicas no início da década de 1960, quando era grande a sua procura para aparelhos de TV em cores, recuperou um valor de liquidação muito mais elevado do que as empresas que tentaram descarregar suas instalações dessas válvulas no início da década de 1970, depois de a indústria estar nitidamente nos seus anos de decadência. Poucos fabricantes norte-americanos, se é que havia algum, estavam interessados em fazer aquisições nessa época e as empresas estrangeiras fornecedoras de válvulas eletrônicas para economias menos avançadas já haviam adquirido equipamento para a fabricação desses produtos ou encontravam-se em uma posição de negociação muito mais forte, uma vez evidenciado o declínio nos Estados Unidos.

Custos Fixos da Saída

Os elevados custos fixos da saída geralmente elevam as barreiras, reduzindo o valor de liquidação efetivo de um negócio. Uma companhia normalmente precisa enfrentar os custos enormes dos acordos trabalhistas; na verdade, em alguns países, como a Itália, os custos fixos da saída são efetivamente gigantescos pois o governo não sanciona uma perda de emprego. Na desativação de uma companhia, os esforços integrais e dispendiosos de um grande número de administradores, advogados e contadores especializados são consumidos durante um período de tempo significativo. Deve-se, por vezes, fazer uma previsão para manter peças sobressalentes à disposição dos clientes antigos após a saída; essa exigência envolve um prejuízo que, descontado, se torna um custo fixo de saída. A administração ou os empregados talvez precisem de uma nova colocação e/ou de uma reciclagem. A quebra de contratos a longo prazo para a compra de insumos ou para a venda de produtos pode envolver multas de cancelamento substanciais, no caso de ser possível essa revogação. Em muitos casos, a empresa tem de arcar com o custo do cumprimento desses contratos por uma outra empresa.

Normalmente a saída também tem certos custos ocultos. Uma vez conhecida a decisão de desativação, a produtividade dos empregados pode cair e os resultados financeiros sofrem uma depressão. Os clientes retiram-se rapidamente e os fornecedores perdem o interesse em cumprir promessas. Esses tipos de problemas, além dos problemas na execução de uma estratégia de colheita (a serem discutidos posteriormente), podem acelerar os prejuízos nos meses finais da propriedade, podendo representar custos de saída significativos.

Por outro lado, a saída às vezes pode permitir que a empresa evite investimentos fixos que, caso contrário, precisaria fazer. Por exemplo, podem-se evitar exigências no sentido de investir visando cumprir regulamentações ambientais, bem como outras exigências de novos investimentos de capital com o único propósito de permanecer na indústria. As exigências desses investimentos *promovem* a saída, a menos que ao fazê-los seja possível produzir um aumento equivalente, ou superior, no valor de liquidação descontado da empresa, pois elas elevam o investimento no negócio sem elevar os lucros.

Barreiras de Saída Estratégicas

Mesmo que uma empresa diversificada não enfrente nenhuma barreira de saída decorrente de considerações econômicas relacionadas exclusivamente ao negócio particular, ela pode enfrentar barreiras devido ao fato de o negócio ser importante para a companhia do ponto de vista estratégico global:

Inter-relação: O negócio pode fazer parte de uma estratégia total envolvendo um grupo de negócios e abandoná-lo diminuiria o impacto da estratégia. O negócio pode ser vital para a identidade ou para a imagem da corporação. Uma saída pode afetar as relações da companhia com os principais canais de distribuição ou pode reduzir o poder global sobre as compras. Essa saída pode deixar ociosas instalações compartilhadas ou outros ativos, dependendo de terem ou não usos alternativos pela empresa ou da possibilidade de serem alugadas no mercado aberto. Uma empresa que cancela uma relação de fornecimento exclusivo para um cliente pode não apenas cortar as vendas de outros produtos para esse cliente como também afetar suas chances em outros negócios em que se conta com ela para fornecer matérias-primas básicas ou componentes. A habilidade da corporação em transferir recursos liberados da atividade em declínio para novos mercados é vital para a dimensão das barreiras de inter-relação.

Acesso aos Mercados Financeiros: A saída pode reduzir a confiança dos mercados de capitais na empresa ou piorar a sua habilidade em atrair candidatos à aquisição (ou compradores). Caso o negócio desativado seja de porte em relação ao total, sua desativação pode reduzir bastante a credibilidade financeira da empresa. Embora uma baixa justifique-se economicamente do ponto de vista do próprio negócio, ela pode afetar de uma maneira negativa o crescimento dos lucros ou agir no sentido de elevar o custo do capital.[3] Desse ponto de vista, talvez sejam preferíveis pequenos prejuízos no decorrer de um período de anos de operação do negócio do que um prejuízo único volumoso. O montante das baixas depende, é claro, da de-

---

[3] Uma empresa diversificada pode ter condições de utilizar o prejuízo fiscal decorrente dessa baixa, o que reduz o impacto do fluxo de caixa negativo das decisões de sair. No entanto, a baixa pode ainda assim afetar os mercados financeiros.

preciação dos ativos no negócio em relação a seu valor de liquidação, bem como da habilidade da empresa em desativar o negócio gradativamente em oposição a precisar tomar uma decisão definitiva.

Integração Vertical: No caso de o negócio estar verticalmente relacionado a um outro na companhia, o efeito sobre as barreiras de saída depende do fato de a causa do declínio afetar a cadeia vertical inteira ou apenas um elo. No caso do acetileno, sua obsolescência tornou obsoletos os negócios "corrente abaixo" de síntese química que empregavam-no como matéria-prima. Se a empresa estiver no negócio do acetileno bem como em um ou mais desses processos "corrente abaixo", o fechamento da fábrica ou fecha as instalações "corrente abaixo" ou força a empresa a encontrar um fornecedor externo. Embora possa negociar um preço favorável com um fornecedor externo devido à queda na demanda do acetileno, no final das contas a empresa precisaria sair também das operações "corrente abaixo". Nesse caso, a decisão de sair abrangeria a cadeia inteira.

Por outro lado, se uma unidade "corrente acima" vender para uma unidade "corrente abaixo" um insumo tornado obsoleto por um substituto, a unidade compradora ficaria fortemente motivada a encontrar um fornecedor externo para vender-lhe o insumo substituto com o objetivo de tentar evitar que sua posição competitiva piore. Assim, o fato de a empresa estar integrada para a frente poderia acelerar a decisão de sair devido à eliminação do valor estratégico do negócio e ao fato de ter se tornado um passivo estratégico para a companhia como um todo.

Barreiras de Informação

Quanto maior a relação entre um negócio e os outros na companhia, em particular em termos de compartilhar ativos e de ter uma relação comprador-vendedor, mais difícil é o desenvolvimento de informações precisas sobre seu desempenho real. Aqueles com um desempenho insatisfatório podem ser ocultados pelo sucesso daqueles inter-relacionados, e a empresa pode, conseqüentemente, falhar até mesmo em considerar uma justificativa econômica para a decisão de sair.

Barreiras Emocionais ou Gerenciais

Embora as barreiras de saída anteriormente descritas sejam baseadas em cálculos econômicos racionais (ou na incapacidade de fazê-los devido a falhas nas informações), a dificuldade em sair de um negócio parece extrapolar bases puramente econômicas.[4] Uma consideração que surge em um estudo de caso é o compromisso e as ligações emocionais da administração com o negócio, juntamente com o orgulho em relação às suas habilidades e realizações e com os temores quanto a seu próprio futuro.

Em uma companhia com um único negócio, a saída custa aos administradores seus empregos, e, assim, algumas de suas conseqüências são bastante desagradáveis do ponto de vista pessoal:

- um golpe no orgulho e o estigma da "desistência";
- rompimento de uma identificação com o negócio que pode ser duradouro;
- um sinal externo de fracasso que reduz a mobilidade de emprego.

Quanto mais longa a história e a tradição da empresa e quanto menor a mobilidade provável da gerência sênior para outras companhias e carreiras, mais séria a probabilidade de essas considerações estarem detendo a saída.

Uma ampla evidência sugere que barreiras emocionais e pessoais também se estendem no nível da alta gerência de companhias diversificadas. Os gerentes da divisão doente estão em uma posição bem semelhante à daqueles de uma empresa com um único negócio. É difícil para eles propor a desativação, logo, a carga da decisão sobre quando sair geralmente cai sobre a alta gerência. As identificações com negócios particulares podem ser fortes no nível da alta gerência, em particular no caso de negócios antigos ou iniciais da empresa, de negócios que fazem parte do núcleo histórico da empresa, ou de negócios que foram iniciados ou adquiridos com o envolvimento direto dos participantes. A decisão da General Mills de desativar seu negócio original (farinha de trigo) foi certamente uma opção dolorosa, tendo levado anos para ser feita.

Da mesma forma que a identificação pode se estender à alta gerência da empresa diversificada, o orgulho e a preocupação com relação à imagem externa também podem. Isso ocorre principalmente, uma vez mais, quando a alta gerência da companhia diversificada desempenhou algum tipo de função pessoal no negócio candidato à desativação. Ademais, companhias diversificadas dão-se ao luxo, ao contrário das empresas com um único negócio, de fornecer àqueles com fraco desempenho nos negócios lucrativos e, por vezes, conseguem evitar a divulgação de resultados insatisfatórios em uma divisão doente. Essa habilidade talvez permita que fatores

---

[4] Essa afirmativa pressupõe que as gerências possuem um certo grau de controle efetivo para atuar de tal forma que não no melhor interesse dos acionistas. No caso extremo em que os administradores são os acionistas, a oportunidade e a probabilidade de barreiras emocionais para a saída são provavelmente enormes.

emocionais se insinuem em decisões de desativação em companhias diversificadas, muito embora ironicamente suponha-se que um dos benefícios da diversificação seja uma revisão mais imparcial e mais desapaixonada dos investimentos.

As barreiras gerenciais para a saída podem ser tão fortes que, conforme ilustrado em uma série de estudos de casos de desativação, essas desativações só vieram a ocorrer após uma mudança na alta gerência, apesar de o desempenho insatisfatório ser crônico.[5] Embora essa possa ser uma situação extrema, quase todos parecem concordar com o fato de que a desativação é provavelmente a decisão mais desagradável a ser tomada pela administração.[6]

A experiência com a saída pode reduzir as barreiras gerenciais. Por exemplo, elas parecem prevalecer em menor escala em empresas situadas na ampla área dos produtos químicos, em que a falha tecnológica e a substituição de produtos são comuns; em empresas em setores em que a duração dos produtos é historicamente curta; ou em empresas de alta tecnologia, em que a possibilidade de novas atividades substituírem aquelas em declínio pode ser percebida com mais facilidade.

Barreiras Governamentais e Sociais

Em certas situações, especialmente em países estrangeiros, o fechamento de um negócio é quase impossível devido à preocupação do governo com relação ao emprego e ao impacto sobre a comunidade local. O preço da desativação pode ser concessões por parte de outros negócios da companhia ou outros termos proibitivos. Mesmo quando o envolvimento do governo não é formal, a pressão da comunidade e a pressão política informal no sentido de impedir a saída podem ser muito grandes, dependendo da situação em que a companhia se encontre.

Bem semelhante é o interesse social de muitas administrações pelos seus empregados e pelas comunidades locais e que não pode ser traduzido em dólares nem *cents*, mas que, todavia, é real. Desativar normalmente significa deixar pessoas sem trabalho e pode significar mutilar a economia local. Essas preocupações em geral interagem com as barreiras emocionais de saída. Em Quebec, por exemplo, é tremenda a preocupação social com o fechamento de usinas de polpa nesta abatida indústria canadense; muitas dessas usinas estão localizadas em cidades com uma única companhia. Os executivos estão arrasados com a preocupação em relação às comunidades, tendo ainda de arcar com as pressões formais e informais do governo.[7]

---

[5] Ver, por exemplo, Gilmour (1973).
[6] Para uma discussão sobre as formas de enfrentar as barreiras gerenciais, ver Porter (1976).
[7] Para uma discussão mais profunda da função do governo nesta indústria em declínio, ver Mehta (1978).

Por causa de um ou de todos esses tipos de barreiras de saída, uma empresa pode continuar competindo em uma indústria, muito embora seu desempenho financeiro esteja abaixo do normal. A capacidade não deixa a indústria quando ela se retrai e os concorrentes travam uma severa batalha pela sobrevivência. Em uma indústria em declínio com altas barreiras de saída, é difícil, mesmo para as empresas mais seguras e mais firmes, evitar danos no processo de declínio.

Mecanismos para Dar Destino aos Ativos

O destino dado aos ativos das empresas pode influenciar bastante a rentabilidade potencial de uma indústria em declínio. Na indústria canadense de polpa em dissolução, por exemplo, uma fábrica importante não foi desativada e sim vendida para um grupo de empresários com um desconto significativo no valor contábil. Com uma base de investimento mais baixa, os administradores da nova entidade puderam tomar decisões sobre preços e sobre outros aspectos da estratégia que para eles eram racionais, mas que mutilavam gravemente as outras empresas. A venda dos ativos para os empregados com um desconto pode ter o mesmo efeito. Assim, se os ativos em uma indústria em declínio são empregados *dentro da indústria* em vez de serem desativados, isso vem a ser ainda pior para a concorrência subseqüente do que se os proprietários originais das empresas permanecessem no negócio.

A situação em que os subsídios governamentais mantêm empresas adoentadas vivas em indústrias em declínio é quase tão nociva. Não apenas a capacidade permanece no mercado, como também a empresa subsidiada pode retrair ainda mais o potencial de lucro, pois suas decisões são baseadas em fatores econômicos diferentes.

Instabilidade da Rivalidade

Em virtude da queda nas vendas, a fase do declínio de uma indústria é particularmente suscetível a uma guerra de preços acirrada entre os concorrentes. Assim, as condições que determinam a instabilidade da rivalidade, esboçadas no Capítulo 1, tornam-se especificamente agudas ao influenciarem a rentabilidade da indústria em declínio. A guerra entre as empresas remanescentes é mais intensa na fase de declínio nas seguintes situações:

- o produto é considerado uma mercadoria de uso generalizado;
- os custos fixos são altos;

- muitas empresas estão presas na indústria por barreiras de saída;
- uma série de empresas percebe uma grande importância estratégica em manter sua posição na indústria;
- os poderes relativos das empresas remanescentes são relativamente equilibrados de modo que uma ou algumas empresas não podem vencer com facilidade a batalha competitiva;
- as empresas estão incertas quanto aos seus poderes competitivos relativos e muitas empreendem esforços infortunados para modificar a sua posição.

A instabilidade da rivalidade no declínio pode ser acentuada pelos fornecedores e pelos canais de distribuição. Ao entrar em declínio, a indústria passa a ser um cliente de menor importância para os fornecedores, o que pode afetar os preços e os serviços.[8] De modo semelhante, o poder dos canais de distribuição cresce à medida que a indústria entra em declínio, caso esses canais lidem com várias empresas, controlem o espaço e o posicionamento nas prateleiras ou possam influenciar a decisão de compra do cliente final. No caso dos charutos, por exemplo, o posicionamento nas prateleiras é crucial para o sucesso, posto que os charutos são um item de impulso. O poder dos canais de distribuição com relação aos charutos aumentou acentuadamente durante o declínio da indústria, e as margens dos vendedores caíram de modo correspondente.

Do ponto de vista da rivalidade durante o declínio, a pior situação talvez seja aquela em que embora uma ou duas empresas estejam relativamente fracas em termos de posição estratégica na indústria, possuem um volume significativo de recursos empresariais totais além de um forte empenho estratégico em permanecer no negócio. Suas fraquezas obrigam-nas a procurar melhorar a posição por meio de atitudes desesperadas, como cortes nos preços, que ameaçam a indústria inteira. Sua resistência força as outras empresas a dar uma resposta.

ALTERNATIVAS ESTRATÉGICAS NO DECLÍNIO

As discussões sobre estratégia durante o declínio geralmente giram em torno de desativar ou colher, existindo, porém, uma *variedade* de alternativas estratégicas – embora nem todas sejam necessariamente viáveis em qualquer tipo de indústria particular. Essa variedade de estratégias pode ser expressa em termos de quatro

---

[8] No caso de a indústria ser um cliente básico dos fornecedores, eles podem procurar ajudá-la a lutar contra o declínio.

métodos básicos (apresentados na Figura 12-1) para a concorrência durante o declínio e que podem ser seguidos individualmente pela empresa ou, em alguns casos, em seqüência. Na prática, as distinções entre essas estratégias raramente são nítidas, mas existem vantagens em discutir isoladamente os objetivos e as implicações. Essas estratégias variam bastante, não apenas quanto às metas que buscam alcançar, como também quanto às suas implicações para o investimento. Nas estratégias de colheita e de desativação, o negócio é administrado com o objetivo de produzir "desinvestimento", a meta clássica das estratégias na fase de declínio. Em estratégias de liderança ou de nicho, contudo, a empresa pode, na verdade, estar querendo investir no fortalecimento de sua posição na indústria em declínio.

Deixando de lado até a próxima seção a questão dos métodos de adequação da estratégia à indústria e à empresa em particular, podemos explorar as motivações para cada alternativa estratégica e as etapas táticas comuns na sua implementação.

Liderança	*Nicho*	*Colheita*	*Desativação Rápida*
Buscar uma posição de liderança em termos de parcela de mercado	Criar ou defender uma posição firme em um segmento particular	Conduzir um desinvestimento controlado, tirando proveito dos pontos fortes	Liquidar o investimento o mais breve possível na fase de declínio

FIGURA 12-1 *Estratégias alternativas.*

Liderança

A estratégia de liderança visa tirar proveito de uma indústria em declínio cuja estrutura é tal que a empresa ou as empresas remanescentes têm o potencial para obter uma rentabilidade acima da média e a liderança é viável frente à concorrência. A empresa almeja ser a única ou uma das poucas empresas a permanecerem na indústria. Uma vez alcançada essa posição, a empresa passa para uma estratégia de manter a posição ou de uma colheita controlada, dependendo do padrão subseqüente de vendas da indústria.[9] A premissa que fundamenta essa estratégia é que, alcançada a liderança, a empresa fica em uma situação superior para manter posição ou para fazer colheita (levando em conta o investimento necessário).

---

[9] Investir em um mercado de crescimento lento ou negativo é geralmente arriscado, pois o capital pode estar congelado e resistindo à recuperação por meio de lucros ou liquidação. A premissa da estratégia de liderança é que a posição de uma empresa e a estrutura da indústria permitem uma recuperação do reinvestimento apesar de tardia no desenvolvimento da indústria.

Etapas táticas que podem contribuir para a execução da estratégia de liderança são as seguintes:

- investir em ações competitivas agressivas na área de preços, marketing e em outras com o objetivo de construir parcela de mercado e assegurar uma rápida retirada de capacidade da indústria por outras empresas;
- adquirir parcela de mercado através da compra de concorrentes ou de linhas de produtos da concorrência por preços acima de suas oportunidades para venda em outras partes; isso tem o efeito de reduzir as barreiras de saída da concorrência;
- adquirir e desativar capacidade dos concorrentes, o que, mais uma vez, reduz as barreiras de saída da concorrência e assegura que sua capacidade não será vendida dentro da própria indústria; uma empresa líder na indústria de sensores mecânicos oferece-se repetidamente para comprar os ativos de seus concorrentes mais fracos por essa razão;
- reduzir as barreiras de saída dos concorrentes de outras maneiras, como, por exemplo, através da fabricação de peças sobressalentes para seus produtos, assumindo contratos a longo prazo, fabricando produtos com marca patenteada para eles de modo que possam concluir operações de fabricação;
- demonstrar um forte empenho em permanecer no negócio por meio de declarações públicas e de comportamento;
- demonstrar pontos fortes nitidamente superiores por meio de atitudes visando dissipar as idéias dos concorrentes de tentar lutar;
- desenvolver e revelar informações dignas de crédito que reduzam a incerteza quanto ao declínio futuro – o que reduz a probabilidade de os concorrentes superestimarem as perspectivas reais para a indústria e permanecerem nela;
- elevar os riscos da permanência de outros concorrentes no negócio, precipitando a necessidade de um reinvestimento em novos produtos ou de aperfeiçoamentos no processo.

Nicho

O objetivo desta estratégia é identificar um segmento (ou grupo de demanda) da indústria em declínio que irá não apenas manter estável a demanda ou reduzi-la lentamente, mas que também possua características estruturais que permitam altos retornos. A empresa investe, então, na solidificação de sua posição nesse segmento. Talvez seja aconselhável tomar certas atitudes relacionadas na estratégia de liderança visando reduzir as barreiras de saída dos concorrentes ou reduzir a incerteza quanto a esse segmento. Por fim, a empresa pode passar para uma estratégia de desativação ou de colheita.

Colheita

Na estratégia de colheita, a empresa procura otimizar o fluxo de caixa proveniente do negócio. Faz isso eliminando ou fazendo cortes rigorosos nos investimentos, cortando a manutenção de instalações e aproveitando quaisquer poderes residuais do negócio visando elevar os preços ou obter benefícios da reputação anterior em vendas contínuas, embora reduzindo a publicidade e a pesquisa. Outras táticas comuns de colheita incluem as seguintes:

- reduzir o número de modelos;
- diminuir o número de canais empregados;
- eliminar clientes pequenos;
- eliminar serviços em termos de tempo de entrega (estoque), velocidade de reparo ou assistência de vendas.

Por fim, o negócio é vendido ou liquidado.

A colheita não é fácil em todos os negócios. A estratégia de colheita pressupõe certos poderes anteriores genuínos com base nos quais uma empresa pode viver, bem como um meio industrial na fase de declínio que não se transforme em uma guerra acirrada. Sem determinados poderes, os aumentos de preços, a queda na qualidade, a cessação de publicidade ou outras táticas empregadas pela empresa serão cumpridos com vendas seriamente reduzidas. Caso a estrutura da indústria acarrete uma grande instabilidade durante a fase de declínio, a concorrência aproveitará a falta de investimento da empresa para se apoderar de parcela de mercado ou para fazer cair os preços, eliminando, assim, as vantagens da redução das despesas por meio da colheita. Além disso, é difícil colher alguns negócios devido à existência de poucas opções para uma redução incremental das despesas; um exemplo extremo é aquele em que a fábrica logo deixa de operar se não passar por manutenção.

Uma distinção básica na tática da colheita são ações *visíveis* para o cliente (por exemplo, aumentos nos preços, uma publicidade reduzida) e aquelas que não o são (por exemplo, suspender a manutenção, reduzir gradativamente as contas marginais). A empresa sem poderes relativos provavelmente precisa limitar-se a ações invisíveis, que podem ou não produzir um aumento significativo no fluxo de caixa, dependendo da natureza do negócio.

De todas as alternativas estratégicas na fase de declínio, a estratégia da colheita talvez seja aquela que cria as maiores demandas do ponto de vista administrativo, embora estas tenham sido pouco exploradas na literatura. Na prática, é muito difícil lidar com uma liquidação controlada devido a problemas com o moral e a conservação de empregados, com a confiança da parte dos fornecedores e dos clientes e com as motivações dos executivos. Classificar um negócio como um "cão" a ser colhido, com base nas técnicas de planejamento de portfólio, como aquelas descritas no Capítulo 3, também não é um dispositivo muito motivador. Embora tenham sido desenvolvidos esforços em companhias como a General Electric e a Mead Corporation no sentido de adaptar incentivos gerenciais às condições peculiares da colheita, os resultados desses esforços ainda não estão claros e outros problemas administrativos na colheita permanecem, não obstante.

Desativação Rápida

Esta estratégia é baseada na premissa de que a empresa pode maximizar sua recuperação líquida do investimento vendendo o negócio logo no início do declínio, em vez de colher e vendê-los posteriormente ou seguir uma das outras estratégias. A venda antecipada em geral maximiza o valor que a empresa pode realizar com a venda do negócio, pois, quanto mais antecipada a venda, maior a incerteza em relação ao declínio subseqüente e maior a probabilidade de outros mercados para os ativos, como mercados externos, não estarem saturados.

Em certas situações, talvez seja aconselhável desativar o negócio *antes* do declínio, ou na fase de maturidade. Uma vez evidenciado o declínio, os compradores dos ativos dentro e fora da indústria ficam em uma posição de negociação mais forte. A venda antecipada também envolve, por outro lado, o risco de a previsão do futuro feita pela empresa mostrar-se incorreta.

A rápida desativação pode forçar a empresa a enfrentar barreiras de saída, como imagem e inter-relação, embora essa antecipação normalmente abrande, até certo ponto, esses fatores. A empresa pode empregar uma estratégia de marca patenteada ou vender linhas de produtos para os concorrentes com o intuito de ajudar a facilitar alguns desses problemas.

ESCOLHA DE UMA ESTRATÉGIA PARA O DECLÍNIO

A discussão prévia fornece uma série de etapas analíticas para determinar a posição em uma indústria em declínio:

- Será que a estrutura da indústria conduz a uma fase de declínio hospitaleira (potencialmente lucrativa) com base nas condições da primeira seção?
- Quais as barreiras de saída enfrentadas por cada concorrente importante? Quem sairá rapidamente e quem permanecerá?
- Das empresas que permanecem, quais os poderes relativos para competir nos grupos de demanda que permanecerão na indústria? Dadas as barreiras de saída, até que ponto sua posição deve desgastar-se antes de a saída tornar-se provável?
- Quais as barreiras de saída enfrentadas pela empresa?
- Quais os poderes relativos da empresa frente aos grupos de demanda remanescentes?

O processo de seleção de uma estratégia para o declínio significa ajustar o desejo de permanecer na indústria à posição relativa da empresa. Os pontos fortes e os pontos fracos básicos da empresa na determinação de sua posição relativa não são necessariamente aqueles que foram importantes antes do desenvolvimento da indústria; ao contrário, estão relacionados aos segmentos ou aos grupos de demanda que vão permanecer e às condições particulares da fase de declínio em termos da natureza da rivalidade. Também vital para as estratégias de liderança e de nicho é a credibilidade em induzir a saída de concorrentes. Empresas em situações diversas vão adotar estratégias ótimas diferentes para o declínio.

Uma metodologia aproximada para encarar a escolha de estratégias da empresa é apresentada na Figura 12-2.

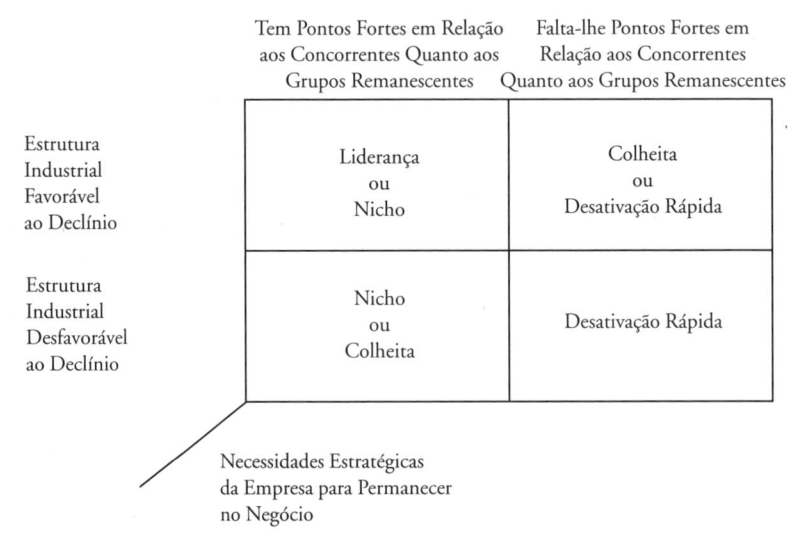

	Tem Pontos Fortes em Relação aos Concorrentes Quanto aos Grupos Remanescentes	Falta-lhe Pontos Fortes em Relação aos Concorrentes Quanto aos Grupos Remanescentes
Estrutura Industrial Favorável ao Declínio	Liderança ou Nicho	Colheita ou Desativação Rápida
Estrutura Industrial Desfavorável ao Declínio	Nicho ou Colheita	Desativação Rápida

Necessidades Estratégicas da Empresa para Permanecer no Negócio

FIGURA 12-2

Quando a estrutura da indústria conduz a uma fase de declínio hospitaleira devido a uma pequena incerteza, a barreiras de saída baixas etc., a empresa com poderes pode buscar a liderança ou defender um nicho, dependendo da conveniência estrutural de competir na maioria dos segmentos remanescentes *versus* a seleção de um ou dois segmentos particulares. A empresa com poderes tem condições de estabelecer uma posição de liderança – os concorrentes que perdem a batalha saem – e a estrutura da indústria oferece recompensas uma vez atingida essa posição. Quando a empresa não possui poderes particulares, é improvável obter a liderança total ou em um nicho, mas é possível aproveitar a indústria favorável à colheita de uma forma lucrativa. A opção talvez seja a desativação rápida, dependendo da viabilidade da colheita e das oportunidades para a venda do negócio.

Quando a indústria é desfavorável ao declínio, devido à grande incerteza, às altas barreiras de saída para os concorrentes e/ou às condições que acarretam uma rivalidade volátil de fim de jogo, investir para atingir a liderança provavelmente não produz recompensas, tampouco uma posição de nicho. Caso a empresa tenha uma posição relativa segura, geralmente é melhor aproveitá-la com uma retração para uma colheita e/ou nicho salvaguardado. Caso não possua nenhum poder particular, é aconselhável sair o mais rápido que as barreiras de saída permitam, pois outras empresas presas na indústria em decorrência das altas barreiras provavelmente logo começam a atacar com sucesso sua posição.

Existe uma terceira dimensão para essa metodologia simples: as necessidades estratégicas de uma empresa para que possa permanecer no negócio. As necessidades estratégicas de fluxo de caixa, por exemplo, podem inclinar a decisão na direção da colheita ou de uma venda antecipada, embora os outros fatores apontem para a liderança. Em termos operacionais, a empresa precisa avaliar a natureza de suas necessidades estratégicas e encobri-las com as outras condições para o declínio com o objetivo de determinar a estratégia correta.

Um *compromisso antecipado* com uma estratégia de declínio, ou outra qualquer, talvez traga vantagens. Esse compromisso com a liderança pode fornecer os sinais necessários para encorajar a concorrência a sair e a vantagem quanto à oportunidade necessária para alcançar a liderança. Um compromisso antecipado com a desativação produz os benefícios discutidos. Adiar a escolha de uma estratégia de declínio tende a eliminar as opções antagônicas, forçando a empresa na direção do nicho ou da colheita.

Uma parte fundamental da estratégia em indústrias em declínio, em particular estratégias agressivas, é encontrar formas de estimular determinados concorrentes a saírem da indústria. Algumas maneiras de fazer isso foram discutidas anteriormente na opção de liderança. Às vezes, a saída efetiva de um concorrente com uma grande parcela do mercado pode ser imprescindível para que a estratégia de declínio agressiva possa fazer sentido. Nesses casos, a empresa talvez queira aguardar o momento oportuno adotando a estratégia de colheita até que o principal concorrente resolva sair de uma maneira ou de outra. Caso o líder decida sair, a empresa pode continuar colhendo ou desativar-se de imediato.

ARMADILHAS NO DECLÍNIO

Descobrir a posição da empresa na Figura 12-2 exige uma grande análise engenhosa, e muitas empresas violam a consistência básica entre a estrutura da indústria e a escolha estratégica incorporada na figura. O estudo de indústrias em declínio também revela uma série de outras armadilhas potenciais.

Incapacidade de Reconhecer o Declínio. Depois de consumado o fato, é muito fácil condenar as empresas pelo excesso de otimismo com relação às perspectivas de revitalização de suas indústrias em declínio. Mesmo levando em conta a incerteza legítima quanto ao futuro, parece haver em algumas companhias uma incapacidade de observar objetivamente as perspectivas de declínio, devido a uma identificação antiga com a indústria ou a uma percepção demasiadamente limitada quanto aos produtos substitutos. A presença de altas barreiras de saída também pode afetar discretamente o modo como os administradores percebem seu meio ambiente; buscam sinais otimistas, posto que os pessimistas são extremamente penosos. Com base no exame feito por mim em muitas indústrias em declínio, as empresas que parecem ser as mais objetivas quanto à condução do processo de declínio são aquelas que também fazem parte da indústria de produtos substitutos. Têm uma idéia mais nítida em relação às perspectivas do produto substituto e à ameaça de declínio.

Uma Guerra de Atrito. A guerra entre concorrentes com altas barreiras de saída geralmente resulta em desastre. Esses concorrentes são forçados a responder com vigor aos movimentos e não cedem posição sem um investimento significativo.

Colheita sem Poderes Definidos. A não ser que a estrutura da indústria seja bastante favorável à fase de declínio, as estratégias de colheita adotadas por empresas sem poderes definidos estão geralmente fadadas ao fracasso. Os clientes rapidamente levam seu negócio para outro lugar tão logo os serviços ou a comercialização atinjam níveis insatisfatórios ou os preços sofram aumentos. No processo de colheita, o valor de revenda do negócio também pode ser dissipado. Os riscos administrativos e competitivos da colheita tornam imprescindível uma justificativa clara para fundamentar essa estratégia.

PREPARAÇÃO PARA O DECLÍNIO

Caso a empresa consiga fazer uma previsão das condições da indústria na fase de declínio, talvez consiga melhorar sua posição adotando medidas no decorrer da fase de maturidade que possam melhorar em muito sua posição para o declínio; essas atitudes às vezes têm um custo baixo em termos de posição estratégica na maturidade:

- minimizar os investimentos ou outras ações que elevem as barreiras de saída de qualquer uma das fontes anteriormente descritas;
- dar ênfase estratégica aos segmentos do mercado que serão favoráveis sob condições de declínio;
- criar custos de mudança nesses segmentos.

13
Concorrência em Indústrias Globais

Uma indústria global é aquela em que as posições estratégicas dos concorrentes em importantes mercados nacionais ou geográficos são fundamentalmente afetadas pelas suas posições globais.[1] A posição estratégica da IBM na competição por vendas de computadores na França e na Alemanha, por exemplo, sofre melhoras significativas decorrentes da tecnologia e das habilidades mercadológicas desenvolvidas em outros locais na companhia, combinadas com um sistema de fabricação coordenada em nível mundial. Para analisar a concorrência em uma indústria global, é necessário examinar os fatores econômicos e a concorrência da indústria nos vários mercados nacionais ou geográficos em conjunto, e não individualmente.

As indústrias globais exigem que a base da concorrência de uma empresa seja coordenada em nível mundial, caso contrário, ela enfrentará desvantagens estratégicas. Algumas indústrias internacionais, no sentido de serem compostas por companhias multinacionais, não possuem as características essenciais de uma indústria global. No ramo de diversos produtos alimentícios empacotados, por exemplo, a Nestlé, a Pet e a CPC têm operações em muitos países. Salvo, contudo, até um certo limite, no desenvolvimento do produto, as subsidiárias são autônomas e o equilíbrio competitivo assume uma base de país para país. Uma empresa não precisa competir em âmbito internacional para ter sucesso. Assim, indústrias com concorrentes multinacionais não são necessariamente indústrias globais. Deve-se

---

[1] Este capítulo contou com a assistência de Thomas Hout, Eileen Rudden e Eric Vogt, do The Boston Consulting Group, bem como de Neal Bhadkamkar, assistente de pesquisa com mestrado em Administração de Empresas, 1979.

entender, entretanto, que "globalidade" é inevitavelmente uma questão de grau, visto que a extensão das vantagens estratégicas para empresas que competem em nível internacional pode variar muito de uma indústria para outra.

Um número crescente de indústrias tornaram-se indústrias globais na década de 1970, e esse importante cenário estrutural provavelmente será ainda mais predominante. Os investimentos externo e interno aumentaram significativamente e as mudanças na posição estratégica que acompanharam a evolução da indústria para uma situação global são enormes e rápidas. Aparelhos de televisão, motocicletas, máquinas de costura e automóveis são alguns exemplos particularmente visíveis, embora não sejam atípicos. O movimento para a globalização pode ser comparado à mudança nas indústrias norte-americanas de uma concorrência em uma base regional para nacional entre 1890 e 1930; conforme demonstraremos, muitas das causas fundamentais são as mesmas. Além disso, o movimento na direção de uma concorrência global pode ter também um amplo alcance. Os administradores em quase todas as indústrias precisam considerar a concorrência global uma possibilidade, se não uma realidade.

Existem muitas diferenças entre competir em nível internacional e em nível nacional, e essas diferenças são enfatizadas no desenvolvimento de uma estratégia competitiva internacional:

- diferenças entre países com relação ao fator custo;
- circunstâncias diferentes em mercados externos;
- funções diferentes dos governos estrangeiros;
- diferenças em metas, recursos e capacidade de supervisionar concorrentes estrangeiros.

Contudo, os *fatores estruturais e as forças de mercado que operam em indústrias globais são os mesmos* que em indústrias mais internas. A análise estrutural em indústrias globais deve abranger a concorrência externa, um grupo mais amplo de entrantes potenciais, um escopo mais abrangente de possíveis substitutos e maiores possibilidades de as metas e as personalidades das empresas serem diferentes, bem como suas percepções quanto ao que é importante do ponto de vista estratégico. Porém, as mesmas cinco forças competitivas descritas no Capítulo 1 estão operando, e os mesmos fatores estruturais básicos determinam sua força. Conforme verificaremos, a maior parte das estratégias globais bem-sucedidas foram baseadas no reconhecimento dessas forças de mercado, em seu contexto um pouco diferente (e mais complexo).

O fundamento deste capítulo está na base conceitual estabelecida na Parte I para o exame de algumas questões competitivas e econômicas particulares que surgem em indústrias globais. A questão básica a ser examinada pode ser traçada em termos positivos e negativos. Será que a empresa consegue uma vantagem estratégica com o fato de competir em uma base global em sua indústria? Qual o nível de ameaça que sofrerá por parte da concorrência internacional? Ao examinar essa questão, primeiramente vamos desenvolver as condições estruturais que promovem a concorrência em uma base global, bem como os obstáculos à concorrência global. Essa análise constitui-se em um bloco de construção essencial para a compreensão da evolução das indústrias para um estado global, inclusive as mudanças ambientais e as inovações estratégicas das empresas que podem desencadear a concorrência global. Dentro desse contexto, fazemos uma consideração sobre algumas questões estratégicas importantes na concorrência em indústrias globais, e as estratégias alternativas para tal. Por fim, algumas tendências que podem afetar a concorrência global são exploradas, inclusive uma observação das circunstâncias que promovem ou impedem a concorrência por parte de empresas de países recentemente desenvolvidos (PRD) como a Coréia e Cingapura, que se tornaram acessórios cada vez mais importantes em indústrias globais.

FONTES E OBSTÁCULOS À CONCORRÊNCIA GLOBAL

As empresas podem participar de atividades internacionais por meio de três mecanismos básicos: licenças, exportação e investimento direto ao exterior. Normalmente a primeira incursão de uma empresa no estrangeiro envolve exportação ou licenças, e somente depois de ter ganho uma certa experiência no nível internacional ela considerará um investimento direto no exterior. A exportação ou o investimento direto no exterior estão presentes em indústrias em que a concorrência é verdadeiramente global. Importantes fluxos de exportações entre muitos países são um sinal confiável de concorrência global, porém, um grande investimento direto no exterior em uma indústria talvez não seja. Esses investimentos podem consistir em subsidiárias essencialmente independentes em países estrangeiros, sendo que a posição competitiva de cada uma delas depende basicamente de seus ativos e de circunstâncias particulares em seu país de localização.

Uma indústria torna-se global basicamente porque existem vantagens econômicas (ou outras) em uma empresa competir de uma maneira coordenada em muitos mercados nacionais. Existe uma série de fontes distintas dessa vantagem estratégica global, bem como obstáculos para atingi-las.[2] A tarefa do analista é avaliar esses itens para a indústria particular em estudo, compreendendo a razão pela qual ela não é global ou, de modo inverso, que fontes de vantagem global superaram os obstáculos.

Fontes da Vantagem Competitiva Global

As fontes da vantagem global originam-se basicamente de quatro causas: vantagem comparativa convencional, economias de escala ou curvas de aprendizagem que extrapolam a escala ou o volume cumulativo possível em mercados nacionais individuais, vantagens decorrentes da diferenciação do produto e o caráter de bem público da tecnologia e das informações do mercado:[3]

Vantagem Comparativa. A existência de vantagem comparativa é um determinante clássico da concorrência global. Quando um país ou países possuem vantagens significativas quanto ao fator custo e ao fator qualidade empregados na fabricação de um produto, esses países são os locais de produção e as exportações fluem daí para outras partes do mundo. Nessas indústrias, a posição estratégica da empresa global nos países com uma vantagem comparativa é crucial para a sua posição no nível mundial.

Economias de Escala na Produção. Caso existam economias de escala na produção (ou no fornecimento de serviço) que ultrapassem os limites dos principais mercados nacionais, a empresa pode obter uma vantagem de custo por meio de uma produção centralizada e de uma concorrência global. Por exemplo, as modernas siderúrgicas de alta velocidade têm uma escala eficiente mínima que parece montar a 40% da demanda mundial. Às vezes, as vantagens da integração vertical são imperativas para atingir economias na produção global, pois a escala eficiente do sistema integrado verticalmente ultrapassa o porte dos mercados nacionais. Obter economias na produção implica necessariamente movimentos de exportação entre os países.

Experiência Global. Em tecnologias sujeitas a declínios significativos nos custos devido à experiência patenteada, a possibilidade de vender variedades de produtos

---

[2] Estes equivalem, embora em um nível diferente, às causas da fragmentação da indústria e às formas de superá-las discutidas no Capítulo 9.
[3] Um bem público, como uma inovação tecnológica, é algo que pode ser utilizado repetidas vezes sem nenhum custo uma vez feito o investimento inicial.

similares em muitos mercados nacionais pode trazer benefícios. O volume cumulativo por modelo é maior se esse modelo é vendido em muitos mercados nacionais, o que resulta em uma vantagem de custo para o concorrente global. Essa situação ocorreu provavelmente na fabricação de empilhadeiras para cargas leves, na qual a Toyota obteve uma posição de comando. A concorrência global pode permitir uma aprendizagem *mais rápida*, mesmo que sua curva achate em volumes cumulativos alcançáveis eventualmente com uma concorrência em um mercado geográfico individual. Visto que uma companhia pode ganhar experiência repartindo aperfeiçoamentos entre as fábricas, é possível obter uma vantagem de custo com a concorrência global mesmo que a produção não seja centralizada, mas ocorra em cada mercado nacional.

Economias Logísticas de Escala. Se um sistema de logística internacional envolve inerentemente custos fixos que podem ser divididos por meio de um atendimento a vários mercados nacionais, o concorrente global tem uma vantagem de custo potencial. A concorrência global também pode permitir que economias de escala sejam obtidas na logística em decorrência da possibilidade do uso de sistemas mais especializados, como, por exemplo, navios cargueiros especiais. Empresas japonesas obtiveram economias significativas no uso de transportadores especiais para transportar matérias-primas e produtos acabados nos ramos siderúrgico e automobilístico. Uma operação no nível de volume mundial pode permitir que uma companhia reorganize os arranjos logísticos.

Economias de Escala no Marketing. Embora muitos aspectos da função de marketing precisem ser executados inerentemente em cada mercado nacional, talvez haja economias de escala potenciais que ultrapassem os limites desses mercados em algumas indústrias. As óbvias são em indústrias em que a força de vendas comum é distribuída em âmbito mundial. Na construção pesada e na fabricação de aeronaves ou de turbogeradores, por exemplo, a tarefa das vendas é altamente complexa, sendo raras vezes executada com um número relativamente pequeno de compradores. Assim, a empresa global pode dividir os custos fixos de um grupo de vendedores altamente qualificados e dispendiosos por vários mercados nacionais.

Também podem existir economias potenciais no marketing por meio do uso global de técnicas patenteadas. Uma vez que o conhecimento obtido em um mercado pode ser empregado sem nenhum custo em outros mercados,[4] a empresa

---

[4] Talvez existam custos com a adaptação do conhecimento ao mercado geográfico particular – ver discussão posterior neste capítulo.

global pode ter uma vantagem de custo. A "fórmula" do McDonald's ou a campanha de marketing do "teste da tortura" da Timex funcionaram em todo o mundo. Algumas marcas registradas são transportadas para mercados geográficos, embora a empresa geralmente precise investir para estabelecer sua marca em cada um deles. Contudo, algumas dessas marcas são conhecidas internacionalmente, o que ocorre por meio da imprensa especializada, da literatura técnica, da proeminência cultural ou por outras razões que não exigem investimentos pela empresa.

Economias de Escala nas Compras. Quando existem oportunidades para a obtenção de economias de escala nas compras devido ao poder de negociação ou ao custo mais baixo dos fornecedores na produção de grandes lotes e que excedam as necessárias para competir em mercados nacionais individuais, a empresa global tem uma vantagem de custo potencial. Por exemplo, fabricantes mundiais de aparelhos de televisão parecem conseguir comprar transistores e diodos com custos mais baixos. Essa vantagem é mais provável quando os volumes adquiridos pela indústria são modestos se comparados ao porte da indústria produtora das matérias-primas ou dos componentes; caso as compras sejam volumosas, grande parte do poder de negociação talvez tenha se esgotado. Caso a empresa esteja engajada diretamente na extração de matérias-primas (minérios) ou na produção delas (produtos agrícolas), a vantagem potencial é semelhante. Se a escala eficiente da mina para um determinado minério for superior às necessidades da empresa para competir em um grande mercado nacional, por exemplo, a empresa cuja mineração se dá em uma escala eficiente e que compete globalmente tem uma vantagem de custo. A necessidade de competir globalmente para obter essa vantagem pressupõe, contudo, que a empresa não pode extrair minério em uma escala eficiente e, depois, vender o excedente para outras empresas.

Diferenciação do Produto. Em alguns ramos de atividades, particularmente aquelas progressivas em termos tecnológicos, a concorrência global pode dar à empresa uma vantagem em relação à reputação e à credibilidade. Na indústria de cosméticos de alto estilo, por exemplo, uma empresa se beneficiaria bastante com uma presença em Paris, Londres e Nova York visando conseguir uma imagem para competir com sucesso no Japão.

Tecnologia Patenteada do Produto. Economias globais podem resultar da habilidade em aplicar tecnologia patenteada em diversos mercados nacionais. Essa habilidade é particularmente importante quando economias de escala em pesquisa são grandes em relação às vendas de mercados nacionais individuais. Computadores, semicondutores, aeronaves e turbinas são indústrias em que as vantagens tecnológicas das empresas de escala global parecem particularmente grandes. Alguns avanços na tecnologia são tão dispendiosos que exigem que as vendas globais recuperem esses custos. A concorrência global também pode proporcionar à empresa uma série de incursões em desenvolvimentos tecnológicos mundialmente que podem melhorar sua competitividade tecnológica.

Mobilidade de Produção. Um caso especial importante de economias decorrentes de escala e do compartilhamento de tecnologia patenteada surge quando a fabricação de um produto ou serviço é móvel. Por exemplo, na construção pesada, a empresa transfere seu pessoal de país para país para a construção de projetos; petroleiros podem transportar petróleo para qualquer parte do mundo; equipes sísmicas, equipamento petrolífero e consultores também são móveis. Nessas indústrias, os custos fixos da criação e da manutenção de uma organização e do desenvolvimento de tecnologia patenteada podem ser facilmente distribuídos por muitos mercados nacionais. Além disso, a empresa pode investir em pessoas qualificadas ou em equipamento móvel cujo emprego não seria justificado pela demanda do produto em nenhum mercado nacional – esse é um outro exemplo de economias de escala excedendo o porte de um único mercado.

Normalmente as fontes de vantagens globais ocorrem em combinação, podendo haver interações entre elas. Por exemplo, as economias na produção podem fornecer uma base para a invasão de mercados externos, o que resulta, então, em economias logísticas ou de compras.

A importância de cada fonte de vantagem global depende claramente de um de dois fatores. Primeiro, qual é a importância, para o custo total, do aspecto do negócio sujeito a economias globais? Segundo, qual é a importância, para a concorrência, do aspecto do negócio em que o concorrente global tem uma vantagem? Uma vantagem em uma área que representa uma percentagem razoavelmente baixa dos custos totais (por exemplo, força de vendas) pode ainda assim ser de extrema importância para o sucesso ou o fracasso competitivo em algumas indústrias. Nesse caso, mesmo um pequeno aperfeiçoamento feito pela concorrência no custo ou na eficácia pode ser significativo.

Também é importante observar que todas as fontes de vantagem *implicam a presença de barreiras de mobilidade* para empresas globais. Esse fator é importante para nossa discussão sobre questões competitivas em indústrias globais.

Obstáculos à Concorrência Global

Há uma variedade de obstáculos para a obtenção dessas vantagens da concorrência global e eles podem impedir que a indústria se torne global. Mesmo quando a vantagem da concorrência global supera os obstáculos, esses podem ainda assim fornecer nichos estratégicos para empresas nacionais que não competem globalmente. Alguns desses obstáculos são econômicos e elevam o custo direto da concorrência global. Outros não afetam necessariamente o custo de uma maneira direta, mas aumentam a complexidade da tarefa da gerência.[5] Uma terceira categoria está relacionada a restrições meramente institucionais ou governamentais que não refletem circunstâncias econômicas. Por fim, alguns obstáculos podem estar relacionados unicamente a limitações perceptivas ou de recursos dos participantes da indústria.[6]

Obstáculos Econômicos

Custos de Transporte e de Armazenamento. Os custos de transporte e de armazenamento contrabalançam as economias da produção centralizada, bem como a eficiência da produção em um sistema integrado envolvendo fábricas especializadas em uma série de países e o transbordo. Para produtos como o concreto protendido, produtos químicos perigosos e fertilizantes, os custos elevados do transporte significam que devem ser construídas fábricas em cada mercado, muito embora os custos de produção pudessem ser reduzidos por fábricas cuja escala ultrapassasse as necessidades do mercado nacional individual. A concorrência se dá em uma base essencialmente de mercado-por-mercado.

Necessidades de Produtos Diferentes. A concorrência global é coibida quando os mercados nacionais solicitam produtos diferentes. Devido às diferenças na cultura, no estágio de desenvolvimento econômico, nos níveis de renda, no clima etc., os mercados nacionais poderiam solicitar variedades de produtos diferentes em *trade-offs* entre custo, qualidade e desempenho; em estilo; e em outras dimensões. Por exemplo, embora máquinas de costura computadorizadas estejam sendo vendidas nos Estados Unidos e na Europa Ocidental, as variedades mais simples movidas por pedal satisfazem adequadamente as necessidades do mundo em desen-

---

[5] A presença desses obstáculos na forma extrema pode significar que uma indústria atualmente é regional e não nacional.
[6] Esta discussão enfoca os obstáculos particulares à concorrência global. A empresa que busca entrar em mercados internacionais precisa naturalmente superar todas as barreiras de entrada discutidas neste livro.

volvimento. Observações legais, códigos de construção ou padrões técnicos diferentes também podem fazer com que variedades diferentes sejam solicitadas em mercados nacionais diferentes, muito embora as necessidades intrínsecas do produto sejam as mesmas. A necessidade de produzir variedades diferentes impede a obtenção de economias globais de escala ou de aprendizagem. Ela também pode restringir os benefícios de fontes globais caso as variedades diferentes impliquem exigências também diferentes de matérias-primas ou componentes.

A barreira para a concorrência global elevada por necessidades de produtos diferentes depende claramente do *custo da alteração nos produtos* para que haja um ajuste aos mercados nacionais. Se as diferenças exigidas nos produtos são superficiais ou podem ser atendidas sem um custo significativo em um processo de produção padrão, a empresa global pode ainda assim obter grande parte das economias de escala globais.

Canais de Distribuição Estabelecidos. A necessidade de ter acesso aos canais de distribuição em cada mercado nacional pode coibir a concorrência global. Quando os clientes são numerosos e os volumes de compras individuais são pequenos, a empresa pode desejar um acesso a distribuidores independentes já estabelecidos para competir com sucesso. No ramo dos produtos elétricos, por exemplo, qualquer item individual, como um centro de carga ou um disjuntor de circuito, constitui-se em uma venda demasiadamente pequena para justificar uma distribuição própria. Nessas situações pode ser muito difícil para uma empresa estrangeira penetrar em canais de distribuição fortificados. Os canais têm pouco incentivo para substituir uma linha doméstica por uma de uma empresa estrangeira, a menos que seja feita uma concessão significativa (e talvez proibitiva). Se os canais de distribuição não estão bem estabelecidos devido ao fato de a indústria ser nova ou estar em transformação, esse engarrafamento pode não ser tão grande. Ademais, se um volume muito grande passa por um pequeno número de canais, a empresa estrangeira pode ter uma chance melhor de ter acesso do que se precisasse convencer um grande número de canais pequenos a ficar com sua linha.

Forças de Vendas. Se o produto exige uma força de vendas direta do fabricante local, o concorrente internacional defronta-se com uma barreira potencial de economias de escala, que será mais séria caso as forças de vendas dos concorrentes nacionais vendam uma ampla linha de produtos. Esse fator pode estar impedindo uma maior globalização em indústrias como produtos médicos em que é necessário um detalhamento dispendioso para os profissionais da área.

Reparo Local. A necessidade de o reparo ser oferecido pelo fabricante local pode coibir o concorrente internacional quase da mesma forma que a necessidade de uma força de vendas local.

Sensibilidade a Tempos de Espera. A sensibilidade aos tempos de espera decorrentes de ciclos de moda curtos, tecnologias em rápida transformação etc. tende a funcionar contra a concorrência global. A distância entre o mercado nacional e a produção centralizada, o desenvolvimento do produto ou as atividades de marketing tendem a criar atrasos nas respostas às necessidades do mercado que são inaceitáveis em atividades como moda e distribuição. Esse problema é acentuado caso as necessidades locais do produto sejam divergentes.

Uma questão relacionada é o tempo de espera necessário para transportar fisicamente mercadorias em âmbito global. Esse tempo de espera em geral se reduz em custo, pois, na teoria, qualquer mercadoria poderia ser transportada por via aérea, embora possivelmente a um custo proibitivo. O ponto é que, embora o custo baixo pudesse não impedir a remessa, os tempos de espera envolvidos são demasiadamente longos para permitir a resposta exigida pelo mercado.

Segmentação Complexa Dentro de Mercados Geográficos. Trade-offs complexos de preço-desempenho entre marcas concorrentes feitos por clientes em mercados nacionais têm o mesmo efeito básico das diferenças nas variedades de produtos nacionais ao impedirem a concorrência global. A segmentação complexa aumenta ainda mais a necessidade de linhas de produtos com muitas variedades ou a capacidade de fabricar produtos sob encomenda. Dependendo do custo da produção de variedades adicionais, ela pode evitar efetivamente vantagens de custo decorrentes da centralização da produção em um sistema de fabricação integrado. A empresa local estará bem adaptada para perceber e ajustar-se aos vários segmentos do mercado local.

Falta de Demanda Mundial. A concorrência global não pode ocorrer se não existir demanda em um número significativo de países importantes. Essa situação poderia estar presente devido ao fato de a indústria ser nova ou porque o produto ou o serviço só atende às necessidades de um grupo de clientes incomuns presente em apenas alguns mercados nacionais.

Essa novidade da indústria poderia implicar uma falta de demanda mundial resultante do assim chamado ciclo de vida do produto no comércio internacional.[7] Esse conceito afirma que os produtos são introduzidos inicialmente em mer-

---

[7] Para uma maior discussão sobre esse conceito, ver Vernon (1966); Well (1972).

cados nos quais seus atributos têm o valor mais elevado (por exemplo, inovações economizando mão-de-obra em países com salários elevados). Eventualmente, a imitação e a difusão do produto resultam em demanda em outros países, resultando, por sua vez, em exportações pelas empresas pioneiras e, eventualmente, em investimento no exterior por elas. A produção no exterior por empresas estrangeiras também pode ter início uma vez que a demanda espalhe-se e a tecnologia se difunda. Na maturidade da indústria e com a subseqüente padronização do produto e concorrência de preços, as empresas estrangeiras podem assumir posições proeminentes na indústria, com base nas vantagens de custo obtidas por terem entrado posteriormente no desenvolvimento da indústria ou devido às vantagens comparativas. Todos esses argumentos sugerem que, em geral, é necessário um certo grau de maturidade para que exista concorrência global, embora pareça claro que hoje em dia é necessária uma menor maturidade do que há uma década devido à prevalência de concorrentes multinacionais com experiência em concorrência global que podem difundir rapidamente novos produtos no nível global.[8]

Obstáculos Gerenciais

Tarefas Diferentes de Marketing. Mesmo que as variedades dos produtos vendidos globalmente sejam similares, a tarefa do marketing pode variar em termos geográficos. A natureza dos canais de distribuição, dos veículos de marketing e dos meios efetivos em termos de custos para atingir o comprador pode divergir tanto de país para país que os concorrentes globais não apenas ficam incapacitados de explorar o conhecimento de marketing dos outros mercados, mas também enfrentam uma enorme dificuldade em se mostrarem tão efetivos no marketing local quanto os concorrentes locais. Embora não haja razão para que um concorrente global não possa ter uma produção centralizada e/ou uma P&D combinada com marketing local, na prática isso pode ser difícil. Em certas atividades, pode haver uma tendência do cliente para lidar com empresas locais por diversas razões.

Serviços Locais Intensivos. Quando um serviço, um marketing localizado intensivo, ou outra interação com o cliente é necessária para competir na indústria, a empresa pode achar difícil operar em uma base global integrada na concorrência com rivais locais. Embora uma empresa global possivelmente pudesse desempenhar essas funções por meio de unidades descentralizadas, na prática a tarefa da gerência é

---

[8] Ver Vernon (1979) para obter uma evidência desta teoria.

tão complexa que a empresa local pode ser mais responsiva. Quando uma distribuição e um marketing locais intensivos (não sujeitos a economias globais) são cruciais, os benefícios alcançados por outras atividades centralizadas da empresa global podem ser superados pela empresa local. Muito embora um fabricante global de metal pudesse obter certos benefícios tecnológicos e de produção com as operações multinacionais, a necessidade de um marketing local intensivo, de um serviço responsivo e de uma rápida resposta significa que a empresa local pode equiparar-se a ele ou superá-lo.

Tecnologia em Rápida Transformação. A empresa global pode encontrar dificuldade em operar quando a tecnologia em rápida transformação exige que o processo e o produto sejam freqüentemente reprojetados visando uma adequação aos mercados locais. A empresa nacional independente pode muito bem ser mais capaz de se adaptar a essas condições.

Obstáculos Institucionais

Obstáculos Governamentais. Há uma grande variedade de obstáculos governamentais à concorrência global, a maioria com o pretexto de proteger as empresas ou o nível de emprego locais:

- tarifas e taxas, que têm o mesmo efeito dos custos de transporte ao limitarem a obtenção de economias na produção;
- cotas;
- representação preferencial de entidades estatais ou paraestatais por empresas locais (por exemplo, companhias telefônicas, empresas encarregadas da defesa);
- insistência do governo quanto a P&D local ou exigência no sentido de que componentes fabricados no local sejam inseridos no produto;
- tratamento fiscal preferencial, políticas trabalhistas ou outras normas operacionais e regulamentações beneficiando empresas locais;
- leis de suborno, leis fiscais ou outras políticas dos governos locais que são desvantajosas para suas empresas em operações internacionais.

Os obstáculos governamentais podem ajudar empresas de propriedade local ou exigir a produção no país, o que anula as economias de escala potenciais da produção global. As regulamentações governamentais também podem forçar a venda de variedades de produtos peculiares ao país em questão e afetar as práticas de marketing de maneiras que as tornem mais específicas ao país.

Esse tipo de obstáculo costuma ocorrer mais em indústrias "salientes", ou que afetam alguns objetivos importantes do governo, como emprego, desenvolvimento regional, fontes nativas de matérias-primas estratégicas, defesa e importância cultural. Por exemplo, os obstáculos governamentais são enormes em indústrias como geração de energia elétrica e equipamento de telecomunicações.

Obstáculos Perceptivos ou de Recursos. Uma categoria final de obstáculos à concorrência global está relacionada a limitações perceptivas ou de recursos das empresas participantes da indústria. Perceber as oportunidades para competir globalmente é por si só uma inovação, particularmente visto que pode envolver questões internacionais fora do escopo de atividades até o momento domésticas. Talvez falte aos participantes a visão necessária. Os custos da informação e da procura são altos para que se tornem estabelecidos. Também podem ser necessários recursos substanciais para áreas como a construção de instalações de escala mundial ou investimentos iniciais para uma entrada em novos mercados nacionais. Esses investimentos podem estar além das possibilidades dos participantes, assim como as qualificações técnicas e gerenciais imprescindíveis para a concorrência global.

Os obstáculos à concorrência global quase sempre estão presentes até certo ponto na indústria. Em conseqüência, mesmo em indústrias que geralmente são globais em seu caráter competitivo, talvez existam aspectos da "localidade" que permanecem. Em alguns mercados ou em alguns segmentos, a empresa nacional é preeminente em relação aos concorrentes globais devido à presença de obstáculos particularmente significativos à concorrência global.

EVOLUÇÃO PARA INDÚSTRIAS GLOBAIS

Poucas indústrias começam como indústrias globais, mas sua tendência é no sentido de assim se tornarem com o passar do tempo. Uma série de estímulos mais comuns na criação de indústrias globais é discutida. Envolvem o estabelecimento ou a intensificação das fontes de vantagem competitiva global ou a redução, ou a eliminação, dos obstáculos à concorrência global. Esse último caso não leva, contudo, à globalização, a não ser que existam fontes significativas de vantagem estratégica. Em todo caso, a(s) empresa(s) precisa(m) fazer uma inovação estratégica para tornar a indústria global, muito embora as mudanças econômicas ou institucionais possam ter criado o potencial.

Estímulos Ambientais para a Globalização

Maiores Economias de Escala. Avanços tecnológicos que aumentam as economias de escala na produção, na logística, nas compras ou em P&D desencadeiam claramente a concorrência global.

Custos Reduzidos de Transporte ou Armazenamento. A queda nos custos de transporte ou de armazenamento é um nítido estímulo para a globalização. O declínio real a longo prazo no transporte ocorrido nos últimos 20 anos é uma das causas básicas da maior concorrência global que observamos hoje em dia.

Canais de Distribuição Racionalizados ou Alterados. Caso os canais de distribuição estejam em transformação, a carga de empresas estrangeiras com acesso a eles pode ser aliviada. Canais racionalizados podem ter o mesmo efeito. Por exemplo, se a distribuição de um produto deixa de ser feita por meio de vários varejistas fragmentados, passando para algumas lojas de departamentos nacionais ou cadeias de grandes lojas, o problema de obter uma distribuição enfrentado pela empresa estrangeira pode diminuir bastante.

Fator Custo Alterado. Mudanças no fator custo podem aumentar bastante as fontes de globalização. Aumentos nos custos da mão-de-obra, da energia e das matérias-primas podem modificar a configuração ótima da produção ou da distribuição de forma que tornem a concorrência global mais benéfica.

Circunstâncias Sociais e Econômicas Nacionais Limitadas. A necessidade de variedades de produtos e de tarefas de marketing diferentes e os problemas na obtenção de uma distribuição local decorrem, em parte, das diferenças no estado das circunstâncias econômicas de mercados geográficos diferentes. Eles diferem no seu estágio de desenvolvimento econômico, no fator custo relativo, no nível de renda, na natureza dos canais de distribuição, nos veículos de marketing disponíveis etc. À medida que os mercados geográficos se tornam mais semelhantes quanto às suas circunstâncias culturais e econômicas em relação a uma indústria particular, o potencial para uma concorrência mundial aumenta, desde que existam na indústria fontes de vantagem global. Por exemplo, os aumentos no custo da energia nos Estados Unidos, equiparando-os aos custos dos outros países estrangeiros, juntamente com uma redução geral na disparidade da renda *per capita* entre os Estados Unidos e os outros países, estão provocando uma movimentação agressiva das empresas automobilísticas norte-americanas para o ramo dos carros pequenos para venda mundial; a indústria automobilística está se tornando cada vez mais global. O rápido crescimento no Extremo Oriente e na América do Sul, em relação aos Estados Unidos e à Europa, parece estar unindo mais as circunstâncias econômicas desses mercados para bens de consumo e o resultado pode ser uma maior concorrência global nesse tipo de produto.

Restrições Governamentais Reduzidas. Mudanças na política governamental que eliminam cotas, reduzem tarifas, promovem a cooperação internacional com relação a padrões técnicos e coisas semelhantes, servem para aumentar as possibilidades de uma concorrência global. Por exemplo, a formação da Comunidade Econômica Européia promoveu um grande aumento no investimento direto dos Estados Unidos na Europa.

Inovações Estratégicas que Estimulam a Globalização

Mesmo na ausência de estímulos ambientais, as inovações estratégicas de uma empresa podem dar início ao processo de globalização.

Redefinição do Produto. Caso diminuam as diferenças entre os países com relação aos produtos solicitados, outras vantagens potenciais podem ser obtidas com uma concorrência global. Às vezes essas diferenças vão acabando naturalmente à medida que a indústria vai amadurecendo e os produtos se tornam padronizados. No entanto, as empresas podem reprojetar os produtos visando uma aceitação em muitos mercados, como a General Motors e outras empresas estão fazendo com o "carro mundial". Em outros casos, uma inovação no marketing, que dê uma nova definição à imagem ou ao conceito do produto, às vezes ajuda a desvendar possibilidades de concorrência global. Por exemplo, a Honda redefiniu a imagem da motocicleta nos Estados Unidos como um meio de transporte prático, distinto e fácil de dirigir, longe da imagem de um veículo ameaçador, sujo e potente dirigido por desordeiros em suas jaquetas de couro. Com o novo volume norte-americano combinado com o volume japonês, a Honda conseguiu obter economias de escala globais substanciais na produção de motocicletas. A redefinição da imagem do produto também pode abrandar as dificuldades em se obter acesso aos canais de distribuição.

Identificação dos Segmentos de Mercado. Mesmo que existam entre os países diferenças quanto aos produtos necessários, talvez haja segmentos do mercado que sejam comuns a muitos países e que estejam sendo atendidos de uma forma insatisfatória em muitos deles. Por exemplo, empresas japonesas e européias conseguiram assumir posições importantes nos Estados Unidos na venda de empilhadeiras e refrigeradores pequenos porque esses segmentos do mercado estavam sendo atendidos de um modo insatisfatório por parte de fabricantes norte-americanos, que estavam concentrados na parte principal de seus negócios. Esses segmentos exigiam uma distinção na tecnologia, nas instalações e/ou nos métodos de marketing que estavam sujeitos a economias globais e que não podiam ser igualados pelas empresas domésticas. Também podem existir segmentos do mercado menos sujeitos a obstáculos à concorrência global. No ramo gráfico, por exemplo, o segmento de alta qualidade a longo prazo, menos sensível a tempos de espera, é atendido em uma base global, enquanto outros segmentos permanecem em uma base nacional.

Custos Reduzidos das Adaptações. O obstáculo à concorrência global colocado pelas diferenças nos produtos é abrandado se as empresas tiverem condições de criar formas de reduzir o custo da alteração dos produtos básicos com o objetivo de satisfazer essas necessidades locais. A Matsushita, por exemplo, está prestes a desenvolver um aparelho de televisão capaz de receber sinais das tecnologias PAL e SECAM que diferenciaram a França e outros países. As necessidades com relação a equipamento de comutação de telecomunicações variam muito de país para país, mas a Erickson está desenvolvendo uma biblioteca de pacotes de software modulares que podem ser utilizados para adaptar uma peça comum de hardware às necessidades locais. Qualquer inovação que modularize um produto para facilitar a adaptação, ou que amplie seu limite de compatibilidade, abre oportunidades para a concorrência global. Da mesma forma que as mudanças na tecnologia de produção que reduzem o custo da produção de variedades especiais.

Alterações no Projeto. Alterações no projeto que acarretam uma maior padronização nos componentes sujeitos a economias globais nas compras, ou que exigem novos componentes sujeitos a essas economias, podem provocar mudanças na direção da concorrência global.

Desintegração da Produção. Em algumas indústrias, as restrições governamentais exigindo a produção local podem ser contornadas com uma montagem local, embora a produção de alguns ou de todos os componentes seja central. Caso a origem principal das economias de escala seja um ou mais componentes básicos, sua produção central pode estimular bastante a globalização da concorrência.

Eliminação de Limitações de Recursos ou de Percepção. A entrada de novas empresas pode eliminar as limitações de recursos para a concorrência global. Essas empresas também podem começar com novas estratégias favorecidas pelo fato de terem competido na indústria em sua era pré-global. Por exemplo, empresas japonesas e recentemente empresas de outros países asiáticos, como Hong Kong, Cingapura e Coréia do Sul, vêm obtendo um sucesso razoável na transformação de indústrias dessa forma.

Empresas estrangeiras às vezes conseguem perceber melhor possíveis redefinições do produto ou oportunidades para atender segmentos globalmente do que as empresas norte-americanas, normalmente porque elas tiveram experiência com esse tipo de concorrência em seus mercados de origem. Por exemplo, companhias de motocicletas japonesas há muito enfrentam um mercado em que a motocicleta é um meio regular de transporte; empresas européias há muito tempo produzem refrigeradores pequenos devido, entre outras causas, às unidades residenciais européias historicamente menores se comparadas às norte-americanas.

Acesso ao Mercado Norte-Americano

Em muitas indústrias, a globalização tem uma dependência crítica do acesso de empresas estrangeiras ao mercado norte-americano devido ao seu porte inigualavelmente grande. Reconhecendo a natureza estratégica do mercado norte-americano, as empresas estrangeiras deram uma enorme ênfase às inovações visando um acesso a ele. Por outro lado, as empresas norte-americanas, pelo fato de estarem baseadas nesse imenso mercado, às vezes não sentem tanta pressão no sentido de projetarem métodos de concorrência verdadeiramente globais.

É surpreendente a liberdade com que a política governamental norte-americana permitiu o acesso a esse mercado, se comparada às políticas de muitos outros governos. Parte dessa liberdade é um legado dos esforços do pós-guerra no sentido de ajudar as economias japonesa e alemã.

CONCORRÊNCIA EM INDÚSTRIAS GLOBAIS

A concorrência em indústrias globais apresenta algumas questões estratégicas singulares em relação à concorrência interna. Embora a resolução dessas questões dependa da indústria e dos países anfitriões e de origem envolvidos, as questões que se seguem devem ser enfrentadas de alguma forma pelos concorrentes globais.

Política Industrial e Comportamento Competitivo. As indústrias globais caracterizam-se pela presença de concorrentes operando mundialmente e tendo como base seus diferentes países de origem. Particularmente fora dos Estados Unidos, as empresas e os governos de seus países de origem devem ser observados em conjunto na análise da concorrência. Os dois mantêm relações complexas que podem envolver muitas formas de regulamentações, subsídios e outros tipos de assistência. Esses governos normalmente têm objetivos, como emprego e balança de pagamentos, que não são estritamente econômicos, certamente do ponto de vista da empresa. A política industrial do governo pode modelar as metas das companhias, fornecer fundos para P&D e influenciar de diversas maneiras a posição dessas companhias na concorrência global. Esses governos podem ajudar nas negociações da empresa em mercados mundiais (construção pesada, aeronaves), ajudar a financiar as vendas por meio de bancos centrais (produtos agrícolas e de defesa, navios), ou aplicar seu poder político para promover seus interesses de outras maneiras. Em alguns casos, o governo está diretamente envolvido na empresa por meio de propriedade parcial ou total. Uma conseqüência de todo esse apoio é que as *barreiras de saída* podem perfeitamente se elevar.

A análise da concorrência é impossível em indústrias mundiais com um exame completo das relações entre as empresas e seus países de origem. A política industrial do país de origem precisa ser bem compreendida, bem como as relações políticas e econômicas do governo desse país frente aos governos em importantes mercados mundiais para o produto da indústria.

É bem verdade que a concorrência em indústrias mundiais é distorcida por considerações políticas que podem ou não estar relacionadas aos fatores econômicos envolvidos. Compras de aeronaves, de produtos de defesa ou de computadores podem depender tanto das relações políticas entre os países de origem e os países compradores quanto dependem dos méritos relativos do produto de uma empresa em relação ao de outra. Esse fator significa não apenas que o concorrente em uma indústria global necessita de um alto grau de informações sobre questões políticas, mas também que as relações particulares da empresa com o governo de seu país de origem e com os governos de países compradores têm uma importância verdadeiramente estratégica. A estratégia competitiva talvez precise incluir ações com o intuito de formar capital político, como, por exemplo, localizar operações de montagem em mercados importantes, mesmo que eles não sejam eficientes em termos econômicos.

Relações com Governos Anfitriões em Mercados Importantes. A relação da empresa com os governos anfitriões em mercados importantes torna-se uma consideração competitiva básica na concorrência global. Esses governos possuem uma variedade de mecanismos que pode impedir a operação de empresas globais. Em algumas indústrias, são compradores importantes, enquanto em outras sua influência é mais indireta, embora com a mesma força. Quando os governos anfitriões estão dispostos a exercer seu poder, eles podem bloquear inteiramente a concorrência global ou criar uma série de grupos estratégicos diferentes em uma indústria. Estudos realizados por Doz identificaram três grupos.[9] O primeiro é constituído de empresas que *competem globalmente* em uma base coordenada; o segundo, de companhias multinacionais (normalmente com parcelas de mercado menores) que seguem uma estratégia de *resposta local* em vez de uma integração. Essas empresas contornam muitos obstáculos governamentais, podendo, na verdade, até receber apoio do governo anfitrião. Por fim, o terceiro grupo é composto de empresas locais. Para companhias internacionais, o *grau de resposta* aos interesses do governo anfitrião torna-se uma variável estratégica básica. Fazemos a seguir uma descrição detalhada das amplas alternativas para a concorrência global.

A empresa que tenta competir globalmente pode precisar competir em determinados mercados importantes para obter as economias necessárias. Por exemplo, pode precisar do volume de certos mercados importantes para cumprir uma estratégia de fabricação global. Deve, portanto, empenhar-se estrategicamente em proteger sua posição nos mercados que afetam sua capacidade de implementar a estratégia global como um todo. Essa exigência dá poder de negociação aos governos nesses países e a empresa talvez precise fazer concessões visando a preservação da estratégia total. Por exemplo, empresas japonesas nas indústrias automobilísticas e de televisores talvez precisem realizar parte da fabricação nos Estados Unidos – satisfazendo interesses políticos norte-americanos – de modo a manter o volume nesse país que é uma fonte básica de sua vantagem competitiva global. Um outro exemplo são as políticas da IBM de emprego pleno local, transferência equilibrada interna de produtos entre países e uma certa P&D local.[10]

Concorrência Sistemática. Uma indústria global é, por definição, aquela em que as empresas consideram a concorrência global e constroem estratégias de acordo. Assim, a concorrência envolve um padrão mundial coordenado de posições de mercado, instalações e investimento. As estratégias globais dos concorrentes geralmente envolvem apenas uma superposição parcial nos mercados atendidos, na lo-

---

[9] Doz (1979).
[10] Para uma discussão sobre a IBM, ver Doz (no prelo).

calização geográfica das fábricas etc. Para manter um equilíbrio competitivo do ponto de vista sistemático, talvez seja necessário que as empresas façam investimentos defensivos em mercados e em localizações particulares de modo a não deixarem que os concorrentes obtenham vantagens que possam ser acrescentadas à sua postura global geral. O estudo de Knickerbocker sobre a concorrência internacional encontrou grande evidência desse padrão de comportamento.[11]

Dificuldade na Análise da Concorrência. Embora os mesmos tipos de fatores descritos no Capítulo 3 sejam importantes na análise de concorrentes internacionais, essa análise é difícil em indústrias globais devido à prevalência de empresas estrangeiras e à necessidade de analisar relações sistemáticas. Geralmente é mais difícil obter dados sobre essas empresas do que sobre empresas norte-americanas, embora as diferenças estejam diminuindo. A análise de empresas estrangeiras também pode envolver considerações institucionais como, por exemplo, práticas trabalhistas e estruturas gerenciais, cuja compreensão é difícil para as pessoas de fora.

ALTERNATIVAS ESTRATÉGICAS EM INDÚSTRIAS GLOBAIS

Existe uma série de alternativas estratégicas básicas em uma indústria global. A opção mais imperativa que uma empresa deve fazer diz respeito a se ela deve *competir* globalmente ou se pode encontrar nichos em que elabore uma estratégia defensável para competir em um ou em alguns mercados nacionais.

As alternativas são as seguintes:

Concorrência Global com uma Linha Ampla. Essa estratégia visa uma concorrência mundial na linha completa de produtos da indústria, aproveitando as fontes de vantagem competitiva global para obter uma diferenciação ou uma posição de custo baixo. Para colocar essa estratégia em prática são necessários recursos substanciais e um longo horizonte de tempo. Para maximizar a vantagem competitiva, a ênfase nas relações da empresa com os governos está em reduzir os obstáculos à concorrência global.

Enfoque Global. Essa estratégia tem como alvo um segmento particular da indústria no qual a empresa compete em uma base mundial. Um segmento é escolhido quando os obstáculos à concorrência global são pequenos e a posição da empresa no segmento pode ser defendida contra a incursão de concorrentes globais com uma linha ampla. A estratégia produz custo baixo ou diferenciação em seu segmento.

---

[11] Knickerbocker (1973).

Enfoque Nacional. Essa estratégia aproveita diferenças nos mercados nacionais para criar um método de enfoque para um mercado nacional particular e que permita à empresa superar empresas globais. Essa variação da estratégia do enfoque visa a diferenciação ou o custo baixo ao satisfazer as necessidades particulares de um mercado nacional, ou dos seus segmentos mais sujeitos a obstáculos econômicos à concorrência global.

Nicho Protegido. Essa estratégia busca países em que as restrições governamentais excluam concorrentes globais por meio da exigência de uma grande participação local no produto, tarifas altas etc. A empresa elabora sua estratégia para lidar efetivamente com os mercados nacionais particulares que têm essas restrições, colocando extrema atenção no governo anfitrião de modo a assegurar a vigência da proteção.

Em algumas indústrias globais, as estratégias de enfoque nacional ou de busca de um nicho protegido não são possíveis, pois não existem obstáculos à concorrência global, enquanto em outras essas estratégias podem ser defendidas contra concorrentes globais. Um método cada vez mais prevalecente para implementar as estratégias mais ambiciosas em indústrias globais são as *coalizões* transnacionais, ou acordos cooperativos entre empresas na indústria de países de origens diferentes. Coalizões permitem que os concorrentes se unam para que possam superar as dificuldades na implementação de uma estratégia global em áreas como tecnologia, acesso aos mercados etc. Aeronaves (GE-Snecma), automóveis (Chrysler-Mitsubishi; Volvo-Renaut) e produtos elétricos (Siemens-Allis-Chalmers; Gould-Brown-Boveri) são apenas algumas indústrias globais ou quase globais em que as coalizões predominam.

TENDÊNCIAS QUE AFETAM A CONCORRÊNCIA GLOBAL

No contexto de nossa discussão parece haver uma série de tendências com grande importância para a concorrência em indústrias globais existentes e para a criação de outras novas.

Redução em Diferenças entre Países. Uma série de observadores afirmou que as diferenças econômicas entre países desenvolvidos e recentemente desenvolvidos podem estar se estreitando em áreas como renda, fator custo, custos de energia, práticas de marketing e canais de distribuição.[12] Parte dessa redução pode ser decorrente da agressividade de companhias multinacionais na difusão de técnicas pelo

---

[12] Para exemplo, Vernon (1979).

mundo. Quaisquer que sejam as causas, isso funciona no sentido de reduzir os obstáculos à concorrência mundial.

Política Industrial mais Agressiva. As políticas industriais de muitos países estão passando por transformações. De posturas passivas ou protecionistas, governos como o Japão, Coréia do Sul, Cingapura e Alemanha Ocidental estão assumindo posturas agressivas para estimular a indústria em setores cuidadosamente selecionados. Também estão facilitando o abandono de setores considerados menos desejáveis. Essa nova política industrial está dando às empresas nesses países apoio para que façam movimentos corajosos que vão tornar as indústrias globais, como a construção de fábricas enormes e investimentos vultosos antecipados ao penetrarem em novos mercados. Assim, embora empresas em setores não favorecidos pelo governo possam cair fora, aquelas que permanecem em indústrias globais podem perfeitamente comportar-se de modo diferente. Visto que essas últimas estão recebendo um apoio crescente dos governos que estão assumindo uma posição agressiva, os recursos à disposição da concorrência e os riscos envolvidos aumentam. Objetivos não-econômicos, tornados imperativos pelo envolvimento do governo, estão entrando cada vez mais em cena. Existe a possibilidade de a rivalidade internacional intensificar-se como um resultado desses fatores, como também é possível que as barreiras de saída se elevem, o que intensifica ainda mais a rivalidade.

Reconhecimento Nacional e Proteção de Ativos Distintivos. Os governos parecem estar cada vez mais conscientes dos seus recursos distintivos do ponto de vista da concorrência econômica, estando cada vez mais dispostos a obter benefícios econômicos provenientes da posse desses ativos. Recursos naturais (por exemplo, petróleo, cobre, estanho, borracha) são exemplos óbvios de ativos controlados diretamente pela propriedade do governo ou indiretamente por meio de sociedades em cota de participação entre governos e produtores. A presença de mão-de-obra abundante semi-especializada ou não especializada barata (Coréia do Sul, Taiwan, Hong Kong) é um outro ativo explicitamente reconhecido em alguns países. A exploração pelo governo desses ativos distintos é um reflexo da mudança na filosofia em relação à política industrial, conforme discutido anteriormente.

Essa postura tem implicações fundamentais na concorrência mundial em indústrias em que esses ativos têm uma importância estratégica. Empresas estrangeiras podem ser excluídas do controle efetivo dos recursos básicos. No campo do petróleo, por exemplo, essa reorientação do governo acarretou uma reorientação nas estratégias de companhias petrolíferas que abandonaram atividades que visam lucros no estágio de produção e passaram a procurar realizar lucros em cada estágio vertical. Em outras indústrias, pode dar a determinadas empresas do país de origem vantagens fundamentais na concorrência global.

Fluxo mais Livre de Tecnologia. Um fluxo mais livre de tecnologia parece estar proporcionando a um grande número de empresas, incluindo concorrentes de PRD, a possibilidade de investirem em instalações modernas em escala mundial. Algumas empresas, notavelmente as japonesas, tornaram-se bastante ofensivas na venda de sua tecnologia no exterior. Além disso, algumas empresas que adquiriram tecnologia estão dispostas a revendê-la para outras por preços de ocasião. Toda essa atividade tende a promover mais concorrência global.

Emergência Gradativa de Novos Mercados de Grande Escala. Enquanto os Estados Unidos são há muito tempo o mercado estratégico para a concorrência global devido a seu porte singular, a China, a Rússia e, possivelmente, a Índia podem emergir como mercados imensos no futuro. Essa possibilidade tem várias implicações. Primeira, se a China e a Rússia controlam o acesso aos seus mercados, suas empresas podem se tornar forças globais importantes. Segunda, o acesso a um ou a ambos mercados pode perfeitamente se tornar uma variável estratégica crucial no futuro à escala que proporciona à empresa bem-sucedida.

Concorrência em PRD. Um fenômeno dos últimos 10 a 15 anos é a concorrência de PRD em indústrias mundiais, particularmente a emergência de Taiwan, Coréia do Sul, Cingapura e Brasil. Os PRD competiam tradicionalmente com base em recursos naturais e/ou mão-de-obra barata, o que ainda ocorre (tecidos, fabricação leve como brinquedos e produtos de plástico). No entanto, a concorrência dos PRD vem tendo um impacto crescente em indústrias que requerem um grande montante de capital como a indústria naval e a fabricação de aparelhos de televisão, aço, fibras e, dentro em breve, possivelmente, até a indústria automobilística.

Países recentemente desenvolvidos estão cada vez mais bem preparados, devido aos argumentos apresentados anteriormente, para fazer grandes investimentos de capital em instalações de grande escala, procurar ativamente comprar ou licenciar a tecnologia mais recente e assumir um risco enorme. As indústrias mais vulneráveis à concorrência de PRD são aquelas *sem* as seguintes barreiras de entrada:

- tecnologia em rápida transformação que pode ser patenteada;
- mão-de-obra altamente especializada;

- sensibilidade a tempos de espera;
- serviço e distribuição complexos;
- alto conteúdo de marketing para o consumidor;
- tarefa de venda técnica complexa.

Alguns desses fatores são reconhecidos como obstáculos à concorrência global, conforme descrito anteriormente. Embora possam não deter os concorrentes de nações desenvolvidas, são problemas cuja solução é particularmente difícil para empresas de PRD devido à inexistência de recursos ou de qualificações, à inexperiência, à falta de credibilidade e de relações estabelecidas ou à incapacidade de entenderem exigências (por exemplo, distribuição, marketing e vendas) nos mercados desenvolvidos tradicionais em decorrência das enormes diferenças em relação às condições locais.

III

Decisões Estratégicas

A Parte III baseia-se na estrutura analítica da Parte I para examinar cada tipo importante de decisão estratégica que ocorre em uma indústria.

- integração vertical (Capítulo 14);
- grande expansão da capacidade (Capítulo 15);
- entrada (Capítulo 16).

A desativação, o outro tipo importante de decisão estratégica, é considerada em detalhe no Capítulo 12 que analisa os problemas decorrentes da concorrência em indústrias em declínio.

Cada capítulo na Parte III baseia-se nos conceitos da Parte I relacionados à decisão estratégica particular em exame. Esta parte também apresenta considerações adicionais administrativas e quanto à teoria econômica relacionadas à administração e à motivação de uma organização; essas considerações relacionam-se a cada tipo de decisão estratégica.

Esta parte final visa não apenas ajudar a empresa a tomar por si só essas decisões estratégicas, mas também dar-lhe uma certa idéia do modo como seus concorrentes, clientes, fornecedores e entrantes potenciais poderiam solucioná-las. Assim, reforça e aprofunda conceitos apresentados nas Partes I e II.

14
A Análise Estratégica da Integração Vertical

A integração vertical é a combinação de processos de produção, distribuição, vendas e/ou outros processos econômicos tecnologicamente distintos dentro das fronteiras de uma mesma empresa. Isso representa, portanto, uma decisão da empresa no sentido de utilizar transações internas ou administrativas em vez da utilização de transações de mercado para atingir seus propósitos econômicos. Por exemplo, uma empresa com a sua própria equipe de vendas poderia ter, em vez disso, contratado, por meio do mercado, uma organização de vendas independente que lhe prestasse os serviços de vendas requeridos. Similarmente, uma companhia que extrai a matéria-prima utilizada na fabricação de seus produtos finais poderia ter contratado uma organização independente de mineração para suprir suas necessidades.

Teoricamente, todas as funções que hoje em dia esperamos que sejam desempenhadas por uma organização poderiam ser executadas por um consórcio de entidades econômicas independentes, cada uma das quais contratada por um coordenador central que, por sua vez, não passa de uma mesa e um único gerente. De fato, os segmentos das indústrias fonográfica e de edição de livros adotam aproximadamente essa forma. Muitos editores contratam serviços editoriais, layout, gravura, impressão, distribuição e vendas, conservando para si pouco mais do que decisões sobre quais livros devem ser publicados, sobre finanças e sobre marketing. Algumas companhias fonográficas contratam, similarmente, os serviços de artistas independentes, produtores, estúdios de gravação, instalações de prensagem de discos e organizações de marketing e distribuição para criar, produzir e vender cada disco.

Na maior parte das situações, contudo, as empresas acham vantajoso executar internamente uma parte relevante dos processos administrativos, produtivos, de distribuição ou de marketing, necessários à fabricação de seus produtos ou serviços em vez de contratar uma série de entidades independentes. Acreditam que seja mais barato, menos arriscado ou mais fácil fazer a coordenação quando essas funções são desempenhadas internamente.

Muitas decisões de integração vertical são alicerçadas em termos de decisão de "fazer ou comprar", enfocando os cálculos financeiros que tal decisão envolve.[1] Isto é, a preocupação das empresas é com a estimativa das economias de custos proporcionadas pela integração em confronto com os investimentos requeridos para tal procedimento. A decisão de integração vertical é, contudo, bem mais ampla do que apenas isso. A essência dessa decisão não são os cálculos financeiros propriamente ditos, mas sim os números que lhes servem de matéria-prima. Essa decisão deve extrapolar uma simples análise de custos e investimentos necessários, considerando os problemas estratégicos mais amplos da integração em comparação com o uso de transações de mercado, bem como alguns desconcertantes problemas administrativos que surgem na administração de uma entidade integrada verticalmente e que podem afetar o sucesso dessa empresa. Esses problemas são dificilmente quantificáveis. A magnitude e a relevância estratégica dos benefícios e dos custos da integração vertical, tanto em termos econômicos diretos quanto indiretamente por meio de sua influência sobre a organização, constituem a essência da decisão.

Este capítulo examina as conseqüências econômicas e administrativas da integração vertical, visando auxiliar o executivo a determinar o grau apropriado de integração vertical em um contexto estratégico e orientar as decisões de integrar ou desintegrar verticalmente. Para descobrir a extensão estrategicamente apropriada da integração vertical para a empresa, é necessária uma confrontação dos benefícios econômicos e administrativos dessa integração com os custos econômicos e administrativos. Essa comparação bem como os próprios custos e benefícios em particular vão divergir muito dependendo da indústria em questão e da situação estratégica da empresa. Os benefícios e os custos também são afetados pela adoção por parte da empresa de uma política de integração parcial (isto é, produzir internamente algumas de suas necessidades e controlar o resto) ou de integração total. Além disso, muitos dos benefícios da integração podem, muitas vezes, ser obtidos

---

[1] Nenhuma tentativa será feita aqui para rever as técnicas de execução dos cálculos do tipo "fazer ou comprar" por si. Para um tratamento sobre eles, ver Buffa (1973); Moore (1973).

sem incorrer em todos os custos usando uma *quase-integração* – o uso de débito ou investimento em patrimônio líquido e de outros meios para criar alianças entre empresas relacionadas verticalmente sem título de propriedade total.

A metodologia apresentada não se constitui em uma fórmula e sim em um guia para assegurar que os importantes benefícios e custos da integração vertical foram considerados, para sensibilizar o gerente em relação a algumas armadilhas crônicas e para despertar a atenção para algumas possíveis alternativas para a obtenção dos benefícios de uma integração vertical total. É preciso combinar essa metodologia com uma análise minuciosa da indústria e da concorrência naquela situação particular em estudo e com uma cuidadosa avaliação estratégica por parte da empresa que está tomando a decisão.

BENEFÍCIOS E CUSTOS ESTRATÉGICOS DA INTEGRAÇÃO VERTICAL

A integração vertical tem custos e benefícios genéricos importantes que precisam ser considerados em qualquer decisão mas cuja relevância depende da indústria em questão. Aplicam-se tanto à integração para trás como à integração para a frente, com as devidas mudanças em perspectivas. Discutimos aqui esses benefícios e custos generalizados, deixando para sessões posteriores um exame de alguns problemas peculiares a uma companhia que está se integrando para a frente ou para trás. Para os propósitos desta discussão, a empresa "corrente acima" é a empresa vendedora e a empresa "corrente abaixo" é a compradora na cadeia vertical.

Volume de Produção *versus* Escala Eficiente

Os benefícios da integração vertical dependem, em primeiro lugar, do volume de produtos ou serviços que a empresa compra ou vende ao estágio adjacente em relação ao tamanho da instalação de produção eficiente naquele estágio. Para facilitar a exposição, tomemos o caso de uma empresa que está se integrando para trás. O seu volume de compras deve ser suficientemente grande para comportar uma unidade de fornecimento interno de dimensões amplas o bastante para obter todas as economias de escala na produção do insumo, a fim de evitar que a empresa se defronte com um dilema. Deve aceitar uma desvantagem de custo na produção interna do insumo ou vender uma parte da produção da unidade "corrente acima" no mercado aberto. Como é extensivamente discutido mais adiante, a venda da produção extra no mercado pode ser difícil uma vez que a empresa pode ter de vender aos seus próprios concorrentes. Se as necessidades da empresa *não* excederem a escala de uma unidade eficiente, ela se defronta com um dos dois custos da integração, os quais devem, então, ser contrapostos aos benefícios esperados. Tanto pode construir instalações ineficientemente pequenas que atendam apenas às suas próprias necessidades, como pode construir instalações eficientes e enfrentar o possível risco de vendas ou compras no mercado aberto.

Benefícios Estratégicos da Integração

Economias Possíveis com a Integração

Se o volume de produção for suficiente para obter as economias de escala disponíveis,[2] o benefício mais comumente citado da integração vertical é a realização de economias, ou contenção de custos, nas áreas conjuntas de controle, compras, vendas, produção e outras.

Economias de Operações Combinadas. Ao reunir operações tecnologicamente distintas, a empresa pode, muitas vezes, ganhar eficiência. Na fabricação, por exemplo, esse movimento pode reduzir o número de etapas do processo de produção, diminuir os custos de manipulação, reduzir os custos de transporte e utilizar a capacidade de folga proveniente das indivisibilidades em um estágio (tempo de máquina, espaço físico, instalações de manutenção etc.). No caso clássico da laminação de aço a quente, o lingote de aço não necessita de reaquecimento se as operações de laminação e moldagem forem integradas. O metal pode não precisar de tratamento com um protetor antioxidante antes da operação seguinte; insumos com folga, como a capacidade de determinadas máquinas, podem ser utilizados em ambos os processos. As instalações podem ser localizadas nas circunvizinhanças umas das outras, como acontece com muitos dos grandes usuários de ácido sulfúrico (companhias de fertilizantes, companhias petrolíferas), integrados para trás na produção desse ácido. Esta etapa elimina os custos de transporte, que são substanciais para um produto tão perigoso e de tão difícil manipulação como o ácido sulfúrico.

Economias Derivadas do Controle e da Coordenação Internos. Os custos de programação, coordenação de operações e de resposta às emergências podem ser meno-

---

[2] Ou a penalidade em custos é suficientemente pequena para ser contrabalançada por outros benefícios da integração que serão discutidos.

res se a empresa for integrada. A localização adjacente das unidades integradas facilita a coordenação e o controle. Também parece haver uma maior confiança em um fornecedor interno no atendimento das necessidades de sua unidade-irmã e, portanto, menos necessidade de se dar margens de folga para enfrentar eventos imprevistos. Um fornecimento de matérias-primas mais equilibrado ou a habilidade em estabilizar as entregas pode resultar em um melhor controle das programações de produção, de entregas e das operações de manutenção. Isso ocorre porque a receita antecipada pelos fornecedores que não cumprem a entrega pode ser bem menor do que o custo de quebra de contrato e, portanto, é difícil assegurar a motivação deles no sentido de fazer as entregas com pontualidade. A coordenação interna de mudanças no estilo, de reformulações no produto ou da introdução de novos produtos também pode ser mais fácil ou mais rápida. Tais economias de controle podem reduzir o tempo ocioso, a necessidade de estoque e a necessidade de pessoal na função de controle.

Economias de Informação. As operações integradas podem reduzir a necessidade de coleta de alguns tipos de informações sobre o mercado, ou, o que é mais provável, o custo total da obtenção de informação. Os custos fixos de controle do mercado e de previsão da oferta, da procura e dos preços podem ser divididos por todas as partes da empresa integrada, enquanto em uma empresa não integrada teriam de ser arcados por cada uma das entidades individuais.[3] Por exemplo, um processador de alimentos integrado pode usar projeções de vendas para o produto final em todos os segmentos da cadeia vertical. Similarmente, a informação sobre o mercado pode, também, fluir bem mais livremente por uma organização do que por uma série de partes independentes. Dessa forma, a integração pode permitir que a empresa obtenha com mais rapidez e precisão essas informações.

Economias Obtidas ao se Evitar o Mercado. Com a integração, a empresa pode fazer economias potenciais em alguns dos custos das transações efetuadas no mercado, como, por exemplo, custos de vendas, de compras, de negociações e de transações. Embora sempre exista alguma negociação em transações internas, o seu custo não deve ser, nem aproximadamente, tão elevado quanto o custo das operações de compra ou venda realizadas com partes externas à organização.

---

[3] Alguns dos benefícios da integração vertical, tais como economias de informação, podem ser conseguidos mesmo que os produtos não se locomovam de fato entre unidades relacionadas verticalmente na empresa, mas cada uma delas negocie com partes externas.

Não são necessários departamentos de marketing ou de compras e nem equipe de vendas. Além do mais, a propaganda é desnecessária, bem como outros custos de marketing.

Economias Devidas a Relacionamentos Estáveis. Tanto os estágios "corrente acima" como os "corrente abaixo", sabendo-se que os seus relacionamentos de compra e venda são estáveis, podem estar aptos a desenvolver procedimentos especializados mais eficientes para negociar uns com os outros, o que não seria possível com clientes ou fornecedores independentes – em que tanto o comprador como o vendedor na transação se defrontam com o risco competitivo de serem deixados para trás ou de serem pressionados pela outra parte. Os procedimentos especiais para negociar com clientes ou fornecedores podem incluir sistemas logísticos especializados, embalagem especial, arranjos únicos para controle e manutenção de registros e outras formas potencialmente econômicas de interação.

Também é possível que a estabilidade do relacionamento venha a permitir que a unidade "corrente acima" ajuste o seu produto (em qualidade, especificações etc.) exatamente aos padrões requeridos pela unidade "corrente abaixo", ou que essa unidade se adapte mais completamente às características da unidade "corrente acima". Visto que tal adaptação ligaria fortemente as duas partes independentes, a sua ocorrência sem integração vertical pode exigir o pagamento de preços extras pelos riscos, o que eleva os custos.

Características das Economias da Integração Vertical. As economias da integração são a parte mais importante da análise da integração vertical, não somente devido à sua importância intrínseca, mas também devido à sua contribuição para a relevância de alguns outros problemas que ocorrem na integração e que são discutidos a seguir. A sua importância *varia*, claramente, *de empresa para empresa* em uma indústria, dependendo da estratégia de cada empresa e de seus pontos fortes e fracos. Por exemplo, uma empresa com uma estratégia de produção de baixo custo pode depositar um valor mais acentuado na obtenção de todos os tipos de economias. Similarmente, uma empresa cujo ponto fraco está no marketing pode economizar mais esquivando-se das transações de mercado.

Aprofundamento na Tecnologia

Um segundo benefício potencial da integração vertical é o aprofundamento na tecnologia. Em algumas circunstâncias, pode ser obtida uma grande familiaridade com a tecnologia dos negócios "corrente acima" e "corrente abaixo" o que é crucial para o sucesso da atividade básica; uma forma de economia de informação tão importante que chega a merecer um tratamento em separado. Por exemplo, muitas empresas de equipamento central de computador e microcomputador instituíram integrações para trás no projeto e na fabricação de semicondutores com o objetivo de adquirir uma melhor compreensão dessa tecnologia essencial. Os fabricantes de componentes em muitas áreas costumam integrar-se para a frente em sistemas visando desenvolver uma compreensão sofisticada de como são utilizados esses componentes. Muito freqüentemente, se não quase sempre, a integração com a finalidade de obter aprofundamentos na tecnologia é uma integração parcial, porque a integração total acarreta alguns riscos tecnológicos.

Assegurar Oferta e/ou Demanda

A integração vertical assegura à empresa o recebimento dos suprimentos disponíveis em períodos difíceis de escassez ou que terá um meio de escoamento para os seus produtos em períodos de baixa demanda geral. A integração só pode assegurar a demanda se a unidade "corrente abaixo" puder absorver a produção final da unidade "corrente acima". A capacidade da primeira para fazer isso depende claramente dos efeitos das condições competitivas sobre a sua demanda. Se a demanda for baixa na indústria "corrente abaixo", as vendas da unidade interna podem também ser baixas e as suas necessidades em relação à produção final de seu fornecedor interno será correspondentemente baixa. Assim, a integração pode somente reduzir a incerteza de que a empresa terá arbitrariamente interrompida a colocação de seus produtos junto aos seus clientes, em vez de assegurar a demanda no sentido literal.

Embora a integração vertical possa reduzir a incerteza da oferta e da procura e proteger a empresa contra as flutuações nos preços, isso não quer dizer que os preços de transferência internos não devam refletir as perturbações do mercado. Os produtos devem passar de unidade para unidade dentro da companhia integrada a preços de transferência que reflitam os preços do mercado para assegurar que cada unidade gerenciará apropriadamente o seu negócio. Se os preços de transferência divergirem dos preços de mercado, uma unidade estará subsidiando a outra em relação ao que poderia obter no mercado aberto (uma das unidades está sendo beneficiada, enquanto a outra é prejudicada). Então, os dirigentes de ambas as unidades integradas podem tomar decisões com base nesses preços artificiais que reduzem a eficiência e ferem a posição competitiva de suas unidades. Se uma unidade "corrente acima", por exemplo, fornece suprimentos para uma unidade "corrente abaixo" a preços significativamente mais baixos do que aqueles que poderia receber no mercado aberto, a corporação, como um todo, provavelmente sofre. O gerente da unidade "corrente abaixo", operando com os preços artificialmente mais baixos como base, pode muito bem tentar expandir a posição de mercado da sua unidade – o que exige, então, que a unidade "corrente acima" forneça mais produtos subsidiados.

A garantia de oferta e de demanda não deve ser contemplada como uma proteção completa contra os altos e baixos do mercado, mas antes como uma redução da incerteza em relação a seus efeitos sobre a empresa. Ambas as unidades, tanto "corrente abaixo" como "corrente acima" deveriam ser capazes de planejar melhor com menores riscos de interrupções, eliminando trocas de fornecedores ou clientes e envolvendo um risco menor de serem colhidas numa situação na qual preços que excedam os preços médios do mercado tenham de ser pagos para atender a uma emergência. Essa redução de incerteza é especialmente importante quando um ou ambos os estágios exigirem um grande montante de capital. A garantia de oferta e de demanda tem sido mencionada proeminentemente como uma motivação para a integração em indústrias tais como a de petróleo, aço e alumínio.

Compensação do Poder de Negociação e das Distorções nos Custos dos Insumos

Se uma empresa estiver operando com clientes ou fornecedores que disponham de poder de negociação significativo e que colham retornos sobre o investimento acima do custo de oportunidade do capital, vale a pena para a empresa integrar-se, ainda que não exista nenhuma outra economia na integração. A compensação do poder de negociação por meio da integração pode não somente reduzir os custos dos suprimentos (pela integração para trás) ou elevar a realização de preços (pela integração para a frente), mas também permitir que a empresa opere com maior eficiência eliminando práticas, que não teriam valor algum de outra forma, usadas para enfrentar os poderosos fornecedores ou compradores. O poder de negociação dos fornecedores ou dos clientes é determinado pela estrutura de suas respectivas indústrias em relação à indústria da empresa em questão.

A integração para trás com a intenção de compensar o poder de negociação tem outros benefícios potenciais. A internalização dos lucros ganhos pelos fornecedores de um insumo pode revelar os custos reais desse insumo. A empresa tem, então, a escolha de ajustar o preço de seu produto final a fim de maximizar os lucros gerais das duas entidades antes da integração. O fato de a empresa conhecer o custo real dos insumos também significa que ela pode melhorar a sua eficiência por meio da variação do *mix* dos vários insumos utilizados no processo de produção do negócio "corrente abaixo".[4] Esse movimento pode também elevar a rentabilidade total.

Embora os benefícios do ajuste dos custos de oportunidade reais dos insumos sejam claros da perspectiva da corporação, é importante notar que as políticas de preços de transferência convencionais atuam contra a obtenção de tais benefícios. Se os fornecedores externos de um determinado insumo tiverem poder de negociação, as transferências internas ao preço de mercado ocorrem acima do custo de oportunidade real do insumo. As transferências ao preço de mercado podem, contudo, representar benefícios administrativos em termos de incentivos gerenciais.

Maior Habilidade em Efetuar a Diversificação

A integração vertical pode melhorar a habilidade da empresa em diferenciar-se das demais oferecendo uma fatia maior do valor agregado sob o controle da gerência. Esse aspecto pode, por exemplo, permitir melhores controles dos canais de distribuição a fim de oferecer serviços superiores ou proporcionar oportunidades para a diferenciação com base na fabricação interna de componentes patenteados. Discutimos os efeitos da integração vertical sobre a diferenciação mais adiante.

Barreiras de Mobilidade e de Entrada Elevadas

Se a integração vertical conseguir alcançar algum desses benefícios, pode elevar as barreiras de mobilidade. Os benefícios propiciam à empresa integrada uma certa vantagem competitiva em relação à empresa que não é integrada, sob a forma de preços mais altos, custos mais baixos ou risco menor. Dessa forma, a empresa não integrada deve se integrar ou enfrentar uma desvantagem, e o novo entrante no negócio é forçado a entrar na qualidade de uma empresa integrada ou tem de suportar as mesmas conseqüências. Quanto mais significativos forem os benefícios líquidos da integração, maior é a pressão para que as outras empresas também se integrem. Na presença de barreiras significativas quanto a economias de escala ou a exigências de capital relacionadas com a integração, a compulsão no sentido da integração eleva barreiras de mobilidade dentro da indústria. Se,

---

[4] Essa decisão depende claramente da habilidade da unidade "corrente abaixo" de variar o *mix* de seus insumos.

por outro lado, as economias de escala e as exigências de capital não são significativas, então a compulsão para a integração tem pequena importância em termos de concorrência.

A Entrada em um Negócio com Retornos mais Altos

Uma empresa pode, alguma vezes, aumentar os seus retornos globais sobre os investimentos por meio da integração vertical. Se o estágio de produção no qual a empresa está pensando em se integrar tiver uma estrutura que ofereça um retorno sobre o investimento maior do que o custo de oportunidade do capital para a empresa, a integração é, então, proveitosa, ainda que não existam economias na integração propriamente dita. É óbvio que, ao integrar-se, a empresa deve incluir os custos de superação das barreiras de entrada no estágio adjacente nos cálculos dos retornos sobre o investimento que espera ganhar na indústria adjacente, em vez de considerar simplesmente os retornos que os participantes daquela indústria estão conseguindo obter. Assim, como é discutido no Capítulo 16, ela deve possuir algumas vantagens potenciais sobre os entrantes potenciais.

Defesa Contra o Fechamento

Mesmo que não exista nenhum benefício positivo na integração, pode ser necessário defender-se contra o fechamento do acesso a fornecedores ou a clientes, se os concorrentes forem integrados. A integração em ampla escala por parte dos concorrentes pode amarrar muitas das fontes de suprimento, ou os clientes visados ou os pontos de venda a varejo. Nesse caso, a empresa não integrada se defronta com as sinistras perspectivas de precisar lutar pelos fornecedores ou clientes remanescentes, correndo o risco de eles serem inferiores àqueles já capturados pelas empresas integradas. Assim, o fechamento eleva a barreira de mobilidade de acesso aos canais de distribuição ou a barreira de custo absoluto do acesso a fornecedores propícios de matérias-primas.

Com propósitos de defesa, a empresa pode ter de se integrar ou se defrontar com uma desvantagem criada pelo fechamento, e quanto maior a porcentagem de clientes ou fornecedores excluídos, mais séria é essa desvantagem. Essas mesmas considerações significam que o novo entrante precisa penetrar no negócio em uma base integrada. A necessidade de integração eleva barreiras de mobilidade da forma que acabamos de descrever, caso existam exigências de capital ou economias de escala relevantes envolvidas. O problema do fechamento desencadeou muitas integrações defensivas em indústrias norte-americanas, como no caso do cimento e de calçados.

Custos Estratégicos da Integração

Os custos estratégicos da integração vertical envolvem basicamente custo de entrada, flexibilidade, equilíbrio, habilidade na administração da empresa integrada e o uso de incentivos organizacionais internos em oposição aos incentivos do mercado.

Custo de Superação de Barreiras de Mobilidade

A integração vertical requer, obviamente, que a empresa supere as barreiras de mobilidade para poder competir no negócio "corrente acima" ou "corrente abaixo". A integração é, acima de tudo, um caso especial (embora muito comum) da opção estratégica geral de entrada em um novo negócio.[5] Devido à relação interna de compra e venda que a integração vertical implica, a empresa que está se integrando pode, com freqüência, suplantar prontamente algumas das barreiras de mobilidade do negócio adjacente, tais como acesso aos canais de distribuição e diferenciação do produto. Contudo, a superação de barreiras ocasionadas por vantagens de custo decorrentes de tecnologias patenteadas ou de fontes favoráveis de matérias-primas pode ser um custo da integração vertical, bem como pode sê-lo a superação de outras barreiras de mobilidade, tais como as economias de escala e as exigências de capital. Como resultado, a integração vertical ocorre mais freqüentemente em indústrias como embalagens de metal, embalagens em aerossol e ácido sulfúrico, nas quais a tecnologia envolvida é bastante conhecida e a escala mínima de eficiência para uma fábrica não é grande.

Maior Alavancagem Operacional

A integração vertical eleva a proporção de custos fixos de uma empresa. Se a empresa estivesse adquirindo um insumo no mercado de venda para entrega imediata, por exemplo, todos os custos desse insumo seriam variáveis. Se o insumo for produzido internamente, a empresa terá de arcar com quaisquer custos fixos envolvidos na sua produção, mesmo que um decréscimo sazonal ou qualquer outra causa reduza a sua demanda. Visto que as vendas do negócio "corrente acima" derivam-se das vendas do negócio "corrente abaixo", quaisquer fatores que causem flutuações em um dos negócios causarão flutuações em toda a cadeia. As flutuações podem ser provocadas pelo ciclo econômico, desenvolvimentos competitivos ou no mercado, e assim por diante. Assim, a integração aumenta a alavancagem

---

[5] Veja o Capítulo 16 para encontrar uma avaliação dos problemas estratégicos e econômicos geralmente envolvidos em decisões de entrada.

operacional da empresa, expondo-a a maiores oscilações cíclicas em seus ganhos. A integração vertical, portanto, aumenta o risco do negócio decorrente dessa fonte, ainda que o efeito líquido da integração sobre o risco vá depender do fato de ela diminuir o risco do negócio em outras dimensões, como já foi discutido. Até que ponto a integração eleva a alavancagem operacional em um determinado negócio depende claramente do montante dos custos fixos existente no negócio no qual ocorre a integração. Se, por exemplo, o negócio desfrutar de custos fixos baixos, o aumento efetivo na alavancagem operacional pode ser mínimo.

Um bom exemplo dos riscos da alavancagem operacional criados pela integração vertical extensiva é a Curtis Publishing Company. A Curtis construiu um gigantesco empreendimento vertical para o fornecimento de um número relativamente pequeno de revistas, principalmente o *Saturday Evening Post*. Quando a revista começou a enfrentar dificuldades no final dos anos 60, o impacto sobre o desempenho financeiro da Curtis foi desastroso.

Flexibilidade Reduzida para a Mudança de Sócios

A integração vertical implica que o bom êxito de uma unidade empresarial está ligado, pelo menos em parte, à habilidade do seu fornecedor ou cliente interno (que pode ser o seu canal de distribuição) em competir com êxito. Mudanças tecnológicas, mudanças no projeto do produto que envolvam componentes, falhas estratégicas ou problemas gerenciais podem criar uma situação na qual o fornecedor interno está fornecendo produtos ou serviços inadequados, inferiores ou com alto custo ou em que o cliente ou o canal de distribuição interno estão perdendo posição em seu mercado e, portanto, a sua adequabilidade como comprador. A integração vertical eleva os custos envolvidos na troca para um outro fornecedor ou cliente em relação aos custos de contratação de unidades independentes. A Imasco, uma companhia canadense líder na produção de cigarros, por exemplo, integrou-se para trás, passando a produzir o material de embalagem utilizado no seu processo de fabricação. Contudo, em virtude de avanços tecnológicos, essa forma de embalagem tornou-se inferior perante outras variedades que o fornecedor interno não poderia produzir. Após muitas dificuldades, o fornecedor precisou ser desativado. As dificuldades da empresa Robert Hall no negócio de confecções masculinas podem ter sido causadas em parte pela sua total dependência de mercadorias produzidas internamente.

A extensão desse risco depende de uma avaliação realística das probabilidades de que o cliente ou o fornecedor interno enfrentarão dificuldades, e da possibilidade de variações internas ou externas que venham a requerer que a unidade-irmã faça adaptações.

Maiores Barreiras de Saída Gerais

A integração que aumenta ainda mais a especialização de ativos, inter-relações estratégicas ou ligações emocionais com um negócio pode elevar as barreiras de saída gerais. Qualquer barreira de saída (descritas no Capítulo 12) pode ser afetada.

Exigências de Investimento de Capital

A integração vertical consome recursos de capital, os quais têm um custo de oportunidade dentro da empresa, ao passo que a negociação com entidades independentes utiliza capital de investimento de terceiros. A integração vertical deve proporcionar retornos superiores ou iguais ao custo de oportunidade do capital da empresa, ajustando-se às considerações estratégicas discutidas neste capítulo, de modo que a integração possa ser considerada uma boa escolha. Mesmo que a integração proporcione benefícios substanciais, eles podem não ser suficientes para que o retorno propiciado pela integração seja superior ao índice de superação de obstáculos da empresa quando esta está pretendendo integrar-se em negócios cujos retornos são potencialmente baixos, tais como varejo ou distribuição.

Esse problema pode se manifestar no *apetite por capital* do negócio "corrente acima" ou "corrente abaixo" no qual se está pensando como alvo de integração. Se as suas exigências de capital forem grandes em relação à habilidade da empresa em levantar fundos, a necessidade de reinvestir fundos na unidade integrada pode expor a empresa a riscos estratégicos em alguma outra parte. Isto é, a integração pode drenar o capital necessário em alguma outra parte da companhia.

A integração pode reduzir a flexibilidade com a qual a empresa aloca os seus fundos de investimento. Visto que o desempenho da cadeia vertical inteira depende de cada uma de suas partes, a empresa pode ser forçada a investir em partes marginais para preservar a entidade como um todo em vez de alocar capital em algum outro lugar. Parece, por exemplo, que algumas das grandes empresas integradas que fornecem matérias-primas permaneceram presas em negócios de baixo retorno porque não tinham o capital de que necessitavam para uma diversificação. As suas operações integradas com grandes exigências de capital consumiram a maior parte dos fundos disponíveis para investimento com o único intuito de preservar o valor dos ativos nessas operações.

O Fechamento do Acesso às Pesquisas e/ao Know-how dos Fornecedores ou Consumidores

Ao integrar-se, a empresa pode excluir-se do fluxo de tecnologia de seus fornecedores ou clientes. A integração significa em geral que uma companhia tem de aceitar a responsabilidade pelo desenvolvimento de sua própria capacidade tecnológica em vez de escorar-se em outros. Se, contudo, optar pela não-integração (enquanto outras empresas se integram), os fornecedores normalmente se dispõem a apoiá-la intensamente com pesquisas, assistência técnica etc.

O fechamento do acesso à tecnologia pode ser um risco significativo quando existem numerosos fornecedores ou clientes independentes realizando pesquisas, ou quando os fornecedores ou os clientes possuírem esforços de pesquisa em larga escala ou forem detentores de know-how particular difícil de ser replicado. Esse risco é inerente à integração com o objetivo de obter um aprofundamento direto na tecnologia em negócios adjacentes, embora possa ser contrabalançado pelo risco de não se integrar por essa mesma razão. Mesmo que a empresa só se integre parcialmente, continuando a comprar ou a vender alguns produtos no mercado aberto, ela pode arriscar-se a um fechamento do acesso à tecnologia, uma vez que passa a concorrer com seus próprios fornecedores ou clientes (*vide* a seguir).

Mantendo o Equilíbrio

As capacidades produtivas das unidades "corrente acima" e "corrente abaixo" na empresa devem ser mantidas em equilíbrio ou surgem problemas potenciais. O estágio da cadeia vertical que dispuser de excesso de capacidade (ou de excesso de demanda) tem de vender parte de sua produção final (ou comprar parte de seus insumos) no mercado aberto ou sacrificar a posição de mercado. Essa medida, em tais circunstâncias, pode ser difícil porque o relacionamento vertical freqüentemente compele a empresa a vender ou a comprar de seus concorrentes. Eles podem relutar em negociar com a empresa por temerem ficar em posição secundária ou para evitar o fortalecimento da posição de seu concorrente. Se, por outro lado, o excesso de produção puder ser facilmente vendido no mercado aberto ou o excesso de demanda de insumos puder ser prontamente satisfeito, os riscos de desequilíbrio não serão grandes.

Diversas razões levam os estágios verticais ao desequilíbrio. Em primeiro lugar, os incrementos eficientes à capacidade são usualmente desiguais para os dois estágios, criando períodos temporários de desequilíbrio, mesmo em um mercado em crescimento. As mudanças tecnológicas em um estágio podem exigir alterações nos métodos que aumentam efetivamente a sua capacidade em relação ao outro estágio; ou alterações no *mix* e na qualidade do produto podem afetar desigualmente a capacidade efetiva nos estágios verticais. O risco de desequilíbrio depende das previsões sobre a possibilidade de ocorrência desses fatores.

Incentivos Desestimulantes

A integração vertical significa que as negociações de compra e de venda ocorrem por meio de um relacionamento cativo. Os incentivos para o desempenho da empresa "corrente acima" podem ser desestimulantes porque ela vende internamente em vez de competir pelo negócio. Inversamente, o negócio que compra internamente de uma outra unidade da companhia pode não se empenhar em barganhas com tanta animação quanto o faria com vendedores externos. Assim, a negociação interna pode reduzir os incentivos. Um ponto relacionado é que os projetos internos para a expansão de capacidade ou os contratos internos de compra ou venda podem ter uma revisão bem menos rigorosa do que os contratos externos com clientes ou fornecedores.

Se esses incentivos desestimulantes realmente reduzem ou não o desempenho da empresa integrada verticalmente, isso será uma função da estrutura gerencial e dos procedimentos que governam o relacionamento entre as unidades administrativas da cadeia vertical. Freqüentemente se lêem declarações de políticas concernentes a transações internas concedendo aos gerentes a liberdade para utilizar fontes externas ou para vender externamente, se a unidade interna não for competitiva. A mera presença de tais procedimentos não é, contudo, suficiente. A utilização de uma fonte externa ao invés de uma fonte interna freqüentemente impõe o ônus da prova sobre o gerente da unidade e requer uma explanação à alta gerência; a maior parte dos gerentes pode tentar evitar a interação com a alta gerência em tais bases. Existe também um senso de camaradagem e de integridade dentro de uma organização que pode dificultar acordos estritamente à distância, especialmente se uma ou outra unidade estiver obtendo retornos muito baixos ou se estiver em sérios apuros. Entretanto, é aí que os relacionamentos à distância são mais necessários.

A dificuldade que acabamos de relatar conduz ao problema da "maçã estragada". Se a unidade "corrente acima" ou "corrente abaixo" estiver doente (estrategicamente ou de outra maneira qualquer), os seus problemas podem atingir a sua associada saudável. Uma unidade pode ser pressionada ou, até mesmo, tentar voluntariamente socorrer a unidade em dificuldades aceitando produtos com custos mais altos, produtos de qualidade inferior ou preços mais baixos em vendas internas. Essa situação pode afetar estrategicamente a unidade saudável. Se a matriz procura auxiliar a unidade em apuros, seria melhor que o fizesse por meio de subsídios ou de apoio direto à unidade, em vez de tentá-lo indiretamente por meio da sua unidade-irmã. Contudo, mesmo que a alta gerência reconheça esse ponto, a natureza humana torna difícil para a unidade saudável assumir uma atitude impiedosa em relação à unidade doente (embora isso ocorra em algumas companhias). Assim, a presença da unidade adoentada pode, insidiosamente, contaminar a unidade saudável.

Exigências Gerenciais Distintas

Os negócios podem diferir em estrutura, em tecnologia e em administração, a despeito de terem uma relação vertical. A produção e a fabricação de metal primário são bastante diferentes, por exemplo: uma delas exige um enorme montante de capital e a outra que não exige requer uma supervisão rigorosa da produção e uma ênfase descentralizada nos serviços e no marketing. A fabricação e o varejo são fundamentalmente diferentes. A compreensão de como administrar um negócio tão diferente pode ser um custo vital da integração e pode introduzir um elemento de risco importante na decisão.[6] Uma gerência que seja capaz de operar muito bem uma das partes da cadeia vertical pode ser incapaz de gerenciar efetivamente a outra, para colocarmos o assunto de uma forma extrema. Assim, uma abordagem gerencial comum e um conjunto comum de suposições podem ser bastante contraproducentes para negócios verticalmente relacionados.

Contudo, visto que negócios ligados verticalmente transacionam um com o outro, existe uma tendência sutil no sentido de considerá-los similares do ponto de vista gerencial. A estrutura organizacional, os controles, os incentivos, as diretrizes para orçamentos de capital e uma variedade de outras técnicas gerenciais do negócio base podem ser aplicados indiscriminadamente tanto no negócio "corrente acima" como no "corrente abaixo". Os julgamentos e as regras adquiridas com a experiência no negócio base podem, similarmente, ser aplicados no negócio no qual a integração ocorre. Essa tendência em aplicar o mesmo estilo gerencial a ambos os elementos da cadeia é outro risco da integração.

---

[6] Essas diferenças potenciais nas exigências gerenciais são atenuadas se o negócio verticalmente relacionado tiver de operar necessariamente em um país estrangeiro; que é exatamente o caso de muitos fornecedores de matérias-primas. A localização no estrangeiro acrescenta outras diferenças na abordagem gerencial necessária no negócio verticalmente relacionado para o tipo de diferenças que foram discutidas. Além disso, em certas circunstâncias, um proprietário estrangeiro pode estar em desvantagem em comparação com proprietários locais, em virtude de políticas do governo anfitrião.

Ao avaliarmos os benefícios e os custos estratégicos da integração vertical, é necessário que os examinemos não somente em termos do ambiente atual mas também em função de prováveis alterações na estrutura industrial no futuro. As economias proporcionadas pela integração, que podem parecer pequenas hoje, podem ser grandes em uma indústria mais madura; ou o crescimento da indústria e o crescimento resultante da companhia podem significar que a empresa logo estará apta a manter uma unidade interna de escala eficiente. Ou a desaceleração da mudança tecnológica pode reduzir o risco de ficar preso ao fornecedor interno.

PROBLEMAS ESTRATÉGICOS PARTICULARES NA INTEGRAÇÃO PARA A FRENTE

Além dos benefícios e dos custos da integração discutidos previamente, existem alguns problemas particulares criados pela integração para a frente.

Melhor Habilidade em Diferenciar o Produto. A integração para a frente pode freqüentemente permitir que a empresa diferencie o seu produto com maior sucesso, porque passa a poder controlar um número maior de elementos do processo de produção ou a maneira como a venda do produto é realizada. A integração para a frente da Texas Instruments, por exemplo, que a levou à fabricação de produtos de consumo, tais como relógios e calculadoras, permitiu-lhe desenvolver uma marca registrada, enquanto os seus componentes eletrônicos eram essencialmente itens de uso generalizado. Monfort, um operador de lotes de ração para gado, integrou-se para a frente passando a embalar e a distribuir a carne, em parte para desenvolver uma marca registrada, pelo menos com varejistas.

A assistência técnica para um produto, bem como a venda do próprio produto, pode permitir que a companhia desenvolva uma diferenciação para si, muito embora seu produto não seja superior aos dos concorrentes. A integração para a frente no varejo às vezes permite que a empresa controle a apresentação do vendedor, as instalações físicas e a imagem das lojas, os incentivos concedidos ao pessoal de vendas e outros elementos inerentes à função de venda a varejo que ajudam a diferenciar o seu produto. A idéia básica da integração em todos esses casos é aumentar o valor agregado para proporcionar uma base para a diferenciação que não seria possível ou seria difícil na unidade não integrada. Ao aumentar a diferenciação do produto, a empresa pode ao mesmo tempo estar também incrementando as barreiras de mobilidade.

Acesso aos Canais de Distribuição. A integração para a frente resolve o problema do acesso aos canais de distribuição e suprime qualquer poder de negociação que os canais possam ter.

Melhor Acesso às Informações do Mercado. Em uma cadeia vertical, a demanda básica do produto (e o tomador de decisões que realmente faz as escolhas entre as diversas marcas concorrentes) freqüentemente está localizada em um estágio à frente. Esse estágio determina tanto o tamanho quanto a composição da demanda dos estágios de produção "corrente acima". A demanda de materiais de construção alternativos, por exemplo, é determinada pelo empreiteiro ou pelo construtor que compara os desejos dos clientes com a qualidade e o custo dos materiais disponíveis. O estágio no qual essas decisões básicas de mercado são tomadas será denominado aqui de *estágio liderante da demanda*.

A integração para a frente ou para o estágio liderante da demanda pode fornecer à empresa informações de importância crítica sobre o mercado que permitem um funcionamento mais efetivo de toda a cadeia vertical. No nível mais simples, pode permitir que a empresa determine a demanda em relação a seus produtos mais prontamente do que se ela tivesse que inferi-la indiretamente com base nos pedidos dos seus clientes. A interpretação desses pedidos é complicada pela presença dos estoques mantidos por cada estágio interveniente. Informações antecipadas sobre o mercado possibilitam um melhor ajuste dos níveis de produção e reduções nos custos devido a excessos e escassez.

Os benefícios proporcionados pela informação podem também ser mais sutis do que a simples obtenção de informações oportunas sobre a amplitude da demanda. Com a concorrência no estágio liderante da demanda, a empresa pode obter, em primeira mão, informações oportunas sobre o *mix* de produto ótimo, tendências nas preferências dos compradores e sobre os desenvolvimentos competitivos que afetam basicamente seu produto. Essas informações podem facilitar ajustes rápidos nas características e no *mix* do produto nos estágios "corrente acima" e diminuir os custos desse ajuste.

Um certo número de companhias seguiu estratégias explícitas ou implícitas de integração para o estágio liderante da demanda em todos os seus negócios. A Genstar Ltd., uma empresa canadense líder cujas atividades de base eram materiais de construção e cimento, integrou-se para a frente entrando na construção pesada e de residências. A Indal Ltd., outra empresa canadense, adota a política de integração para a frente até a fabricação, tendo por base seus negócios de laminação, extrusão e revestimento de metais. Ambas as companhias depositam grande importância nas informações de mercado como uma justificativa para a integração para a frente.

Os benefícios da integração para a frente com esse propósito dependem do grau de instabilidade ou de mudança nas condições do mercado no estágio liderante da demanda, seja a produção para estoque ou para o atendimento de pedidos, e também da habilidade da empresa em obter informações de mercado referentes a estágios à frente, sem precisar recorrer à integração. Tanto em construções como na fabricação de metais, a demanda final é altamente cíclica e a sua composição freqüentemente varia com rapidez. As demandas cíclicas, erráticas e variáveis aumentam os benefícios de informações oportunas sobre o mercado. Se a demanda final for altamente estável, a informação de mercado obtida dos clientes pode ser mais do que suficiente.

O grau de informações precisas que podem ser obtidas dos clientes depende da indústria. Embora seja difícil generalizar, se existir um grande número de clientes de pequeno porte, uma amostragem informal fornecerá, provavelmente, uma indicação precisa da situação em mercados à frente. A presença de poucos clientes de grande porte (particularmente se eles forem poderosos), por outro lado, significa que pode ser difícil obter informações precisas. As conseqüências de mudanças nas especificações ou no *mix* de um cliente em particular também são bem maiores nessa situação.

Realização de Preços mais Altos. Em alguns casos, a integração para a frente pode permitir à empresa a realização de preços globais mais altos, possibilitando a fixação de preços diferentes para clientes diferentes para um produto que é essencialmente o mesmo. O problema decorrente dessa prática é que podem ocorrer arbitrariedades e a prática, em alguns casos, pode ser ilegal perante o Robinson-Patman Act. Se a empresa integra-se em negócios com o menor preço porque a sua demanda é mais elástica, ela pode realizar preços mais altos nas vendas para outros clientes. Outras empresas que vendem o produto também devem estar integradas, ou o produto da empresa deve ser diferenciado de forma que os clientes não aceitem os produtos dos concorrentes como substitutos perfeitos.

Uma outra prática é a integração com o intuito de permitir que os preços sejam mais bem ajustados às elasticidades da demanda dos clientes finais da empresa. Alguns clientes podem estar dispostos a pagar mais por um determinado produto porque eles o utilizam mais intensamente do que os demais. A empresa pode, contudo, encontrar dificuldades no ajuste dos preços aos diferentes índices de utilização porque não pode medir essa utilização. Mas se também fornecer serviços mediante uma taxa ou vender suprimentos que devam ser usados junto com o produto, ela pode fixar um preço baixo para o produto básico e recuperar os benefícios das diferentes elasticidades da demanda por meio da venda desses produtos associados. Esse tipo de abordagem foi empregado em copiadoras e em computadores. Desde que o comprador não seja obrigado a adquirir os produtos associados da empresa como condição para a aquisição do produto básico, essa prática é legal e aceita pelos estatutos antitruste.

PROBLEMAS ESTRATÉGICOS PARTICULARES NA INTEGRAÇÃO PARA TRÁS

Da mesma forma que na integração para a frente, existem alguns problemas particulares que devem ser examinados ao se considerar a integração para trás.

Conhecimento Patenteado. Ao produzir internamente as suas necessidades, a empresa pode evitar compartilhar dados patenteados com os seus fornecedores, que necessitam deles para a fabricação de componentes ou de matérias-primas. As especificações exatas dos componentes normalmente revelam ao fornecedor as características básicas do projeto ou da fabricação do produto final, ou os próprios componentes são patenteados em relação ao produto final. Se a empresa não puder produzir internamente o componente em tal situação, os seus fornecedores detêm um poder de negociação considerável e representam uma ameaça de entrada. Há muito tempo a Polaroid vem produzindo internamente muitos dos componentes patenteados de seus produtos, contratando externamente os demais, justamente por essa razão.

Diferenciação. A integração para trás pode permitir que a empresa intensifique a diferenciação, embora as circunstâncias sejam um tanto diferentes daquelas encontradas na integração para a frente. Com o controle sobre a produção de insumos básicos, a empresa pode realmente se tornar apta a diferenciar o seu produto de uma forma melhor ou, ao menos, merecer credibilidade ao afirmar que pode fazê-lo. Se a integração permitir que a empresa receba insumos com especificações particulares, ela pode melhorar o seu produto final ou, pelo menos, distingui-lo dos demais concorrentes. Mesmo que as galinhas da Perdue sejam indistinguíveis de outras, o fato de terem sido criadas e alimentadas por Frank Perdue permite-lhe proclamar que receberam tratamento especial. Se adquirisse galinhas médias no mercado e simplesmente as processasse, seria bem mais difícil proclamar que as galinhas de Perdue eram diferentes.

CONTRATOS A LONGO PRAZO E AS ECONOMIAS DA INTEGRAÇÃO

É essencial reconhecer a possibilidade de que *algumas economias da integração poderiam ser obtidas pelo tipo certo de contrato a longo prazo ou até mesmo a curto prazo entre empresas independentes*. Por exemplo, economias no processo poderiam ser obtidas simplesmente por meio da localização das fábricas de duas entidades independentes uma ao lado da outra. Fábricas de embalagens de metal são, algumas vezes, localizadas ao lado de grandes processadores de alimentos e conectadas por correias transportadoras para evitar os custos de transporte. Ou os custos de venda e de coordenação poderiam ser evitados com contratos de fornecimento exclusivo a longo prazo que estabeleçam uma programação de entrega fixa.

Contudo, os contratos nem sempre permitem a obtenção de todas as economias possíveis com a integração porque expõem uma ou ambas as partes a riscos substanciais de ficarem presas e, também, porque as partes independentes têm interesses que provavelmente são diferentes. Esses riscos e interesses divergentes freqüentemente tornam impossível que empresas independentes concordem com um contrato, devido não só aos custos da negociação como aos riscos de regateios pós-contratuais. Portanto, a integração se torna necessária para obter benefícios.

Não obstante, a empresa deve sempre considerar a opção de contratar uma entidade independente para obter os mesmos benefícios da integração, especialmente quando os riscos e os custos da integração, já discutidos previamente, forem grandes. Uma das armadilhas na integração vertical é o envolvimento em custos ou riscos quando muitos dos benefícios poderiam ter sido alcançados com negociações mais bem conduzidas com partes externas.

Integração Parcial

A integração parcial é uma integração reduzida para a frente ou para trás, em que a empresa continua adquirindo o restante de suas necessidades no mercado aberto. Requer que a empresa esteja capacitada a *mais do que apenas sustentar* uma operação interna de dimensões eficientes, tendo ainda outras necessidades que sejam atendidas pelo mercado. Se a empresa não tiver um porte suficiente para que as suas operações internas sejam eficientes, as desvantagens da pequena escala devem ser subtraídas dos benefícios líquidos proporcionados pela integração parcial.

Essa integração pode proporcionar muitos dos benefícios da integração previamente descritos, enquanto reduz alguns dos custos. É desaconselhável se os benefícios anteriores decorrentes da integração incompleta excederem a redução nos custos de integração acarretados pela parcialização. A escolha entre a integração parcial e a integração total varia de indústria para indústria e de empresa para empresa na mesma indústria.

Integração Parcial e os Custos da Integração

A integração parcial resulta em menor elevação dos custos fixos do que a integração total. Além do mais, o grau de parcialização (ou a proporção de produtos ou serviços adquirida fora) pode ser ajustado de forma a refletir o nível de risco enfrentado no mercado. Fornecedores independentes podem ser utilizados para arcar com o risco de flutuações, enquanto os fornecedores internos mantêm índices estáveis de produção.[7] Esse é o caso da indústria automobilística, sendo uma prática predominante em muitas indústrias manufatureiras japonesas. A integração parcial também pode ser utilizada como uma proteção contra o desequilíbrio entre estágios devido aos problemas anteriormente descritos. O grau ótimo de parcialização varia com a dimensão das flutuações esperadas no mercado e com a extensão dos prováveis desequilíbrios entre estágios criados pela mudança tecnológica esperada e por outros eventos. Deve-se notar, contudo, que a integração parcial requer, necessariamente, que a empresa venda ou compre de seus concorrentes. Se isso representar um risco sério, a integração parcial é desaconselhável.

A integração parcial diminui os riscos de relações fechadas em proporção ao grau de parcialização. Também proporciona à empresa um certo acesso a atividades externas de pesquisa e desenvolvimento e pode fornecer uma solução parcial para o problema dos incentivos internos. A justaposição do fornecedor ou do cliente interno com clientes e fornecedores independentes cria uma forma de competição entre eles que pode melhorar o seu trabalho.

A Integração Parcial e os Benefícios da Integração

A integração parcial permite que a empresa prove que a ameaça de uma integração total merece credibilidade e isso impõe uma forte disciplina sobre fornecedores ou clientes, podendo evitar a necessidade de uma integração total com a finalidade de contrabalançar o poder de negociação. Além do mais, a integração parcial proporciona à empresa um conhecimento detalhado sobre os custos de

---

[7] Essa prática presume que existam fornecedores dispostos a assumir esse papel e a arcar com tais flutuações, sem por isso cobrar nenhum preço extra devido ao risco correspondente. É mais provável que estejam disponíveis quando a indústria fornecedora for fragmentada e/ou altamente competitiva.

operação na indústria adjacente e uma fonte de suprimentos de emergência. Esses fatores fornecem vantagens adicionais para a negociação. Essa forte posição de negociação é característica das grandes companhias automobilísticas e das companhias petrolíferas internacionais (que compram serviços de navios petroleiros a fim de complementar os serviços de suas próprias frotas). A manutenção de uma fábrica piloto, sem uma produção interna amadurecida, pode, em alguns casos, propiciar muitos dos efeitos da integração parcial, exigindo investimentos até mesmo menores.[8]

A integração parcial também proporciona à empresa muitos dos benefícios informacionais da integração. Contudo, alguns dos outros benefícios da integração vertical, já discutidos anteriormente, ficam reduzidos, em alguns casos mais do que proporcionalmente, ao grau de parcialização. Essa parcialização pode realmente elevar os custos de coordenação em situações em que os produtos fabricados por fornecedores externos devem equiparar-se exatamente aos fabricados pela unidade interna.

Quase-Integração

A quase-integração é o estabelecimento de uma relação entre negócios verticalmente relacionados, situando-se em algum ponto entre os contratos a longo prazo e a propriedade integral. As seguintes são as formas mais comuns de quase-integração:

- investimento em ações ou em interesses minoritários;
- empréstimos ou garantias de empréstimos;
- créditos de pré-aquisição;
- acordos de exclusividade nas negociações;
- instalações logísticas especializadas;
- P&D cooperativos.

Em algumas circunstâncias, a quase-integração alcança alguns ou muitos dos benefícios da integração vertical sem incorrer em todos os custos. Pode criar uma maior identidade de interesses entre os compradores e os vendedores, o que facilita o estabelecimento de arranjos especiais (como instalações logísticas) que reduzem os custos unitários, reduzem o risco de interrupções na oferta ou na demanda,

---
[8] Veja Cannon (1968), p. 447.

aliviam o poder de negociação, e assim por diante. Essa identidade de interesses resulta da boa vontade, do ato de compartilhar as informações obtidas, de contatos mais freqüentes e informais entre os administradores e do interesse financeiro direto que cada lado tem em relação ao outro. A quase-integração também pode reduzir os custos que podem estar presentes na integração total e elimina a necessidade de comprometimento com a oferta ou a demanda totais do negócio adjacente. Também elimina a necessidade de efetivação do investimento integral do capital necessário à integração e elimina a necessidade de administrar o negócio adjacente, entre outros fatores.[9]

A quase-integração deveria ser considerada como uma alternativa da integração total. A chave é saber se a identidade de interesses estabelecida pela quase-integração é suficiente para alcançar uma parte relevante dos benefícios obtidos com a integração para justificar a redução nos custos (e nos riscos) em relação à integração total. Alguns dos benefícios da integração, tais como crescentes retornos sobre o investimento, maior diferenciação do produto, ou a intensificação das barreiras de mobilidade, podem ser de difícil obtenção por meio da quase-integração. Uma análise de cada benefício e de cada custo da integração vertical no negócio em particular, tendo em mente a alternativa da quase-integração, é necessária para avaliar a sua atratividade como estratégia.

ILUSÕES EM DECISÕES DE INTEGRAÇÃO VERTICAL

Existem algumas percepções errôneas comuns sobre os benefícios da integração vertical contra as quais devemos nos prevenir:

1. Uma posição firme no mercado em um estágio pode ser automaticamente estendida ao outro.

Afirma-se comumente que uma empresa com uma posição firme no seu negócio base pode integrar-se em um negócio adjacente mais competitivo e estender a sua posição para aquele mercado. Suponhamos que um fabricante poderoso de bens de consumo se integre para a frente entrando no varejo, que é uma atividade muito competitiva. Embora o varejista integrado possa captar todo o negócio do fabricante, aumentando dessa forma a sua parcela, o fabricante estaria mais bem servido se muitos varejistas estivessem competindo ativamente para vender os seus

---

[9] Para mais discussões sobre a quase-integração no contexto de um negócio particular de matérias-primas, veja D'Cruz (1979).

produtos.[10] O fabricante poderia, sem dúvida, elevar os seus preços para o varejista cativo – embora isso não passasse de uma transferência contábil de lucros de uma unidade para outra – mas se o varejista cativo reajustasse os seus preços, a sua posição competitiva ficaria mais desfavorável. Assim, a integração não permite de forma alguma que se estenda automaticamente uma posição forte no mercado. Somente se a *integração por si* produzir alguns benefícios tangíveis é que a integração admitiria a extensão do poder de mercado, porque nessas circunstâncias melhoraria a competitividade da entidade combinada.

2. Sai sempre mais barato fazer as coisas internamente.

Como já foi discutido, existem muitos custos e riscos potenciais escondidos na integração vertical que poderiam ser evitados por meio de negociação com empresas externas. Existe também a possibilidade de que uma contratação habilidosa possa colher os benefícios da integração sem os seus custos ou riscos. As economias da integração são freqüentemente observadas com demasiadas limitações, e, portanto, as decisões de integração ignoram muitos desses problemas.

3. Sempre faz sentido a integração para um negócio competitivo.

Acumulam-se razões que depõem contra a adequação da integração para uma indústria altamente competitiva. As empresas que fazem parte de tal indústria estão obtendo baixos retornos e estão competindo vigorosamente no sentido de melhorar a qualidade e de servir aos clientes. Existem muitas empresas dentre as quais se pode escolher para comprar ou vender. A integração vertical pode desestimular os incentivos e moderar a iniciativa.

4. A integração vertical pode salvar um negócio que está estrategicamente adoentado.

Embora uma estratégia de integração vertical possa reforçar a posição estratégica de um negócio, sob certas circunstâncias já discutidas, raramente se constitui em uma cura eficiente para um negócio estrategicamente doente. Uma posição forte no mercado não pode ser automaticamente estendida verticalmente, exceto

---

[10] Se a indústria adjacente na qual se pretende integrar for muito competitiva, a empresa pode freqüentemente, se toda a sua produção for direcionada a um único cliente ou fornecedor cativo, ficar em pior situação do que se negociasse por meio do mercado. Na indústria competitiva, os riscos de ficar preso a um único sócio são usualmente os maiores.

sob circunstâncias particulares. *Cada estágio* de uma cadeia vertical deve ser estrategicamente sólido para assegurar a saúde do empreendimento como um todo. Se um dos elos estiver adoentado, é mais provável que a doença se espalhe e contamine as outras unidades saudáveis, como foi mostrado na análise precedente, e não o contrário.

5. A experiência em uma das partes da cadeia vertical qualifica, automaticamente, a administração para atuar na direção da unidade "corrente acima" ou "corrente abaixo".

Como já foi discutido, as características gerenciais de negócios relacionados verticalmente em geral são bastante diferentes. Um falso sentimento de segurança que deriva da proximidade do negócio pode conduzir à destruição do novo negócio "corrente acima" ou "corrente abaixo", por meio do simples processo de aplicação de abordagens gerenciais históricas.

15

Expansão da Capacidade

A expansão de capacidade é uma das decisões estratégicas mais significativas enfrentadas pelas empresas, quer seja medida em termos do montante de capital envolvido ou em termos da complexidade do problema de tomada de decisão. É provavelmente o aspecto central da estratégia em negócios do tipo mercadoria de uso generalizado. Visto que os acréscimos de capacidade podem envolver tempos de espera medidos em anos e a capacidade freqüentemente é de longa duração, as decisões sobre capacidade exigem que a empresa comprometa recursos com base nas expectativas quanto às condições em um futuro distante. Dois tipos de expectativas são cruciais: aquelas sobre a demanda futura e as sobre o comportamento da concorrência. A importância do primeiro em decisões sobre capacidade é óbvia. Expectativas acuradas quanto ao comportamento da concorrência também são essenciais porque se um número demasiadamente grande de concorrentes adicionar capacidade, nenhuma empresa pode esperar livrar-se das conseqüências adversas. Dessa forma, a expansão da capacidade envolve todos os tipos de problemas clássicos do oligopólio, no qual as empresas são mutuamente dependentes.

O problema estratégico na expansão de capacidade é como adicioná-la de modo a favorecer os objetivos da empresa, na esperança de melhorar a sua posição competitiva ou a sua parcela de mercado, procurando evitar o excesso de capacidade na indústria. A subcapacidade em uma indústria raramente chega a se constituir em um problema, exceto temporariamente, pois normalmente atrai novos investimentos. Contudo, uma vez que os investimentos em capacidade são em grande parte irreversíveis, o excesso de capacidade em relação à demanda pode vir a persistir por longos períodos de tempo. O excesso de capacidade é indubitavelmente um problema que tem, repetida e severamente, atormentado muitas indústrias – de papel, naval, de mineração de ferro, de alumínio e muitos negócios químicos, para citar apenas alguns.

Este capítulo explora a decisão de expandir capacidade em um contexto estratégico. Em primeiro lugar são alinhados os elementos da decisão. Visto que o excesso de capacidade nas indústrias é um problema crônico, a seção seguinte examina as suas causas e alguns métodos para evitá-la. Por fim, é examinada a estratégia preemptiva para a expansão de capacidade que se tornou mais comum nas décadas de 1960 e 1970.

ELEMENTOS DA DECISÃO DE EXPANSÃO DA CAPACIDADE

A mecânica da tomada de decisão sobre expansão de capacidade no sentido tradicional de orçamento de capital é bastante direta – qualquer livro de texto de finanças fornece os detalhes. Fluxos de caixa futuros resultantes da nova capacidade são estimados e descontados para ponderação em relação às saídas de caixa necessárias para o investimento. O valor presente líquido resultante classifica a adição de capacidade em comparação com os outros projetos de investimento à disposição da empresa.

Essa simplicidade, contudo, mascara um problema extremamente sutil de tomada de decisão. A empresa dispõe normalmente de uma série de opções para a adição de capacidade que devem ser comparadas. Além do mais, para determinar a entrada de caixa futura proporcionada pela nova capacidade, a empresa deve prever os lucros futuros. Esses dependem crucialmente da dimensão e da oportunidade das decisões sobre capacidade tomadas por todos os seus concorrentes, bem como de quaisquer outros fatores. Também existe normalmente incerteza quanto às tendências futuras na tecnologia, bem como quanto a qual será a demanda futura.

A essência da decisão sobre capacidade não está, portanto, nos cálculos do fluxo de caixa descontado, mas sim nos números que entram nesses cálculos, incluindo as avaliações das probabilidades sobre o futuro. Essa estimativa é, por sua vez, um problema sutil na análise da concorrência e da indústria (análise *não* financeira).

Os cálculos simples apresentados em livros de textos de finanças não levam em conta a incerteza nem fornecem suposições alternativas sobre o comportamento dos concorrentes. Em virtude da complexidade dos cálculos do fluxo de caixa descontado que incluem apropriadamente esses elementos, é útil modelar a decisão sobre capacidade com a mais alta precisão possível. As etapas na Figura 15-1 descrevem os elementos do processo de modelação.

As etapas da Figura 15-1 devem ser analisadas de uma forma interativa. O primeiro passo é determinar as opções realísticas à disposição da empresa para a adição de capacidade. Normalmente o tamanho das adições pode variar e o grau de integração vertical da nova capacidade também pode ser variável. A adição de capacidade não integrada pode ser uma proteção contra o risco. Visto que a decisão da própria empresa sobre a capacidade a ser adicionada pode influenciar o que os seus concorrentes fazem, cada uma das suas opções deve ser analisada separadamente, em conjunto com o comportamento da concorrência.

Tendo desenvolvido as opções, a empresa deve, então, fazer previsões sobre a demanda, os custos dos insumos e a tecnologia futuros. A tecnologia futura é importante porque é necessária para prever as possibilidades de as adições atuais de capacidade virem a se tornar obsoletas ou de as mudanças no projeto permitirem acréscimos efetivos de capacidade nas instalações existentes. A previsão dos preços dos insumos deve levar em conta a possibilidade de que a maior demanda decorrente da nova capacidade pode elevar esses preços. Essas previsões sobre demanda, tecnologia e custos de insumos estarão sujeitas à incerteza, e cenários

Determinar as opções da empresa para o tamanho e o tipo de adições de capacidade

⬇

Avaliar a demanda e os custos futuros prováveis dos insumos

⬇

Avaliar as mudanças tecnológicas prováveis e as probabilidades de obsolescência

⬇

Prever as adições de capacidade a serem feitas por cada concorrente com base nas expectativas do concorrente em relação à indústria

⬇

Adicionar essas estimativas para determinar o equilíbrio entre a oferta e a procura da indústria, e os preços e custos resultantes

⬇

Determinar os fluxos de caixa esperados em virtude da adição de capacidade

⬇

Testar a análise para verificar a consistência

FIGURA 15-1 *Elementos da decisão de expansão de capacidade.*

(Capítulo 10) podem ser usados com um dispositivo para enfrentar essa incerteza com propósitos analíticos.

A empresa deve, em seguida, prever como e quando todos e cada um de seus concorrentes acrescentará capacidade. Esse é um problema sutil na análise da concorrência que deve ter como base todas as técnicas apresentadas nos Capítulos 3, 4 e 5. Os movimentos dos concorrentes em relação à capacidade serão, é claro, determinados pelas expectativas *deles* com relação à demanda, aos custos e à tecnologia futuros. Assim, a previsão do comportamento deles envolve a descoberta (ou adivinhação) de quais poderiam ser essas expectativas.

A previsão do comportamento dos concorrentes também é um processo interativo porque o que um concorrente fizer influenciará os outros, particularmente se esse concorrente for um líder na indústria. As adições de capacidade feitas pelos concorrentes devem, portanto, ser comparadas umas com as outras para a previsão de uma seqüência provável de ações e de respostas resultantes. Existe um processo do tipo carro-chefe na expansão da capacidade, a ser discutido mais tarde, que é importante tentar prever.

O próximo passo na análise é somar os comportamentos da empresa e dos concorrentes para obter a capacidade agregada da indústria e as parcelas individuais de mercado, as quais podem ser comparadas à demanda esperada. Esse passo permitirá que a empresa estime os preços da indústria e, por sua vez, os fluxos de caixa esperados do investimento.

O processo inteiro deve ser analisado em busca de inconsistências. Se o resultado das previsões é que um concorrente atua insatisfatoriamente ao não adicionar capacidade, por exemplo, a análise pode precisar ser ajustada para permitir que o concorrente vislumbre o erro de suas atitudes e venha a adicionar capacidade posteriormente. Ou, se todo o processo de expansão prevista conduz a condições que violam as expectativas previstas pela maior parte das empresas, ele pode precisar de ajuste. A modelação do processo de expansão de capacidade é complexa e envolverá uma boa parcela de estimativa. O processo, contudo, permite à empresa obter um grande discernimento sobre o que impulsionará a expansão na indústria, bem como as possíveis maneiras de influenciá-la a seu favor.[1]

Um modelo do processo de expansão de capacidade revela que o *grau de incerteza sobre o futuro* é um dos determinantes centrais da maneira pela qual o proces-

---

[1] Um modelo detalhado por computador para a expansão de capacidade em uma indústria complexa é descrito em Porter e Spencer (1978).

so se desenrola. Quando existe grande incerteza quanto à demanda futura, quaisquer diferenças na aversão ao risco e nas capacidades financeiras das empresas conduzirão normalmente a um processo de expansão disciplinado. As empresas que assumem riscos, aquelas com disponibilidades ou com altos interesses estratégicos na indústria, tomarão a iniciativa imediata, embora a maior parte das empresas prefira esperar e ver o que o futuro realmente traz. Contudo, se a demanda futura for considerada razoavelmente certa, o processo de expansão de capacidade se torna um *jogo de preempção*. Conhecendo a demanda futura, as empresas competirão entre si tendo como meta conseguir a capacidade suficiente para suprir a demanda e, uma vez que consigam, não será racional que outras acrescentem ainda mais capacidade. Esse jogo de preempção será geralmente acompanhado de intensa sinalização de mercado para tentar impedir que as outras empresas façam investimentos. O problema ocorre quando um número demasiado de empresas tenta a preempção e quando ocorre um excesso de capacidade porque as empresas interpretam mal as intenções umas das outras, entendem erradamente os sinais ou julgam de modo incorreto as suas forças relativas e seu poder de permanência. Tal situação é uma das principais causas do excesso de capacidade da indústria, o que será explorado mais adiante.

CAUSAS DO EXCESSO DE CAPACIDADE

Parece existir uma forte tendência no sentido de um excesso de capacidade, particularmente nos negócios de mercadorias de uso geral, que ultrapassa em muito aquela decorrente de tentativas erradas de preempção. Uma vez que esse excesso é um problema-chave na expansão de capacidade, devemos explorar as suas causas com alguns detalhes.

O risco desse excesso de capacidade é mais sério nos negócios de mercadorias de uso geral por duas razões:

1. A demanda é geralmente cíclica. A demanda cíclica não só assegura supercapacidade nas fases de baixa demanda, mas também parece levar a expectativas excessivamente otimistas nas fases de pique.
2. Os produtos não são diferenciados. Esse fator faz com que os *custos* sejam cruciais para a concorrência, pois a escolha dos compradores é baseada intensamente nos preços. A ausência de lealdade à marca significa que as vendas das empresas estão muito ligadas à *quantidade de capacidade* de que elas dispõem. Dessa forma, as empresas estão sob grande pressão no

sentido de terem fábricas modernas e amplas para que possam ser competitivas e de adequarem a capacidade para que possam alcançar a parcela de mercado que almejam.²

Um certo número de condições leva ao excesso de capacidade em indústrias, tanto em negócios de mercadorias de uso geral como em outros, as quais podem ser divididas nas categorias que se seguem. Se um ou mais dos fatores estiverem presentes em uma indústria, os riscos do excesso de capacidade podem ser sérios.

Tecnológicas

Adição de Capacidade em Grandes Lotes. A necessidade de adicionar capacidade em grandes unidades aumenta o risco de o agrupamento das decisões sobre capacidade levarem a graves excessos desta. Esse foi um fator importante na supercapacidade de tubos de imagem em cores que se desenvolveu em fins dos anos 60. Muitas das empresas fabricantes de aparelhos de televisão perceberam a necessidade de assegurar um suprimento de tubos, mas o tamanho de uma fábrica eficiente de tubos era muito avantajado em relação ao de uma fábrica de montagem dos aparelhos de televisão. A demanda não crescia com rapidez suficiente para absorver a enorme capacidade de tubos colocados à disposição de uma só vez.

Economias de Escala ou uma Curva de Aprendizagem Significativa. Esse fator torna maior a possibilidade de tentativas de comportamento preemptivo, como o que foi previamente descrito. A empresa com a maior capacidade, ou aquela que adicionar capacidade antes, tem uma vantagem de custo, pressionando todas as outras para que se movam rápida e agressivamente.

Tempos de Espera Longos para Adicionar Capacidade. Tempos de espera longos exigem que as empresas baseiem as suas decisões em projeções de demanda e de comportamento competitivo com um horizonte de tempo futuro bem longo, ou então que arquem com uma penalidade por não terem capitalizado a oportunidade, caso a demanda se materialize.³ Tempos de espera longos aumentam a penalidade a ser

---

² Em negócios de mercadorias de uso geral a demanda é bastante inelástica. A demanda inelástica pode alongar períodos de excesso de capacidade pois os cortes nos preços feitos pelas empresas não conseguem preencher a capacidade estimulando a demanda.
³ Se uma fábrica puder ser construída em estágios ou se os custos de cancelamento não forem grandes, esse problema será reduzido.

paga pela empresa que fica para trás por falta de capacidade e, portanto, pode levar empresas aversas ao risco a ficarem mais propensas a investir ainda que a decisão propriamente dita sobre capacidade seja arriscada.

Escala Eficiente Mínima (EEM) Elevada. Quando a EEM estiver se elevando e as novas fábricas mais amplas que estiverem sendo construídas forem significativamente mais eficientes, a menos que a demanda esteja crescendo rapidamente, o número de fábricas na indústria deve diminuir ou ocorrerá excesso de capacidade. A menos que cada empresa tenha várias fábricas e possa consolidá-las, algumas delas terão necessariamente de ver reduzida a sua parcela de mercado, algo que talvez detestem fazer. É mais provável que cada empresa venha a construir novas instalações mais amplas, criando excesso de capacidade.

Uma variação dessa situação vem ocorrendo na indústria de navios petroleiros, em que os novos superpetroleiros têm um porte muitas vezes superior ao dos antigos navios. A capacidade desses superpetroleiros encomendados no princípio dos anos 70 ultrapassou em muito a demanda do mercado.

Mudanças na Tecnologia de Produção. As mudanças ocorridas na tecnologia de produção têm o efeito de atrair investimentos na nova tecnologia, ainda que as fábricas que utilizam a antiga tecnologia sejam mantidas em operação. Quanto mais altas forem as barreiras de saída para as instalações antigas, menos provável será a sua retirada do mercado de uma maneira ordenada. Essa situação está ocorrendo na fabricação de produtos químicos, na qual existe uma substituição do gás natural pelo óleo como combustível. Quando as fábricas movidas a óleo entrarem em operação, espera-se que ocorram sérios excessos de capacidade que serão eliminados lentamente à medida que os preços do gás forem subindo e as instalações movidas a gás forem fechadas.

Estruturais

Barreiras de Saída Significativas. Quando as barreiras de saída forem de considerável significância, o excesso de capacidade ineficiente não é retirado do mercado facilmente. Esse fator acentua e prolonga o período de supercapacidade.

Forçadas pelos Fornecedores. Os fornecedores de equipamentos, por meio de subsídios, facilidades de financiamento, cortes nos preços e coisas semelhantes, podem estimular o excesso de capacidade nas indústrias de seus clientes. Na luta por pedidos, os fornecedores podem também possibilitar que concorrentes marginais construam capacidade que não lhes seria possível sob condições normais. Os armadores forçaram aumentos de capacidade na indústria naval, auxiliados por subsídios substanciais do governo, para manter o nível de emprego. Os fornecedores de empréstimos para novas capacidades também podem acentuar o problema do excesso facilitando capital para todos os que chegam. Os agressivos trustes de investimento imobiliário (TTI)* são em parte culpados pelo excesso de construções na indústria hoteleira dos Estados Unidos no final dos anos 60 e no início dos anos 70, por exemplo.[4]

Criando Credibilidade. Um certo período de excesso significativo de capacidade é em geral virtualmente necessário em indústrias que tentam vender novos produtos para compradores de grande porte, particularmente se um novo produto constituir um importante insumo. Esses compradores não adotarão o novo produto até que haja capacidade suficiente à disposição para atender às suas necessidades sem torná-los vulneráveis a alguns fornecedores. Isso ocorreu com a indústria de xaropes de milho com alto teor de frutose.**

Um caso relacionado e muito comum é aquele no qual os compradores encorajam intensamente as empresas a investirem em capacidade com promessas implícitas de negócios futuros. Podem fazê-lo direta ou indiretamente por meio de declarações que visam indicar os seus sentimentos com relação à necessidade de nova capacidade. É claro que os compradores não são obrigados a fazer realmente pedidos tão logo a capacidade esteja construída; é do interesse deles assegurarem-se de que existe a capacidade adequada para atender às suas maiores necessidades possíveis, mesmo se a colocação desse volume de capacidade à disposição não for a decisão mais prudente para os fornecedores – visto que esse nível de demanda é bastante improvável.

A pressão dos compradores é mais forte quando a indústria enfrenta substitutos semelhantes. Aí, a falta de capacidade pode auxiliar os substitutos a penetrarem na indústria e as empresas são motivadas para que evitem que isso aconteça.

Concorrentes Integrados. Se os concorrentes na indústria também estiverem integrados "corrente abaixo", as pressões no sentido de um excesso de capacidade podem aumentar porque cada empresa deseja proteger a sua própria habilidade em

---

Nota do Tradutor: Real Estate Investment Trusts (REITs).
[4] Ver *Business Week*, 17 de julho de 1978.
**Nota do Tradutor:* Tipo de açúcar encontrado em alguns frutos e no mel.

suprir as suas operações "corrente abaixo". Sob essas circunstâncias, se a capacidade da empresa é insuficiente para suprir a demanda, não só perderá parcela de mercado na indústria mas também, possivelmente, parcela (ou riscos maiores na obtenção de fornecimentos de insumos) na sua unidade "corrente abaixo". Portanto, está mais disposta a se assegurar de que dispõe de capacidade suficiente, mesmo que exista incerteza quanto à demanda futura. Um argumento similar é válido se os concorrentes forem integrados "corrente acima".

Parcela de Capacidade Afeta a Demanda. Em indústrias, tais como linhas aéreas, a empresa que dispuser de mais capacidade pode obter uma parcela desproporcional de demanda porque os compradores estão prontos a abordá-la primeiro. Essa característica cria fortes pressões para o excesso de capacidade quando muitas empresas lutam pela liderança de capacidade.[5]

Idade e Tipo de Capacidade Afetam a Demanda. Em algumas indústrias, tais como empresas de serviços, a capacidade é voltada diretamente para os compradores. Possuir o mais moderno e mais bem decorado estabelecimento de refeições ligeiras, por exemplo, pode trazer benefícios competitivos. Em indústrias em que os compradores escolhem entre as empresas baseando-se somente ou, em parte, no tipo de capacidade de que essas empresas dispõem, existem essas pressões para que haja excesso de capacidade.

Competitivas

Grande Número de Empresas. A tendência no sentido de construir excesso de capacidade é mais severa quando muitas empresas possuem forças e recursos para adicionar capacidade significativa ao mercado e quando todas elas estão tentando ganhar posição de mercado e, possivelmente, conseguir a preempção desse mercado. Nas indústrias de papel, fertilizantes, moagem de milho e transporte marítimo, um grande número de empresas contribui para tornar o excesso de capacidade um problema bastante sério.

Falta de Líder(es) de Mercado Digno(s) de Confiança. Se um bom número de empresas estiver se candidatando à liderança do mercado e nenhuma delas possuir credibilidade para forçar um processo de expansão organizado, a instabilidade do processo aumenta. Um líder forte do mercado pode, por outro lado, acrescentar

---

[5] Ver Fruhan (1972).

capacidade suficiente para atender a uma grande parte da demanda da indústria, se necessário, e pode retaliar com credibilidade contra construções superagressivas por outros. Assim, um líder forte ou um pequeno grupo de líderes pode, freqüentemente, comandar uma expansão ordenada por meio de seus pronunciamentos e atitudes. As condições para merecimento de credibilidade e os mecanismos utilizados são discutidos no Capítulo 5.

Nova Entrada. Os novos entrantes freqüentemente criam ou agravam o problema do excesso de capacidade. Eles procuram posições na indústria, com freqüência posições significativas, e as empresas participantes recusam-se a cedê-las. A entrada tem sido a maior causa do excesso de capacidade em indústrias tais como a de fertilizantes, gipsita e níquel. Os negócios nos quais a entrada é fácil também estão sujeitos a excesso de capacidade porque os entrantes acorrem prontamente em resposta a períodos de condições favoráveis na indústria.

Vantagens do Primeiro a se Mover. A organização e a construção de capacidade logo de início pode oferecer vantagens que são tentadoras o bastante para que muitas empresas se empenhem nela de imediato, quando as perspectivas futuras parecem favoráveis. As possíveis vantagens a serem obtidas, como o pronto empenho, incluem tempos curtos de entrega de pedidos de equipamentos, custos mais baixos para os equipamentos e a primeira oportunidade para aproveitar os desequilíbrios entre oferta e demanda.

Fluxos de Informação

Inflação de Expectativas Futuras. Parece existir um processo pelo qual as expectativas sobre a demanda futura podem se tornar excessivamente inflacionadas à medida que os concorrentes tomam conhecimento dos demonstrativos públicos de cada um deles e da opinião de analistas de mercado. Essa situação parece ter ocorrido, por exemplo, nas indústrias de etileno e de etileno-glicol. Um ponto relacionado é que os dirigentes podem ser otimistas, preferindo ações positivas a uma postura negativa ou à inação.

Suposições ou Percepções Divergentes. Se as empresas tiverem percepções diferentes quanto às forças, aos recursos e ao poder de permanência de cada uma delas, elas costumam desestabilizar o processo de expansão de capacidade. As empresas podem estimar erroneamente (para mais ou para menos) as probabilidades de que suas rivais venham a investir, o que as levará a investir de forma imprudente ou a não investir inicialmente de forma alguma. O primeiro caso conduz diretamente ao excesso de capacidade, enquanto no último caso, a empresa deixada para trás pode fazer tentativas desesperadas para recuperar o terreno perdido, desencadeando uma seqüência de investimentos excessivos.

Ruptura de Sinais de Mercado. Quando as empresas não mais confiam nos sinais de mercado devido aos novos entrantes, às condições alteradas, ao rompimento de guerras, ou a outras causas, a instabilidade do processo de expansão de capacidade aumenta. Por outro lado, quando a sinalização merece credibilidade, ela promove uma expansão organizada permitindo que as empresas avisem às outras sobre os movimentos planejados, planejem o início e o término esperados para as expansões de capacidade e assim por diante.

Mudança Estrutural. Relacionada com o ponto precedente, a mudança estrutural na indústria pode freqüentemente promover o excesso de capacidade, pois exige que a empresa faça investimentos em novos tipos de capacidade ou porque a turbulência da mudança estrutural faz com que as empresas calculem mal as suas forças relativas.

Pressão da Comunidade Financeira. Embora a comunidade financeira possa algumas vezes se constituir em uma força estabilizadora, os analistas de mercado freqüentemente parecem alimentar as pressões no sentido da construção de supercapacidade ao questionarem os dirigentes que não investiram ao passo que seus concorrentes o fizeram. A necessidade de os dirigentes apresentarem demonstrativos positivos à comunidade financeira, visando melhorar os preços das ações, pode resultar em demonstrativos que podem ser mal interpretados pela concorrência como agressivos, provocando retaliação.

Gerenciais

Orientação da Gerência para a Produção. O excesso de capacidade parece ser particularmente passível de ocorrência quando a produção for o interesse tradicional da gerência, em contraste com marketing ou finanças. Em tais negócios, o orgulho em ter a nova fábrica mais brilhante é alto, e o risco percebido de ser deixado para trás na adição da mais nova e mais eficiente das capacidades é grande. Assim, as pressões para a superconstrução são compelentes.

Aversão Assimétrica ao Risco. É um caso comprovado que os dirigentes perdem mais por serem a única empresa a ser colhida com insuficiência de capacidade em um mercado forte do que perderiam se tivessem construído capacidade excessiva, junto com todos os seus concorrentes, se a demanda não se materializar. No último caso, poderiam ter obtido números seguros e não ter perdido a sua posição relativa. No primeiro caso, seus empregos, bem como a posição estratégica da companhia, podem muito bem estar ameaçados. Tal assimetria entre as conseqüências de construir e de não construir assegura que existirão fortes pressões para que todas as companhias construam capacidade tão logo algumas tenham dado a partida.

Governamentais

Incentivos Fiscais Impróprios. Estruturas fiscais e/ou impostos a serem restituídos podem, algumas vezes, encorajar um superinvestimento. Esse é um problema agudo no transporte marítimo, em que as leis tributárias da Escandinávia protegem os lucros reinvestidos em capacidade, mas taxam os lucros não investidos. Isso motiva todos os transportadores a reinvestirem em capacidade quando as condições da indústria são boas. O excesso de capacidade também é promovido pela retenção, livre de impostos, dos ganhos de subsidiárias norte-americanas localizadas fora dos Estados Unidos.

Desejo de Indústrias Nativas. Indústrias com uma estrutura tal que as sujeitem a um fervor nacionalista no sentido de uma indústria nativa são propensas a uma supercapacidade mundial. Muitos países procurarão estabelecer uma indústria doméstica, esperando vender o seu excedente nos mercados mundiais. Se a escala eficiente mínima for ampla em relação ao mercado mundial, é possível que ela conduza ao excesso de capacidade.

Pressões para Aumentar ou Manter o Nível de Emprego. Os governos algumas vezes exercem pressões enormes sobre as empresas para que elas invistam (ou não desinvistam) a fim de aumentar ou manter o nível de emprego, uma meta social. Esse fator agrava os problemas de excesso de capacidade.

Limites para a Expansão da Capacidade

Existem algumas verificações que podem ser efetuadas contra a tendência para excesso de capacidade, mesmo quando algumas das condições discutidas estão presentes. Algumas das mais comuns são as seguintes:

- restrições financeiras;
- diversificação da companhia, que cria custos de oportunidade para o capital e/ou amplia os horizontes dos gerentes cuja orientação pode estar voltada para a produção ou que podem estar dispostos a criar excesso de capacidade a fim de proteger a sua posição na indústria tradicional;
- infusão da alta gerência com base financeira para substituir a gerência com base de produção ou marketing;
- custos de controle da poluição e outros custos elevados pela nova capacidade;
- grande incerteza sobre o futuro que é amplamente partilhada;
- severos problemas ocasionados por períodos anteriores de supercapacidade.

Várias dessas condições estavam presentes na indústria de alumínio em 1979, e, como resultado, a indústria pode desviar-se de seus padrões de crescimento explosivo ou fracasso em relação à utilização de capital. Os rendimentos insatisfatórios resultantes do excesso de capacidade no final dos anos 60 e os lucros limitados durante anos de alta demanda, em virtude dos controles de salários-preços, deixaram essa indústria financeiramente incapacitada para fazer investimentos maiores até que vários anos bons abarrotaram os cofres. Além disso, o custo de construção de instalações quadruplicou a partir de 1968.[6]

Uma empresa pode, algumas vezes, influenciar o processo de expansão de capacidade de muitas maneiras, utilizando seu próprio comportamento para sinalizar aos concorrentes sobre as expectativas ou os planos ou, de outra forma, tentando influenciar as expectativas dos concorrentes. Por exemplo, as seguintes ações costumam desencorajar acréscimos de capacidade pelos concorrentes:

- um grande aumento de capacidade anunciado pela empresa (veja a próxima seção deste capítulo sobre estratégias preemptivas);
- anúncios, outros sinais, ou informações que tenham uma mensagem desencorajadora sobre a demanda futura;
- anúncios, outros sinais, ou informações que elevam a probabilidade percebida de obsolescência tecnológica da geração atual de capacidade.

ESTRATÉGIAS PREEMPTIVAS

Um método para a expansão de capacidade em um mercado em crescimento é a estratégia preemptiva, na qual a empresa procura apossar-se de uma parte maior

---

[6] *New York Times*, 11 de fevereiro de 1979, p. Dl.

do mercado a fim de desencorajar os concorrentes quanto às intenções de se expandirem e a fim de deter entradas. Se a demanda futura for conhecida com certeza, por exemplo, e uma empresa puder construir capacidade suficiente para suprir toda ela, outras empresas podem se sentir desencorajadas a construir capacidade. Uma estratégia preemptiva normalmente requer não somente investimentos em instalações, mas também para suportar resultados financeiros a curto prazo marginais ou até mesmo negativos; a capacidade é acrescentada em antecipação à demanda e os preços comumente são estabelecidos em antecipação aos declínios futuros no custo.

A estratégia preemptiva é inerentemente arriscada porque envolve o comprometimento logo de início dos principais recursos com um mercado antes de os resultados desse mercado serem conhecidos. Além do mais, se não conseguir desencorajar a concorrência, isso pode conduzir a uma guerra desastrosa, uma vez que ocorre excesso de capacidade em ampla escala e as outras empresas que estão tentando a preempção assumiram com o mercado grandes compromissos estratégicos dos quais pode ser muito difícil recuar.

Como um resultado do custo e do risco de uma estratégia preemptiva, é importante estabelecer as condições que devem estar presentes para o sucesso. A estratégia preemptiva é arriscada em parte porque todas essas condições devem ser satisfeitas.

Ampla Expansão de Capacidade em Relação ao Tamanho Esperado do Mercado. Se um movimento não for grande em comparação com o tamanho que se espera do mercado, ele não poderá ser preemptivo. Dessa forma, existem condições diretas para a amplitude da expansão de capacidade que deve ser feita para a preempção de um mercado cujas condições futuras da demanda sejam conhecidas. Um problema crucial, contudo, são as expectativas que cada concorrente e cada concorrente em potencial têm em relação à demanda futura. Se qualquer concorrente ou concorrente potencial acreditar que a demanda futura será suficientemente ampla para absorver o movimento de capacidade preemptiva, ele pode optar por investir. Assim, uma empresa que tenta a preempção tanto pode estar confiante no fato de que conhece as expectativas de seus concorrentes, como pode tentar influenciar essas expectativas de modo a assegurar que o seu movimento seja visto como preemptivo.[7] Se a opinião dos concorrentes sobre a demanda potencial for tão alta que a torne irreal, a empresa preemptora deve comunicar um compromisso digno

---

[7] Tal como a emissão de sinais de certeza sobre a tecnologia e a demanda futuras.

de crédito de que aumentará rapidamente a sua capacidade se a demanda futura comprovar ser maior do que a que fora estimada inicialmente.

Grandes Economias de Escala em Relação à Demanda Total do Mercado, ou Curvas de Experiência Significativas. Se as economias de escala forem grandes em relação à demanda total do mercado, um movimento inicial de preempção da capacidade pode não deixar aos concorrentes uma demanda residual suficiente para ser considerada eficiente (veja a Figura 15-2). Nesse caso, os concorrentes que decidam investir devem fazê-lo em grande escala e arriscarem-se a uma sangrenta batalha para preencher a capacidade, ou terão custos inerentemente mais altos se investirem em pequena escala. Serão desencorajados de investir qualquer importância ou, se investirem em pequena escala, terão desvantagens permanentes em relação ao custo.

Se existir em operação uma curva de experiência expressiva, cujos benefícios possam ser patenteados, aquele que inicialmente investiu em larga escala na capacidade também desfrutará de uma vantagem de custo permanente.

Credibilidade da Empresa Preemptora. A empresa preemptiva deve transmitir credibilidade em seus anúncios e movimentos com os quais está comprometida e ser capaz de executar a estratégia preemptiva. A credibilidade envolve a presença de recursos, capacidade tecnológica necessária, execução durante anos de sua existência dos investimentos planejados, e assim por diante.[8] Sem credibilidade, os concorrentes deixarão de perceber o movimento como preemptivo ou estarão desejosos de enfrentar o preemptor de qualquer maneira.

Habilidade em Sinalizar a Motivação Preemptiva Antes que os Concorrentes Ajam. Um empresa deve ser capaz de sinalizar avisando que está se apoderando do mercado *antes que* os concorrentes façam investimentos. Para isso ela deve colocar uma quantidade preemptiva de capacidade em funcionamento antes que os concorrentes sequer cheguem a considerar decisões de capacidade, ou deve ser capaz de anunciar ou comunicar, de uma outra forma que mereça crédito, as suas intenções. Uma empresa deve ter credibilidade na execução da estratégia preemptiva, como já foi discutido, e ela deve também ter uma maneira digna de crédito de indicar que a sua motivação é a preempção.

Disposição dos Concorrentes em Retroceder. A estratégia preemptiva supõe que os concorrentes pesarão os retornos potenciais de enfrentar a empresa preemptiva e concluirão que esses retornos não justificam os riscos. Um certo número de condi-

---

[8] Ver Capítulo 5 para uma discussão dos fatores que levam a um compromisso digno de confiança.

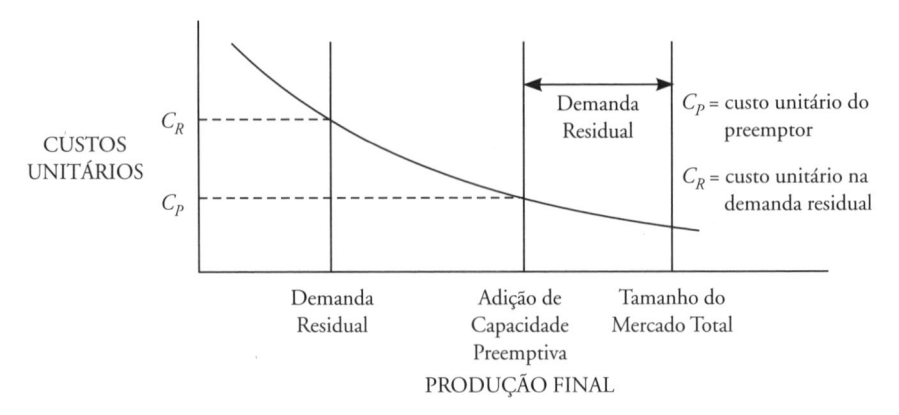

FIGURA 15-2 *Capacidade preemptiva dadas economias de escala.*

ções pode interferir em tal decisão, sendo um traço de união comum os altos interesses no estabelecimento ou na manutenção de uma posição significativa no negócio particular que está sendo contestado. A preempção será arriscada contra os seguintes tipos de concorrentes:

1. Concorrentes com metas além das puramente econômicas: se os concorrentes valorizarem altamente a participação na indústria devido à longa tradição ou a outros compromissos emocionais, podem decidir tentar manter a sua posição enfrentando o preemptor a despeito da presença de outras condições favoráveis à preempção, como foi descrito anteriormente.
2. Os concorrentes para os quais esse negócio é um importante impulso estratégico ou está relacionado a outros em seu portfólio: nessa situação, mesmo que possa parecer racional não lutar contra a empresa preemptora, se o concorrente observar o negócio contestado isoladamente, perceberá que a sua presença no negócio é amplamente significativa. Assim, pode ser quase impossível praticar com êxito uma preempção.
3. Os concorrentes que dispuserem de poderes de permanência iguais ou melhores, horizontes de tempo mais longos, ou maiores disposições para trocar lucros por posição de mercado: podem existir concorrentes que vislumbrem um sucesso duradouro no negócio e estejam dispostos a brigar por ele durante muito tempo. Uma estratégia preemptiva torna-se questionável em tal situação.

16
Entrada em Novos Negócios

Este capítulo examina a decisão estratégica de entrar em um novo negócio. Ele adota o ponto de vista da empresa entrante, para a qual a aquisição representa uma estratégia de entrada semelhante à entrada por meio de desenvolvimento interno.[1] Técnicas analíticas para o estudo de ambas as formas de entrada serão apresentadas aqui, com o objetivo de ajudar as companhias na seleção da indústria apropriada na qual entrar e da melhor estratégia de entrada.

Embora existam muitas complexidades na descoberta, na negociação, na integração, na organização, na motivação e no gerenciamento de aquisições e do desenvolvimento interno de novos negócios, nosso propósito neste capítulo é um pouco mais restrito. A ênfase será dada à maneira pela qual os instrumentos de análise da indústria e da concorrência, descritos em alguma outra parte deste mesmo livro, podem auxiliar executivos na tomada de decisões sobre entrada. Como veremos, alguns princípios econômicos cruciais identificam negócios que se constituem em alvos atraentes para a entrada e ajudam a determinar os ativos e as qualificações que a companhia deve possuir para que a sua entrada seja lucrativa. Esses princípios são essenciais para o sucesso ou o fracasso da entrada, embora quase sempre eles se confundam em meio aos interesses legítimos que representam os fatores humanos, organizacionais, financeiros, legais e administrativos que também podem ser importantes para o sucesso ou o fracasso de um movimento de entrada particular.

---

[1] O meu ponto de referência é o aperfeiçoamento no desempenho da empresa entrante. Eu não considero explicitamente a questão de como o acionista se sente com a entrada. O interessante livro de Salter e Weinhold (1979) explora essa questão com bastante detalhe.

A validade econômica da entrada se apóia em algumas forças fundamentais do mercado que operam sempre que ocorre uma entrada. Se essas forças atuarem com perfeição, no entendimento dos economistas, então *nenhuma decisão de entrada pode produzir um retorno acima da média sobre o investimento*. Essa afirmativa surpreendente é a chave para analisar a economia da entrada – encontrar situações nas indústrias em que as forças de mercado não estejam operando de forma perfeita. A conclusão de nossa análise é que mesmo colocando de lado todos os problemas de integração e gerenciamento de novos negócios, a aquisição ou o desenvolvimento interno de negócios sólidos e bem administrados em ambientes industriais favoráveis está muito longe de ser suficiente para assegurar o êxito da entrada, a despeito da crença amplamente difundida em favor do ponto de vista contrário. Existem, entretanto, muitas possibilidades de entrada bem-sucedida, como discutirei a seguir.

ENTRADA POR MEIO DE DESENVOLVIMENTO INTERNO

A entrada através de desenvolvimento interno envolve a criação de uma nova entidade empresarial em uma indústria, incluindo nova capacidade de produção, relacionamentos com distribuidores, força de vendas, e assim por diante. Sociedades em cota de participação criam essencialmente os mesmos problemas econômicos porque elas são também entidades recentemente iniciadas, embora envolvam complicados questionamentos quanto à divisão de esforços entre os associados e quanto a quem deterá o controle efetivo.[2]

O primeiro ponto importante na análise do desenvolvimento interno é a exigência de que a empresa *enfrente frontalmente as duas fontes de barreiras de entrada em uma indústria determinada* – barreiras de entrada estruturais e a reação esperada das empresas participantes da indústria. A empresa que entra por meio de desenvolvimento interno (daqui por diante denominada *entrante interna*) precisa pagar o preço de superar as barreiras de entrada estruturais e enfrentar o risco de as empresas existentes retaliarem. O custo da primeira envolve normalmente altos investimentos e prejuízos iniciais, que se tornam parte da base de investimento no novo negócio. O risco de sofrer retaliação por parte das empresas já existentes na

---

[2] As sociedades em cota de participação deveriam ser analisadas da mesma forma que uma entrada interna. Se uma sociedade conseguir passar por essa barreira, o sócio deve, então, ser examinado minuciosamente em relação a todos os indícios de que as suas metas, expectativas ou inclinações gerenciais concernentes à sociedade possam divergir das da empresa. Tais diferenças podem fazer com que até mesmo uma proposta sólida de negócios não funcione como uma sociedade em cota de participação.

indústria pode ser encarado como um custo de entrada adicional, de magnitude igual à dos efeitos adversos da retaliação (por exemplo, preços mais baixos e custos de marketing desmesurados) multiplicados pela possibilidade de ocorrência de retaliação.

No Capítulo 1, descrevemos com algum detalhe as fontes de barreiras de entrada estruturais e os fatores que determinam as possibilidades de ocorrência de retaliação. Uma análise apropriada de uma decisão de entrada levará em consideração os seguintes custos e benefícios:

1. os custos dos investimentos requeridos para operar no novo negócio, tais como investimentos em instalações fabris e em estoques (alguns dos quais podem ser aumentados devido às barreiras de entrada estruturais);
2. os investimentos adicionais requeridos para superar outras barreiras estruturais, tais como identificação de marca e tecnologia patenteada;[3]
3. o custo esperado da retaliação por parte dos participantes da indústria contra a entrada, *comparado com*;
4. os fluxos de caixa esperados por estar na indústria.

Muitos planejamentos de orçamento de capital para a decisão de entrada desprezam um ou mais desses fatores. Por exemplo, é muito comum as análises financeiras suporem os preços e os custos prevalecentes na indústria antes da entrada e avaliarem somente os investimentos claramente visíveis necessários aos negócios, tais como a construção das instalações de fabricação e a montagem de uma equipe de vendas. São ignorados os custos mais sutis da superação das barreiras de entrada estruturais, tais como franquias de marcas estabelecidas, canais de distribuição já comprometidos com concorrentes, acesso dos concorrentes às fontes de matérias-primas mais favoráveis, ou a necessidade de desenvolver tecnologia patenteada. A nova entrada pode, também, elevar os preços de suprimentos, equipamentos ou mão-de-obra escassos, o que significa que a empresa entrante terá de enfrentar custos mais altos.

Outro fator freqüentemente desprezado é o *efeito causado pela nova capacidade do entrante* sobre o equilíbrio entre a oferta e a procura na indústria. Se a adição de capacidade do entrante interno à capacidade instalada da indústria for signifi-

---

[3] Os investimentos necessários para entrar em uma indústria por meio de desenvolvimento interno podem parecer altos em relação ao custo da aquisição, dependendo do estado do mercado de aquisições, a ser discutido posteriormente. Atualmente, os altos custos percebidos da entrada interna estão levando muitas companhias ao mercado de aquisições.

cativa, os esforços dispendidos por ele para locupletar a sua fábrica implicarão que pelo menos algumas outras empresas venham a ter excesso de capacidade. Custos fixos altos tendem a desencadear cortes nos preços ou outros esforços para preencher a capacidade que persistirão até que alguma empresa se retire do negócio ou até que a capacidade excedente seja eliminada pelo crescimento da indústria ou pela desativação de instalações.

Mais negligenciado ainda na decisão de entrada é o impacto das *prováveis reações das empresas já existentes na indústria*. Sob as condições descritas a seguir, as empresas existentes reagirão à entrada de várias maneiras. Uma reação comum é abaixar os preços, o que pode significar que os preços da indústria supostos em cálculos *pro forma* efetuados para estimar a conveniência da entrada devem estar *abaixo* daqueles prevalecentes antes da entrada. Freqüentemente os preços permanecem comprimidos durante anos após a ocorrência de uma entrada, como o foram na indústria de moagem de milho em seguida à entrada das empresas Cargill e Archer-Daniels-Midland. A entrada da Georgia-Pacific também afetou os preços na indústria de gipsita.[4]

Outras reações de empresas existentes podem ser um aumento desmesurado nas atividades de marketing, promoções especiais, extensão de prazos de garantia, facilidades de crédito e aperfeiçoamentos na qualidade do produto.

Uma outra possibilidade é que uma entrada pode desencadear uma rodada de expansão de capacidade excessiva na indústria, particularmente se o novo entrante é dotado de instalações mais modernas do que alguns dos participantes da indústria. As indústrias diferem em sua instabilidade com relação ao aumento de capacidade, e alguns dos fatores que tornarão uma indústria volátil foram descritos no Capítulo 15.

A extensão dessas reações e a sua provável duração devem ser estimadas, e os preços ou os custos inseridos nos cálculos *pro forma* devem ser ajustados de acordo.

Será que Vai Ocorrer Retaliação?

Os participantes irão retaliar diante da entrada se valer a pena com base em considerações econômicas e não-econômicas. A entrada interna tem mais probabilidades de se constituir em fator de perturbação e de provocar a retaliação, que afetará as perspectivas futuras, nos seguintes tipos de indústrias (que são, portanto, alvos de entrada bastante arriscados):

---

[4] Ver *Forbes*, 18 de setembro de 1978.

Crescimento Lento. A entrada interna sempre arrebatará alguma parcela de mercado das empresas existentes. Em um mercado de crescimento lento, entretanto, isso será particularmente indesejável porque pode envolver uma queda nas vendas absolutas, sendo previsível uma vigorosa retaliação. Se o mercado estiver crescendo rapidamente, os participantes da indústria podem continuar obtendo um forte desempenho financeiro, mesmo que um entrante tome uma parcela do mercado, e a capacidade acrescida pelo entrante pode ser utilizada mais rapidamente sem que os preços sejam destruídos.

Mercadorias de Uso Generalizado ou Produtos desse Tipo. Em tais negócios não existe lealdade à marca nem mercados segmentados para isolar os participantes dos efeitos de um novo entrante, e vice-versa. Uma entrada nessa situação afeta toda a indústria, e um corte nos preços tem grande possibilidade de ocorrer.

Custos Fixos Altos. Quando os custos fixos são altos, o acréscimo de capacidade ao mercado causado pelo novo entrante costuma desencadear a ação retaliatória dos concorrentes, caso a sua utilização de capacidade decline sensivelmente.

Alta Concentração na Indústria. Em tais indústrias, um entrante é particularmente fácil de ser notado e pode causar retrações significativas na parcela de mercado de um ou mais participantes. Em uma indústria altamente fragmentada, o entrante pode afetar muitas empresas, mas o impacto será apenas marginal. Nenhum deles será ferido o suficiente para provocar retaliação vigorosa e nenhum deles tem capacidade para impor uma penalidade ao novo entrante. Ao tentar prever possíveis retaliações é obviamente importante identificar até que ponto cada um dos participantes será afetado. Quanto mais desiguais forem os efeitos sentidos pelos participantes, maior a probabilidade de as empresas mais seriamente afetadas retaliarem. Se o choque do entrante for dividido entre todos os participantes, ele pode ser menos ameaçador.

Participantes que Atribuem Alta Importância Estratégica à sua Posição no Negócio. Quando os participantes afetados pelo novo entrante têm em alta conta a manutenção de sua parcela no negócio para fins estratégicos, a entrada pode provocar acirrada retaliação. A importância estratégica pode ser resultado de uma dependência acentuada com relação ao negócio para que possa ter fluxo de caixa ou para o futuro crescimento, de sua posição como negócio ponta-de-lança para a companhia, do inter-relacionamento entre o negócio e outros na companhia, e assim por diante. Os fatores que tornam um negócio estrategicamente importante para uma companhia são descritos no Capítulo 3 e na discussão das barreiras de saída no Capítulo 12.

Atitudes da Gerência dos Participantes. A presença de participantes estabelecidos há muito tempo na indústria, particularmente se eles são companhias de um negócio único, pode resultar em uma reação volátil a um movimento de entrada. Em tais indústrias, a entrada é freqüentemente considerada como uma afronta ou uma injustiça e a retaliação pode ser bastante acirrada. De uma forma mais geral, as atitudes e o passado dos dirigentes das empresas participantes podem desempenhar um papel importante na retaliação. Alguns dirigentes podem ter histórias ou orientações que os façam se sentir mais ameaçados pela entrada ou mais dispostos a reagirem de modo vingativo.[5]

O comportamento anterior dos participantes em relação às ameaças de entrada freqüentemente dará algumas indicações de como eles reagirão diante de um novo entrante. O comportamento em relação a entrantes anteriores e em relação a participantes que tentaram deslocar grupos estratégicos é indicação particularmente útil.

Identificação de Indústrias-alvo para Entrada Interna

Supondo-se que o entrante potencial analisará apropriadamente os elementos da decisão descritos anteriormente, onde a entrada interna tem mais probabilidade de ser atrativa? A resposta para essa pergunta flui da metodologia básica da análise estrutural. A rentabilidade esperada das empresas de uma indústria depende da potência das cinco forças competitivas: rivalidade, substituição, poder de negociação dos fornecedores e dos compradores, e entrada. A entrada atua como uma balança na determinação dos lucros da indústria. Se uma indústria for estável, ou seja, equilibrada, os lucros esperados das empresas entrantes deverão *apenas refletir* a dimensão das barreiras estruturais que se opõem à entrada e às expectativas legítimas das entrantes em relação à retaliação. O entrante potencial, ao calcular os seus lucros esperados, deve estimá-los como situados dentro de uma faixa normal, ou como lucros médios, mesmo que os lucros dos participantes da indústria sejam altos. Devido ao fato de que o entrante deve superar as barreiras de entrada estruturais e enfrentar o risco de sofrer uma reação das empresas atuantes, ele se defron-

---

[5] Para ver alguma discussão sobre esse ponto, consulte o Capítulo 3.

ta com custos maiores do que as empresas bem-sucedidas nessa indústria, e esses custos eliminam os seus lucros acima da média. Se os custos da entrada não contrabalançassem os retornos acima da média, outras empresas já teriam entrado e reduzido os lucros até o nível em que os custos da entrada e os benefícios obtidos se cancelariam. *Dessa forma, raramente vale a pena entrar em uma indústria em equilíbrio, a menos que a empresa disponha de vantagens especiais* – existem forças de mercado em ação que eliminam os retornos.

Como, então, poderá uma companhia esperar retornos acima da média ao entrar? A resposta consiste em identificar aquelas indústrias em que o mecanismo de mercado que descrevi não esteja operando perfeitamente. Os alvos básicos para a entrada interna de uma empresa recaem em uma das seguintes categorias:

1. A indústria está em desequilíbrio.
2. A retaliação a ser esperada da parte dos participantes da indústria é lenta ou sem maiores efeitos.
3. A empresa desfruta de custos de entrada mais baixos que as demais empresas.
4. A empresa dispõe de uma habilidade própria especial que lhe permite influenciar a estrutura da indústria.
5. Efeitos positivos serão sentidos em outros negócios em que a empresa já opera.

Indústrias em Desequilíbrio

Nem todas as indústrias estão em equilíbrio.

Indústrias Novas. Em indústrias novas, cujo crescimento é bastante rápido, a estrutura competitiva normalmente não está bem estabelecida e os custos de entrada podem ser bem menores do que o serão para entrantes posteriores. As fontes de matéria-prima provavelmente não estarão presas a nenhuma empresa, nem haverá ainda suficiente identificação de marca e nenhuma das empresas estará com motivação bastante para assumir uma posição retaliativa diante de uma entrada. As empresas atuantes podem estar enfrentando limitações quanto ao índice em que podem se expandir. Contudo, uma empresa não deve entrar em uma indústria só porque ela é nova. A entrada não se justifica a menos que uma análise estrutural completa (Capítulo 1) resulte na previsão de lucros acima da média por um período suficientemente longo para justificar o investimento. Também é importante notar que, em algumas indústrias, o custo da entrada para pioneiros é *maior* do que para empresas que venham a entrar mais tarde, justamente por causa dos custos do pioneirismo. Algumas técnicas analíticas para identificar qual a melhor ocasião para entrar, se no início ou se mais tarde, são discutidas no Capítulo 10 sobre indústrias emergentes. Finalmente, outros entrantes podem aparecer em uma indústria nova, e para que os seus lucros permaneçam altos, a empresa deve possuir alguma base econômica para acreditar que os entrantes posteriores terão de enfrentar custos maiores do que os seus próprios.

Elevação de Barreiras de Entrada. A elevação das barreiras de entrada significa que os lucros futuros superarão os custos atuais da entrada.[6] O fato de ser o primeiro ou um dos primeiros a entrar pode minimizar os custos de entrada e, também, algumas vezes propiciar uma vantagem na diferenciação do produto. Se, contudo, muitas outras empresas também entram no início, essa porta pode ser fechada. Assim, o prêmio em tais indústrias está em entrar no início e, a seguir, facilitar a elevação de barreiras de entrada que bloqueiem entradas subseqüentes.

Informações Insatisfatórias. Um desequilíbrio a longo prazo entre os custos da entrada e os lucros esperados pode estar presente em algumas indústrias devido à falta de reconhecimento desse fator por parte dos entrantes potenciais. Essa situação pode ocorrer em indústrias atrasadas, ou obscuras, que não despertam a atenção de muitas empresas estabelecidas.

É essencial compreender que as forças do mercado estarão, até certo ponto, trabalhando contra o sucesso das empresas entrantes. Quando as perspectivas de entrada são boas devido ao desequilíbrio, o mercado estará enviando os mesmos sinais a outros que também estarão prontos para entrar. Assim, a decisão de entrar deve levar em conta uma clara noção do motivo pelo qual um entrante, e não outras empresas, conseguirá auferir os benefícios do desequilíbrio. Freqüentemente a habilidade em prever isso decorre das vantagens de entrar cedo devido à descoberta do desequilíbrio antes dos demais. Mas, a menos que o entrante consiga criar alguma barreira para os imitadores, as vantagens de chegar mais cedo podem diminuir com o tempo (ainda que não sejam de todo eliminadas). Uma estratégia de entrada deve incluir considerações desses pontos e um plano para lidar com eles.

Retaliação Lenta ou sem Efeito

Também pode ocorrer um desequilíbrio favorável entre os lucros esperados e os custos de entrada em indústrias cujos participantes estejam auferindo lucros, mas

---

[6] As barreiras de entrada estão sempre se elevando em indústrias novas.

encontrem-se inativos, pouco informados ou de qualquer outra forma impedidos de promover uma retaliação efetiva ou no devido tempo. Se uma empresa conseguir estar entre as primeiras a descobrir tal indústria, ela conseguirá auferir lucros acima da média.

As indústrias que possam ser alvos atraentes para entrada não possuem as características que levam a uma retaliação vigorosa (fornecidas anteriormente) e possuem alguns outros fatores únicos.

O custo da retaliação efetiva por parte dos participantes supera os benefícios. A empresa que está considerando se deve ou não entrar precisa examinar os cálculos que cada participante importante fará ao decidir com que vigor deverá ser feita a retaliação. Deve prever até que ponto o participante deve arcar com uma erosão dos lucros se tentar infligir perdas ao entrante. Será que os participantes pensam que podem sobreviver à luta com o entrante? Quanto maiores os custos da retaliação em relação aos benefícios que os participantes querem auferir, menor a probabilidade de uma retaliação.

O entrante pode não somente escolher indústrias nas quais os participantes estejam menos propensos à retaliação, mas também podem influenciar a probabilidade de retaliação. Por exemplo, se o entrante conseguir convencer os participantes de que ele jamais desistirá de seus intentos de alcançar uma posição viável na indústria, eles podem não desperdiçar dinheiro na tentativa de o desalojarem completamente.[7]

Existe uma empresa dominante paternal ou um grupo coeso de líderes tradicionais. Uma empresa dominante com uma visão paternal em relação à indústria pode jamais ter precisado competir e pode ser lenta em aprender. O líder (ou líderes) pode considerar-se o protetor da indústria e o seu porta-voz. A sua forma de comportamento pode ser a melhor para a indústria (por exemplo, manter preços altos, preservar a qualidade do produto, manter altos níveis de atendimento ao cliente ou assistência técnica) mas não necessariamente a melhor para si. Um entrante pode conseguir assumir uma posição relevante desde que o líder não seja provocado a responder (ou desde que o líder esteja incapacitado de fazê-lo). Esse tipo de situação pode perfeitamente ter ocorrido na indústria de níquel e de moagem de milho, nas quais as empresas INCO e CPC perderam posições importantes para

---

[7] Ver Capítulo 5 com uma discussão sobre as maneiras pelas quais uma empresa, inclusive uma entrante, poderia comunicar esse compromisso.

novos participantes. O risco dessa estratégia é, naturalmente, o gigante adormecido despertar e, portanto, um bom julgamento acerca da natureza de seus dirigentes é crucial.

Os custos dos participantes para responder são grandes devido à necessidade de proteger os seus negócios já existentes. Essa situação oferece possibilidades para a estratégia de motivos mistos discutida no Capítulo 3. Por exemplo, responder a um entrante que está usando um novo canal de distribuição pode alienar a lealdade dos distribuidores já existentes. A oportunidade também está presente se a resposta de um dos participantes ao novo concorrente influir negativamente nas vendas de seus produtos mais importantes, ajudar a legitimar a estratégia do entrante, ou for inconsistente com a imagem do participante no mercado local.

O entrante pode explorar critérios convencionais. Quando os participantes acreditam em critérios convencionais ou em certas suposições básicas sobre como competir na indústria, uma empresa sem noções preconcebidas pode freqüentemente vislumbrar situações nas quais os critérios convencionais são impróprios ou fora de propósito. Esses critérios podem insinuar-se nas linhas de produtos, nos serviços, na localização de fábricas, e em quase qualquer outro aspecto de uma estratégia competitiva. Os participantes podem agarrar-se com tenacidade a eles devido aos bons resultados que apresentaram no passado.

Custos de Entrada mais Baixos

Uma situação mais comum e menos arriscada, em que as forças de mercado não invalidam a atratividade da entrada interna, é aquela na qual nem todas as empresas da indústria arcam com os mesmos custos da entrada. Se uma empresa *pode sobrepujar as barreiras estruturais de entrada em uma indústria com menos custos* do que a maioria dos demais entrantes potenciais, ou se ela pode *esperar uma retaliação menor*, ela pode auferir lucros acima da média ao entrar. Ao competir na indústria a empresa também pode ter vantagens especiais que superem as barreiras de entrada.

A possibilidade de ultrapassar as barreiras de entrada estruturais de uma forma mais barata do que os outros entrantes potenciais normalmente se apóia na presença de ativos ou qualificações adquiridas em outros negócios em que o entrante atua ou em inovações que fornecem um conceito estratégico para a entrada. A empresa pode procurar indústrias nas quais ela possa suplantar as barreiras de entrada por causa de tecnologia patenteada, canais de distribuição estabelecidos, uma marca reconhecida e transferível, e assim por diante. Se muitos outros entrantes potenciais tiverem as mesmas vantagens, então, elas provavelmente já estarão refletidas no equilíbrio entre os custos e os benefícios da entrada. Contudo, se a habilidade da empresa em suplantar as barreiras estruturais de entrada for única ou distintiva, a entrada provavelmente será lucrativa. Como exemplos, temos a entrada da General Motors no negócio de veículos de passeio, utilizando chassis, motores e uma rede de revendedores de suas operações com automóveis; e a entrada de John Deere na indústria de equipamentos de construção, utilizando tecnologia de fabricação e experiência em projeto de produtos e de serviços obtidas em seu negócio de equipamento agrícola.

Uma empresa também pode enfrentar uma menor retaliação dos participantes do que os demais entrantes potenciais por causa do grande respeito que impõe como concorrente ou porque a sua entrada de alguma forma não parece representar uma ameaça. O respeito que o entrante infunde pode ser oriundo dos recursos que possui ou de seu porte ou por causa da sua reputação de concorrente justo (ou, ao contrário, rude). O entrante pode ser considerado não ameaçador devido à sua história passada que atesta que ele costuma confinar suas operações a pequenos nichos no mercado, não efetuar cortes nos preços, e assim por diante. Se a empresa tem uma vantagem distintiva em esperar menos retaliação em virtude de qualquer uma dessas razões, o custo esperado da retaliação será menor do que os de outros entrantes potenciais e a sua entrada pode, portanto, oferecer lucros potenciais acima da média.

Capacidade Distintiva ao Influenciar a Estrutura da Indústria

A entrada interna será lucrativa a despeito das forças de mercado se a empresa dispuser de alguma capacidade distintiva para modificar o equilíbrio estrutural da indústria-alvo. Se a empresa puder elevar as barreiras de mobilidade na indústria para os entrantes subseqüentes, por exemplo, o equilíbrio estrutural na indústria mudará. O iniciante, então, estará em posição para obter lucros acima da média ao entrar. A entrada em um mercado fragmentado também pode, algumas vezes, colocar em movimento um processo que aumenta bastante as barreiras de mobilidade e conduz à consolidação, como foi discutido no Capítulo 9.

Efeito Positivo sobre Negócios já Existentes

A entrada interna será lucrativa, mesmo na ausência das condições descritas anteriormente, se ela tiver um impacto benéfico sobre os negócios já existentes do entrante. Esse impacto poderia ocorrer por meio do desenvolvimento de melhores relações com o distribuidor, de uma melhor imagem da companhia, de defesa contra ameaças etc. Assim, mesmo que o novo negócio só consiga um retorno médio, a companhia como um todo será beneficiada.

A proposta de entrada da Xerox nas redes nacionais de transmissão de dados digitais pode ser um exemplo de entrada dentro dessas bases.[8] A Xerox parece estar tentando construir uma ampla base no "escritório do futuro". Visto que a transmissão de dados entre computadores, correspondência eletrônica e ligação elaborada entre localizações da companhia parecem ser parte integrante desse futuro – a Xerox talvez esteja tentando proteger a sua forte base já existente, ainda que ela não usufrua de nenhuma vantagem especial no negócio de rede de dados. Um outro exemplo é o da Eaton Corporation em recente movimento de entrada no negócio das oficinas mecânicas. Como fabricante líder de peças para automóveis, a Eaton tem interesse na abertura de mercados e na manutenção de um negócio livre dos departamentos de assistência técnica dos revendedores cativos dos fabricantes de automóveis, os quais utilizam exclusivamente as peças originais dos fabricantes. Ainda que a Eaton não tenha razões para esperar retornos acima da média nesse negócio, essa entrada pode impulsionar os seus retornos totais.

Conceitos Genéricos para a Entrada

Alguns métodos comuns para a entrada, que se apóiam em vários conceitos para a superação de barreiras de entrada de uma forma mais barata do que outras empresas, são os seguintes:

Reduzir os Custos do Produto. Encontrar uma maneira de fabricar o produto com um custo mais baixo do que os participantes da indústria. São possibilidades: 1) uma tecnologia de processo inteiramente nova; 2) uma fábrica mais ampla, obtendo maiores economias de escala; 3) instalações mais modernas, incorporando aperfeiçoamentos tecnológicos; 4) atividades compartilhadas com negócios já existentes que proporcionam vantagens de custo.

Fazer Aquisições com Baixo Preço. Fazer aquisições para entrar no mercado sacrificando retornos a curto prazo para forçar os concorrentes a cederem parcela. O sucesso desse método depende da relutância ou da incapacidade de retaliação dos concorrentes diante dos poderes especiais do entrante.

---

[8] Para uma breve discussão sobre esse movimento planejado, ver *Business Week*, 27 de novembro de 1978.

Oferecer um Produto Superior, Amplamente Definido. Oferecer uma inovação em produto ou em serviço que permita ao entrante superar as barreiras de diferenciação do produto.

Descobrir um Novo Nicho. Encontrar um segmento do mercado não reconhecido ou um nicho com exigências distintivas que a empresa possa atender. Esse movimento permite ao entrante superar as barreiras existentes quanto à diferenciação do produto (e talvez aos canais de distribuição).

Introduzir uma Inovação no Marketing. Descobrir uma nova maneira de colocar o produto no mercado que supere as barreiras de diferenciação do produto ou que logrem o poder dos distribuidores.

Utilizar uma Distribuição já Estabelecida. Construir uma estratégia de entrada apoiada em relações de distribuição estabelecidas trazidas de outros negócios.

ENTRADA POR MEIO DE AQUISIÇÃO

A entrada por aquisição está sujeita a uma metodologia analítica inteiramente diferente da entrada por meio de desenvolvimento interno, porque a aquisição não acrescenta uma nova empresa à indústria no sentido direto. Como veremos, alguns dos mesmos fatores que determinam a atratividade de uma entrada interna afetarão um candidato à aquisição.

O ponto crítico é o reconhecimento de que o *preço de uma aquisição é estabelecido no mercado de companhias.* Nesse mercado, os proprietários de companhias (ou unidades empresariais) são os vendedores e as companhias adquirentes são os compradores. Na maior parte das nações industrializadas, particularmente nos Estados Unidos, esse é um mercado muito ativo no qual muitas companhias são compradas e vendidas todos os anos. O mercado é bastante organizado, envolvendo descobridores, corretores e banqueiros de investimento, todos procurando aproximar os compradores e os vendedores e freqüentemente obtendo grandes comissões para fazer isso. O mercado se tornou mais organizado nos últimos anos quando os intermediários e os participantes se tornaram mais sofisticados.[9] Os intermediários agora trabalham ativamente para gerar vários licitantes para as

---

[9] Historicamente, o mercado de companhias funcionava com muito menos formalidade, utilizando predominantemente contatos pessoais.

empresas que estão a venda e lances múltiplos são comuns. O mercado de companhias é também um mercado sobre o qual muito se tem escrito na imprensa e muitas estatísticas são agora coletadas. Tudo isso sugere que o mercado funcionará de maneira relativamente eficiente.

Um mercado de companhias eficiente trabalha para *eliminar quaisquer lucros acima da média* na realização de aquisições. Se uma companhia dispuser de uma sólida administração e de atraentes perspectivas para o futuro, o seu preço de cotação no mercado será elevado. Se, por outro lado, o seu futuro for duvidoso, ou se ela necessitar de infusões maciças de capital, o seu preço de venda será baixo em relação ao seu valor contábil. Desde que o mercado de companhias esteja funcionando com eficiência, então, o preço de uma aquisição eliminará a maior parte dos retornos para o comprador.

Contribuindo para a eficiência do mercado existe o fato de que o vendedor normalmente tem a opção de manter e operar o negócio. Em algumas situações, o vendedor tem razões que o compelem a vender e, por isso, fica vulnerável para aceitar qualquer preço estabelecido pelo mercado de companhias. Contudo, uma vez que o vendedor tenha a alternativa de continuar operando o seu negócio, ele não o venderá racionalmente se o preço de venda não exceder o valor presente esperado de continuar operando o negócio. Esse valor presente esperado estabelece um *piso* para o preço do negócio. O preço resultante do processo de licitação no mercado de companhias deve exceder esse piso, ou a transação não será realizada. Na prática, o preço para a aquisição deve exceder significativamente o piso para que os proprietários se sintam tentados a vender. No mercado de companhias de hoje, montantes bem acima do valor de mercado constituem-se em regra e não em exceção.

Essa análise sugere que é muito difícil vencer no jogo da aquisição. O mercado de companhias e a alternativa do vendedor de continuar a dirigir as operações do seu negócio funcionam contra a obtenção de lucros acima da média por meio de aquisições. Talvez seja esse o motivo pelo qual as aquisições quase sempre pareçam não atender às expectativas dos administradores, como é sugerido pela evidência obtida por meio de muitas pesquisas. Essa análise também é consistente com as conclusões de um bom número de estudos levados a efeito por economistas, os quais sugerem que o vendedor, e não o comprador, é quem geralmente recolhe a maior parte dos favorecimentos de uma aquisição.

Contudo, o poder real dessa análise consiste no direcionamento da atenção para as condições que determinam se uma aquisição em particular terá ou não uma boa chance de proporcionar um retorno acima da média. As aquisições provavelmente serão mais lucrativas se:

1. o preço mínimo (piso) criado pela alternativa do vendedor de manter o negócio for baixo;
2. o mercado de companhias for *imperfeito* e não eliminar os retornos acima da média por meio do processo de licitação;
3. o comprador tiver uma habilidade *única* para operar o negócio adquirido.

É de importância crucial notar que o processo de licitação de preços pode eliminar a rentabilidade de uma aquisição, mesmo que o preço-piso seja baixo. Dessa forma, são necessárias condições favoráveis em pelo menos duas áreas para que o sucesso seja alcançado.

O Nível do Preço-piso

O preço-piso para uma aquisição é estabelecido pela alternativa do vendedor de manter o negócio. Ele depende claramente das percepções do vendedor, e não das percepções do comprador ou do mercado de companhias. Obviamente, o piso será mais baixo quando o vendedor sentir maior compulsão para vender, devido aos seguintes fatores:

- o vendedor tem problemas patrimoniais;
- o vendedor necessita de capital urgentemente;
- o vendedor perdeu a administração-chave ou não encontra sucessores para a administração atual.

O preço-piso também será baixo se o vendedor não estiver se sentindo otimista em relação às suas perspectivas se ele continuar operando o negócio. O vendedor pode acreditar que a sua habilidade para dirigir o negócio é inferior à dos compradores se:

- o vendedor perceber limitações de capital para o crescimento;
- o vendedor reconhecer sua própria fraqueza administrativa.

As Imperfeições no Mercado de Companhias

A despeito de seu alto nível de organização, o mercado de companhias está sujeito a uma variedade de imperfeições, isto é, situações nas quais o processo de licitação não eliminará completamente os lucros provenientes de uma aquisição. Essas imperfeições derivam do fato de que esse mercado está comercializando produtos, sendo cada um deles único, de que a informação é altamente incompleta e de que as motivações dos compradores e vendedores freqüentemente são complexas. As imperfeições no mercado que conduzem a aquisições bem-sucedidas ocorrerão nas seguintes situações, entre outras:

1. *O comprador dispõe de informações superiores.* Um comprador pode estar em uma posição melhor para prever futuros desempenhos favoráveis de uma aquisição do que outros compradores. Ele pode conhecer a indústria ou as tendências da tecnologia ou possuir discernimentos que faltam aos outros licitantes. Nesse caso, os lances serão interrompidos sem que os retornos acima da média sejam eliminados.
2. *O número de licitantes é pequeno.* A possibilidade de que o processo de licitação não elimine todos os retornos que a aquisição permitiria aumenta se houver um pequeno número de licitantes. O número poderá ser reduzido se o candidato for um negócio incomum que não se adequaria ou não seria compreendido por muitos adquirentes potenciais, ou se o candidato for de porte muito grande (e um número não muito grande de compradores pode estar à sua altura). O modo pelo qual o comprador conduz as negociações pode desencorajar o vendedor de procurar outros licitantes ("nós não participaremos de uma guerra de lances").
3. *As condições da economia são ruins.* Parece que o estado da economia não afeta somente o número de compradores mas, também, o que eles desejam pagar. Dessa forma, a companhia pode, potencialmente, obter retornos acima da média se estiver disposta a negociar durante crises econômicas, caso ela esteja sendo menos castigada do que outros licitantes.
4. *A companhia que está sendo vendida está doente.* Existe alguma evidência de que as companhias doentes são vendidas com muito mais prejuízo do que uma análise de valor-esperado real poderia sugerir, talvez porque todos os adquirentes pareçam estar em busca de companhias sólidas e com boa administração. Assim, o número de licitantes para a compra de companhias adoentadas pode ser menor, bem como os preços que esses licitantes estão dispostos a pagar. A White Consolidated parece ter conseguido sucesso em se aproveitar dessa situação para adquirir companhias ou divisões enfermas por preços abaixo dos valores contábeis e, aparentemente, tornando-as lucrativas.
5. *O vendedor tem outros interesses além de maximizar o preço que receberá pelo negócio.* Afortunadamente para os adquirentes, nem todos os vendedores

tentam maximizar o preço que receberão pelo seu negócio. Visto que os preços de venda de companhias são freqüentemente bem superiores àqueles de que os seus proprietários acreditam necessitar para o seu próprio bem-estar financeiro, os vendedores costumam valorizar outras coisas. Alguns exemplos comuns são o nome e a reputação do comprador, a maneira como serão tratados os empregados do vendedor, se a administração da companhia à venda será mantida ou não, e até que ponto o comprador pode vir a interferir na condução dos negócios se o proprietário planeja permanecer nele. As companhias que vendem divisões parecem ser um tanto menos propícias a abrigar tais objetivos não econômicos do que os proprietários ou diretores-proprietários que vendem uma companhia inteira, embora eles possam continuar no negócio.

Essa análise sugere que os adquirentes deveriam procurar companhias que tivessem objetivos não econômicos, e deveriam cultivar esses objetivos. Também sugere que certos adquirentes podem ter vantagens provenientes da história que eles podem contar aos vendedores. Se, por exemplo, podem demonstrar que dispensam um bom tratamento aos empregados e à gerência das companhias que adquiriram no passado, o seu caso se tornará mais merecedor de crédito perante os vendedores potenciais. Adquirentes de grande porte e prestígio podem também levar vantagem devido a razões similares, pois os proprietários estão dispostos a associar o trabalho de suas vidas (sua companhia) a uma organização conceituada.

Habilidade Única para Operar o Vendedor

O comprador pode fazer lances maiores do que os outros compradores e, ainda assim, alcançar retornos acima da média sob as seguintes condições:

1. *O comprador dispõe de uma habilidade distintiva para melhorar as operações do vendedor.* Um comprador com ativos ou qualificações distintivas que possam melhorar a posição estratégica do candidato à aquisição conseguirá obter retornos acima da média com a aquisição. Os outros licitantes, supondo em seus cálculos um menor aperfeiçoamento da companhia a ser adquirida, abandonarão as ofertas antes que os retornos sejam eliminados. Exemplos bem conhecidos dessas aquisições são a compra da Vlasic pela Campbell e da ITE pela Gould.
Ter a habilitação para melhorar o candidato à aquisição não é o suficiente em si e por si só. Essa habilitação tem de, até certo ponto, ser distintiva

porque, caso contrário, existe a possibilidade de que outras empresas em torno vejam o mesmo potencial. Essas empresas podem continuar fazendo ofertas até que o retorno advindo dos melhoramentos sejam eliminados pelo preço.

A entrada por meio da aquisição e de desenvolvimento interno são mais similares nesta abordagem. Em ambos os casos, o comprador deve possuir alguma habilidade distintiva para competir no novo negócio. No caso de aquisição, a empresa está capacitada para superar os lances de outros para a compra da empresa candidata e, ainda assim, obter lucros acima da média. No caso de desenvolvimento interno, a empresa é capaz de superar as barreiras de entrada com menos despesas do que as demais.

2. *A empresa compra para penetrar em uma indústria que atende aos critérios exigidos para o desenvolvimento interno.* Muitos dos pontos sobre indústrias favoráveis abordados no contexto da entrada interna podem ser aplicados aqui. Se o adquirente puder usar a aquisição como uma base para mudar a estrutura da indústria, explorar os critérios convencionais, ou tirar proveito da resposta lenta ou ineficaz dos participantes em relação às mudanças na estratégia, ele terá boas possibilidades de obter retornos acima da média na indústria.

3. *A aquisição prestará uma ajuda singular à posição do comprador nos negócios existentes.* Se a aquisição puder acrescentar alguma coisa para reforçar a posição do comprador em seus negócios existentes, a rentabilidade da aquisição pode não ser eliminada no processo de licitação. Um bom exemplo dessa lógica como uma motivação para a aquisição é a recente compra da Del Monte pela R.J. Reynolds. A Reynolds possui uma série de marcas alimentícias (Hawaiian Punch, Chun King, Vermont Maid e outras) mas não conseguiu obter uma penetração significativa no mercado para a maior parte delas. A aquisição da Del Monte fornecerá um sistema de distribuição, mais sintonizado com os intermediários de alimentos, e possibilitará a entrada em mercados internacionais em que as marcas existentes da Reynolds são fracas. Mesmo que a Del Monte só consiga obter retornos médios, o seu efeito positivo sobre o resto da estratégia de alimentos da Reynolds pode significar um retorno acima da média proveniente da transação.

Licitantes Irracionais

Ao se fazer lances para a compra de candidatos, é extremamente importante examinar os motivos e a situação dos outros licitantes. Embora os lances normalmente sejam interrompidos tão logo os retornos acima da média sejam eliminados, é importante reconhecer que alguns dos licitantes concorrentes podem continuar por muito tempo, mesmo depois que, do ponto de vista de uma empresa, os retornos já tenham sido eliminados. Isso pode ocorrer por várias razões:

- o licitante vislumbra uma maneira exclusiva de melhorar o alvo da aquisição;
- a aquisição auxiliará o negócio já existente do licitante;
- o licitante tem metas ou motivos além da maximização do lucro – talvez o objetivo primário seja o crescimento, o licitante vê a possibilidade de um ganho financeiro único, ou o licitante deseja uma empresa do tipo do alvo da aquisição devido às idiossincrasias de sua administração.

Nesses casos, é importante não considerar a disposição do licitante em aumentar o preço como uma indicação do valor da aquisição. É indicada uma análise cuidadosa dos fatores que entram no processo de reserva do licitante.

ENTRADA EM SEQÜÊNCIA

Qualquer decisão de entrar em uma indústria deve incluir um grupo estratégico alvo. Contudo, a discussão no Capítulo 7, combinada com a análise precedente contida neste capítulo, sugere que uma empresa pode adotar uma estratégia de entrada seqüencial envolvendo a entrada inicial em um grupo e a movimentação subseqüente de grupo para grupo. Por exemplo, a Procter and Gamble adquiriu a Charmin Paper Company, que possuía um papel higiênico de alta qualidade e algumas instalações de produção, mas pouca ou nenhuma identificação da marca e uma distribuição apenas regional. Tendo como base esse grupo estratégico, a Procter and Gamble investiu recursos substanciais na criação de uma identificação da marca, na ampliação da rede de distribuição em nível nacional e no aperfeiçoamento do produto e das instalações de produção. Dessa forma, a Charmin deslocou-se para um novo grupo estratégico.

Esta estratégia de entrada seqüencial pode reduzir o custo total da superação das barreiras de mobilidade para o grupo estratégico que é o alvo final e pode diminuir os riscos. Os custos podem ser reduzidos por meio da acumulação de conhecimento e de uma identificação da marca na indústria pela entrada no grupo inicial, o qual é, então, usado sem qualquer custo para uma movimentação para o grupo alvo final. O talento gerencial pode ser desenvolvido de maneira mais mensurada seguindo-se esse procedimento. A reação das empresas existentes à entrada também pode ser temperada por meio dessa estratégia seqüencial.

Uma estratégia em seqüência freqüentemente diminui os riscos da entrada porque a empresa pode segmentar o risco. Se falhar na sua entrada inicial, a empresa poupará o custo que teria de arcar para prosseguir; e teria de colocar todas as suas fichas sobre a mesa se tentasse entrar diretamente no grupo alvo final. A entrada em seqüência também permite que a empresa acumule capital para mudanças subseqüentes na posição, pelas quais teria de pagar um duro preço se fosse necessário fazê-las todas de uma só vez. Além disso, a empresa pode escolher dar o seu primeiro passo para um grupo estratégico no qual a superação das barreiras de mobilidade requer investimentos relativamente reversíveis (capacidade de fábrica que seja vendável). A entrada inicial de uma empresa pode ser, por exemplo, na produção de uma marca privada. Somente se for bem-sucedida neste estágio é que a empresa tentará entrar em um grupo estratégico em que pesados investimentos em propaganda, P&D, ou em outras áreas irrecuperáveis são necessários para superar as barreiras de mobilidade.

A análise da entrada em seqüência pode ser empregada com o objetivo de gerar implicações para as empresas existentes na indústria. Caso existam estratégias de entrada em seqüência particularmente seguras, então certamente vale a pena direcionar os investimentos para a criação de barreiras de mobilidade que as fechem.

APÊNDICE

A

Técnicas de Portfólio na Análise da Concorrência

A partir do final da década de 1960, uma série de técnicas vem sendo desenvolvida com o objetivo de expor as operações de uma empresa diversificada na forma de um portfólio de negócios. Essas técnicas fornecem metodologias simples para uma demonstração gráfica ou uma categorização dos diferentes negócios dentro do portfólio de uma empresa, como também para determinar as implicações para a alocação de recursos. A maior aplicação das técnicas para a análise de portfólio está no desenvolvimento de uma estratégia no nível de uma corporação como um todo e no auxílio dado na revisão das unidades empresariais, e não no desenvolvimento de uma estratégia competitiva em indústrias individuais. Todavia, caso haja uma consciência de suas limitações, essas técnicas podem ter uma função nas respostas dadas a algumas das questões levantadas no Capítulo 3, dentro da análise da concorrência, especialmente se uma empresa está competindo com uma rival diversificada que usa as técnicas no planejamento estratégico.

Já foram escritos inúmeros relatórios sobre as técnicas mais utilizadas para uma análise de portfólio. Portanto, nosso objetivo não é apresentar uma discussão extensa sobre a sua mecânica.[1] Ao contrário, o enfoque será dado aos elementos básicos das duas técnicas mais comumente empregadas – a matriz de crescimento/parcela identificada com o Boston Consulting Group (BCG) e a tela da atrati-

---

[1] Para ler uma discussão extensa sobre essas técnicas, ver Abel e Hammond (1979), Capítulos 4 e 5; Day (1977); Salter e Winhold (1979), Capítulo 4.

vidade da indústria/posição da companhia identificada com a GE e a McKinsey – e à discussão de seu uso na análise da concorrência.

A MATRIZ DE CRESCIMENTO/PARCELA

A matriz de crescimento/parcela é baseada no uso do crescimento da indústria e da parcela de mercado relativa[2] como representantes da (1) posição competitiva da unidade de uma empresa em sua indústria, e do (2) fluxo de caixa líquido resultante, necessário para operar essa unidade. Essa fórmula reflete a hipótese de que a curva da experiência (discutida no Capítulo 1) está operando e de que a empresa com a maior parcela relativa será, portanto, o fabricante com o custo mais baixo.

Essas premissas resultam em um gráfico de portfólio como aquele apresentado na Figura A-1, em que podemos plotar cada uma das unidades de uma empresa. Embora as separações em termos de crescimento e de parcela de mercado relativa sejam arbitrárias, o gráfico do portfólio de crescimento/parcela geralmente é dividido em quatro quadrantes. A idéia básica é que as unidades empresariais localizadas em cada um desses quatro quadrantes estarão em posições de fluxo de caixa essencialmente diferentes, devendo ser administradas de modo diferente, o que resulta em algumas implicações em relação ao modo como a empresa deveria tentar construir seu portfólio geral.

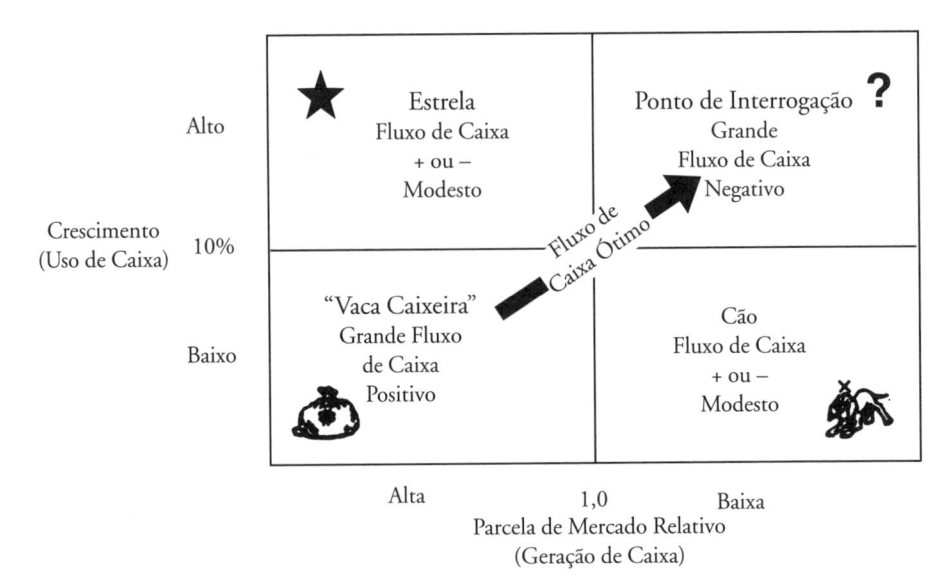

FIGURA A-1 *Matriz de crescimento/parcela.*

---

[2] Parcela de mercado relativa é a parcela de mercado da empresa relativa à do principal concorrente na indústria.

- "Vacas Caixeiras": Negócios com parcela relativa alta em mercados de baixo crescimento produzirão um bom fluxo de caixa, que pode ser empregado para financiar outros negócios em desenvolvimento.
- Cães: Negócios com parcela relativa baixa em mercados de baixo crescimento em geral serão usuários modestos de caixa. Eles constituirão armadilhas de caixa devido à sua fraca posição competitiva.
- Estrelas: Negócios com parcela relativa alta em mercados de alto crescimento geralmente exigirão grandes montantes de caixa para sustentar o crescimento, mas possuem uma posição firme no mercado que lhes renderá altos lucros. Eles podem estar quase em equilíbrio de caixa.
- Pontos de Interrogação (por vezes chamados de "wildcats"): Negócios com parcela relativa baixa em mercados em rápido crescimento exigem grandes entradas de caixa para financiar o crescimento e são fracos geradores de caixa devido à sua posição competitiva insatisfatória.

Seguindo a lógica do portfóiio de crescimento/parcela, as "vacas caixeiras" tornam-se as financiadoras de outros negócios em desenvolvimento na empresa. Em termos ideais, elas são empregadas para transformar pontos de interrogação em estrelas. Visto que isso exige um grande montante de capital para acompanhar o rápido crescimento, bem como para construir parcela de mercado, a decisão sobre quais os pontos de interrogação a serem transformados em estrelas passa a ser uma decisão estratégica básica. Uma vez uma estreia, um negócio torna-se eventualmente uma "vaca caixeira" quando o crescimento do mercado torna-se lento. Os pontos de interrogação que não foram escolhidos para investimento devem ser colhidos (administrados para gerar caixa) até que se tornem cães. Os cães devem ser colhidos ou retirados do portfólio. Uma empresa deve administrar seu portfólio, de acordo com o BCG, de tal modo que essa seqüência aconselhável ocorra e de modo que o portfólio fique em equilíbrio de caixa.

Limitações

A aplicabilidade do modelo de portfólio depende de uma série de condições. Algumas das mais importantes encontram-se resumidas a seguir:

- O mercado foi definido de uma forma apropriada levando em conta a experiência compartilhada e outras interdependências importantes com outros mercados. Esse é normalmente um problema delicado que exige uma boa análise.

- A estrutura da indústria (Capítulo 1) e o seu interior (Capítulo 7) são tais que a parcela de mercado relativa é um bom representante para a posição competitiva e para os custos relativos. Isso freqüentemente não é verdadeiro.
- O crescimento do mercado é um bom representante para o investimento de caixa necessário. Embora os lucros (e o fluxo de caixa) dependam de uma porção de outras coisas.

Uso em Análise da Concorrência

Em vista dessas condições, a matriz de crescimento/parcela não é por si só muito útil na determinação da estratégia para um determinado negócio. Uma análise do tipo descrita neste livro é necessária para determinar a posição competitiva de uma unidade empresarial e para traduzir essa posição em uma estratégia concreta.[3] Uma vez feita essa análise inicial, o valor agregado do próprio plote do portfólio é baixo.

A análise de crescimento/parcela pode ser, contudo, um componente de uma análise da concorrência quando combinada com os outros tipos de análises descritos no Capítulo 3. Uma empresa pode plotar, da melhor maneira possível, o portfólio para cada um de seus concorrentes importantes, em termos ideais, em diversos pontos no tempo. A posição no portfólio da unidade contra a qual a empresa compete dará algumas indicações com relação às questões levantadas no Capítulo 3 e com relação às metas que a matriz do concorrente pode estar esperando que ela cumpra e à sua vulnerabilidade a vários tipos de movimentos estratégicos. Por exemplo, um negócio em fase de colheita pode ser vulnerável a ataques à sua parcela de mercado. A comparação dos portfólios dos concorrentes no decorrer do tempo pode identificar com muito mais nitidez mudanças na posição da unidade de um concorrente em relação às outras unidades na companhia dele, além de dar outras dicas quanto à ordem estratégica que está sendo dada ao concorrente. Caso o concorrente empregue o método do portfólio de crescimento/parcela no planejamento, o poder de previsão da análise de portfólio é ainda maior. No entanto, mesmo que um concorrente não faça uso formal da técnica, a lógica da necessidade de uma ampla alocação de recursos talvez signifique que o portfólio fornece dicas úteis.

---

[3] O conselho de "colher" ou "transformar-se em uma estrela" está longe de ser suficiente para orientar a ação da gerência.

A TELA DA ATRATIVIDADE DA INDÚSTRIA/POSIÇÃO DA COMPANHIA

Uma outra técnica é a matriz de três-por-três distintamente atribuída à General Electric, à McKinsey and Company e à Shell. Uma variação representativa dessa técnica é apresentada na Figura A-2. Os dois eixos nesse método são a atratividade da indústria e a força, ou a posição competitiva, da unidade empresarial. O local onde uma unidade particular localiza-se ao longo desses eixos é determinado por uma análise dessa unidade particular e de sua indústria, utilizando critérios como aqueles relacionados na Figura A-2. Dependendo de onde uma unidade localiza-se na matriz, sua ordem estratégica é investir capital para *construir* posição, ou *manter-se* com um equilíbrio entre a geração de caixa e o seu uso seletivo, ou *colher* ou desativar-se. As mudanças esperadas na atratividade da indústria ou na posição da companhia resultam na necessidade de reavaliar a estratégia. Uma empresa pode plotar seu portfólio de negócios nessa matriz para garantir uma alocação apropriada de recursos. A empresa também pode tentar equilibrar o portfólio em termos de seu *mix* de negócios desenvolvidos e em desenvolvimento e da consistência interna da geração e do uso de caixa.

A tela da atratividade da indústria/posição da companhia pode ser quantificada com menos precisão do que o método do crescimento/parcela, exigindo julgamentos inerentemente subjetivos quanto ao local em que uma determinada unidade deveria ser plotada. Geralmente ela é criticada por ser mais vulnerável à manipulação. Conseqüentemente, às vezes esquemas de avaliação quantitativos, empregando critérios que visam determinar a atratividade da indústria ou a posição da companhia na indústria particular, são empregados para tornar a análise mais "objetiva". A técnica de tela reflete a hipótese de que cada unidade empresarial é diferente e exige a sua própria análise da atratividade da indústria e da posição competitiva. Conforme observado anteriormente, a construção efetiva do portfólio de crescimento/parcela envolve, na prática, o mesmo tipo de análise particularista de cada unidade. Portanto, sua "objetividade" real pode, na verdade, não estar distante daquela da tela da atratividade da indústria/posição da companhia.

Da mesma forma que a matriz de crescimento/parcela, a tela da atratividade da indústria/posição da companhia oferece uma conferência pequena, porém básica, da consistência na formulação de uma estratégia competitiva para uma indústria particular. As questões reais envolvem a decisão quanto ao local onde plotar o negócio no quadrículo, quanto a se essa posição implica a estratégia indicada e a elaboração de um conceito estratégico detalhado para construir, manter ou colher. Essas etapas exigem o tipo de análise detalhada descrita neste livro, pois os

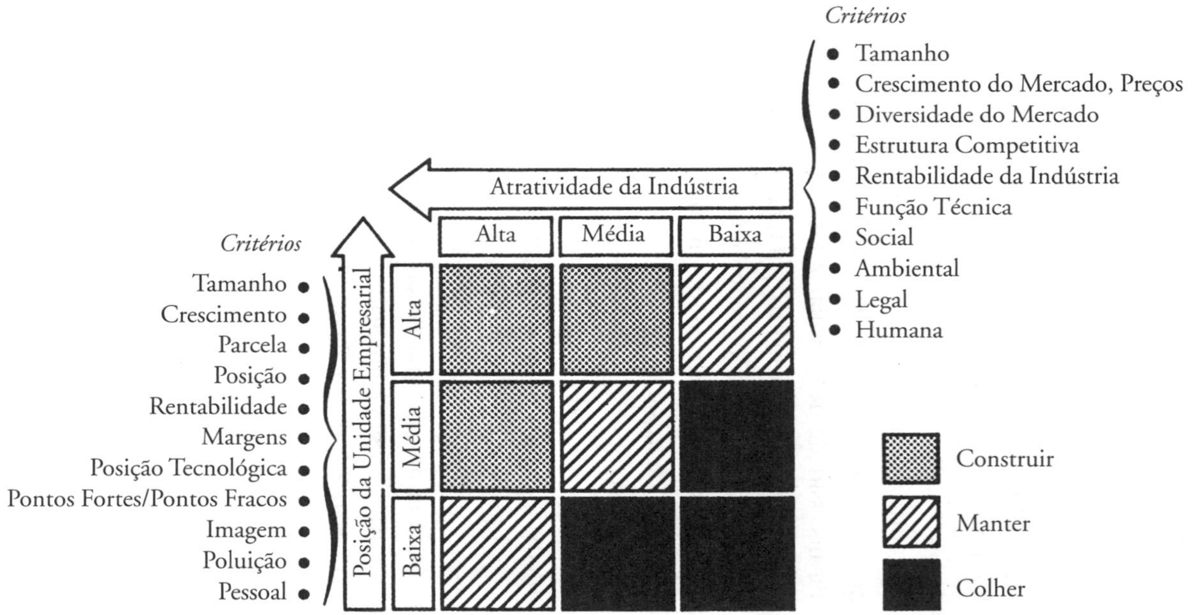

Critérios
- Tamanho
- Crescimento do Mercado, Preços
- Diversidade do Mercado
- Estrutura Competitiva
- Rentabilidade da Indústria
- Função Técnica
- Social
- Ambiental
- Legal
- Humana

Construir
Manter
Colher

Atratividade da Indústria: Alta, Média, Baixa

Posição da Unidade Empresarial: Alta, Média, Baixa

Critérios
- Tamanho
- Crescimento
- Parcela
- Posição
- Rentabilidade
- Margens
- Posição Tecnológica
- Pontos Fortes/Pontos Fracos
- Imagem
- Poluição
- Pessoal

FIGURA A-2 *Tela da atratividade da indústria/posição da companhia.*

critérios relacionados na Figura A-2 estão longe de ser suficientes para determinar a atratividade da indústria, a posição da companhia ou a estratégia apropriada. É difícil ver, por exemplo, de que forma a tela poderia fazer com que uma recomendação no sentido de investir em uma indústria em declínio parecesse um conselho em certas situações, conforme discutido no Capítulo 12.

A tela pode desempenhar um papel na análise da concorrência, quase da mesma forma que a matriz de crescimento/parcela. Ela pode ser utilizada na construção dos portfólios dos concorrentes em diferentes pontos no tempo e com o objetivo de ter uma certa idéia sobre a ordem estratégica que a unidade empresarial de um concorrente possa estar recebendo de seus escritórios centrais. A utilização da técnica da atratividade da indústria/posição da companhia ou de crescimento/parcela é, em grande parte, uma questão de preferência (basicamente a mesma análise é necessária para o uso apropriado de ambas as técnicas), a não ser que se saiba que um concorrente emprega uma ou outra. No último caso, o melhor poder de previsão é obtido com a técnica utilizada pelo concorrente. Observe que a técnica de crescimento/parcela está ligada de modo inextricável ao conceito de curva da experiência. Portanto, caso seja do conhecimento de todos que um concorrente sofre uma enorme influência desse conceito, o método do portfólio de crescimento/parcela provavelmente será um melhor previsor de suas metas e de seu comportamento.

APÊNDICE B

Como Conduzir uma Análise da Indústria

De que modo deve-se analisar uma indústria e a concorrência? Que tipos de dados são procurados e de que forma podem ser organizados? Onde procurá-los? Este apêndice trata dessas questões e de alguns dos outros problemas práticos envolvidos na condução de uma análise de indústrias. Existem basicamente dois tipos de dados sobre indústrias: dados publicados e aqueles coletados em entrevistas com participantes e observadores da indústria (dados de campo). A maior parte da discussão neste apêndice estará centrada na identificação das fontes importantes de dados publicados e de campo, de seus pontos fortes e pontos fracos e das estratégias para abordá-los com maior eficácia e na seqüência certa.

Uma análise completa da indústria é uma tarefa pesada, podendo consumir meses se começarmos do nada. Ao iniciarem uma análise da indústria, as pessoas costumam se precipitar e coletar uma massa de informações detalhadas, sem uma metodologia geral ou um método para o ajuste dessas informações. Essa falta de método resulta, na melhor das hipóteses, em frustrações, e em confusão e esforço em vão, na pior das hipóteses. Assim, antes de considerar as fontes específicas, é importante considerar uma estratégia global para a condução do estudo da indústria e das primeiras etapas críticas para iniciá-lo.

ESTRATÉGIA PARA A ANÁLISE DA INDÚSTRIA

Há dois aspectos importantes no desenvolvimento de uma estratégia para a análise de uma indústria. O primeiro é determinar exatamente o que se está procurando. "Qualquer coisa sobre a indústria" é demasiado amplo para servir como guia efetivo para a pesquisa. Embora a relação completa de questões específicas que devem ser abordadas em uma análise desse tipo dependa da indústria particular em estudo, é possível generalizar sobre as informações importantes e sobre os dados brutos que o pesquisador deveria procurar. Os capítulos neste livro identificaram as principais características estruturais das indústrias, as forças importantes que causam a sua transformação e as informações estratégicas necessárias a respeito da concorrência. Esses fatores são o alvo de uma análise da indústria, e o núcleo da metodologia que os identifica foi apresentado nos Capítulos 1, 3, 7 e 8 com extensões por todo o resto do livro. No entanto, visto que essas características da estrutura e da concorrência geralmente não são dados brutos, e sim, o resultado da *análise* deles, os pesquisadores também podem achar útil ter uma metodologia para a coleta sistemática de dados brutos. Um conjunto simples, porém completo, de áreas onde coletar esses dados é fornecido na Figura B-1. O pesquisador que conseguir descrever integralmente cada uma dessas áreas deve estar em condições de desenvolver um quadro abrangente da estrutura da indústria e dos perfis dos concorrentes.

Com uma metodologia para reunir os dados, a segunda questão estratégica básica diz respeito à seqüência do desenvolvimento dos dados em cada área. Existe uma série de alternativas, variando desde pegar um item de cada vez até um procedimento aleatório. Conforme sugerido anteriormente, existem importantes benefícios em ter-se em primeiro lugar uma *visão geral* da indústria para em seguida enfocar as peculiaridades. A experiência tem demonstrado que um amplo discernimento pode ajudar o pesquisador a localizar com uma maior eficácia itens importantes dos dados do estudo das fontes e a organizá-los de uma maneira mais efetiva à medida em que eles forem sendo coletados.

Uma série de etapas pode ser de grande auxílio na obtenção dessa visão geral:

1. *Quem faz parte da indústria.* É prudente desenvolver de imediato uma relação aproximada dos participantes da indústria, especialmente das empresas líderes. Essa relação dos principais concorrentes ajuda a encontrar com rapidez outros artigos e documentos das companhias (algumas das fontes discutidas posteriormente vão ajudar nesse processo). Uma base inicial para muitas dessas fontes é o código de *Classificação Industrial Padrão* (CIP)* da indústria que pode ser obtido no *Manual de Classificação Industrial Padrão* do Census Bureau. O sistema CIP classifica as indústrias em diversos níveis de amplitude, sendo as indústrias de dois dígitos demasiadamente amplas para a maior parte das finalidades, as indústrias de cin-

---

Nota do Tradutor: Standard Industrial Classification (SIC).

Categorias de Dados	*Compilação*
Linhas de produtos	Por companhia
Compradores e seu comportamento	Por ano
Produtos complementares	Por área funcional
Produtos substitutos	
Crescimento	
Índice	
Padrão (sazonal, cíclico)	
Determinantes	
Tecnologia de produção e distribuição	
Estrutura de custo	
Economias de escala	
Valor agregado	
Logística	
Mão-de-obra	
Marketing e Vendas	
Segmentação do mercado	
Práticas de marketing	
Fornecedores	
Canais de distribuição (se indiretos)	
Inovação	
Tipos	
Fontes	
Índice	
Economias de escala	
Concorrentes – estratégia, metas, pontos fortes e pontos fracos e hipóteses	
Meio social, político e legal	
Meio macroeconômico	

FIGURA B-1 *Categorias de dados brutos para análise da indústria.*

co dígitos em geral são demasiadamente limitadas e as indústrias de quatro dígitos geralmente são satisfatórias.

2. *Estudo das indústrias.* Com um pouco de sorte, talvez exista um estudo relativamente abrangente sobre a indústria ou vários artigos com bases amplas. A sua leitura pode ser uma forma rápida de desenvolver uma visão geral. (Fontes de estudos das indústrias são discutidas posteriormente.)

3. *Relatórios anuais.* Caso existam empresas de capital aberto na indústria, deve-se logo de início consultar os relatórios anuais. Um único relatório pode conter apenas poucas revelações. No entanto, uma rápida olhada nos relatórios anuais de vários dos principais concorrentes no decorrer de um período de dez a 15 anos é uma forma excelente de se começar a com-

preender a indústria. A maioria dos aspectos do negócio será discutida em alguma parte desses relatórios. A parte mais ilustrativa de um relatório anual, em termos de uma visão geral, é a carta do presidente. O pesquisador deve procurar as bases lógicas para os resultados financeiros satisfatórios ou insatisfatórios, que devem revelar alguns dos fatores críticos para o sucesso na indústria. Também é importante observar no relatório anual os motivos de orgulho para a companhia, as suas preocupações e as principais alterações feitas. Também é possível ter uma idéia da organização das companhias, do fluxo de produção e de inúmeros outros fatores, lendo nas entrelinhas de vários relatórios anuais da mesma companhia.

O pesquisador geralmente desejará rever os relatórios anuais e outros documentos da companhia posteriormente no estudo. A leitura inicial não revelará muitas nuanças que se evidenciam tão logo o conhecimento sobre a indústria e sobre o concorrente fique mais completo.

Entrar de Imediato no Campo

Um problema comum na fase inicial das análises das indústrias é que os pesquisadores costumam despender muito tempo procurando fontes publicadas e utilizando a biblioteca antes de começarem a atacar as fontes de campo. Conforme discutiremos mais tarde, fontes publicadas têm inúmeras limitações: oportunidade, nível de agregação, profundidade etc. Embora seja importante que o pesquisador tenha uma compreensão básica da indústria para maximizar o valor das entrevistas de campo, ele não deve esgotar todas as fontes publicadas antes de entrar no campo. Pelo contrário, a pesquisa clínica e de biblioteca devem ocorrer simultaneamente. A tendência é no sentido de uma sustentação mútua entre elas, especialmente se o pesquisador solicitar a cada fonte de campo que faça sugestões sobre materiais publicados relativos à indústria. Fontes de campo costumam ser mais eficientes pois vão direto às questões, não sendo necessário perder tempo com a leitura de documentos inúteis. As entrevistas às vezes também ajudam o pesquisador a identificar as questões. Essa ajuda pode vir, até certo ponto, em detrimento da objetividade.

Superar a Crise

A experiência mostra que o moral dos pesquisadores em um estudo de indústrias normalmente passa por um ciclo em forma de U, conforme o estudo vai se desenrolando. Um período inicial de euforia dá lugar à confusão e mesmo ao pânico à medida em que vai se evidenciando a complexidade da indústria e vão se acumulando muitas informações. Em um determinado momento posterior no estudo, tudo começa a entrar nos eixos. Esse padrão parece ser tão comum que é bom os pesquisadores se lembrarem dele.

FONTES PUBLICADAS PARA ANÁLISE DA INDÚSTRIA E DA CONCORRÊNCIA

O volume de informações publicadas disponíveis varia muito de indústria para indústria. Quanto maior a indústria, quanto mais antiga ela for e quanto mais lento o índice de mudança tecnológica, melhor a qualidade das informações. Infelizmente para o pesquisador, muitas indústrias interessantes não satisfazem esses critérios, podendo haver um volume pequeno de informações disponíveis. Contudo, é *sempre* possível obter certas informações importantes sobre uma indústria em fontes publicadas e essas fontes devem ser procuradas ofensivamente. O problema que o pesquisador geralmente encontrará no uso de dados publicados para a análise de uma indústria economicamente importante é que eles são *demasiadamente amplos*, ou estão excessivamente agregados, para que possam se adequar à indústria. Se um pesquisador começar a procura dos dados com essa realidade em mente, a utilidade de dados amplos será mais facilmente reconhecida e a tendência no sentido de desistir com demasiada facilidade será evitada.

Dois princípios importantes podem facilitar bastante o desenvolvimento de referências de materiais publicados. Primeiro, cada fonte publicada deve ser pesquisada com tenacidade em busca de referências a outras fontes, tanto outras fontes publicadas como fontes para entrevistas de campo. Os artigos normalmente citam indivíduos (executivos das indústrias, analistas de mercado etc.) que geralmente não aparecem por acaso; normalmente são observadores bem-informados ou com uma certa expressividade dentro da indústria, constituindo-se em guias excelentes.

O segundo princípio é manter uma bibliografia completa de tudo que não foi exposto. Embora na ocasião essa seja uma tarefa trabalhosa, tomar nota da citação completa da fonte não apenas poupa tempo na compilação da bibliografia no final do estudo, como também evita a repetição inútil de esforços por parte dos membros das equipes de pesquisa, além de evitar a agonia de não conseguir lembrar a origem de alguma informação vital. Notas resumidas sobre fontes, ou xerocópias daquelas que são úteis, também são de grande auxílio; minimizam a necessidade de uma nova leitura, podendo facilitar a comunicação dentro da equipe de pesquisa.

Embora os tipos de fontes publicadas sejam potencialmente numerosos, eles podem ser divididos em uma série de categorias gerais que se encontram resumidas a seguir.[1]

Estudos de Indústrias

Estudos que dão uma visão geral de algumas indústrias se dividem em dois tipos. Os primeiros são os estudos com a extensão de um livro, normalmente (mas não exclusivamente) escritos por economistas. O melhor lugar para encontrá-los é em catálogos de cartões de bibliotecas e por meio de uma conferência-cruzada de referências fornecidas em outras fontes. Participantes e observadores de uma indústria quase sempre sabem da existência desses estudos e eles devem ser indagados a respeito à medida que o estudo for tendo prosseguimento.

A segunda categoria é composta de estudos normalmente mais concisos e mais centralizados conduzidos por firmas de consultoria ou empresas de mercado, tais como a Frost and Sullivan, Arthur D. Little, o Stanford Research Institute e todas as empresas de pesquisa de Wall Street. Algumas vezes, firmas de consultoria especializadas coletam dados sobre determinadas indústrias: a SMART, Inc. na indústria de esqui, por exemplo, e a IDC na indústria de computadores. O acesso a esses estudos normalmente envolve uma taxa. Infelizmente, embora exista uma série de repertórios publicados de estudos de pesquisa de mercado, não existe nenhum lugar onde eles estejam compilados na sua totalidade e a melhor forma de conhecê-los é por intermédio dos observadores ou dos participantes da indústria.

Associações Comerciais

Muitas indústrias possuem associações comerciais que atuam como centros de informação para dados da indústria e, por vezes, publicam estatísticas detalhadas da indústria.[2] Essas associações diferem bastante quanto à sua disposição em fornecer dados a pesquisadores. No entanto, uma carta de apresentação de um membro da associação geralmente ajuda a obter a cooperação do pessoal no envio dos dados.

Seja a associação uma fonte de dados ou não, os seus membros são de extremo auxílio para alertar o pesquisador quanto a quaisquer informações publicadas so-

---

[1] L. Daniels (1976) é uma fonte geral excelente de informações sobre administração de empresas. Existem também diversos serviços computadorizados de resumos para referências e artigos à disposição em grandes bibliotecas de administração de empresas, o que pode acelerar a tarefa de encontrar artigos e separar os úteis daqueles que não são tão úteis.
[2] Existem inúmeros manuais publicados de associações comerciais.

bre a indústria, na identificação dos principais participantes e em discussões sobre suas impressões gerais quanto ao fornecimento dessa indústria, seus fatores básicos para o sucesso da companhia e importantes tendências da indústria. Uma vez feito o contato com um membro da associação, essa pessoa pode, por sua vez, ser uma fonte proveitosa de recomendações aos participantes que representam vários pontos de vista.

Revistas Especializadas

A maioria das indústrias tem uma ou mais revistas especializadas que cobrem os seus eventos em uma base regular (às vezes até mesmo diária). A cobertura de uma indústria de pequeno porte pode ser feita como parte de uma publicação com bases mais amplas. Jornais especializados em indústrias de fornecedores, distribuidores ou clientes também são fontes úteis.

A leitura dessas revistas durante um longo período de tempo é uma forma extremamente útil para que se compreenda a dinâmica competitiva e as mudanças importantes em uma indústria, assim como para um diagnóstico de suas normas e atitudes.

Imprensa Comercial

Uma ampla variedade de publicações comerciais abrange companhias e indústrias em uma base intermitente. Para obter referências, existe uma série de bibliografias-padrão incluindo o *Business Periodicals Index*, *The Wall Street Journal Index* e o *F&S Index*, Estados Unidos (e associados para Europa e Internacional).

Repertórios das Companhias e Dados Estatísticos

Existe uma variedade de repertórios de empresas privadas e públicas norte-americanas, alguns dos quais fornecem um volume limitado de dados. Muitos repertórios relacionam as empresas pelo código da CIP e, portanto, fornecem um método para a elaboração de uma relação completa de participantes da indústria. Repertórios abrangentes incluem o *Thomas Register of American Manufacturers*, o *Million Dollar Directory* e o *Middle Market Directory* de Dun and Bradstreet, o *Standard and Poor's Register of Corporations, Directors and Executives* e as várias publicações da *Moody*. Uma outra relação ampla de companhias classificadas por indústria é o *30.000 Leading US. Corporations* da Newsfront, que também fornece algumas informações financeiras limitadas. Além desses repertórios gerais, outras fontes potenciais de amplas relações de companhias são revistas financeiras (*Fortune, Forbes*) e manuais dos compradores.

Dun and Bradstreet compila relatórios de crédito de todas as companhias de porte significativo, sejam elas públicas ou privadas. Esses relatórios não estão à disposição em nenhuma biblioteca, só sendo fornecidos às companhias assinantes que pagam um alto custo fixo pelo serviço mais uma pequena taxa pelos relatórios individuais. Esses relatórios são valiosos como fontes relativas a companhias privadas, mas visto que os dados fornecidos por essas companhias não sofreram auditoria, devem ser utilizados com precaução; muitos usuários relataram erros nas informações.

Há também inúmeras fontes estatísticas de dados relacionados a gastos com propaganda e desempenho do mercado de ações.

Documentos das Companhias

A maior parte das companhias publica uma variedade de documentos a respeito de si próprias, particularmente quando são de capital aberto. Além dos relatórios anuais, o formulário "10-K's" da SEC,* declarações que acompanham pedidos de procuração para votar, prospectos e outros arquivos governamentais podem ser proveitosos. De utilidade também são os discursos ou os depoimentos de executivos das empresas, comunicados da imprensa, literatura relacionada a produtos, manuais, histórias publicadas sobre as companhias, transcrições de reuniões anuais, anúncios classificados, patentes e até mesmo propaganda.

Principais Fontes Governamentais

O Internal Revenue Service** fornece no *IRS Corporation Source Book of Statistics of Income* informações financeiras anuais aplicáveis sobre indústrias (por porte das organizações dentro da indústria) com base nas declarações de imposto de renda de pessoas jurídicas. Uma versão impressa menos detalhada dos dados encontra-se no *Statistics of Income* do IRS. A principal desvantagem dessa fonte é que os dados financeiros para uma companhia inteira são alocados para a indústria de origem

---

Nota do Tradutor: SEC é a sigla para *Securities and Exchange Commission*, um órgão norte-americano correspondente à Comissão de Valores Mobiliários. E o 10-K's é um formulário padrão onde estão contidas informações sobre as atividades das empresas que têm suas ações negociadas na Bolsa de Valores.
**Nota do Tradutor:* Internal Revenue Service* (IRS) é um departamento norte-americano que corresponderia ao nosso Fisco.

dessa companhia, introduzindo, dessa forma, tendenciosidades em indústrias em que muitos participantes são altamente diversificados. Contudo, estão disponíveis dados anuais do IRS a partir da década de 1940, sendo essa a única fonte que fornece dados financeiros abrangendo todas as empresas na indústria.

Uma outra fonte estatística do governo é o Bureau of the Census. Os volumes utilizados com maior freqüência são o *Census of Manufacturers*, *Census of Retail Trade* e o *Census of the Mineral Industries*.* Da mesma forma que os dados do IRS, o censo não se refere a companhias específicas, dividindo as estatísticas de acordo como código da CIP. O material do censo também contém um volume considerável de dados regionais para as indústrias. Ao contrário dos dados do IRS, os dados do censo são baseados em agregados de dados obtidos com os estabelecimentos dentro das corporações, tais como fábricas e depósitos, e não nas corporações como um todo. Portanto, os dados não são influenciados pela diversificação das companhias. Uma peculiaridade do *Census of Manufacturers*, que pode ser de grande auxílio, é o relatório especial, *Concentration Ratios in Manufacturing Industry*. Essa seção fornece as percentagens de vendas das quatro, oito, vinte e cinqüenta maiores empresas na indústria para cada indústria manufatureira de quatro dígitos da CIP na economia. Uma outra fonte governamental útil para mudanças no nível de preços em indústrias é o *Wholesale Price Index* do Bureau of Labor Statistics.

Orientações quanto a outras informações governamentais podem ser obtidas nos vários índices de publicações do governo, bem como por meio de um contato com o Departamento de Comércio Norte-Americano e com as bibliotecas de outras agências do governo. Outras fontes incluem arquivos de agências reguladoras, audiências parlamentares e estatísticas de escritórios de patentes.

Outras Fontes

Algumas outras fontes publicadas potencialmente proveitosas incluem as seguintes:

- registros antitruste;
- jornais dos locais onde estão localizadas as instalações ou a matriz de um concorrente;
- registros de tributos locais.

**Nota do Tradutor:* Correspondendo, aproximadamente, a Censo de Fabricantes, Censo do Comércio Varejista e Censo de Indústrias de Minérios.

COLETA DE DADOS DE CAMPO PARA A ANÁLISE DA INDÚSTRIA

Na coleta de dados de campo é importante ter uma metodologia para a identificação de possíveis fontes, para determinar a sua provável atitude quanto a uma cooperação com a pesquisa e para desenvolver um método para abordá-las. A Figura B-2 fornece um diagrama esquemático das principais fontes de dados de campo: os participantes da indústria propriamente dita, empresas e indivíduos em atividades adjacentes à indústria (fornecedores, distribuidores, clientes), organizações de serviços que mantêm contato com a indústria (inclusive associações comerciais) e observadores da indústria (inclusive a comunidade financeira, entidades reguladoras etc.). Cada uma dessas fontes possui características um pouco distintas, sendo útil identificá-las explicitamente.

Características das Fontes de Campo

A fonte mais incerta quanto a uma cooperação com os pesquisadores talvez sejam os concorrentes, pois os dados por eles liberados têm um potencial real para causar-lhes prejuízo econômico. A abordagem dessas fontes exige o mais alto grau de cuidado (algumas diretrizes serão discutidas mais tarde). Por vezes se recusam a prestar qualquer tipo de cooperação.

As outras fontes mais sensíveis são as organizações de serviços, como, por exemplo, consultores, auditores, banqueiros e o pessoal das associações comerciais, que operam seguindo uma tradição de confidencialidade em relação aos clientes individuais, embora normalmente isso não se aplique às informações gerais sobre o histórico da indústria. A maioria das outras fontes não sofre uma ameaça direta da pesquisa e, na verdade, normalmente a consideram uma ajuda. Os observadores externos mais perceptivos em geral são os executivos de fornecedores ou clientes que durante um longo tempo tiveram um interesse ativo por todos os participantes da indústria. Varejistas e atacadistas também são fontes excelentes.

O pesquisador deve procurar conversar com indivíduos em todos os principais grupos, pois cada um deles pode fornecer dados importantes e conferências-cruzadas úteis. Devido às perspectivas diferentes desses indivíduos, o pesquisador *não* deve ficar surpreso se por acaso as declarações deles forem conflitantes e até mesmo diretamente contraditórias. Uma das artes da entrevista é a conferência-cruzada e a verificação de dados de diferentes fontes.

O pesquisador pode fazer o contato de campo inicial em qualquer ponto mostrado na Figura B-2. De início, para coletar conhecimento, é melhor fazer contato com alguém informado em relação à indústria *mas que não tenha um interesse competitivo ou econômico direto nela*. Essas terceiras partes interessadas são geralmente mais abertas, sendo o melhor meio para se obter uma visão não tendenciosa da indústria e dos principais atores envolvidos, o que é importante no início da pesquisa. Quando o pesquisador está em condições de fazer perguntas mais perceptivas e perspicazes, ele pode abordar participantes diretos da indústria. Entretanto, para maximizar as chances de sucesso em qualquer entrevista, é importante ter uma apresentação pessoal, não importando quão indireta ela seja. Essa consideração pode ditar a escolha do ponto em que começar. A pesquisa de campo sempre envolve um elemento de oportunismo, e seguir um método de análise não deverá impedir que o pesquisador busque boas orientações.

É importante lembrar que muitos participantes ou observadores de uma indústria se conhecem pessoalmente. As indústrias têm um caráter distinto; elas são compostas por pessoas. Assim, uma fonte levará a outra, se o pesquisador for hábil nessa tarefa. Sujeitos particularmente receptivos a entrevistas de campo são indivíduos que foram citados em artigos. Um outro método adequado para o desenvolvimento das entrevistas é participar de convenções de indústrias com o objetivo de travar relações informais com as pessoas e gerar contatos.

Entrevistas de Campo

A entrevista de campo efetiva é um processo delicado e demorado, mas que reunirá a maior parte das informações críticas para muitos estudos de indústrias. Embora cada entrevistador tenha seu próprio estilo, alguns pontos simples podem ser úteis.

Contatos. Geralmente é mais produtivo fazer contato com fontes potenciais por telefone do que por carta, ou dando um telefonema após o envio de uma carta. As pessoas costumam colocar as cartas de lado, evitando decidir se irão cooperar ou não. Um telefonema força o assunto, sendo muito mais provável que as pessoas cooperem com um pedido verbal articulado e bem informado do que com uma carta.

Tempo de Espera. Os pesquisadores devem começar a acertar as entrevistas o mais breve possível, pois o tempo de espera pode ser longo e pode ser difícil coordenar as programações de viagens; o espaço de tempo entre o acerto da entrevista e a sua conclusão pode envolver vários meses. Embora o tempo de espera para a maior parte das entrevistas seja de pelo menos uma semana, freqüentemente o pesquisador consegue obter uma entrevista em pouco tempo quando as programações das

Como Conduzir uma Análise da Indústria 393

```
                    ┌──────────────────┐
                    │  Observadores    │
                    │  da Indústria    │
                    └──────────────────┘
```

Organizações com cenários-padrão
(por exemplo, laboratórios de seguradoras)

Sindicatos

Imprensa, particularmente
  editores de imprensa
  especializada e da imprensa
  local em que estão localizadas
  as instalações ou a sede
  dos concorrentes

Organizações locais
  (isto é, Câmara de
  Comércio) onde estão
  localizadas as instalações
  ou a sede

Governo estadual

Governo federal

Organizações internacionais
  (por exemplo, OCDE, Nações Unidas)

Grupos controladores (por exemplo,
  Sindicato dos Consumidores
  e Ralph Nader)

Comunidade financeira
  (analistas de mercado)

Agências envolvidas na
  regulamentação,
  promoção da indústria,
  financiamentos etc.

Fornecedores → **Indústria** ← **Distribuidores** ← **Clientes**

Entrevistar Fontes sobre Concorrentes Dentro da Companhia

Organizações de Serviços

Assessoria de pesquisa de mercado

Força de vendas

Organizações de serviços

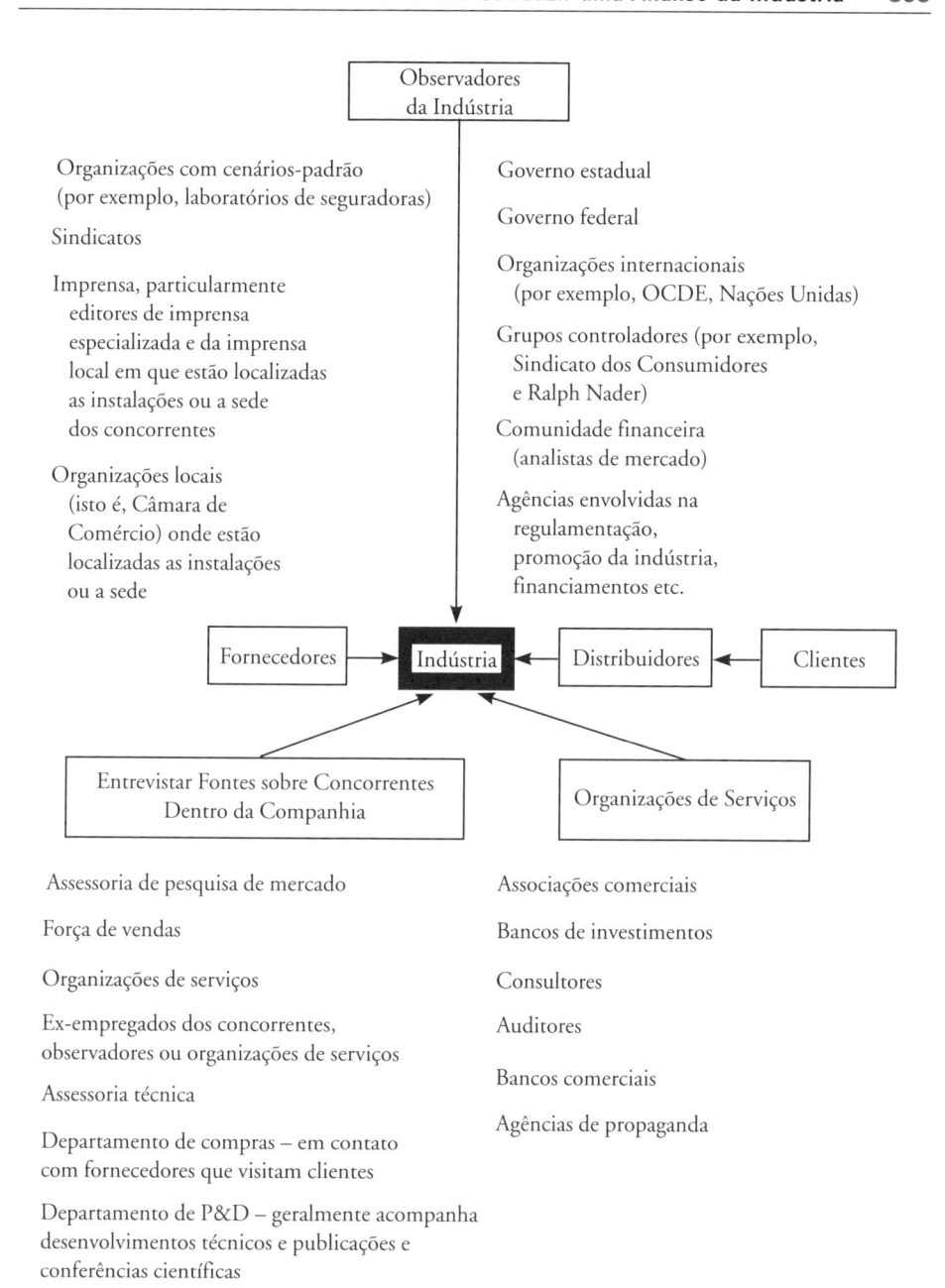

Ex-empregados dos concorrentes,
observadores ou organizações de serviços

Assessoria técnica

Departamento de compras – em contato
com fornecedores que visitam clientes

Departamento de P&D – geralmente acompanha
desenvolvimentos técnicos e publicações e
conferências científicas

Associações comerciais

Bancos de investimentos

Consultores

Auditores

Bancos comerciais

Agências de propaganda

FIGURA B-2 *Fontes de dados de campo para análise da indústria.*

pessoas sofrem alterações. É aconselhável identificar uma série de fontes alternativas para qualquer viagem de entrevista; se surgir tempo, talvez elas queiram marcar o encontro para dentro de pouco tempo.

Uma Coisa por Outra. Ao acertar uma entrevista, o entrevistador deve ter alguma coisa para oferecer ao entrevistado em troca de seu tempo. Isso pode variar de uma oferta para discutir (seletivamente, é claro) algumas das observações do pesquisador com base no estudo, um feedback sensato sobre os comentários dos entrevistados, a sumários dos resultados ou extratos do próprio estudo, quando viável.

Afiliação. Um entrevistador precisa estar preparado para fornecer a sua afiliação e para dar alguma explicação sobre a identidade ou (pelo menos) a natureza de seu (ou sua) cliente, caso o estudo esteja sendo conduzido para uma outra organização. Há uma obrigação moral de alertar o entrevistado caso as informações possam ser utilizadas em seu prejuízo. Se a identidade da empresa ou do cliente do entrevistador não puder ser revelada, deve ser dada alguma explicação geral sobre o interesse econômico da empresa ou do cliente em relação ao negócio em estudo. Do contrário, os entrevistados não irão (e não deverão) conceder uma entrevista. O impedimento de revelar a identidade da empresa ou do cliente freqüentemente limita (embora não necessariamente anule) a utilidade da entrevista.

Perseverança. Não importa a habilidade do entrevistador, a tarefa de programar entrevistas é invariavelmente um processo frustrante; muitas vezes uma entrevista é recusada ou o entrevistado está francamente desinteressado por ela. Isso está na natureza do problema e não deve deter o entrevistador. Normalmente, o entrevistado fica muito mais entusiasmado depois de iniciada uma reunião e depois de a relação entre entrevistado e entrevistador ter se tornado mais pessoal.

Credibilidade. Um certo conhecimento do negócio dá aos entrevistadores uma grande credibilidade para conseguirem entrevistas e na condução das mesmas. Esse conhecimento deve ser demonstrado logo de início nos contatos iniciais e nas próprias entrevistas. Dessa forma, a entrevista se torna mais interessante e potencialmente útil para o indivíduo.

Trabalho em Equipe. Fazer entrevistas é um trabalho cansativo e a forma ideal de executá-las é em equipes de dois, caso os recursos permitam. Enquanto um membro faz uma pergunta, o outro pode ir tomando nota e elaborando a rodada seguinte de perguntas. Isso também permite que um entrevistador mantenha um contato visual enquanto o outro vai fazendo as anotações. O trabalho em equipe também permite um debate imediatamente após a entrevista ou no final do dia, o que é de extrema utilidade na revisão e no esclarecimento das anotações, na conferência de impressões consistentes, na análise da entrevista e na síntese dos achados. Normalmente nessas sessões é realizado um trabalho bastante criativo na pesquisa de indústrias. O entrevistador que trabalha sozinho também deve reservar tempo para essa atividade.

Perguntas. A coleta de dados acurados depende da elaboração de perguntas sem tendenciosidade, que não façam um julgamento antecipado, nem limitem a resposta, e que não exponham as parcialidades do próprio entrevistador. O entrevistador também precisa ser sensível para não demonstrar por meio de seu comportamento, tom de voz ou expressão, qual é a resposta "desejada". A maioria das pessoas gosta de ser cooperativa e agradável, e essa demonstração pode influenciar a resposta.

Observações. Além de tomar notas, pode ser proveitoso o pesquisador escrever observações sobre a própria entrevista. Que publicações o indivíduo utiliza? Que livros estão nas estantes? Qual o tipo de decoração dos escritórios? São luxuosos ou simples? O entrevistado tem no escritório algum produto de amostra? Esse tipo de informação freqüentemente fornece dicas úteis na interpretação dos dados verbais resultantes da entrevista, além de conduzir a outras fontes.

Relações. É importante reconhecer que o indivíduo é um ser humano, nunca viu o pesquisador antes, tem as suas próprias características pessoais e pode estar bastante indeciso quanto ao que dizer ou não. O estilo e o vocabulário desse sujeito, sua postura e sua atitude, linguagem corporal etc. fornecem dicas importantes e devem ser diagnosticados rapidamente. Um bom entrevistador geralmente é perito em travar prontamente uma relação com o entrevistado. O esforço no sentido de adaptar-se ao estilo do entrevistado, reduzir o nível de incerteza e tornar pessoal a interação em vez de mantê-la em um nível comercial abstrato, será recompensado na qualidade e na sinceridade das informações recebidas.

Formal Versus *Informal.* Informações bastante interessantes freqüentemente surgem após o término da entrevista formal. Por exemplo, se o pesquisador conseguir dar uma volta pela fábrica, o entrevistado pode tornar-se muito mais aberto quando o cenário sai do ambiente mais formal do escritório. O pesquisador deve procurar planejar as entrevistas de modo que a formalidade inerente à situação seja superada. Isso pode ser feito em um encontro em terreno neutro, dando uma volta, almoçando juntos ou descobrindo e discutindo outros assuntos de interesse comum, fora da indústria em questão.

Dados Sensíveis. Geralmente é mais aconselhável começar uma entrevista com perguntas gerais não ameaçadoras em vez de solicitar números específicos ou outros dados potencialmente sensíveis. Em situações em que a preocupação com relação a dados sensíveis é provável, normalmente é melhor afirmar explicitamente no início da entrevista que o pesquisador não está solicitando dados patenteados e sim impressões relativas à indústria. Os indivíduos normalmente preferem fornecer dados na forma de aproximações, cálculos estimados ou "números arredondados" que podem ser de extrema utilidade para o entrevistador. As perguntas devem ser estruturadas da seguinte forma: "O número de seus vendedores está mais próximo de cem ou de quinhentos?"

Procura de Referências. Um pesquisador sempre deve reservar um certo tempo nas entrevistas para fazer perguntas do tipo: "Com quem mais devemos conversar?"; "Com que publicações nós precisamos estar familiarizados?"; "Está sendo realizada alguma convenção da qual seria útil participarmos?" (um grande número de indústrias realiza suas convenções em janeiro e fevereiro.); "Existe algum livro que poderia prestar esclarecimentos?". A forma de maximizar o uso das entrevistas é obter outras referências de cada uma delas. Caso o entrevistado esteja disposto a fornecer uma referência pessoal a um outro indivíduo, a oferta deve ser sempre aceita. Ela facilitará bastante no acerto de outras entrevistas.

Entrevistas por Telefone. Entrevistas pelo telefone podem ser bastante proveitosas um pouco mais tarde no estudo, quando as perguntas podem ser altamente centralizadas. Essas entrevistas funcionam melhor com fornecedores, clientes, distribuidores e outras fontes.

Bibliografia

Abell, D.F. e Hammond, J.S. *Strategic Market Planning: Problems and Analytical Approaches*. Englewood Cliffs, N.J.: Prentice-Hall, 1979.
Abernathy, W.J. e Wayne, K. "The Limits of the Learning Curve", *Harvard Business Review*, setembro/outubro, 1974.
Abernathy, W.J. *The Productivity Dilemma: Roadblock to Innovation in the Automobile Industry*. Baltimore, Md.: Johns Hopkins Press, 1978.
Andrews, K. R. *The Concept of Corporate Strategy*. New York: Down Jones-Irwin, 1971.
Ansoff, H.I. "Checklist for Competitive and Competence Profiles". *Corporate Strategy*, pp. 98-99. New York: McGraw-Hill, 1965.
Brock, G. *The U.S. Computer Industry*. Cambridge, Mass.: Ballinger Press, 1975.
Buchele, R. "How to Evaluate a Firm". *California Management Review*, outono 1962, pp. 5-16.
Buffa, E.S. *Modern Production Management*. 4. ed. New York: Wiley, 1973.
Buzzell, R.D. "Competitive Behavior and Product Life Cycles." In *New Ideas for Successful Marketing*, editado por John Wright e J.L. Goldstucker, pp. 46-68. Chicago: American Marketing Association, 1966.
Buzzell, R.D., Gale, B.T. e Sultan, R.G.M. "Market Share – A Key to Profitability." *Harvard Business Review*, janeiro-fevereiro 1975, p. 97-106.
Buzzell, R.D. Nourse, R.M., Matthews, J.B., Jr. e Levitt, T. *Marketing: A Contemporary Analysis*. New York: McGraw-Hill, 1972.
Cannon, J.T. *Business Strategy and policy*. New York: Harcourt, Brace and World, 1968.
Catry, B. e Chevalier, M. "Market Share Strategy and the Product Life Cycle". *Journal of Marketing*, Vol. 38, outubro 1974, pp. 29-34.
Christensen, C.R., Andrews, K.R. e Bower, J.L. *Business Policy: Text and Cases*. Homewood, Ill.: Richard D. Irwin, 1973.
Clifford, D.K., Jr. "Leverage in the Product Life Cycle." *Dun's Review*, maio 1965.
Corey, R. *Industrial Marketing*. 2. ed. Englewood Cliffs, N.J.: Prentice-Hall, 1976.
Cox, W.E., Jr. "Product Life Cycles as Marketing Models." *Journal of Business*, outubro 1967, p. 375-384.
Daniels, L. *Business Information Sources*. Berkeley: University of California Press, 1976.

Day, G.S. "Diagnosing the Product Portfolio." *Journal of Marketing*, abril 1977, pp. 29-38.

D'Cruz, J. "Quasi-Integration in Raw Material Markets." DBA Dissertation, Harvard Graduate School of Business Administration, 1979.

Dean, J. "Pricing Policies for New Products." *Harvard Business Review*, Vol. 28, Número 6, novembro 1950.

Deutsch, M. "The Effect of Motivational Orientation Upon Threat and Suspicion." *Human Relations*, 1960, pp. 123-139.

Doz, Y.L. *Government Control and Multinational Strategic Management*. New York: Praeger, 1979.

———. "Strategic Management in Multinational Companies." *Sloan Management Review*, no prelo, 1980.

Forbus, J.L. e Mehta, N. T. "Economic Value to the Customer." Staff paper, McKinsey and Company, fevereiro 1979.

Forrester, J.W. "Advertising: A problem in Industrial Dynamics." *Harvard Business Review*, Vol. 37, Número 2, março/abril 1959, pp. 100-110.

Fouraker, L.F. e Siegel, S. *Bergaining and Group Decision Making: Experiments in Bilateral Monopoly*. New York: McGraw-Hill, 1960.

Fruhan, W.E., Jr. *The Fight for Competitive Advantage*. Cambridge, Mass.: Division of Research, Harvard Graduate School of Business Administration, 1972.

———. *Financial Strategy*. Homewood, Ill.: Richard D. Irwin, 1979.

Gilmour, S.C. "The Divestment Decision Process." DBA Dissertation, Harvard Graduate School of Business Administration, 1973.

Harrigan, K.R. "Strategies for Declining Industries. DBA Dissertation, Harvard Graduate School of Business Administration, 1979.

Hunt, M.S. "Competition in the Major Home Appliance Industry." Ph.D. Dissertation, Harvard University, 1972.

Knickerbocker, F.T. *Oligopolistic Reaction and Multinational Enterprise*. Cambridge, Mass.: Division of Research, Harvard Graduate School of Business Administration, 1973.

Kotler, P. *Marketing Management*. 2. ed. Englewood Cliffs, N.J.: Prentice-Hall, 1972.

Levitt, T. "Exploit the Product Life Cycle." *Harvard Business Review*, novembro/dezembro 1965, pp. 81-94.

———. "The Augmented Product Concept." In *The Marketing Mode: Pathways to Corporate Crowth*. New York: McGraw-Hill, 1969.

Mehta, N.T. "Policy Formulation in a Declining Industry: The Case of the Canadian Dissolving Pulp Industry." DBA Dissertation, Harvard Graduate School of Business Administration, 1978.

Moore, F.G. *Production Management*. 6. ed. Homewood, Ill.: Richard D. Irwin, 1973.

Newman, H.H. "Strategic Groups and the Structure-Performance Relationship." *Review of Economics and Statistics*, Vol. LX, Agosto 1978, pp. 417-427.

Newman, W.H. e Logan, J.P. *Strategy, Policy and Central Management*. Capítulo 2. Cincinnati, Ohio: South Western Publishing, 1971.

Patton, Arch. "Stretch Your Product's Earning Years? *Management Review*, Vol. XLVII, Número 6, junho 1959.

Polli, R. e Cook, V. "Validity of the Product Life Cycle." *Journal of Business*, outubro 1969, pp. 385-400.

Porter, M.E. *Interbrand Choice, Strategy and Bilateral Market Power*. Cambridge, Mass.: Harvard University Press, 1967a.

——. "Strategy Under Conditions of Adversity? Discussion paper, Harvard Graduate School of Business Administration, 1976b.

—— "Please Note Location of Nearest Exit: Exit Barriers and Planning." *California Management Review*, Vol. XIX, inverno 1976c, pp. 21-33.

——. "The Structure Within Industries and Companies' Performance." *Review of Economics and Statistics*, LXI, maio 1979, pp. 214-227.

Porter, M.E. e Spence, M. "Capacity Expansion in a Growing Oligopoly: The Case of Corn Wet Milling". Discussion paper, Harvard Graduate School of Business Administration, 1978.

Quain, Mitchell. *Lift-Truck Industry: Near Term Outlook*. Nova York: Wertheim & Company, 22 de junho, 1977.

Rothschild, W.E. *Putting It All Together*. Nova York: AMACOM, 1979.

Salter, M. e Weinhold, W. *Diversification Through Acquisition*. New York: Free Press, 1979.

Schelling T. *The Strategy of Conflict*. Cambridge, Mass.: Harvard University Press, 1960.

Schoeffler, S., Buzzell, R.D. e Heany, D.F. "Impact of Strategic Planning on Profit Performance." *Harvard Business Review*, março/abril 1974, pp. 137-145.

Skinner, W. "The Focused Factory." *Harvard Business Review*, maio/junho 1974, pp. 113-121.

Smallwood, J.E. "The Product Life Cycle: A Key to Strategic Market Planning." *MSU Business Topics*, Vol. 21, Número 1, inverno 1973, pp. 29-36.

Spence, A.M. "Entry, Capacity, Investment and Oligopolistic Pricing." *Bell Journal of Economics*, Vol. 8, outono 1977, pp. 534-544.

Staudt, T.A., Taylor, D. e Bowersox, D. A *Managerial Introduction to Marketing*, 3. ed. Englewood Cliffs, N.J.: Prentice-Hall, 1976.

Sultan, R. *Pricing in the Electrical Oligopoly. Vols. I and II*. Cambridge, Mass.: Division of Research, Harvard Graduate School of Business Administration, 1974.

Vernon, R. "International Investment and International Trade in the Product Cycle." *Quarterly Journal of Economics*, Vol. LXXX, maio 1966, pp. 190-207.

——. "The Waning Power of the Product Cycle Hypothesis." Discussion paper, Harvard Graduate School of Business Administration, maio 1979.

Wells, L.T., Jr. "International Trade: The Product Life Cycle Approach." In *The Product Life Cycle in International Trade*, editado por L.T. Wells, Jr. Cambridge, Mass.: Division of Research, Harvard Graduate School of Business Administration, 1972.

ESTUDOS DE CASOS

Note on the Watch Industries in Switzerland, Japan and the United States. Intercollegiate Case Clearinghouse, 9-373-090.

Prelude Corporation. Intercollegiate Case Clearinghouse, 4-373-052, 1968.

Timex(A). Intercollegiate Case Clearinghouse, 6-373-080.

PERIÓDICOS

Business Week, 13 de agosto de 1979; 11 de junho de 1979; 27 de novembro de 1978; 9 de outubro de 1978; 17 de julho de 1978; 15 de agosto de 1977; 28 de fevereiro de 1977; 13 de dezembro de 1976; 19 de novembro de 1976.

Dun's, fevereiro de 1977.

Forbes, 25 de dezembro de 1978; 18 de setembro de 1978; 15 de julho de 1977; 15 de novembro de 1977.

New York Times, 11 de fevereiro de 1979.

Índice Analítico

Abell, D., 329
Abernathy, W.J., 17, 225, 251
Agências de emprego, 207
Alavancagem operacional, 323, 324
Allis-Chalmers, 45, 306
American Hospital Supply Corporation, 108
American Motors Corporation, 101, 132, 157
Análise da concorrência
　capacidades do concorrente, 49-50, 56, 66-70, 95-96, 115, 155-156
　em indústrias emergentes, 242
　em indústrias globais, 305-306
　estrutura organizacional, 54-55
　hipóteses do concorrente, 49-51, 60-66, 95-97, 99, 246, 255, 272
　metas do concorrente, 49, 50, 51, 61, 95, 99-105
　motivos variados, 72-74
　selecionando o campo de batalha, 72
　sinais de mercado, 78-79
　teoria, 49-77
Ancell, N., 216
Ansoff, H.I., 66
Aquisições, 34, 366-372; *ver também* Entrada
　efeito sobre a rivalidade, 21-22
　indústrias fragmentadas, 211
　previsões, 51-52
Archer-Daniels-Midland, 359
Armadilha de caixa, 256
Atacadistas, 30
Avisos, 78-83

Baldor, Inc., 44

Barreiras de entrada; *ver também* Barreiras de mobilidade
　acesso a canais de distribuição, 11
　curva de experiência, 11-14, 16-18
　custos de mudança, 10
　desvantagens de custo, 11-14
　diferenciação do produto, 9
　e concorrência global, 308-309
　e entrada, 356-367
　e maturidade da indústria, 249
　economias de escala, 7-7, 16
　em indústrias emergentes, 228-229
　em indústrias fragmentadas, 203
　excesso de capacidade, 8
　exigências de capital, 10
　integração vertical, 9, 322, 324
　política governamental, 14
　teoria, 7-18, 34-35, 148-150
Barreiras de mobilidade; *ver também* Barreiras de entrada
　e concentração na indústria, 192
　e inovação no marketing, 185-186
　e inovação no processo, 186
　e inovação no produto, 185
　e integração vertical, 322-324
　e P&D, 179-180
　em indústrias emergentes, 228-229, 240
　em indústrias globais, 292
　teoria, 138-143, 160-161
Barreiras de saída
　e barreiras de entrada, 23-25
　e concentração de indústrias, 194
　e expansão da capacidade, 346
　e fragmentação da indústria, 206

e rivalidade, 22
em indústrias globais, 303-304
métodos para reduzir, 279
teoria, 69, 190, 233, 269-275, 325
Baxter Travenol Laboratories, 108-109
Bem público, 289
Bens duráveis, 174
Bhadkamkar, N., 286
Bic-Pen Corporation, 54, 57, 101
Black and Decker, 13
Boston Consulting Group, 286
British Leyland, 44
Brown.Boveri, 306
Buchele, R., 66
Buffa, E.S., 314
Bulova Watch Company, 181
Burger King, 261
Burroughs Corporation, 132
Buzzell, R.D., 167

Campbell Soup Company, 371
Cannon, J.T., 334
Canteen Corporation, 251
Capacidade excedente, 258-259
Capacidades da empresa; *ver* Análise da concorrência
Carga aérea, 8
Cargill, Inc., 359
Castle & Cooke, 140
Caterpillar Tractor, 39, 87
Catry, B., 167
CBS, Inc., 211
Cenários, 243, 341
Centros de regulagem de automóveis, 231
Century 21, Inc., 211
Cessna, 182-183
Charles River Breeding Laboratories, 209
Charmin Paper Company, 22, 373
Chevalier, M., 167
Chrysler Corporation, 44, 133, 307
Ciclo de vida do produto, 163, 168
Ciclo de vida do produto e comércio internacional, 295-296
Ciclo econômico, 174
Clark Equipment, 43
Clifford, D., 167
Coalizões, 307
Coca-Cola Company, 53, 88, 151
Companhias de eletricidade, 232
Compradores
 aprendizagem, 176-177
 comportamento em indústrias em declínio, 267-269, 272-273
 compradores habituais, 173-175
 efeito sobre a fragmentação da indústria, 204-205
 em indústrias emergentes, 227
 em indústrias na maturidade, 246-248
 estratégia direcionada para, 112-127
 poder de negociação, 28-31, 117-119
 potencial de crescimento, 114-118
 sensibilidade ao preço, 118-123
Compradores habituais, 174
Compromisso, 92, 102, 103-109
Computer Automation, Inc., 226
Concentração na indústria, 19, 27, 31, 128-129, 192-193
Concorrência de preços, 18, 257
Concorrência internacional, 5, 188, 248, 255; *ver também* Indústrias Globais
Concorrentes estrangeiros, 20; *ver também* Indústrias Globais
Concorrentes potenciais, 50-52
Concreto protendido, 293
Consolidação da indústria, 192-194, 208-214
Contratos a longo prazo, 333-334
Control Data Corporation, 132, 139
Cook, P., 163
Cooperação na indústria, 239
Cooperativas agrícolas, 146
Corey, R., 122
Corning Glass Works, 239
Cox, W.E., Jr., 167
CPC International, 286
Crescimento da indústria
 determinantes do, 170-175
 e demografia, 170
 e necessidades do consumidor, 171-172
 e penetração, 173-174
 e produtos complementares, 173
 e produtos substitutos, 172-173
 e rivalidade, 19
Crescimento sustentável, 69
Critérios convencionais, 62, 227
Crown Cork and Seal, Inc., 41, 132, 255, 261
Cultura empresarial, 43, 44
Curtis Publishing Company, 324
Curvas de custos, 254
Curva da experiência
 e evolução da indústria, 181-182
 e expansão da capacidade, 344
 e preempção, 353-354

em indústrias emergentes, 225
em indústrias fragmentadas, 204, 209-210
em indústrias globais, 290
teoria, 11-13, 15-18
Custo de atendimento aos compradores, 114, 122
Custos compartilhados, 8, 9, 14; *ver também* Modelos de portfólio
Custos de armazenamento, 19, 31
Custos de estoque, 204
Custos de mudança, 20, 23, 29, 30, 32, 118, 126, 127, 130, 235-237, 285
Custos de transações, 117, 119
Custos de transporte, 204, 293
Custos fixos, 19, 28, 219, 272-273

Dados da indústria, 74-77
Data General Inc., 226
D'Cruz, J., 336
Dean Foods, 255
DeCastro, E., 226
Decisões de fazer ou comprar, 314
Defesa cruzada, 86-89
Definição de indústria, 4, 36-37, 45, 141-142, 152, 193-194
Del Monte Company, 372
Demanda de reposição, 174
Demografia, 170, 268
Desativação; *ver* Barreiras de saída
Deseconomias de escala, 204-206, 211
Desenvolvimento interno, 356-367
Design and Manufacturing Corporation, 135-136
Destino dos ativos, 276
Deutsch, M., 106
Doz, Y., 204
Diferenciação do produto
e economias de escala, 16-17
e fornecedores, 31
e integração vertical, 321, 329, 333
e o ciclo de vida do produto, 165-167
efeito da aprendizagem do comprador sobre, 176-177
efeito sobre fragmentação da indústria, 206
efeito sobre rivalidade, 19
em indústrias globais, 291
teoria, 21-24, 26, 39-40, 47, 121, 124-125, 200, 203, 217
Difusão de conhecimento, 178-181
Digital Equipment Corporation, 113, 225
Dilema do prisioneiro, 91-92
Dillon Companies, 215

Dimensões estratégicas, 132-135
Distância estratégica, 145-146
Diversificação; *ver também* Entrada
aquisição, 7
funções ou operações compartilhadas, 8, 14
impacto da estrutura industrial sobre, 4, 16, 140, 273, 275
Du Pont Corporation, 69

Eaton Corporation, 45
Economias de escala
custos conjuntos, 8-9
e expansão da capacidade, 314
e grupos estratégicos, 140, 150, 152
e preempção, 353
em indústrias emergentes, 225
em indústrias fragmentadas, 203, 209-212
em indústrias globais, 288-292
integração vertical, 9, 315
teoria, 7-9, 13
Economias de integração vertical, 315-319
Elasticidade-demanda da indústria, 25
Elasticidade renda, 162
Emerson Electric, 13, 25, 44
Empresas administradas pelo proprietário, 20, 206, 220
Empresas de capital aberto; *ver* Empresas administradas pelo proprietário
Entrada
de empresas estrangeiras, 189
e expansão da capacidade, 348
e evolução da indústria, 170, 182-183, 189-190
em indústrias emergentes, 228-229, 240-241
em indústrias fragmentadas, 213-214
entrada seqüenciada, 373-374
escolha de indústrias onde entrar, 242-244
estimulando a entrada, 242
oportunidade, 150
sinais e, 85
teoria, 5-8, 102, 138-142, 177, 355-374
Entrantes mais uma vez, 228-229
Entrevistas; *ver* Entrevistas de campo
Estee Lauder, 132-133
Estratégia de colheita, 264, 265, 278-285
Entratégia de compras, 127-131, 291
Estratégia de enfoque, 40-42; *ver também* Estratégias genéricas
Estratégia de preempção, 78-81, 343-344, 351-354
Estratégia defensiva, 101-109

Estratégia e administração geral, 58, 64-66, 262
Estratégias genéricas
  definição, 39-48, 126, 214, 216-218, 232
  e grupos estratégicos, 160
  em indústrias maduras, 249
Estrutura industrial, 3-37, 93-95, 132-160,
  163-195, 204
Estrutura inicial, 168
Estrutura organizacional
  em análise da concorrência, 42, 55-56
  implicações da maturidade industrial,
    257-258
  organização descentralizada, 215
  supercentralização, 219, 220
Estrutura potencial da indústria, 169-170
Ethan Allen, Inc., 216
Evolução da indústria
  e a curva da experiência, 181
  e compradores, 127
  e entrada, 361, 362, 365-366
  e grupos estratégicos, 141-142, 157-160
  e o mapa de grupos estratégicos, 159-161
  e superando a fragmentação, 208-214
  e transição para maturidade, 245-263
  em indústrias em declínio, 264-285
  em indústrias emergentes, 223-244
  expansão da capacidade, 339-354
  teoria da, 162-195
Expansão da capacidade
  determinantes, 339-354
  efeito sobre a rivalidade, 20
Expectativas, 339-344
Exterioridades, 238-239

Fator custo, 299
Fechamento, 322
Federated Department Stores, 64
Fiat, 44
Fixação de preços, 250-251
Folgers Coffee, 87
Food and Drug Administration, 109
Forbus, J.L., 126, 232
Forças competitivas, 3-37, 132-161, 163
Ford Motor Company, 47, 133, 150, 174
Fornecedores
  estratégia direcionada para, 127-131
  papel em indústrias emergentes, 239
Forrester, J.W., 167
Fort Howard Paper, 41
Fouraker, L.F., 78
Fruhan, W.E., Jr., 347

Gallo Wine Company, 190
General Electric Company, 7, 45, 109, 126,
  135, 246, 281, 307
General Instrument Corporation, 230
General Mills, Inc., 275
General Motors Corporation, 44, 47, 132-133,
  150, 175, 219, 300
Genstar Ltd., 330
Georgia-Pacific, 358
Gerber Products Company, 252
Gillette, 101, 103
Gilmour, S.C., 275
Gould, Inc., 44, 307
Governos anfitriões, 304
Grupos estratégicos, 159-161
Gulf Oil Corporation, 64
Harley-Davidson, 48
Hanes Corporation, 57, 157
Hout, 286
Hudson Motor Car Company, 226
Hyster, 45

IBM, 101, 132, 140, 286, 304
Illinois Tool Works, 41, 121
Imitação, 169-170
Incerteza
  e expansão da capacidade, 343-344
  papel em indústrias em declínio, 266
Inco, 364
Indal, Inc., 216, 330
índice de declínio da indústria, 266
Indústria aeronáutica, 291, 307
Indústria atacadista de alimento, 42
Indústria automobilística, 27, 44, 47, 102, 133,
  150, 169, 175, 183, 226, 287, 298, 300,
  307, 308
Indústria cinematográfica, 185
Indústria da moda, 295
Indústria da pesca da lagosta, 204, 219
Indústria de ácido sulfúrico, 118, 316, 323
Indústria de administração hospitalar, 188, 239
Indústria de aeronaves leves, 175
Indústria de água engarrafada, 223
Indústria de alarmes antipoluição, 223, 224,
  231, 232, 239
Indústria de alimentos infantis, 60-63
Indústria de animais para pesquisa, 209-210
Indústria de aparelhos de televisão, 152, 155,
  185, 224, 230, 287, 305, 308, 345
Indústria de aquecimento solar, 177, 208,
  222-232

Índice Analítico

Indústria de artefatos de alumínio, 200
Indústria de artigos de toalete, 152
Indústria de artigos esportivos, 155
Indústria de aves domésticas, 140, 333
Indústria de balas, 171, 172
Indústria de bancos de investimento, 121
Indústria de barcos de passeio, 186
Indústria de bebidas alcoólicas, 155
Indústria de bicicletas, 164, 172, 232
Indústria de brinquedos, 155, 210, 308
Indústria de cafeteiras elétricas automáticas, 229
Indústria de caixas bancárias automáticas, 168
Indústria de calculadoras, 17, 329
Indústria de calculadoras eletrônicas, 142, 175, 185, 229, 240, 245
Indústria de calculadoras mecânicas, 185
Indústria de calçados, 155
Indústria de carros de bombeiro, 207
Indústria de casas móveis, 183
Indústria de casas noturnas, 206
Indústria de casas pré-fabricadas, 231, 232
Indústria de centros de serviços de computador, 185, 212
Indústria de cerâmica, 155
Indústria de cereais, 155
Indústria de cerveja, 152, 252
Indústria de charutos, 267, 268, 276-277
Indústria de cigarros, 324
Indústria de cimento, 205
Indústria de coleta de lixo, 200
Indústria de computador, 132, 140, 286, 319, 322
Indústria de computador pessoal, 223, 225
Indústria de confecções, 152, 175
Indústria de confecções femininas, 152, 207
Indústria de confecções masculinas, 325
Indústria de construção pesada, 292, 303
Indústria de consultoria, 121, 206
Indústria de controles elétricos, 120
Indústria de corretagem imobiliária, 212
Indústria de cosméticos, 133
Indústria de criação de gado para corte, 209
Indústria de cultivo de cogumelos, 140, 205, 209-210, 214
Indústria de cultura aquática, 228
Indústria de cutelaria, 155
Indústria de defesa, 303
Indústria de disco-vídeo, 225
Indústria de distribuição, 199
Indústria de distribuição de componentes eletrônicos, 113, 168, 204, 217

Indústria de distribuição de metal, 217
Indústria de edição, 313, 324
Indústria de eletrodomésticos, 135, 253
Indústria de embalagens de metal, 133, 187, 255, 261
Indústria de embalagem em aerossol, 176, 178-179, 240
Indústria de empilhadeiras, 290
Indústria de equipamento agrícola, 150, 163, 183, 255
Indústria de equipamento de construção, 123, 150, 330
Indústria de equipamento de esqui, 194
Indústria de equipamento de jogo, 172
Indústria de equipamento de segurança, 172
Indústria de equipamento de telecomunicações, 302
Indústria de equipamento fotográfico, 155
Indústria de etileno, 266
Indústria de etileno-glicol, 348
Indústria de extrusão de alumínio, 215
Indústria de fabricação de alumínio, 206
Indústria de fabricação de metal, 199
Indústria de fertilizantes, 293
Indústria de fertilizantes, 136
Indústria de fibras, 308
Indústria de fibras ópticas, 208, 223, 224
Indústria de filtro de ar, 214
Indústria de finanças para o consumidor, 253
Indústria de formulários contínuos, 207
Indústria de frete, 14
Indústria de frigoríficos, 155
Indústria de gaseificação do carvão, 227, 231, 237
Indústria de gipsita, 348
Indústria de guardas de segurança, 172, 188-189, 194
Indústria de instrumentos de escrita, 54
Indústria de isolantes de fibra de vidro, 25
Indústria de jeans, 172
Indústria de laboratórios clínicos, 188
Indústria de lâminas de barbear, 16, 99
Indústria de lavagem a seco, 208
Indústria de leite, 205
Indústria de linhas aéreas, 348
Indústria de lojas de utilidades, 252
Indústria de máquinas de costura, 287, 293
Indústria de máquinas de lavar louça, 246
Indústria de máquinas operatrizes, 252
Indústria de materiais de construção, 206

Indústria de material óptico, médico e oftálmico, 155
Indústria de matérias-primas, 11, 14, 228-231
Indústria de meias, 158
Indústria de meias-calça, 57
Indústria de microcomputador, 211
Indústria de mineração, 143-145
Indústria de microcomputador, 18, 74, 113, 144, 180, 187, 212, 226, 232, 235, 319
Indústria de moagem de farinha de trigo, 275
Indústria de moagem de milho, 25, 29, 346, 348
Indústria de mochilas, 172
Indústria de motocicletas, 48, 164, 287, 301, 302
Indústria de motores a gasolina de baixa potência, 25
Indústria de motores elétricos, 8
Indústria de motores elétricos pequenos, 45
Indústria de móveis, 216
Indústria de papel, 4, 41, 347
Indústria de papel e polpa, 275
Indústria de papel higiênico, 151
Indústria de peças de automóveis, 360
Indústria de pequenos aparelhos, 187
Indústria de perfumes, 155
Indústria de periódicos, 155
Indústria de petroleiros, 6, 10, 292, 334, 347
Indústria de pneus, 4, 6
Indústria de prendedores, 41, 121
Indústria de processamento da linguagem, 223
Indústria de produtos agrícolas, 199
Indústria de produtos alimentícios empacotados, 286
Indústria de produtos de papel para uso doméstico, 23
Indústria de produtos de plástico, 308
Indústria de produtos elétricos, 306
Indústria de produtos eletrônicos de consumo, 46-48
Indústria de produtos florestais, 33
Indústria de produtos infantis, 10, 171, 187
Indústria de radiodifusão, 172, 174, 187
Indústria de raiom, 25, 265, 269, 270
Indústria de refeições ligeiras, 212, 261
Indústria de refrigeradores, 302
Indústria de refrigerantes, 88, 151, 155, 160
Indústria de relógios, 12, 97, 100-102, 104, 157, 186, 187, 231, 232
Indústria de rótulos, 214
Indústria de roupas prontas-para-vestir, 30
Indústria de sabão, 155

Indústria de semicondutores, 136, 179, 291
Indústria de separação biológica, 223
Indústria de serra de fita, 160, 232
Indústria de serviços, 6, 199, 205, 206
Indústria de serviços sismográficos, 121
Indústria de soluções intravenosas, 10
Indústria de supermercados, 216-218
Indústria de suprimentos hospitalares, 108, 109
Indústria de tapetes, 152
Indústria de testes educacionais, 172
Indústria de tintas, 41, 84
Indústria de títulos mobiliários, 188
Indústria de transferência de letra, 122
Indústria de transmissão de dados, 231
Indústria de transporte por caminhão, 14
Indústria de tratamento de beleza, 205
Indústria de trustes de investimento imobiliário, 346
Indústria de turbogeradores, 109, 126, 291
Indústria de válvulas, 251
Indústria de válvulas eletrônicas, 270-271
Indústria de veículos de passeio, 17, 23, 175, 177, 183, 231, 221, 240
Indústria de veículos para andar na neve, 23, 175, 235
Indústria de videogame, 177, 223, 229-230
Indústria do couro, 266
Indústria do níquel, 348, 364
Indústria em concorrência perfeita, 7
Indústria farmacêutica, 9, 155
Indústria fonográfica, 171, 187-188, 208, 212, 313-314
Indústria hoteleira, 346
Indústria jornalística, 215
Indústria madeireira, 194
Indústria naval, 13, 308, 346
Indústria pesqueira, 208
Indústria petrolífera, 147, 307
Indústria química, 29, 147, 293
Indústria siderúrgica, 4, 6, 308
Indústria siderúrgica de alta velocidade, 290
Indústria teledifusão, 172
Indústria têxtil, 308
Indústria varejista, 186, 189, 200, 208, 248
Indústria vinícola, 186, 189-190, 213
Indústrias criativas, 199, 207
Indústrias em declínio, 165-167, 264-285
Indústrias fragmentadas, 199-222
Indústrias globais, 286-309
Indústrias mundiais; ver Indústrias globais
Indústrias na maturidade 245-263

Informações nos mercados, 30, 93, 109-110, 274, 298, 318, 329
Inovação no processo, 251
Inovação no produto, 175, 185, 248
Inovação tecnológica, 13, 17, 23, 238
Instabilidade de vendas, 205
Integração parcial, 30, 131, 314, 333-334
Integração vertical
    como uma barreira de entrada, 9
    e evolução da indústria, 183
    e expansão da capacidade, 347
    e inovação, 186
    e poder do comprador, 30
    indústrias em declínio, 272-274
    em indústrias emergentes, 240
    em indústrias fragmentadas, 216, 218
    em indústrias globais, 302
    implicações para a estratégia de compra, 128-131
    teoria, 17, 34-35, 118, 313-318
Inteligência da concorrência, 49-51, 74-77
Investimento direto no exterior, 288
Isqueiros descartáveis, 16
ITE, Inc., 371

J.I. Case, Inc., 65
John Deere, 87, 150, 365

Kawasaki, 48
Knickerbocker, F. T., 305
KOA, Inc., 211

Land, E., 65
Lapsos na retaliação, 98-102
Lawrence, M. O., 234
Letraset, Inc., 122
Levitt, T., 125, 167, 168
Liderança de mercado, 199, 209-219, 243, 255-256, 277-280
Liderança no custo, 26, 42, 47, 155
Lincoln Electric Company, 26
Logar, J.P., 66
Lojas de departamento, 144
Lojas de desconto, 65
Lotes de ração para gado, 329
Lucros inesperados, 7, 24

Mão-de-obra, 33
Mapa de grupos estratégicos, 136-138, 147-148, 159-161
Marca-Resposta, 88, 103

Mark Controls, 251
Martin-Brower, 41
Massey Fergusen, 254
Maxwell House, 74, 87-89
Maytag, 135, 246
McDonald's Corporation, 211, 261
McKinsey and Company, 126, 233
Mead Corporation, 281
Mehta, N.T., 126, 275
Memórias de computador, 81-83
Mercado de companhias, 366-372
Mercados de capitais, 10, 25, 81, 232, 273, 349, 367-372
Mercados Iniciais, 234-238
Mercedes-Benz, 44
Miller Brewing Company, 63
Mitsubish, 306
Modelos de portfólio, 55-56, 58-60, 233, 281 (Apêndice A)
Monfort, 329
Moore, F.G. 314
Motivações mistas, 72-75, 101
Movimentos competitivos, 91-110
Mr. Coffee, Inc., 229
Mr. Pibb, 88
Mudança tecnológica, 224, 230-231, 345-346

Nash, 226
Natureza dos entrantes, 240
Necessidades do consumidor, 171-172
Nestlé, 286
Newman, H.H., 66
Norton-Villers-Triumph, 48
Novas Indústrias; ver Indústrias emergentes

Objetivos estratégicos, 71
Obsolescência, 237
Oficinas mecânicas, 366
Oligopólio, 91
Oportunidade da entrada, 148, 150-151
Orçamento de capital, 357-358, 369, 370

Packard, 226
Padrões do produto, 231
Países em desenvolvimento, 288, 308
Panasonic (Matsushita), 47
Paramount Pictures, 63
Parcela de mercado
    e posição de custo, 25
    e rentabilidade, 43-46, 151-153
    em indústrias na maturidade, 257

Patton, A., 167
Pepsi Cola, 151
Perdue Chicken, 140, 332
Perdue, F., 332
Perrier, 223
Pesquisa e desenvolvimento, 8, 10, 31, 180-181
Pet, Inc., 286
Philip Morris, 7, 63
Philips, 21, 225
Pioneirismo, 241-243
Pizza Hut, 211
Polaroid Corporation, 17, 65, 332
Política antitruste, 56, 59, 87-90
Política fiscal, 350
Política governamental
  como uma barreira de entrada, 12
  como uma barreira de saída, 23
  e demanda, 172
  e desativação, 275
  e evolução da indústria, 188-189
  e expansão da capacidade, 350
  e indústrias globais, 298
  e substitutos, 173
  efeito sobre a adoção de novos produtos, 238
  efeito sobre a fragmentação da indústria, 208
  em análise da concorrência, 56
  em indústrias emergentes, 232
  impacto sobre a concorrência, 31-33
  subsídio, 227-228
Política industrial, 302-303, 306-307
Polli, R., 163
Pontos focais, 98, 109-110
Pontos fortes e pontos fracos; ver Análise da concorrência
Porte de companhia, e rentabilidade, 152-155
Porte de empresa, 183
Preço de entrada dissuasivo, 15
Preços de transferência, 319
Prejuízo fiscal, 273
Prelude Corporation, 219
Previsões, 163-195, 243-244, 283
Previsões da indústria, 75, 160, 161
Procedimentos contábeis, 54-55
Processos de planejamento estratégico, 191
Processos evolutivos, 168-191
Procter and Gamble, 22, 87, 149-151
Produtos complementares, 173
Produtos médicos, 295
Produtos substitutos, 4, 143, 145, 172-173, 268-269

Propaganda, 10
  e o ciclo de vida do produto, 165, 167
  e substitutos, 24-29

Qualidade do produto, 231-232
Qualificações gerenciais, 262
Quase-integração, 315, 335

Racionalização da linha de produto, 249-250
Ralston Purina, 140
Raytheon Company, 270
RCA Corporation, 225, 250
Reação competitiva, 51-54, 70-75, 91-110, 136, 160-161, 356-360
Regulamentação; ver Política governamental
Renault, 306
Rentabilidade da empresa, 132-158
Rentabilidade da indústria, 3-4, 5-6, 20, 23, 25, 148-155, 194, 248
Retaliação; ver Reação competitiva
Retorno do mercado livre, 6
Revendedores exclusivos, 11
Rivalidade, 18, 25, 144-149, 277
Rivalidade ampliada, 5-6
R. J. Reynolds, 65, 372
Robert Hall, Inc., 324
Robinson-Patman, Act, 331
Roijtman, M., 65
Roper Corporation, 135
Rothschild, W. E., 66
Rudden, E., 286

Saída, 189
Saliência da indústria, 297
Salter, M., 355
Saturday Evening Post, 324
Schelling, T., 110
Schlumberger, 121
Sears Roebuck, 194
Securities and Exchange Commission, 83
Segmentos de compradores, 175
Segredo, 109-110
Seleção de compradores, 30-31, 112-127, 253
Sharp, 46-48
Sherwin-Willians, 84
Siegel, S., 78
Siemens, 307
Sinais de mercado, 78-90, 92, 97, 106-109, 279, 344, 349, 354
Sistemas de alarme eletrônicos, 29
Sistemas de controle, 42-43, 55, 259

Sistemas de incentivos, 42-43, 55, 57, 259
Sistemas de inteligência sobre o concorrente, 74-77
Skinner, W., 254
Smallwood, J.E., 167
Snecma, 307
Sociedades em cota de participação, 356
Software de computador, 200
Sony Corporation, 20, 48
Southland Corporation; 252
Spence, A.M., 106, 342
Staudt, T.A., 167
Subsídios cruzados, 250
Suíça, 97
Sultan, R.G.M., 109
Sundstrand Corporation, 253

Tarifas, 276-277
Taxas de câmbio, 183-184
Taylor, D., 167
Tempos de espera, 344-345
Teoria do jogo, 91-111
Teste do produto, 13-14
Texas Instruments, 13, 25, 54, 80-83, 103, 136, 329
Texas Gulf Sulphur, 11
Texfi, 261

Timex Corporation, 11, 97, 100-102, 156-158, 291
Toyota, 43-144

United Brands, 190

Valor agregado, 19, 216
Valor de liquidação, 270
Valor econômico para o cliente, 126
Varejista, 30
Varejo de bebidas alcoólicas, 13
Varian Associates, 226
Vernon, R., 305, 306
Vlasic Pickles, 371
Vogt, E., 286
Volkswagen, 101-102
Volvo, 306

Wall Street, 242
Warner Brothers, 211
Wayne, K., 17
Weinhold, W., 355
Wells, L.T., Jr., 167, 295
Wertheim and Company, 43
Westinghouse, 253
White Consolidated, 253

Xerox Corporation, 7, 10, 181, 366

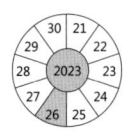